豊田大谷高等学校

〈収録内容〉

■ 2024年度入試の問題・解答解説・解答用紙・「合否の鍵はこの問題だ!!」、2024年度入試受験用の「出題傾向の分析と合格への対策」は、弊社HP の商品ページにて公開いたします。
■ 平成30年度は、弊社ホームページで公開しております。
本ページの下方に掲載しておりますQRコードよりアクセスし、データをダウンロードしてご利用ください。

2024 年度 ……………………… 2024 年 10 月 弊社 HP にて公開予定
※著作権上の都合により、掲載できない内容が生じることがあります。

2023 年度 ……………………… 一般（数・英・理・社・国）

2022 年度 ……………………… 一般（数・英・理・社・国）

2021 年度 ……………………… 一般（数・英・理・社・国）

2020 年度 ……………………… 一般（数・英・理・社・国）

2019 年度 ……………………… 一般（数・英・理・社・国）

平成 30 年度 ……………………… 一般（数

解答用紙データ配信ページへスマホでアクセス！ ⇒ 

※データのダウンロードは 2024 年 3 月末日まで。
※データへのアクセスには、右記のパスワードの入力が必要となります。 ⇒ 398726

〈合格最低点〉

※学校からの合格最低点の発表はありません。

本書の特長

実戦力がつく入試過去問題集

- ▶ 問題 …………… 実際の入試問題を見やすく再編集。
- ▶ 解答用紙 …… 実戦対応仕様で収録。
- ▶ 解答解説 …… 詳しくわかりやすい解説には、難易度の目安がわかる「基本・重要・やや難」の分類マークつき（下記参照）。各科末尾には合格へと導く「ワンポイントアドバイス」を配置。採点に便利な配点つき。

入試に役立つ分類マーク

基本 確実な得点源！
受験生の 90%以上が正解できるような基礎的、かつ平易な問題。
何度もくり返して学習し、ケアレスミスも防げるようにしておこう。

重要 受験生なら何としても正解したい！
入試では典型的な問題で、長年にわたり、多くの学校でよく出題される問題。
各単元の内容理解を深めるのにも役立てよう。

やや難 これが解ければ合格に近づく！
受験生にとっては、かなり手ごたえのある問題。
合格者の正解率が低い場合もあるので、あきらめずにじっくりと取り組んでみよう。

合格への対策、実力錬成のための内容が充実

- ▶ 各科目の出題傾向の分析、合否を分けた問題の確認で、入試対策を強化！
- ▶ その他、学校紹介、過去問の効果的な使い方など、学習意欲を高める要素が満載！

解答用紙ダウンロード 解答用紙はプリントアウトしてご利用いただけます。弊社ＨＰの商品詳細ページよりダウンロードしてください。トビラのＱＲコードからアクセス可。

見やすく読みまちがえにくいユニバーサルデザインフォントを採用しています。

豊田大谷高等学校

▶交通　名鉄豊田線「浄水駅」下車徒歩15分，
愛知環状鉄道「保見駅」下車徒歩10分
とよたおいでんバス「大谷高校前」
下車徒歩２分

〒470-0344　豊田市保見町南山１
☎0565-48-3511

沿　革

1827年真宗大谷派名古屋別院境内に「閲蔵長屋」創設。1948年学制改革により尾張高等学校となる。1984年名古屋大谷高等学校と改称，豊田大谷分校設立。1986年豊田大谷高等学校開校。2012年度情報メディアコースを新設，2015年度生活文化コースを新設し，教育体制を充実させてきた。

校　訓

「命尊し」

自らの命の尊さに目覚め，他のすべての命とともに，真実の生き方を追究実現していく。

教育目標

真宗の教えに基づく正しい人生観，世界観を身につけ，21世紀のステージで活躍できる豊かな知性と人間性をそなえた，たくましい人間を育成する。

建学の精神

宗祖　親鸞聖人のみ教えに基づき，いのちを大切にし，真実に生きる人間形成を目指す。

教育課程

●特別選抜（文理選抜）コース

少人数制によるきめ細かな指導により，有名大学への現役合格を目指す。２年次からは「文系選抜コース」と「理系選抜コース」を選択する。週４日の７限授業に加え，小論文対策講座や大学入学共通テスト対策講座を受講することにより，希望の進路実現をより確実なものにする。

●特別選抜（スポーツ選抜）コース

文武両道をモットーに，部活動と勉強の両立を図る。トレーニング法や栄養学，メンタルトレーニングなど，外部講師による「スポーツ健康」講座を設定し，スポーツに関する専門性を高めるとともに，社会においてリーダーシップを発揮できる人材の育成を目指す。

●人間福祉コース

介護や保育の基礎的な知識と技術を学ぶ。講義や演習に加え，福祉施設，こども園などで実習を行う。また，「介護職員初任者研修」をはじめ，「福祉」「介護」に係る様々な資格取得を目指す。

●情報メディアコース

今日の情報化社会で活躍するために必須となるパソコン活用技術を習得する。２年次からはオフィス系とマルチメディア系を選択して系統的に技術を高める。ＩＴパスポートやMOＳなど様々な資格取得を目指しながら，外部講師による特別講座も受講して幅広い視野を身につける。

●生活文化コース

調理・被服製作についての実践的な知識や技術を学ぶ。愛知調理専門学校や池坊など，外部講師による特別講座を随時開講している。また，マナーや社交儀礼上のルールを学び，「マナー・プロトコール検定」の取得を目指す。

●文理コース

基礎学力の定着と部活動との両立を図りながら，大学や専門学校への進学，県内企業への就職など，幅広い進路実現を可能にする。すべてのコースで，２年進級時にコース変更審査を経て，他のコースへ編入することが可能である。

部活動

●体育系

ソフトテニス，空道，硬式野球(男)，ダンス(女)，バスケットボール(男)，サッカー（男)，剣道，陸上競技，ソフトボール(女)，卓球，バレーボール，ラグビー（男）

●文化系

ボランティア，パソコン，茶華道，写真，吹奏楽，調理研究，書道，放送，美術・図書文芸，宗教，ＥＳＳ，学習部

年間行事

４月／入学式，オリエンテーション，花まつり
５月／ウエサカ祭，スポーツテスト
６月／球技大会
７月／三者懇談会，進路セミナー
８月／オープンスクール
９月／文化祭
10月／体育祭
11月／１年生本山(東本願寺)研修，学校説明会
12月／２年生修学旅行，進路セミナー，三者懇談会
２月／予餞会
３月／卒業式，進路セミナー

進　路

●主な合格実績(過去３年間)

名古屋市立大，明治大，駒澤大，関西学院大，名城大，中京大，愛知大，大谷大，大同大，愛知学院大，愛知淑徳大，愛知東邦大，愛知工業大，椙山女学園大，同朋大，中部大，名古屋学院大，日本福祉大，岡崎女子短期大，愛知学泉経営短期大，名古屋柳城短期大　ほか

●主な就職内定実績(過去５年間)

トヨタ自動車(株)，アイシン機工(株)，(株)アイシン，アイシン化工(株)，日本郵便(株)，トヨタ紡織(株)，トヨタ輸送(株)，住友ゴム工業(株)，トヨタ生活協同組合，特別養護老人ホーム豊田福寿園，社会福祉法人豊田みのり福祉会，山崎製パン(株)，自衛隊，愛知県警察　ほか

◎2023年度入試状況◎

学　科	特別選抜	人間福祉	情報メディア	生活文化	文　理
募集数	28	34	60	34	84
応募者数	117	86	172	123	415
受験者数	913				
合格者数					

過去問の効果的な使い方

① **はじめに**　入学試験対策に的を絞った学習をする場合に効果的に活用したいのが「過去問」です。なぜならば，志望校別の出題傾向や出題構成，出題数などを知ることによって学習計画が立てやすくなるからです。入学試験に合格するという目的を達成するためには，各教科ともに「何を」「いつまでに」やるかを決めて計画的に学習することが必要です。目標を定めて効率よく学習を進めるために過去問を大いに活用してください。また，塾に通われていたり，家庭教師のもとで学習されていたりする場合は，それぞれのカリキュラムによって，どの段階で，どのように過去問を活用するのかが異なるので，その先生方の指示にしたがって「過去問」を活用してください。

② **目的**　過去問学習の目的は，言うまでもなく，志望校に合格することです。どのような分野の問題が出題されているか，どのレベルか，出題の数は多めか，といった概要をまず把握し，それを基に学習計画を立ててください。また，近年の出題傾向を把握することによって，入学試験に対する自分なりの感触をつかむこともできます。

過去問に取り組むことで，実際の試験をイメージすることもできます。制限時間内にどの程度までできるか，今の段階でどのくらいの得点を得られるかということも確かめられます。それによって必要な学習量も見えてきますし，過去問に取り組む体験は試験当日の緊張を和らげることにも役立つでしょう。

③ **開始時期**　過去問への取り組みは，全分野の学習に目安のつく時期，つまり，9月以降に始めるのが一般的です。しかし，全体的な傾向をつかみたい場合や，学習進度が早くて，夏前におおよその学習を終えている場合には，7月，8月頃から始めてもかまいません。もちろん，受験間際に模擬テストのつもりでやってみるのもよいでしょう。ただ，どの時期に行うにせよ，取り組むときには，集中的に徹底して取り組むようにしましょう。

④ **活用法**　各年度の入試問題を全問マスターしようと思う必要はありません。できる限り多くの問題にあたって自信をつけることは必要ですが，重要なのは，志望校に合格するためには，どの問題が解けなければいけないのかを知ることです。問題を制限時間内にやってみる。解答で答え合わせをしてみる。間違えたりできなかったりしたところについては，解説をじっくり読んでみる。そうすることによって，本校の入試問題に取り組むことが今の自分にとって適当かどうかが，はっきりします。出題傾向を研究し，合否のポイントとなる重要な部分を見極めて，入学試験に必要な力を効率よく身につけてください。

数学

各都道府県の公立高校の入学試験問題は，中学数学のすべての分野から幅広く出題されます。内容的にも，基本的・典型的なものから思考力・応用力を必要とするものまでバランスよく構成されています。私立・国立高校では，中学数学のすべての分野から出題されることには変わりはありませんが，出題形式，難易度などに差があり，また，年度によっての出題分野の偏りもあります。公立高校を含め，ほとんどの学校で，前半は広い範囲からの基本的な小問群，後半はあるテーマに沿っての数問の小問を集めた大問という形での出題となっています。

まずは，単年度の問題を制限時間内にやってみてください。その後で，解答の答え合わせ，解説での研究に時間をかけて取り組んでください。前半の小問群，後半の大問の一部を合わせて50%以上の正解が得られそうなら多年度のものにも順次挑戦してみるとよいでしょう。

英語

英語の志望校対策としては，まず志望校の出題形式をしっかり把握しておくことが重要です。英語の問題は，大きく分けて，リスニング，発音・アクセント，文法，読解，英作文の5種類に分けられます。リスニング問題の有無(出題されるならば，どのような形式で出題されるか)，発音・アクセント問題の形式，文法問題の形式(語句補充，語句整序，正誤問題など)，英作文の有無(出題されるならば，和文英訳か，条件作文か，自由作文か）など，細かく具体的につかみましょう。読解問題では，物語文，エッセイ，論理的な文章，会話文などのジャンルのほかに，文章の長さも知っておきましょう。また，読解問題でも，文法を問う問題が多いか，内容を問う問題が多く出題されるか，といった傾向をおさえておくことも重要です。志望校で出題される問題の形式に慣れておけば，本番ですんなり問題に対応することができますし，読解問題で出題される文章の内容や量をつかんでおけば，読解問題対策の勉強として，どのような読解問題を多くこなせばよいかの指針になります。

最後に，英語の入試問題では，なんと言っても読解問題でどれだけ得点できるかが最大のポイントとなります。初めて見る長い文章をすらすらと読み解くのはたいへんなことですが，そのような力を身につけるには，リスニングも含めて，総合的に英語に慣れていくことが必要です。「急がば回れ」ということわざの通り，志望校対策を進める一方で，英語という言語の基本的な学習を地道に続けることも忘れないでください。

国語

国語は，出題文の種類，解答形式をまず確認しましょう。論理的な文章と文学的な文章のどちらが中心となっているか，あるいは，どちらも同じ比重で出題されているか，韻文(和歌・短歌・俳句・詩・漢詩)は出題されているか，独立問題として古文の出題はあるか，といった，文章の種類を確認し，学習の方向性を決めましょう。また，解答形式は，記号選択のみか，記述解答はどの程度あるか，記述は書き抜き程度か，要約や説明はあるか，といった点を確認し，記述力重視の傾向にある場合は，文章力に磨きをかけることを意識するとよいでしょう。さらに，知識問題はどの程度出題されているか，語句(ことわざ・慣用句など)，文法，文学史など，特に出題頻度の高い分野はないか，といったことを確認しましょう。出題頻度の高い分野については，集中的に学習することが必要です。読解問題の出題傾向については，脱語補充問題が多い，書き抜きで解答する言い換えの問題が多い，自分の言葉で説明する問題が多い，選択肢がよく練られている，といった傾向を把握したうえで，これらを意識して取り組むと解答力を高めることができます。「漢字」「語句・文法」「文学史」「現代文の読解問題」「古文」「韻文」と，出題ジャンルを分類して取り組むとよいでしょう。毎年出題されているジャンルがあるとわかった場合は，必ず正解できる力をつけられるよう意識して取り組み，得点力を高めましょう。

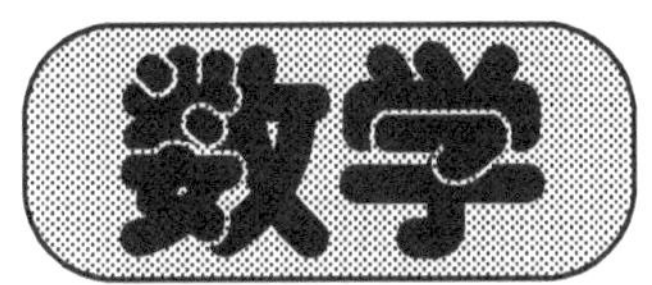

出題傾向の分析と合格への対策

●出題傾向と内容

本年度の出題数は，大問数が5題，小問数が26題で，前年よりもやや増加している。

出題内容は，**問題1**が数の計算，方程式，比例関数，平方根，因数分解，円の面積，方程式の応用問題，四分位数などの小問群，**問題2**は統計，**問題3**は確率，**問題4**は円に関する問題，**問題5**は図形と関数・グラフの融合問題であり，前年とほぼ同じ内容であった。

中学数学全領域からの出題ではあるが，全体的に計算力を必要とする問題が多く出題されている。難易度順に出題されているので，最初から順番通りに取り組んでいけばよいだろう。

✔学習のポイント

マーク式の解答であることをふまえ，記入にかかる手間と時間を少しでも減らせるように過去問を利用して練習しておこう。

●2024年度の予想と対策

試験時間に変動がなければ，来年度も問題の量・質ともに大きく変化はなく，中学数学全領域から計算・関数・図形・確率などを中心とした内容が出題されるだろう。

その中で，公式の利用法・基本的な解法などを実践できるかどうかが主に問われることになると予想できるので，教科書の例題レベルの問題を十分にこなし，短時間の内に適した解法を選択して解く練習に取り組むとよいだろう。

例年，出題パターンに変わりがないので，過去問集を利用して，時間配分に気をつけながら，しっかり演習しておくようにしよう。

▼年度別出題内容分類表 ……

出題内容			2019年	2020年	2021年	2022年	2023年
数と式		数の性質		○			○
		数・式の計算	○	○	○	○	○
		因数分解	○	○			○
		平方根	○	○	○	○	○
方程式・不等式		一次方程式	○	○	○	○	○
		二次方程式	○		○	○	
		不等式					
		方程式・不等式の応用	○	○	○	○	○
関数		一次関数	○	○	○	○	○
		二乗に比例する関数	○	○	○	○	○
		比例関数	○			○	○
		関数とグラフ	○	○	○	○	
		グラフの作成					
図形	平面図形	角度	○			○	
		合同・相似	○	○	○	○	○
		三平方の定理					
		円の性質	○				○
	空間図形	合同・相似					
		三平方の定理					
		切断					
	計量	長さ	○	○	○	○	○
		面積	○	○	○	○	○
		体積					
		証明					
		作図					
		動点	○				
統計		場合の数		○			
		確率	○		○	○	○
		統計・標本調査		○	○	○	○
融合問題		図形と関数・グラフ	○	○	○	○	○
		図形と確率					
		関数・グラフと確率					
		その他					
その他							

豊田大谷高等学校

出題傾向の分析と合格への対策

●出題傾向と内容

本年度は，長文読解問題1題，アクセント問題，発音問題，会話文，語句選択問題，書き換え問題，語句整序問題の計7題が出題された。全問選択問題となっている。

長文読解問題は，難しい語句には注釈がついており読みやすい文章となっている。内容理解を問う問題が中心となるため正確に読み取る力が要求される。

文法問題は，中学で学習する文法事項が幅広く出題されている。基本問題が多いが問題数が多いので限られた時間で解くには正確な文法知識が求められる。

全体として難易度は標準レベルである。読解力，文法知識の総合的な英語力が要求される。

学習のポイント

中学で学習する文法事項をきちんと理解し演習を重ねておこう。単語の発音・アクセントも日頃から確認する習慣をつけよう。

●2024年度の予想と対策

来年度も多少の変更はあるにせよ，本年度と同じ傾向が続くと予想される。

長文読解問題は必ず出題されるので読解力はつけておきたい。論説文だけではなく，物語文，説明文，会話文など，いろいろなジャンルの文章を読んで長文に慣れておこう。内容理解問題が中心なので正確に内容を把握する力をつけておきたい。

文法力も要求されるため，中学で学習する重要文法事項は問題集などを使い演習を重ね確実な文法力を身につけておこう。

これまでリスニング問題は出題されていないが，今後出題される可能性もあるので，リスニングの練習もしておくと万全である。

▼年度別出題内容分類表 ••••••

	出題内容	2019年	2020年	2021年	2022年	2023年
話し方・聞き方	単語の発音	○	○	○	○	○
	アクセント	○	○	○	○	○
	くぎり・強勢・抑揚					
	聞き取り・書き取り					
語い	単語・熟語・慣用句			○		○
	同意語・反意語					
	同音異義語					
読解	英文和訳(記述・選択)	○	○		○	○
	内容吟味	○	○	○	○	○
	要旨把握		○	○	○	○
	語句解釈			○		
	語句補充・選択	○	○	○	○	○
	段落・文整序					
	指示語	○	○	○	○	○
	会話文	○	○	○	○	○
文法・作文	和文英訳					
	語句補充・選択	○	○	○	○	○
	語句整序	○	○	○	○	○
	正誤問題					
	言い換え・書き換え		○		○	○
	英問英答					
	自由・条件英作文					
文法事項	間接疑問文	○			○	
	進行形		○	○		○
	助動詞			○	○	○
	付加疑問文	○				
	感嘆文					
	不定詞	○	○	○	○	○
	分詞・動名詞	○	○		○	○
	比較	○	○	○	○	○
	受動態		○	○	○	○
	現在完了		○		○	○
	前置詞		○	○		○
	接続詞		○	○	○	○
	関係代名詞	○	○		○	○

豊田大谷高等学校

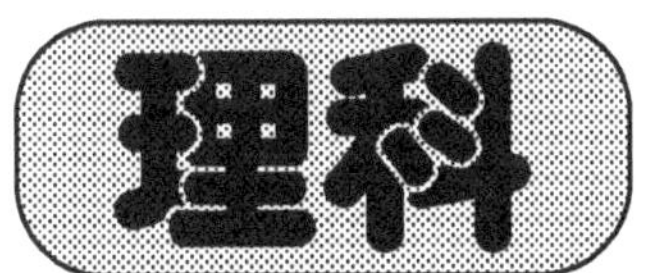

出題傾向の分析と合格への対策

●出題傾向と内容

問題は大問が7題，小問が50題程度である。試験時間は40分であり，ほとんどが基本的な問題で，理科の4分野から幅広く出題されている。解答形式は，マークシート式であり，地学分野からは大問1題，他の分野からは大問2題が出題される。

全体的には理科全般の基礎的な知識の定着を試す良問であり，教科書レベルの内容の理解が試される。

教科書を中心に基礎を確実におさえる学習に徹していけば，十分対応できる。標準的な問題を十分演習しておこう。

学習のポイント

苦手分野をつくらないよう，理科の4分野の知識を広く身につけるようにしよう。

●2024年度の予想と対策

教科書を中心とした学習を行うこと。理解の不足な分野はしっかりと理解するようにしておこう。各分野から偏りなく出題されるので，苦手分野を作らないことが大切である。

標準レベルの問題集を解くことで演習を重ねておきたい。計算問題も多いが基本的な問題なので，時間をかけずに解くことができるよう類題を問題集で解いておくこと。

小問数に対して時間が40分と幾分短く感じられるが，時間内で全問解答することは十分可能である。しかし，時間配分には気をつけたい。

マークシート方式の解答なので，マークミスなどの無いように注意することも，大切な点である。

▼年度別出題内容分類表 ••••••

	出題内容	2019年	2020年	2021年	2022年	2023年
第一分野	物質とその変化	○				
	気体の発生とその性質	○	○	○	○	
	光と音の性質		○	○		
	熱と温度					
	力・圧力	○		○	○	○
	化学変化と質量	○		○		
	原子と分子			○		
	電流と電圧				○	○
	電力と熱		○			○
	溶液とその性質					○
	電気分解とイオン	○	○		○	
	酸とアルカリ・中和		○		○	
	仕事			○		
	磁界とその変化					
	運動とエネルギー	○				
	その他					○
第二分野	植物の種類とその生活					○
	動物の種類とその生活					
	植物の体のしくみ		○		○	○
	動物の体のしくみ	○				
	ヒトの体のしくみ		○			
	生殖と遺伝				○	
	生物の類縁関係と進化	○		○	○	
	生物どうしのつながり	○		○		
	地球と太陽系					○
	天気の変化		○			
	地層と岩石	○			○	
	大地の動き・地震			○		
	その他					

豊田大谷高等学校

出題傾向の分析と 合格への対策

●出題傾向と内容

本年度は，昨年度と比べて，大問は1題ふえて5題，小問も1題ふえて41題であった。大問の内訳は，地理が3題，歴史が2題，公民が1題であった。**問題3**と**問題5**には，各分野総合問題が含まれていた。また，すべての設問は，記号選択のマークシート方式であった。

地理は，日本と世界の諸地域の特色などについて，略地図・地形図・雨温図などの資料読み取りの形式で出題された。

歴史は，古代から現代にわたって，日本と世界の政治・外交・社会・文化について幅広く出題された。また，主要な日本史と世界史の関連も問われた。

公民は，政治のしくみや憲法，経済生活などが出題された。

✔学習のポイント

地理：日本と世界の諸地域の特色をつかもう。

歴史：各時代の特色をつかもう。

公民：政治経済のしくみを理解しよう。

●2024年度の予想と対策

来年度も出題レベルは基本～標準レベルで，小問数も40問前後と予想される。

地理は，教科書の重要語句をおさえ，その上で地形図や雨温図，その他の各種統計資料も読み取れるように分析しておきたい。また，日本と世界の地域ごとの特色をまとめておこう。

歴史は，日本と世界の政治・外交・社会・経済・文化の歴史の流れを年表等で把握した上で，各時代の特色を正確に理解したい。また，例年，日本史と世界史の関連も出題されているので，各時代の欧米やアジアなどでの重要な出来事と日本との関係についても各種資料をもとに考察しておこう。

公民は，政治経済のしくみや憲法を中心に重要事項を理解した上で，日ごろからインターネットの内外の主要な報道に関心を高めて，時事問題に対応できる能力を向上させておこう。

また，各分野総合問題も出題される可能性が高いので，特に各分野に共通する重要事項は，多角的に考察して理解を深めておこう。

▼年度別出題内容分類表 ……

出題内容			2019年	2020年	2021年	2022年	2023年
地理的分野	(日本)	地形図			○	○	○
		地形・気候・人口	○	○	○	○	
		諸地域の特色	○		○	○	○
		産業	○		○	○	○
		交通・貿易					
	(世界)	人々の生活と環境	○	○			
		地形・気候・人口		○	○		○
		諸地域の特色	○	○	○	○	○
		産業		○	○	○	
		交通・貿易					
	地理総合						
歴史的分野	(日本史)	各時代の特色	○	○	○	○	○
		政治・外交史	○	○	○	○	○
		社会・経済史	○		○	○	○
		文化史	○	○	○	○	○
		日本史総合					
	(世界史)	政治・社会・経済史	○	○	○	○	○
		文化史	○				
		世界史総合					
	日本史と世界史の関連		○	○	○	○	○
	歴史総合						
公民的分野	家族と社会生活				○		
	経済生活		○			○	○
	日本経済						
	憲法（日本）			○	○	○	○
	政治のしくみ		○	○	○	○	○
	国際経済						
	国際政治		○	○	○		○
	その他		○	○	○	○	○
	公民総合						
各分野総合問題			○	○	○	○	○

豊田大谷高等学校

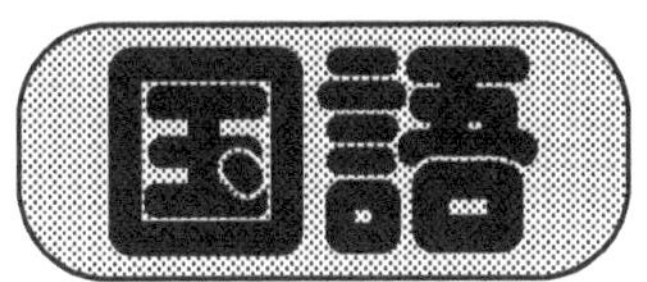

出題傾向の分析と 合格への対策

●出題傾向と内容

本年度も，論理的文章の読解問題と文学的文章の読解問題，古文の読解問題がそれぞれ1題ずつの計3題の大問構成であった。

論理的文章では論説文が採用され，文脈把握や内容吟味を通して筆者の考えを正確に捉えさせる出題となっている。

文学的文章は小説が採用され，情景や心情の理解が主に問われている。漢字の読み書きや語句の意味，表現技法や慣用句などの知識問題も大問に含まれて出題されている。

古文は現代語訳が付されており，仮名遣いや口語訳，大意などが幅広く問われた。古典単語や古典文法の知識が必要なものも出題されている。解答は全て記号選択式となっている。

学習のポイント

読解問題は，傍線部前後の文章や段落をしっかり読むことを意識しよう。接続語や指示語に注目して学習をすすめよう。

●2024年度の予想と対策

来年度も読解力と国語知識を混合した出題が続くものと考えられる。

現代文は，文章全体の話題や筆者の主張の読み取り，登場人物の把握，理由説明などが中心になる。本校の過去問や類似問題を数多く練習して，選択肢の検討・分析力をつけておくことが重要である。また知識事項の比重も高い。漢字の読み書きや語句の意味・慣用句などの基本事項のほか，品詞の識別などの文法や同義語・対義語，表現技法なども確実に習得すること。

古文は，人物関係を把握したうえでそれぞれの主語をおさえ，正確な口語訳ができるように練習を積んでおこう。

▼年度別出題内容分類表 ……

		出題内容	2019年	2020年	2021年	2022年	2023年
内容の分類	読解	主題・表題					
		大意・要旨	○	○	○	○	○
		情景・心情	○	○	○	○	○
		内容吟味	○	○	○	○	○
		文脈把握	○	○	○	○	○
		段落・文章構成					
		指示語の問題	○	○	○	○	○
		接続語の問題	○	○	○	○	○
		脱文・脱語補充	○	○	○	○	○
	漢字・語句	漢字の読み書き	○	○	○	○	○
		筆順・画数・部首					
		語句の意味	○	○	○	○	○
		同義語・対義語	○	○	○	○	
		熟語	○	○		○	
		ことわざ・慣用句				○	○
	表現	短文作成					
		作文(自由・課題)					
		その他					
	文法	文と文節				○	○
		品詞・用法		○	○	○	
		仮名遣い		○	○	○	○
		敬語・その他					
	古文の口語訳				○	○	○
	表現技法			○		○	○
	文学史		○	○	○	○	
問題文の種類	散文	論説文・説明文	○	○	○	○	○
		記録文・報告文					
		小説・物語・伝記	○	○	○	○	○
		随筆・紀行・日記					
	韻文	詩					
		和歌(短歌)					
		俳句・川柳					
	古文		○	○	○	○	○
	漢文・漢詩						

豊田大谷高等学校

2023年度 合否の鍵はこの問題だ!!

数学　問題4

誘導形式の問題となっているため，1問ずつ順番に解いていかなければならない。

(1)　円周角の定理から，△CBDがCB＝CDの二等辺三角形であることに気づく必要がある。円周角の定理より，∠CBD＝∠CAD，∠BAC＝∠BDC　　よって，∠CBD＝∠CAD＝∠BAC＝∠BDCとなるから，△CBDはCB＝CDの二等辺三角形である。従って，CD＝CB＝4

(2)　相似な図形の面積比は相似比の2乗であることを利用する。△ABEと△DCEにおいて，∠BAE＝∠CDE，∠AEB＝∠DECより，2組の角がそれぞれ等しいので，△ABE∽△DCE　　相似比はAB：DC＝8：4＝2：1であるから，△ABE：△DCE＝2^2：1^2＝4：1

(3)　角の二等分線の定理と高さの等しい三角形の面積比が底辺の比と等しくなることを利用する。角の二等分線の定理より，BE：DE＝AB：AD＝4：3　　△BCEと△DCEは底辺をそれぞれBE，DEとすると高さは等しいので，△BCE：△DCE＝BE：DE＝4：3　　ここで，△BCE＝4S，△DCE＝3Sとおく。(2)より，△ABE：△DCE＝4：1であるから，△ABE＝12S　　△ABEと△ADEは底辺をそれぞれBE，DEとすると高さが等しいので，△ABE：△ADE＝BE：DE＝4：3なので，12S：△ADE＝4：3　△ADE＝9S　　したがって，四角形ABCD＝△ABE＋△BCE＋△DCE＋△ADE＝12S＋4S＋3S＋9S＝28Sとなるから，△BCEは四角形ABCDの$\frac{4S}{28S}=\frac{1}{7}$(倍)である。

英語　問題7　問1，問4

語句整序問題はきちんと知識が身についていないと正確な英文を作れないため，思ったように得点できない受験生も多いだろう。また，問題数が多かったため，慣れていないと時間がかかってしまったのではないかと考えられる。その中で注意が必要な問題は問1と問4である。

問1　英単語から「彼女は北海道に住んでいる私の親友だ」という日本語になるとわかる。「北海道に住んでいる親友」は関係代名詞 who を用いて作ればよいが，日本語の語順と異なり，my best friend who lives in Hokkaido となる点に注意が必要である。

問4　「私は多くの人に愛される歌手になりたい」という英文を作ればよいが，「多くの人に愛される歌手」は問1同様に，日本語と異なる語順になるので気をつけたい。過去分詞の形容詞的用法を用いて，a singer loved by many people となる。

関係代名詞や分詞，不定詞の形容詞的用法など後置修飾は，日本語と英語の語順が異なるため出題されやすい。過去問や問題集を用いて，これらの問題を数多く解くようにしよう。

また，決まった表現をおさえることで解ける問題が多いため，教科書レベルの問題集を繰り返し解くことで，基本的な表現をきちんとおさえるようにしたい。

理科 問題3

大問が8題で，物理，化学，生物分野から2題ずつ，地学分野からは1題の出題であった。問題レベルは全般的には標準的なレベルで，基礎力を確かめる良問であった。

今回合否を分ける鍵となった問題として，問題3の電流と電圧の計算問題を取り上げる。計算問題の出題数が多い問題であった。

11 オームの法則より，(抵抗)＝(電圧)÷(電流)なので，$9\div3=3(\Omega)$である。

12 (消費電力)＝(電圧)×(電流)より，$9\times3=27$(W)である。

13 電熱線で発生する熱量(J)は，(電力)×(時間)(秒)で求まる。$27\times120=3240$(J)である。

14 図2のグラフより，1分で3℃温度が上昇するので，7分で21℃上昇し$14+21=35$(℃)に達する。

15 39℃にするには，$39-14=25$(℃)温度を上げなければならない。これにかかる時間は$25\div3=8\frac{1}{3}$＝8(分)20(秒)である。

16 (発熱量)＝(電力)×(秒)なので，同じ発熱量を得るとき電力と時間は反比例する。27Wの電熱線を18Wに変えたので，かかる時間は$\frac{27}{18}=1.5$(倍)になる。

計算問題の出題が多いが，全体的に標準的なレベルの問題で難問はない。教科書を中心に学習し，偏りのない理科全般の基本的な知識を身につけるようにしたい。問題数が多めであるので解ける問題から解答するようにしたい。また，出題形式がマーク式であり，あまり普段から慣れていない人も多いと思われる。解答のマークミスには十分注意したい。

社会 問題2 7，問題6 38

問題2 7 地理の設問で，日本の諸地域の特色として，ニュータウンを考えさせ，社会的関心度を評価する問題である。人口減少の波は地方の農山村だけでなく，都会の「ニュータウン」も直撃している。高度経済成長期に開発され，団塊世代の「あこがれ」として輝いていたニュータウンも，その老朽化，高齢化が進み，深刻化する問題解決に向けた取り組みが各地で始まっている。東京の多摩，大阪の千里と並ぶ「3大ニュータウン」の一つである愛知県春日井市の高蔵寺ニュータウンも例外ではない。住民は高齢化だけでなく，格差が激しい。ニュータウンも昔はあこがれだったのかもしれないが，この高蔵寺ニュータウンのように1人暮らしの老人の“はきだめ”みたいなところになってしまっているところもある。

問題6 38 公民の経済のしくみに関する頻出の設問である。需要と供給の関係を示したグラフを考察し，その原理を答えさせ，思考力を評価している。需要と供給とは，簡単に言えば，商品の数がたくさんあれば価格は安くなり，供給が少なくなると価格が上昇し，需要が減少することを指す。したがって，需要と供給の法則とは，ある製品やサービスに対する需要，その製品やサービスの供給，そして消費者が支払える価格との三者間の関係であると言える。需要と供給の両曲線が交差する点が均衡価格である。均衡価格とは，ある製品の供給量とその製品の需要量が等しくなる点を指す。設問は超過需要(品不足)の時の変化をたずねているので，需要曲線が右に移動して，価格が高くとも売れる状況，というのが答えになる。

国語　問題二　問九

★ 合否を分けるポイント

問題自体は難解ではないが，時間に比して設問数が多いので，効率よく解答しよう。選択肢の問題では，選択肢の末尾に着目することが一つのポイントとなる。末尾から違うと判断したものを外して，残された選択肢を検討することで時間短縮を図ろう。

★ こう答えると「合格」できない！

それぞれの選択肢の「現実的」や「優柔不断」の意味を正確に理解していないと，選択に迷いが生じて時間が足りなくなり「合格」できない。普段から正確な意味を覚えておくために，意味があやふやなものは辞書で調べる習慣をつけよう。本文だけではなく，他の設問でも最終的な力となるはずだ。

★ これで「合格」！

人物像をとらえるには，その人物の言動に着目することが基本だ。ただし，本問では，人物の言動とそれぞれの選択肢を丁寧に照合する時間を取ることは期待できない。そのような場合には，全文を読んだ感想をもとに，選択肢の末尾に着目して「私」が「思いやりのある人物」なのか「思いやりのない人物」なのかを判断することで，選択肢をしぼろう。「私」は最終的には「うん，いいと思うよ」と父の考えを尊重しているので，①と③の「思いやりのない人物」は合わない。ここで，⓪と②にしぼって判断しよう。「私」は，「今日で父さんを辞めようと思う」「仕事を辞めようかなと思っている」という父親の言葉に驚いているが，直ちゃんの言葉を聞いて「いいと思うよ」と賛成している。この様子に，②のぐずぐずして決断できないという意味の「優柔不断」は合わないことを確認すれば，正答の候補として⓪に注目できる。「父さんが仕事辞めて，どうやって生活するの？」という「現実的」な不安を訴えながらも，最終的には「父さん」の考えを尊重していることから，「私」の人物像として⓪が適切と判断できれば「合格」だ！

大切なことはメモしておこうネ！

ダウンロードコンテンツのご利用方法

※弊社 HP 内の各書籍ページより，解答用紙などのデータダウンロードが可能です。

※巻頭「収録内容」ページの下部 QR コードを読み取ると，書籍ページにアクセスが出来ます。（ Step 4 からスタート）

Step 1 東京学参 HP（https://www.gakusan.co.jp/）にアクセス

Step 2 下へスクロール『フリーワード検索』に書籍名を入力

Step 3 検索結果から購入された書籍の表紙画像をクリックし，書籍ページにアクセス

Step 4 書籍ページ内の表紙画像下にある『ダウンロードページ』を クリックし，ダウンロードページにアクセス

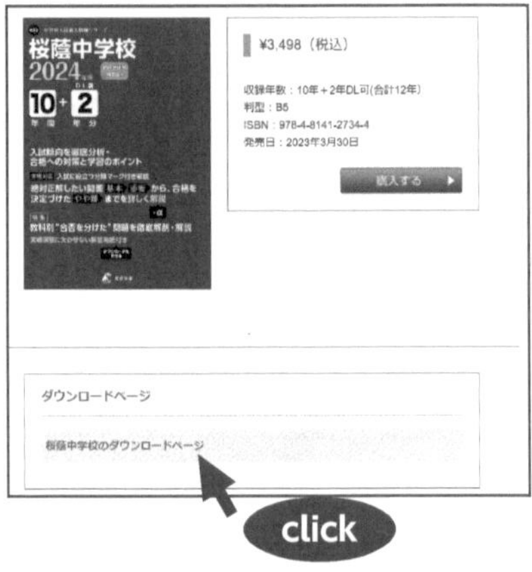

Step 5 巻頭「収録内容」ページの下部に記載されている パスワードを入力し，『送信』をクリック

解答用紙・+αデータ配信ページへスマホでアクセス！ ⇒ 

＊データのダウンロードは 2024 年 3 月末日まで。

＊データへのアクセスには，右記のパスワードの入力が必要となります。 ⇒ ●●●●●●

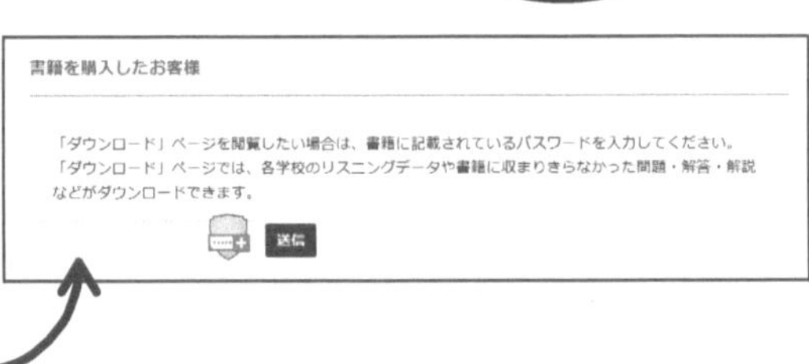

Step 6 使用したいコンテンツをクリック

※ PC ではマウス操作で保存が可能です。

2023年度

★★★★★★★★★★★★★★★★★★★★★★★★★★

入　試　問　題

2023年度

豊田大谷高等学校入試問題

【数　学】（40分）　　＜満点：100点＞

解答上の注意

問題文中の$\boxed{1}$，$\boxed{2}\boxed{3}$，$\dfrac{\boxed{4}}{\boxed{5}}$などの□には，数字（0から9），または符号（－）のいずれか一つが入ります。それらを解答カードの1，2，3，…で示された解答欄にマークして答えなさい。ただし，(±) は使用しません。

【注意】 $\boxed{2}\boxed{3}$のような解答の場合，2には0は入りません。また，$4\sqrt{2}$と答えるところを，$2\sqrt{8}$のように答えてはいけません。

例1 $\boxed{1}$の答えを6，$\boxed{2}\boxed{3}$の答えを97とする場合，右のようにマークしなさい。

	±	−	0	1	2	3	4	5	6	7	8	9
1	±	−	0	1	2	3	4	5	●	7	8	9
2	±	−	0	1	2	3	4	5	6	7	8	●
3	±	−	0	1	2	3	4	5	6	●	8	9

例2 $\dfrac{\boxed{4}}{\boxed{5}}$の答えを$\dfrac{3}{8}$とする場合，右のようにマークしなさい。特に分数で答える場合，解答番号に注意し，マークしなさい。

	±	−	0	1	2	3	4	5	6	7	8	9
4	±	−	0	1	2	●	4	5	6	7	8	9
5	±	−	0	1	2	3	4	5	6	7	●	9

〈練習問題〉

(1)　$7-10=\boxed{1}\boxed{2}$　　　(2)　$\dfrac{1}{3}+\dfrac{4}{3}=\dfrac{\boxed{3}}{\boxed{4}}$

練習問題用解答欄

	±	−	0	1	2	3	4	5	6	7	8	9
1	±	−	0	1	2	3	4	5	6	7	8	9
2	±	−	0	1	2	3	4	5	6	7	8	9
3	±	−	0	1	2	3	4	5	6	7	8	9
4	±	−	0	1	2	3	4	5	6	7	8	9

練習問題解答

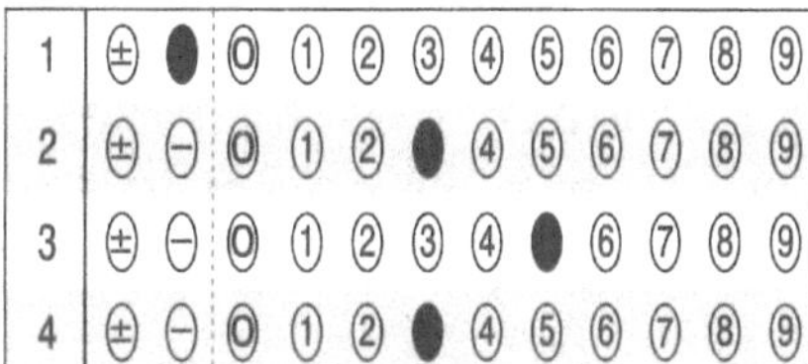

	±	−	0	1	2	3	4	5	6	7	8	9
1	±	●	0	1	2	3	4	5	6	7	8	9
2	±	−	0	1	2	●	4	5	6	7	8	9
3	±	−	0	1	2	3	4	●	6	7	8	9
4	±	−	0	1	2	●	4	5	6	7	8	9

問題1　後の問いに答えなさい。

(1)　$13-9\div(-3)$ を計算すると，$\boxed{1}\boxed{2}$である。

(2)　$2^2+(-2)^2-(-1)^2+1$ を計算すると，$\boxed{3}$である。

(3)　$2x-\dfrac{5x+1}{4}=\dfrac{9}{2}$を解くと，　$x=\dfrac{\boxed{4}\boxed{5}}{\boxed{6}}$である。

(4)　yがxに反比例し，$x=6$のとき$y=8$である。
このとき，$x=-16$のときのyの値は$\boxed{7}\boxed{8}$である。

(5)　$\sqrt{12}-5\sqrt{3}+2\sqrt{27}+\sqrt{75}$を計算すると，$\boxed{9}\sqrt{\boxed{10}}$である。

(6)　連立方程式 $\begin{cases}3x-2y=24\\2x+y=-5\end{cases}$ を解くと，$x=\boxed{11}$，$y=\boxed{12}\boxed{13}$である。

(7) $(2a+5)(2a-5)-(a+6)^2$を計算すると，⑭ a^2 −⑮⑯ a −⑰⑱である。

(8) $3x^2+3x-60$を因数分解すると，⑲$(x+$⑳$)(x-$㉑$)$ である。

(9) 半径18cmの円の面積は，半径９cmの円の面積の㉒倍である。

(10) 240を自然数 n で割ると，ある自然数の２乗になるという。
このとき，自然数 n の最小値は㉓㉔である。

(11) ゆうた君と父親の年齢の差は25歳である。９年後にゆうた君の年齢が父親の年齢の半分になるとき，ゆうた君の現在の年齢は，㉕㉖歳である。

(12) 次の11個のデータの第３四分位数を求めると，㉗㉘である。

27，14，17，7，6，18，4，12，2，9，6

問題２　女子６人と男子６人の12人で，あるゲームを行ったところ，女子の得点の平均値は５点，男子の得点の平均値は4.5点であった。下の表は12人の得点を記入した表であるが，墨をこぼしてしまい一部の得点データが見えなくなってしまった。このとき，次の問いに答えなさい。

性別	女子	女子	女子	女子	女子	女子	男子	男子	男子	男子	男子	男子
得点	7	6	3	2					5	9	4	1

(1) データが見えている８人の中央値は㉙．㉚点である。

(2) データが見えている８人の平均値は㉛．㉜㉝㉞点である。

(3) 12人全員の平均値は㉟．㊱㊲点である。

(4) データが見えなくなった４人だけの平均値は㊳点である。

問題３　大小２つのさいころを同時に１回振り，大きいさいころの出た目を a，小さいさいころの出た目を b とし，点P$(a,\ b)$ を下の図のような座標平面上にとる。ただし，２つのさいころの目の出方はそれぞれ同様に確からしいものとする。このとき，後の問いに答えなさい。

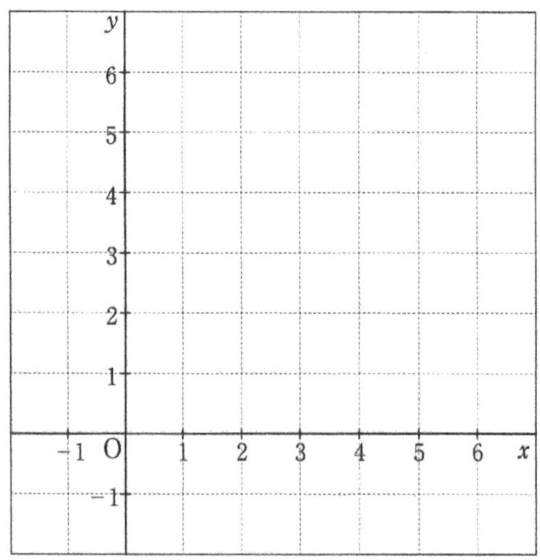

(1) 点Pの取り方は全部で㊴㊵通りある。

⑵　点Pが直線 $y=-x+5$ 上にある確率は $\frac{\boxed{41}}{\boxed{42}}$ である。

⑶　原点Oから点Pまでの距離が $\sqrt{2}$ となる確率は $\frac{\boxed{43}}{\boxed{44}\boxed{45}}$ である。

問題4　下の図のように，円周上にA，B，C，D，があり，ACとBDの交点をEとする。
∠BAC＝∠CAD，AB＝8，BC＝4，AD＝6であるとき，次の問いに答えなさい。

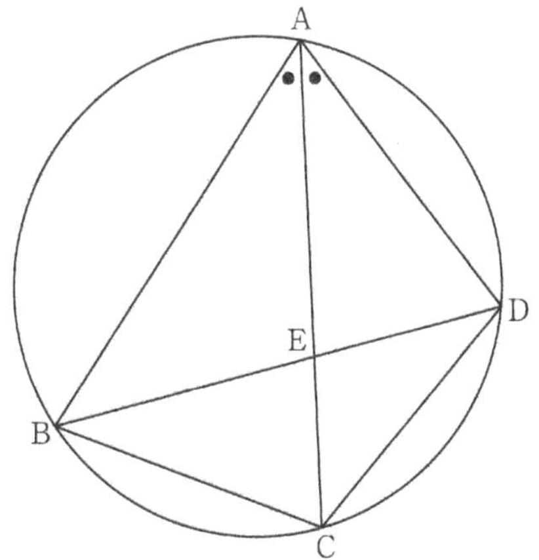

⑴　CDの長さは$\boxed{46}$である。

⑵　△ABEと△DCEの面積比を最も簡単な整数比で表すと，
△ABE：△DCE＝$\boxed{47}$：$\boxed{48}$である。

⑶　△BCEの面積は四角形ABCDの面積の $\frac{\boxed{49}}{\boxed{50}}$ 倍である。

問題5　次のページの図のように，放物線 $y=-\frac{1}{6}x^2$…①と直線 $y=\frac{1}{3}x-4$…②の２つの交点をそれぞれA，Bとする。また，直線②と y 軸の交点をC，放物線①上を原点Oから点Bまで動く点をP，直線APと y 軸の交点をQ，点Aの x 座標を－６とする。
このとき，次の問いに答えなさい。

⑴　点Aの y 座標は$\boxed{51}\boxed{52}$である。

⑵　点Bの座標は $\left(\boxed{53},\ \frac{\boxed{54}\boxed{55}}{\boxed{56}}\right)$ である。

⑶　△OAQの面積が△OPQの面積の３倍であるとき，
点Pの座標は $\left(\boxed{57},\ \frac{\boxed{58}\boxed{59}}{\boxed{60}}\right)$ である。

⑷　点Pの x 座標が３であるとき，△OPCと△PBCの面積比を最も簡単な整数比で表すと
△OPC：△PBC＝$\boxed{61}$：$\boxed{62}$である。

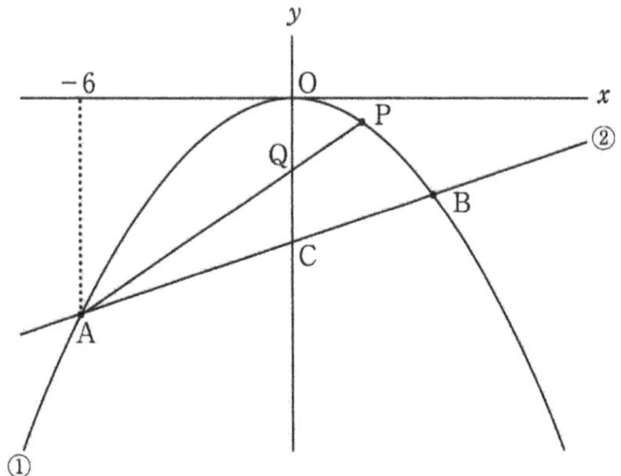

y
−6
O
x
P
Q
②
B
C
A
①

【英　語】（40分）　<満点：100点>

問題１　次の文章を読んで，後の問いに答えなさい。

An old man started to live with his son, daughter-in-law, and four-year-old grandson. The old man's hands shook, his eyes were weak, and he walked slowly.

The family ate together at the dinner table every night. But (ア)<u>his shaking hands and weak sight made eating very difficult</u>. Beans rolled off his spoon onto the floor. When he lifted his glass, milk would often fall on the tablecloth. The son and daughter-in-law became angry with him. "We must (イ)<u>do something</u> about my dad," said the son. "I've had enough of his milk on the tablecloth, noisy eating, and food on the floor." So, the husband and wife set a small table in the corner. There, the old man ate alone while the rest of the family enjoyed dinner at the dinner table.

Since the old man had broken a dish or two, his food was served in a wooden bowl. Sometimes when the family looked at him, he had a tear in his eye as he ate alone. Still, the only words the couple had for him were （　ウ　） words when he dropped a fork or some food. The four-year-old watched everything in silence.

One evening before dinner, the father saw his son playing with some pieces of wood on the floor. With a sweet voice, he asked the child, "What are you doing?" With a sweet voice, the boy said, "Oh, I am making a little bowl for you and Mom to eat your food from when I grow up." He smiled and went back to work. The words so struck the parents that (エ)<u>they</u> could not speak. Then tears started to roll down their cheeks. Realizing how cruel they had been, they both held their son tightly, then their father. That evening the husband took the old man's hand and gently led him back to the （　オ　） table.

For the rest of his days he ate every meal with the family. And, husband and wife didn't care any longer when a fork was dropped, or the tablecloth was dirtied.

【注】 daughter-in-law：義理の娘　grandson：孫息子　shook：shake（震える）の過去形
sight：視力　roll：転がる，流れ落ちる　noisy：うるさい　served：serve（出す）の過去分詞形
wooden bowl：木の器　tear：涙　cruel：ひどい　in silence：黙って
struck：strike（～に衝撃を与える）の過去形　cheek：ほほ　gently：優しく　meal：食事
care：気にする　dirtied：dirty（汚す）の過去分詞形

問１　下線部（ア）の日本語訳で，最も適切なものを次の⓪～③から１つ選び，その番号をマークしなさい。　1

⓪彼の震える手で，サイトを見ながら食事を作ったが，とても難しかった。
①彼は手を震わせながら，週１回のサイトで，とても難しい食事を作った。
②彼の震える手と弱視によって，食事がとても難しかった。
③彼は震える手と弱い視力でも，食事を作ったが，とても難しかった。

問２　下線部（イ）の「何かをする」とは，具体的に何をするのか。最も適切なものを次の⓪～③か

ら１つ選び，その番号をマークしなさい。 2

⓪叱ること　①十分なミルクを用意すること

②夕食を楽しむこと　③角に小さいテーブルを置くこと

問３　(ウ) に入る語で，最も適切なものを次の⓪～③から１つ選び，その番号をマークしなさい。 3

⓪ cruel　① sweet　② new　③ only

問４　下線部 (エ) は，具体的に誰を指しているか。最も適切なものを次の⓪～③から１つ選び，その番号をマークしなさい。 4

⓪母親と父親　①母親と息子　②父親と息子　③両親と息子

問５　(オ) に入る語で，最も適切なものを次の⓪～③から１つ選び，その番号をマークしなさい。 5

⓪ small　① wooden　② clean　③ family

問６　本文における登場人物の人数を次の⓪～③から１つ選び，その番号をマークしなさい。 6

⓪３人　①４人　②５人　③６人

問７　本文で，読者に対して伝えたかった内容を表す最も適切なものを次の⓪～③から１つ選び，その番号をマークしなさい。 7

⓪子どもは，ときにとてもよく物事を見ている

①家族間の虐待はやめるべきである

②家族みんなで仲良く食事をとるべきである

③食事の際は，テーブルマナーを守る

問８　本文にタイトルをつけるとするならば，最も適切なタイトルを次の⓪～③から１つ選び，その番号をマークしなさい。 8

① The Old Man

② The Family

③ The Dinner

④ The Wooden Bowl

問題２　次の単語で，最も強く発音する位置をそれぞれ⓪～②から１つ選び，その番号をマークしなさい。

問１　sci-en-tist (⓪ ① ②) 9　問２　re-mem-ber (⓪ ① ②) 10　問３　un-der-stand (⓪ ① ②) 11

問４　ba-nan-a (⓪ ① ②) 12　問５　af-ter-noon (⓪ ① ②) 13

問題３　左の語と下線部の発音が同じ語を (　) 内から１つ選び，その番号をマークしなさい。

問１　young　(⓪ cloud　① enough　② mouth　③ now) 14

問２　break　(⓪ great　① dead　② season　③ already) 15

問３　have　(⓪ family　① came　② small　③ plane) 16

問４　cold　(⓪ come　① often　② open　③ stop) 17

問５　run　(⓪ student　① introduce　② fun　③ busy) 18

問題４　次の会話の意味が通るように，（□）内に入る最も適切なものをそれぞれ⓪～③から１つ選び，その番号をマークしなさい。

問１　A : Jane, it's already three o'clock.　(19)
B : Hold on.　I'm looking for my hat.
A : Hurry up!　I don't want to miss the plane.
⓪ What time is it?　① Are you sure?
② When are you going?　③ Are you ready?

問２　A : Hi, Tom.　(20)
B : I believe I did better than last time.
A : I'm glad to hear that.
⓪ When did you come here?　① Do you feel better?
② How was your test?　③ How's the weather?

問３　A : Mom, come here, please.　This TV must be broken.
B : Wait, Kate.　(21)　I'll be there later.
⓪ Dad will find you.　① I have to do this first.
② I want this TV.　③ It's not for you.

問４　A : Shall we meet in front of the Chinese restaurant?
B : Well, I don't know the place well, so (22)
A : OK.　See you later.
⓪ how about at the station?　① what shall we eat?
② I can walk there.　③ I'll take you there.

問５　A : Cathy, I'm going to cook dinner.　Can you buy some eggs?
B : Yes, Mom.　(23)
A : Six are enough.
⓪ When do you cook?　① How many do you need?
② I'm not hungry.　③ I'm busy at the moment.

問６　A : I'm thinking of starting a sport.　Do you often practice tennis?
B : (24)　You can try it if you're interested.
⓪ Twice a week.　① I practiced very hard.
② You're a good swimmer.　③ I think so, too.

問７　A : How was your stay in Kyoto?
B : The temple covered with snow was really beautiful.　(25)
A : Did you?　I'd like to see them.
⓪ I took some pictures.　① My favorite is Kiyomizu-dera.
② My grandparents live there.　③ I went there by train.

問８　A : My friend plays soccer and I'm going to join him this Sunday.
B : Oh, really?　(26)
A : Never.　This is the first time.
⓪ What time does it start?　① How do you like the sport?

②Would you like to come with me?　③Have you ever played soccer?

問題５　次の各文の意味が通るように，（□）内に入る最も適切なものをそれぞれ⓪～③から１つ選び，その番号をマークしなさい。

問１　I called Mike, but he (27) answer.
⓪didn't　①don't　②doesn't　③isn't

問２　(28) long are you going to stay in Kobe?
⓪What　①How　②Why　③When

問３　They (29) to do the work at once.
⓪must　①have　②has　③should

問４　(30) you take me to the zoo?
⓪Will　①Must　②May　③Shall

問５　(31) do you like better, spring or fall?
⓪How　①What　②Which　③Why

問６　This book is (32) than that one.
⓪good　①gooder　②better　③best

問７　My brother gets up the (33) in my family.
⓪early　①earlyer　②earlier　③earliest

問８　This machine was (34) by Mr. Smith.
⓪made　①makes　②maked　③make

問９　This castle was selected (35) a World Heritage Site.
⓪of　①in　②as　③for

問10　I'm thirsty, so I want something (36).
⓪drink　①drinks　②drinking　③to drink

問題６　次の２つの文がほぼ同じ意味を表すように（□）内に入る最も適切なものをそれぞれ⓪～③から１つ選び，その番号をマークしなさい。

問１　I always drive to the hospital.
I always (37) to the hospital by car.
⓪go　①ride　②driving　③use

問２　Akira came to China last year.
Akira (38) in China since last year.
⓪have been　①has been　②had come　③has come

問３　Hiroaki was so busy that he could not come here.
Hiroaki was (39) busy to come here.
⓪so　①not　②very　③too

問４　Don't leave the door open.
You (40) leave the door open.
⓪must not　①have to　②have not　③would not

問５　Let's play basketball.
([41]) we play basketball?
⓪ Shall　　① Will　　② Can　　③ Must

問６　Makoto was happy to hear the news.
The news ([42]) Makoto happy.
⓪ make　　① made　　② become　　③ became

問題７　次の各文の意味が通るように【　】内の語句を並べ替えたとき，【　】内で３番目に来る語句を選び，その番号をマークしなさい。
ただし，文頭にくる語も小文字になっている。

問１　She【 who / is / lives / best / in / my / friend 】Hokkaido. [43]
⓪ who　① is　② lives　③ best　④ in　⑤ my　⑥ friend

問２　【 playing / the / is / who / piano 】in that room? [44]
⓪ playing　① the　② is　③ who　④ piano

問３　【 do / many / how / have / you / books 】? [45]
⓪ do　① many　② how　③ have　④ you　⑤ books

問４　I【 a / singer / be / to / by / want / loved 】many people. [46]
⓪ a　① singer　② be　③ to　④ by　⑤ want　⑥ loved

問５　【 run / hospital / the / in / don't 】. [47]
⓪ run　① hospital　② the　③ in　④ don't

問６　He【 playing / good / is / at / soccer / not 】. [48]
⓪ playing　① good　② is　③ at　④ soccer　⑤ not

問７　【 you / with / me / can / help / my 】cooking? [49]
⓪ you　① with　② me　③ can　④ help　⑤ my

問８　【 my / shops / near / were / many / there 】house ten years ago. [50]
⓪ my　① shops　② near　③ were　④ many　⑤ there

問９　【 when / children / TV / watching / my / were 】I called them. [51]
⓪ when　① children　② TV　③ watching　④ my　⑤ were

問10　I think【 is / understand / you / it / to / for / difficult 】his opinion. [52]
⓪ is　① understand　② you　③ it　④ to　⑤ for　⑥ difficult

【理　科】（40分）　＜満点：100点＞

問題１　図１，図２，図３のように厚紙に２本の糸をつけ，２つのばねばかりでそれぞれの向きと力の大きさで引っぱった。次の問いに答えよ。

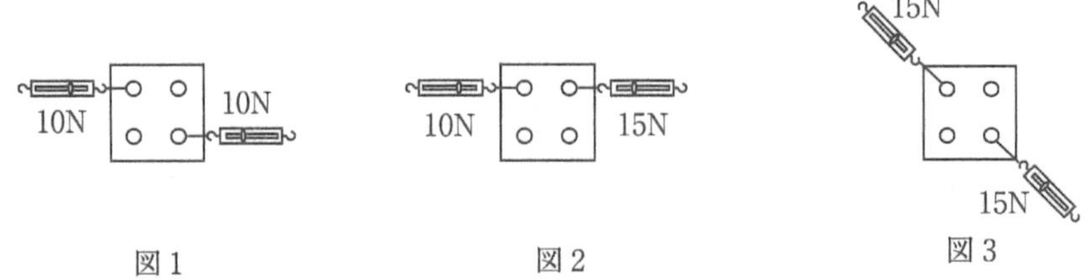

図１　　図２　　図３

[1]　図１の２つの力について⓪～③から１つ選び，マークしなさい。

⓪　つり合っている。
①　力の大きさが等しくないため，つり合っていない。
②　一直線上にないため，つり合っていない。
③　向きが反対ではないため，つり合っていない。

[2]　図２の２つの力について[1]から１つ選び，マークしなさい。

[3]　図３の２つの力について[1]から１つ選び，マークしなさい。

[4][5]　次の力のうち，離れていてもはたらく力はどれか。最も適したものを次の⓪～④から２つ選び，1つずつマークしなさい。（順不同）

⓪　磁力　①　弾性力　②　垂直抗力　③　摩擦力　④　重力

問題２　下の図は，質量300ｇの物体を机の上に置き，ひもをつけて真上に２Ｎの力で引いたようすである。次の文を読んであとの問いに答えなさい。ただし，質量100ｇの物体にはたらく重力の大きさを１Ｎとし，図の１マスは１Ｎを表すものとする。

> 図に，物体にはたらく重力を矢印で書き込むと，作用点は（　ア　）となり，下方向に（　イ　）マス分の矢印を書けばよい。また，垂直抗力を書き込むと，作用点は（　ウ　）となり，上方向に（　エ　）マスの矢印を書けばよい。

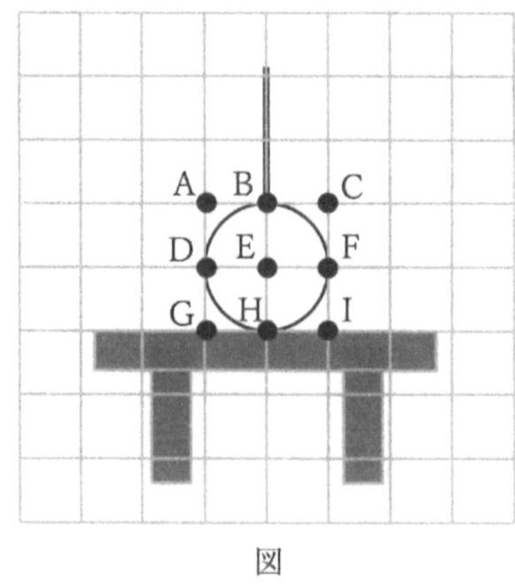

図

6　文中の（ア）に当てはまる記号は図中のどれか。最も適したものを次の⓪～⑧から１つ選び，マークしなさい。

⓪　A　①　B　②　C　③　D　④　E　⑤　F　⑥　G　⑦　H　⑧　I

7　文中の（イ）に当てはまる数をマークしなさい。

8　文中の（ウ）に当てはまる記号は図中のどれか。最も適したものを次の⓪～⑧から１つ選び，マークしなさい。

⓪　A　①　B　②　C　③　D　④　E　⑤　F　⑥　G　⑦　H　⑧　I

9　文中の（エ）に当てはまる数をマークしなさい。

問題３　図１のような装置を使って以下のような手順で実験を行い，結果を図２のグラフにした。あとの問いに答えなさい。

【実験手順】

Ⅰ．カップに水100ｇをいれ，水温を調べて記録する。

Ⅱ．９Ｖの電圧を加えたところ，電流計が３Ａを示した。

Ⅲ．ときどきかき混ぜながら，１分ごとに水温を記録する。

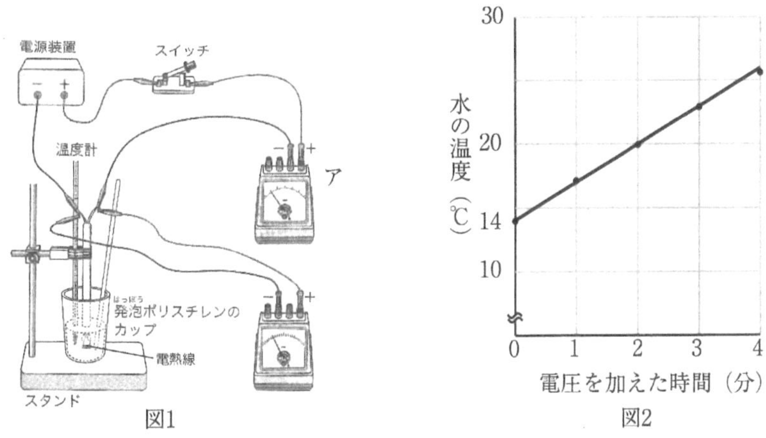

図1　図2

10　図１のアの測定器の名称と，配線の手順の組み合わせとして，最も適したものをあとの⓪～③から１つ選び，マークしなさい。

⓪　測定器　電流計

　　手順　始めに－端子の５Ａに導線をつなぎ，針の振れ次第で500mA，50mAの順に小さい方へつなぎ変える。

①　測定器　電流計

　　手順　始めに－端子の50mAに導線をつなぎ，針の振れ次第で500mA，５Ａの順に，大きい方へつなぎ変える。

②　測定器　電圧計

　　手順　始めに－端子の300Ｖに導線をつなぎ，針の振れ次第で15Ｖ，３Ｖの順に，小さい方へつなぎ変える。

③　測定器　電圧計

　　手順　始めに－端子の３Ｖに導線をつなぎ，針の振れ次第で15Ｖ，300Ｖの順に，大きい方へつなぎ変える。

11 この電熱線の抵抗は何Ωか。最も適したものを次の⓪～④から１つ選び，マークしなさい。

⓪ 1Ω ① 2Ω ② 3Ω ③ 18Ω ④ 27Ω

12 この電熱線の電力は何Wか。最も適したものを次の⓪～④から１つ選び，マークしなさい。

⓪ 1W ① 3W ② 9W ③ 18W ④ 27W

13 ２分間で電熱線から発生する熱量は何Ｊか。最も適したものを次の⓪～④から１つ選び，マークしなさい。

⓪ 18J ① 54J ② 108J ③ 1620J ④ 3240J

14 図２のグラフの結果から，電圧を加えてから７分後の水の温度は何℃だと考えられるか。最も適したものを次の⓪～④から１つ選び，マークしなさい。

⓪ 29℃ ① 31℃ ② 33℃ ③ 35℃ ④ 37℃

15 図２のグラフの結果から，水の温度が39℃になるのは電圧を加えてからかかった時間はどれくらいか。最も適したものを次の⓪～④から１つ選び，マークしなさい。

⓪ 7分40秒 ① 8分 ② 8分20秒 ③ 8分40秒 ④ 9分

16 電力が18Wの電熱線を使用し，今回と同じ発熱量にするためには電圧を加える時間を何倍にする必要があるか。最も適したものを次の⓪～④から１つ選び，マークしなさい。

⓪ 0.5倍 ① 1.0倍 ② 1.5倍 ③ 2.0倍 ④ 2.5倍

問題４ 実験１，２を読んで，あとの問いに答えなさい。

［実験１］

ガスバーナーを用いて，燃焼さじの上で粉末Ａを加熱したあと，図１のように，石灰水を入れた集気びんの中で粉末Ａが燃え尽きるのを待った。その後，燃焼さじの上を確認すると炭が残っていた。図２は実験で用いたガスバーナーを表したものである。

［実験２］

図３のように，加熱前の粉末Ａを一定量の水に溶かし，そのときのようすを観察した。

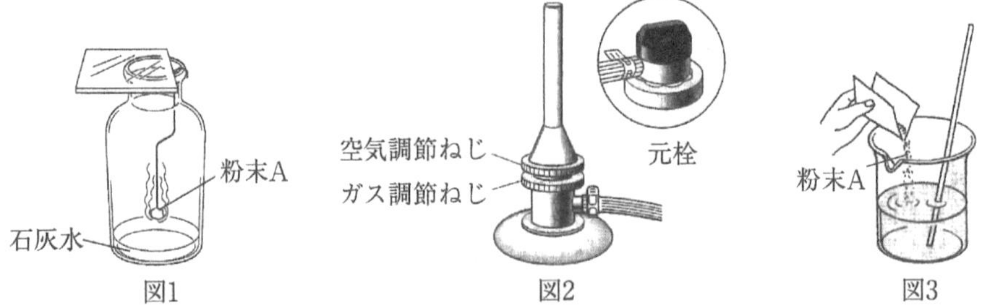

図1　図2　図3

17 火が消えた後，燃焼さじを取り出しフタをして振ると白くにごった。発生した気体は何か。次の⓪～③から１つ選び，マークしなさい。

⓪ 酸素 ① 窒素 ② 二酸化炭素 ③ 一酸化炭素

18 粉末Ａのように加熱すると炭になり，17の気体を発生する物質のことを何というか。次の⓪～③から１つ選び，マークしなさい。

⓪ 導体 ① 有機物 ② 半導体 ③ 無機物

19 次の⓪～③はガスバーナーに点火するときの操作である。操作順に並べたとき３番目の操作として適切なものを⓪～③から１つ選び，マークしなさい。

⓪ 火のついたマッチを近づけ，ガス調節ねじを開ける。

① ガスの元栓を開ける。

② ガス調節ねじを回して火の大きさを調節する。

③ 空気調節ねじを回して青色の炎にする。

20 実験２より加熱する前の粉末Ａを水に入れると溶けた。実験1，2の結果から粉末Ａは何か。次の⓪～③から１つ選び，マークしなさい。

⓪ 食塩　① 片栗粉　② 小麦粉　③ 砂糖

21 20の問題より，水に溶けた物質のようすとして最も適したものを次の⓪～③から１つ選び，マークしなさい。

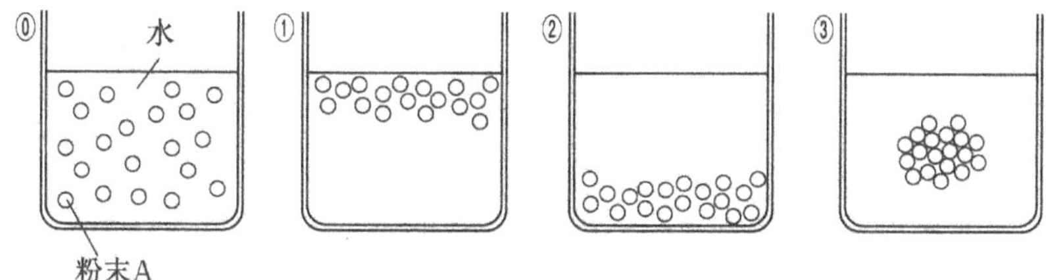

22 一定量の水の中に溶ける物質の最大量を何というか。次の⓪～③から１つ選び，マークしなさい。

⓪ 濃度　① 溶解度　② 露点　③ 質量

23 粉末Ａ50ｇを水200ｇに溶かして水溶液にした。この水溶液の質量パーセント濃度は何％か。次の⓪～④から１つ選び，マークしなさい。

⓪ ５％　① 10％　② 15％　③ 20％　④ 25％

24 質量パーセント濃度が10％の水溶液に粉末Ａが60ｇ溶けている。このとき，水の質量は何ｇか。次の⓪～⑥から１つ選び，マークしなさい。

⓪ 520ｇ　② 530ｇ　③ 540ｇ　④ 550ｇ　⑤ 560ｇ　⑥ 570ｇ

問題５ 実験１，２を読んで，あとの問いに答えなさい。

［実験１］

図１のように，亜鉛板，硫酸亜鉛水溶液，硫酸銅水溶液，銅板を用いた装置をつくると，電球が光った。図１の矢印はこのときに流れた電流の向きを表す。

［実験２］

図２のように，金属板Ⅰ，金属板Ⅱ，塩酸を用いた装置をつくり，電流が流れたか調べた。

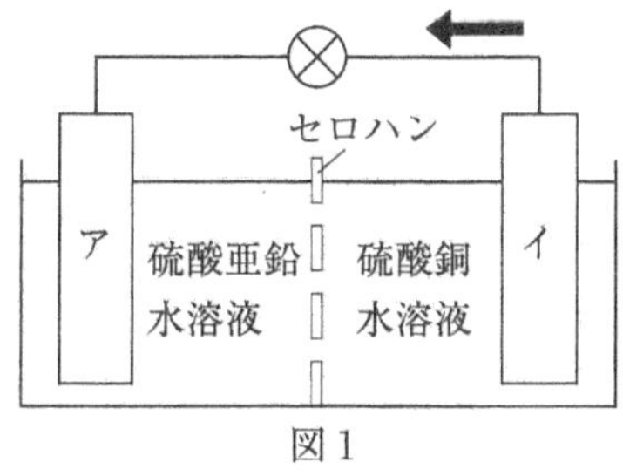

図１

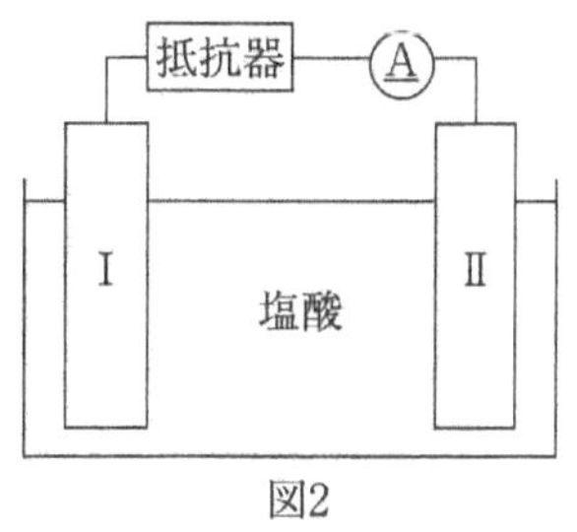

図2

㉕㉖　実験１のアの金属板について説明した下の文の（　）に入る語句は何か。最も適当な語句を次の⓪～⑤から１つずつ選びマークしなさい。

アの金属板では，金属原子が電子を（㉕）して（㉖）イオンとなる。

⓪　放出　①　吸収　②　陽　③　陰　④　正　⑤　負

㉗　実験１のような電池を何というか。次の⓪～③から１つ選びマークしなさい。

⓪　燃料電池　①　ダニエル電池　②　乾電池　③　鉛蓄電池

㉘　実験１の装置について説明した下の文の（　）に入る語句の組み合わせとして正しいものを，次の⓪～⑤から１つ選び，マークしなさい。

図１のアの金属板が（　A　）で，（　B　）極を示す。また，イの金属板が（　C　）で，（　D　）極を示す。そのため，電子は図１の矢印と（　E　）向きに流れる。

	A	B	C	D	E
⓪	亜鉛	＋	銅	－	同じ
①	亜鉛	－	銅	＋	逆
②	亜鉛	－	銅	＋	同じ
③	銅	－	亜鉛	＋	逆
④	銅	＋	亜鉛	－	同じ
⑤	銅	＋	亜鉛	－	逆

㉙㉚　実験１の装置に電流が流れているときに，ア，イの金属板ではどのような変化が見られるか。次の⓪～③から１つずつ選びマークしなさい。

金属板ア：㉙　金属板イ：㉚

⓪　金属板が徐々に減っていく。

①　金属板の表面に気泡が発生した。

②　金属板の表面に物質が付着する。

③　金属板の周りの水溶液の色が変わる。

㉛　実験２で電流が流れる金属板の組み合わせは，下のア～ウのうちどれか。次の⓪～⑥から１つ選び，マークしなさい。

	金属板Ⅰ	金属板Ⅱ
ア	銅	銅
イ	銅	マグネシウム
ウ	亜鉛	マグネシウム

⓪　アのみ　①　イのみ　②　ウのみ　③　アとイ

④　アとウ　⑤　イとウ　⑥　アとイとウ

㉜　実験２で用いた金属板のうち，最もイオンになりやすいものを次の⓪～②から１つ選び，マークしなさい。

⓪　銅　①　亜鉛　②　マグネシウム

問題６ 次の文Ⅰ，Ⅱは植物のなかまについて説明したものである。あとの問いに答えなさい。

Ⅰ　めしべの花柱の先を（　ア　），めしべの根元の膨らんだ部分を（　イ　）という。おしべの先の小さな袋を（　ウ　）といい，その中には花粉が入っている。また，A ホウセンカのようなB 花弁が互いに離れている花を離弁花，ヒマワリのような花弁がくっついている花を合弁花という。

Ⅱ　マツのように，あ 胚珠がむき出しになっている植物をC 裸子植物といい，アブラナのようにい 胚珠が子房の中にある植物をD 単子葉植物という。種子をつくらない植物には，ワラビのようなE シダ植物，ゼニゴケのようなF コケ植物がある。

33 34 35　文中の（　）に当てはまる語句として適切なものを，⓪～⑥からそれぞれ１つずつ選び，マークしなさい。解答欄は，（ア）は33，（イ）は34，（ウ）は35。

⓪　がく　①　柱頭　②　胚珠　③　やく

④　子房　⑤　花粉のう　⑥　胞子のう

36　文中の下線部Aの植物の子葉の数，葉脈，根のつくりの特徴の組み合わせとして適切なものを⓪～⑦から１つ選び，マークしなさい。

	子葉の数	葉脈	根のつくり
⓪	1枚	平行脈	ひげ根
①	1枚	網状脈	主根・側根
②	1枚	平行脈	主根・側根
③	1枚	網状脈	ひげ根
④	2枚	平行脈	主根・側根
⑤	2枚	網状脈	ひげ根
⑥	2枚	平行脈	ひげ根
⑦	2枚	網状脈	主根・側根

37　文中の下線部Bの植物例の組み合わせとして適切なものを⓪～③から１つ選び，マークしなさい。

⓪　アブラナ，サクラ，エンドウ　①　アサガオ，サクラ，エンドウ

②　アサガオ，ツツジ，タンポポ　③　アサガオ，タンポポ，アブラナ

38　文中の下線部C～Fのうち，**誤っている**語句の組み合わせを，次の⓪～⑨から１つ選び，マークしなさい。

⓪　C　①　D　②　E　③　F　④　C，D

⑤　C，E　⑥　C，F　⑦　D，E　⑧　D，F　⑨　E，F

39 40　花粉の運ばれ方について説明した文章として適切なものをあとの⓪～⑦から２つ選び，マークしなさい。（順不同）

⓪　虫によって花粉が運ばれる植物の花を虫媒花といい，目立たない色や形をしているものが多い。また虫媒花の花粉はべたべたしていることが多い。

①　虫によって花粉が運ばれる植物の花を虫媒花といい，目立つ色や形のものが多い。また虫媒花の花粉はさらさらしていることが多く，小さくて軽い。

②　虫によって花粉が運ばれる植物の花を虫媒花といい，目立たない色や形をしているものが多い。また虫媒花の花粉はさらさらしていることが多く，小さくて軽い。

③　虫によって花粉が運ばれる植物の花を虫媒花といい，目立つ色や形のものが多い。また虫媒花の花粉はべたべたしていることが多い。

④　風によって花粉が運ばれる植物の花を風媒花といい，目立たない色や形をしているものが多い。また風媒花の花粉はべたべたしていることが多い。

⑤　風によって花粉が運ばれる植物の花を風媒花といい，目立つ色や形のものが多い。また風媒花の花粉はさらさらしていることが多く，小さくて軽い。

⑥　風によって花粉が運ばれる植物の花を風媒花といい，目立たない色や形をしているものが多い。また風媒花の花粉はさらさらしていることが多く，小さくて軽い。

⑦　風によって花粉が運ばれる植物の花を風媒花といい，目立つ色や形のものが多い。また風媒花の花粉はべたべたしていることが多い。

41　下の図は，下線部あ，いの花のつくりを模式的に表したものである。下の図のａ～ｄのうち，成長して種子になるのはどの部分か。正しい組み合わせを⓪～③から１つ選び，マークしなさい。

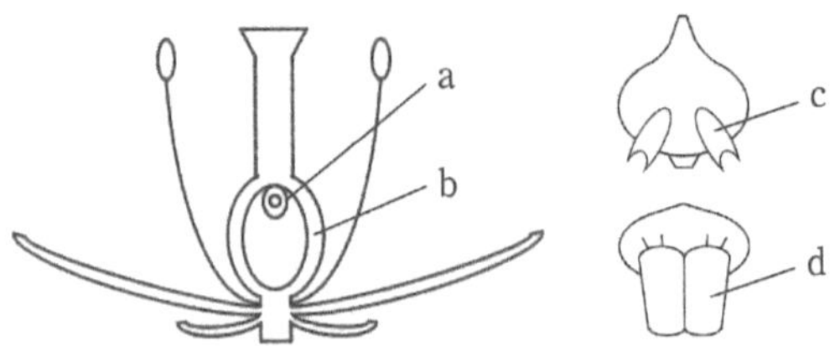

⓪　ａとｃ　　①　ａとｄ　　②　ｂとｃ　　③　ｂとｄ

問題７　実験１，２を読んで，あとの問いに答えなさい。

［実験１］
沸騰させて冷ました水を試験管Ａ，Ｂに入れ，Ａの水には息を吹き込んだ。そして，図１のように，Ａ，Ｂにオオカナダモを入れ，ゴム栓をした。
その後，日光を30分間当てると，試験管Ａでは気体が発生した。

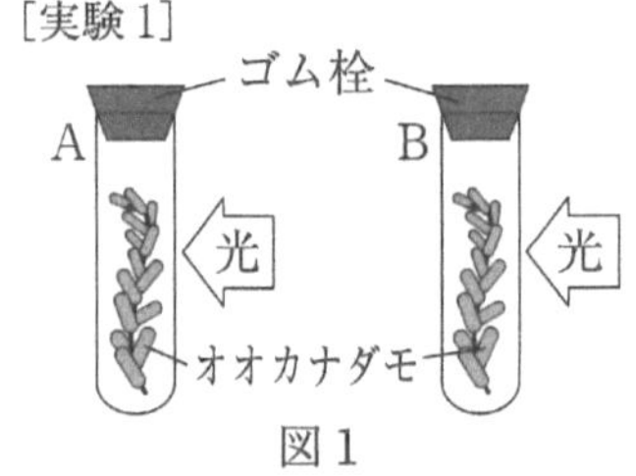

図１

［実験２］
うすい青色のBTB溶液に息を吹き込み，うすい緑色にしたものを試験管Ｃ，Ｄに入れた。そして，図２のように，試験管Ｃにのみオオカナダモを入れ，ゴム栓をした。その後，日光を30分間当て，試験管Ｃ，Ｄのようすを観察した。

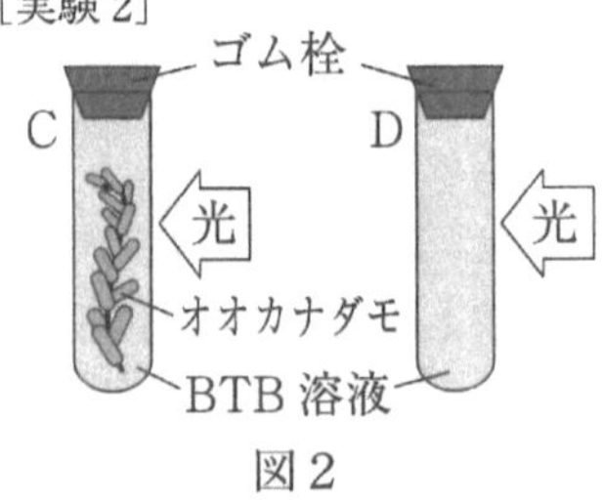

図２

42　実験１で，気体が発生したのは，オオカナダモの何というはたらきによるものか，次の⓪～③から１つ選び，マークしなさい。

⓪　呼吸　　①　光合成　　②　蒸散　　③　消化

43　実験１で，発生した気体に多く含まれている気体は何か，次のページの⓪～③から１つ選び，マークしなさい。

⓪ 酸素　① 水素　② 二酸化炭素　③ 窒素

44 実験１で，発生した気体が出る葉の表皮にあるすき間を何というか。次の⓪～③から１つ選び，マークしなさい。

⓪ 葉緑体　① 気孔　② 維管束　③ 液胞

45 実験２で，BTB溶液が緑色になった理由として適切なものを次の⓪～③から１つ選び，マークしなさい。

⓪ 息の中に含まれる酸素が水中に溶け，中性になったため。

① 息の中に含まれる酸素が水中に溶け，アルカリ性になったため。

② 息の中に含まれる二酸化炭素が水中に溶け，中性になったため。

③ 息の中に含まれる二酸化炭素が水中に溶け，アルカリ性になったため。

46 実験２で，日光を当てた30分後の試験管Ｃの溶液の色は何色か。次の⓪～③から１つ選び，マークしなさい。

⓪ うすい青色　① うすい緑色　② うすい赤色　③ うすい黄色

47 46のように変化した理由として適切なものを次の⓪～③から１つ選び，マークしなさい。

⓪ BTB溶液中の酸素が減少したから。

① BTB溶液中の酸素が増加したから。

② BTB溶液中の二酸化炭素が減少したから。

③ BTB溶液中の二酸化炭素が増加したから。

問題８　日本のある地点で，冬至の日の太陽の位置を観察するために以下のことを行った。

まず，白い紙に透明半球と同じ大きさの円をかき，中心Ｏを通り直交する２本の線を引いた後，透明半球を固定した。そして，日当たりのよい水平な場所に置き，方位磁針を使って東西南北を合わせて固定し，太陽の位置を記録した。右の図は太陽の位置を記録した後の透明半球であり，太陽は図のＡ→Ｂ→Ｃの順に移動するようすが観察できた。あとの問いに答えなさい。

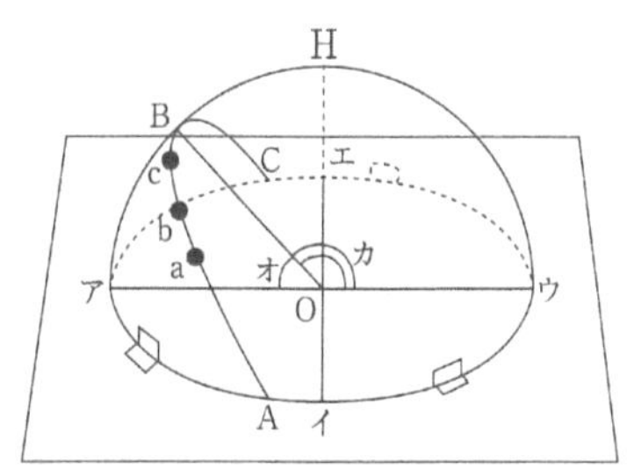

48 観察に用いた半球に関する下の文の（　）に当てはまる語句の組み合わせとして，適切なものはどれか。次の⓪～③から１つ選び，マークしなさい。

> 太陽を観察すると，図のように大きな半球上を移動していくように見える。この半球が地平線の下にも続いていると考えた大きな球面のことを（　あ　）という。点Ｏの真上の点Ｈのことを（　い　）という。

⓪ あ：地球　い：天井　① あ：地球　い：天頂

② あ：天球　い：天井　③ あ：天球　い：天頂

49 点Ｏから見て，西の方角はア～エのどれか。次の⓪～③から１つ選び，マークしなさい。

⓪ ア　① イ　② ウ　③ エ

50 太陽が点Ｂの位置にあるときの高度のことを何というか。また，そのときの高度は図のオ，カの角度のうちどちらか。語句と記号の組み合わせとして，適切なものを次の⓪～③から１つ選び，マークしなさい。

⓪　語句：最高高度　　記号：オ　　　①　語句：最高高度　　記号：カ

②　語句：南中高度　　記号：オ　　　③　語句：南中高度　　記号：カ

51　午前９時から記録を始め，ａに印をつけた。以後，1時間ごとにｂ，ｃと印をつけた。その結果，ａ～ｂ間1.6㎝，ｂ～ｃ間1.6㎝，ｃ～Ｂ間0.4㎝という記録を得た。太陽が点Ｂの位置となった時刻として，適切なものはどれか。次の⓪～⑤から１つ選び，マークしなさい。

⓪　11時10分　①　11時15分　②　11時20分

③　11時40分　④　11時45分　⑤　11時50分

52　ａ～ｃの印の間隔がほぼ同じであることから，太陽の動く速さは一定であるとわかる。このような太陽の動きに関する下の文の（　）に当てはまる語句の組み合わせとして，適切なものはどれか。次の⓪～⑤から１つ選び，マークしなさい。

> 太陽の日周運動は地球が（　あ　）から（　い　）の方向に向かって回転することによる見かけの運動である。また，その速さは１時間に約（　う　）である。

	あ	い	う
⓪	西	東	15°
①	西	東	30°
②	西	東	45°
③	東	西	15°
④	東	西	30°
⑤	東	西	45°

53　太陽の観察を行ったのと同じ地点で，今度は星の動きを観察した。南の空の見え方として，適切なものはどれか。次の⓪～③から１つ選び，マークしなさい。

⓪
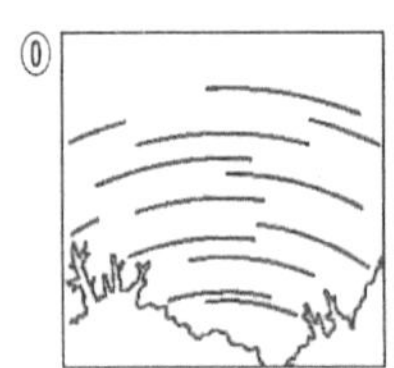
①
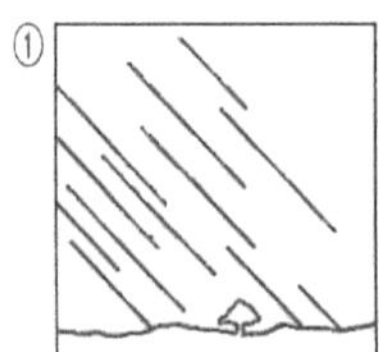
②
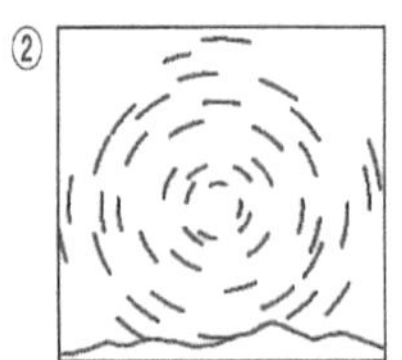
③
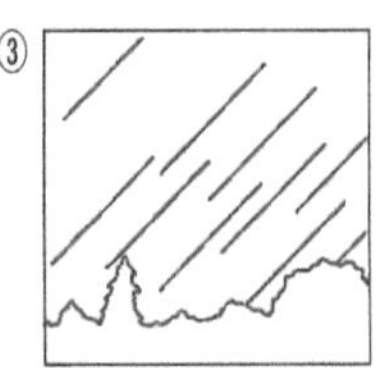

54　オーストラリアのある地点で星の動きを観察した場合，北の空の見え方として，適切なものはどれか。53の⓪～③から１つ選び，マークしなさい。

【社　会】（40分）　＜満点：100点＞

問題１　次の地図を見て，あとの問いに答えなさい。

「地理院地図」より作成

1　「大曽根駅」から見て「ナゴヤドーム（現在はバンテリンドームナゴヤ）」はおよそどの方角にあるか。次の⓪～③の中から１つ選び，その番号をマークしなさい。

⓪　北　　①　北東　　②　東　　③　南東

2　ケンイチ君が「大曽根駅」と「ナゴヤドーム（現在はバンテリンドームナゴヤ）」を歩いてみたら約1.3㎞あった。では，２万5000分の１地形図においてこの距離は何㎝か。正しいものを，次の⓪～③の中から１つ選び，その番号をマークしなさい。

⓪　1.3㎝　　①　2.6㎝　　②　5.2㎝　　③　10.4㎝

3　地図中に出てくる記号のうち，右の記号があらわす施設を次の⓪～③の中から１つ選び，その番号をマークしなさい。

⓪　博物館　　①　裁判所　　②　病院　　③　老人ホーム

問題２　次の愛知県に関する各問いに答えなさい。

4　愛知県の渥美半島でさかんに行われているものを，次の⓪～③の中から１つ選び，その番号をマークしなさい。

⓪　養蚕用のくわの栽培　　①　チューリップの球根の栽培

②　すぎやひのきなどの木材の伐採　　③　電照菊の栽培

5　愛知県では，2000（平成12）年９月に「東海豪雨」とよばれる集中豪雨が起こった。その後，防災・減災への取り組みの一環として作成されるようになったものを次のページの⓪～③の中から１つ選び，その番号をマークしなさい。

⓪ ドットマップ ① GPS ② ハザードマップ ③ ICT

6 愛知県と岐阜県にかけて広がる濃尾平野には，川に囲まれた標高が低い地域があり，洪水がたびたび起こったため，洪水を防ぐために堤防を築いた。この堤防で囲まれた地域や集落を何というか。次の⓪～③の中から１つ選び，その番号をマークしなさい。

⓪ 輪中 ① 天井川 ② 自然堤防 ③ 河岸段丘

7 愛知県春日井市にある「高蔵寺ニュータウン」について述べた文のうち，**誤っているもの**を次の⓪～③の中から１つ選び，その番号をマークしなさい。

⓪ 1960年代から70年代にかけて建設された。
① 近年，住民の高齢化がすすんでいる。
② 近年，住居の老朽化がすすんでいる。
③ 近年，若い世帯の人口増加率が高くなっている。

問題３ 次の地図を見て，あとの問いに答えなさい。

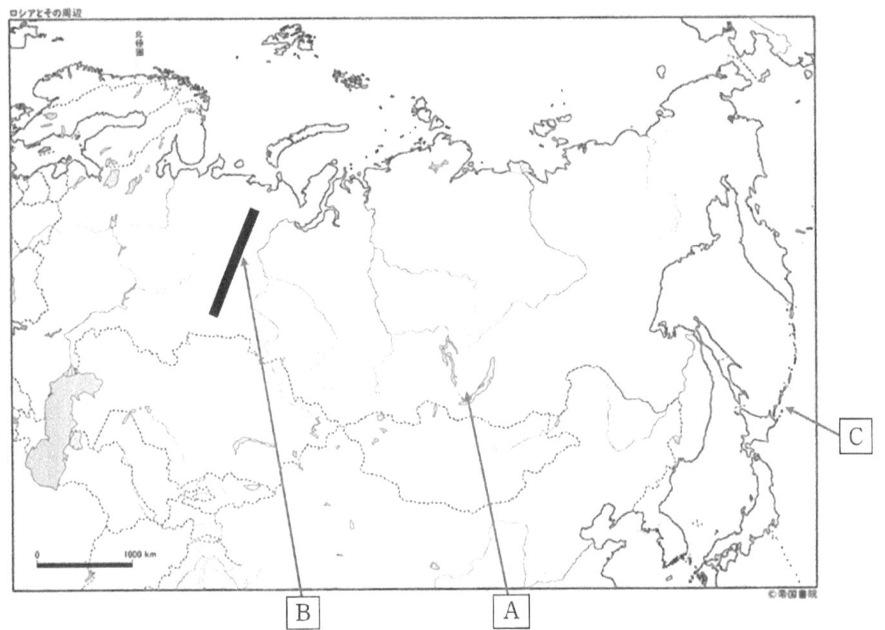

8 ロシアには多くの民族が暮らしているが，約80％を占める民族を次の⓪～③の中から１つ選び，その番号をマークしなさい。

⓪ ゲルマン系 ① ラテン系 ② スラブ系 ③ アングロサクソン系

9 地図中のAは，イルクーツクである。この，イルクーツクの雨温図に関連して述べた文のうち，**誤っているもの**を次の⓪～③の中から１つ選び，その番号をマークしなさい。

⓪ 夏と冬の気温差が大きい。
① 夏の気温は高いが，年中氷雪におおわれている。
② 冬の気温は－10℃を下回ることもある。
③ 夏は降雨がみられるが，冬はあまり降雨がみられない。

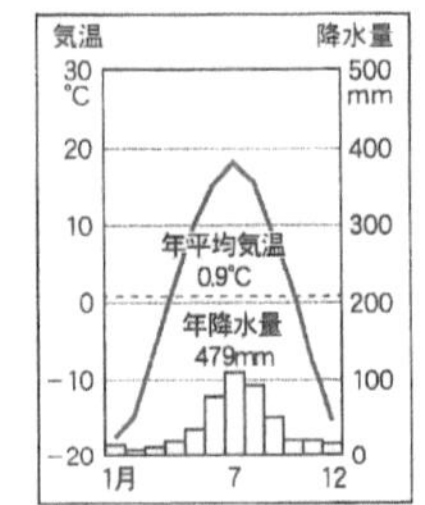

（「理科年表」平成30年）

⑩　ロシアは，地図中のⒷの山脈を境界にしているアジア州とヨーロッパ州にまたがる大国である。この山脈を次の⓪～③の中から１つ選び，その番号をマークしなさい。

⓪　アパラチア山脈　①　ウラル山脈　②　アトラス山脈　③　アルタイ山脈

⑪　地図中のⒸは，日本とロシアの間で領土問題が起こっているところであるが，なんというところか，次の⓪～③の中から１つ選び，その番号をマークしなさい。

⓪　尖閣諸島　①　竹島　②　北方領土　③　南沙諸島

⑫　かつてソ連で，ペレストロイカとよばれる改革を行った指導者が2022（令和４）年に亡くなった。この指導者を次の⓪～③の中から１つ選び，その番号をマークしなさい。

⓪　レーニン　①　スターリン　②　ゴルバチョフ　③　エリツィン

問題４　カナさんは，武士が活躍したころの様子について，Ａ～Ｅのカードを使ってまとめてみました。よく読んであとの問いに答えなさい。

Ａ．伊豆へ流された源頼朝は，平氏に対抗して兵をあげた。頼朝は，鎌倉を本拠地にし，関東地方を支配すると，源義経や木曽義仲らに命令して平氏を攻めさせ，（　ア　）にて平氏を滅ぼした。

Ｂ．応仁の乱以後，幕府が力を失うと，守護大名の家来が大名の地位をうばったり，守護大名が幕府から独立したりして，国を統一して支配するⓐ戦国大名が各地に登場した。

Ｃ．ⓑ平清盛は，後白河上皇の院政を助け，武士として初めて（　イ　）になった。清盛の一族も高い地位につき，多くの荘園や公領を支配した。

Ｄ．源頼朝の妻の北条政子は，ⓒ後鳥羽上皇が兵を挙げると，頼朝の御恩を説いて，御家人たちに結束を訴えた。

Ｅ．後醍醐天皇が幕府をたおして天皇中心の新しい政治を始めると，武士の不満が高まり，武士の政治の復活をよびかけた足利尊氏が兵を挙げると，後醍醐天皇の政権は２年ほどで倒れた。

⑬　上記の（ア）・（イ）にあてはまる言葉の組み合わせとして正しいものを，次の⓪～③の中から１つ選び，その番号をマークしなさい。

⓪　ア：壇ノ浦　イ：征夷大将軍　①　ア：壇ノ浦　イ：太政大臣

②　ア：大宰府　イ：征夷大将軍　③　ア：大宰府　イ：太政大臣

⑭　下線部ⓐについて，福井市の一乗谷に城下町をきずいた戦国大名を次の⓪～③の中から１つ選び，その番号をマークしなさい。

⓪　朝倉氏　①　浅井氏　②　上杉氏　③　武田氏

⑮　下線部ⓑと**関係のないことがら**を次の⓪～③の中から１つ選び，その番号をマークしなさい。

⓪　日宋貿易で多くの利益を得た　①　厳島神社を建て，航海の安全を祈った

②　大阪湾に面した堺の港を整備した　③　娘を天皇のきさきにして権力を強めた

⑯　下線部ⓒの出来事を次の⓪～③の中から１つ選び，その番号をマークしなさい。

⓪　承久の乱　　①　平治の乱　　②　前九年合戦　　③　後三年合戦

⑰　下線部ⓒの出来事をきっかけに，京都の朝廷を監視する目的で設置したものを次の⓪～③の中から１つ選び，その番号をマークしなさい。

⓪　守護　　①　京都所司代　　②　執権　　③　六波羅探題

⑱　Ｄのカードのころには戦乱の時代を生き延びた武士の心のよりどころとして，新しい仏教がおこったが，宗派と開祖の組合せとして**正しくないもの**を，次の⓪～③の中から１つ選び，その番号をマークしなさい。

	宗派	開祖
⓪	浄土真宗	法然
①	時宗	一遍
②	臨済宗	栄西
③	曹洞宗	道元

⑲　Ａ～Ｅのカードを古いものから順に並べかえた時，３番目にくるカードを次の⓪～④の中から１つ選び，その番号をマークしなさい。

⓪　Ａ　　①　Ｂ　　②　Ｃ　　③　Ｄ　　④　Ｅ

問題５　タカネさんは夏休みの自由研究で沖縄についてのレポートをまとめた。あとの資料Ⅰ，Ⅱ，Ⅲはそのレポートの一部です。これを見て，あとの問いに答えなさい。

資料Ⅰ

	沖縄に関する出来事
1429 年	尚巴志が三山を統一（琉球王国の成立）
	↕　⓪
1600 年	島津氏による琉球侵入
	↕　①
1853 年	（Ａ）ペリー提督が来訪
	↕　②
1879 年	（Ｂ）沖縄県の誕生
	↕　③
1945 年	（Ｃ）アメリカ軍が沖縄に上陸
	↕　④
1972 年	（Ｄ）日本に復帰

⑳　資料Ⅰの（Ａ）に関連して幕末に江戸幕府とアメリカとの間で結ばれた日米和親条約についての条文の内容として，正しいものをあとの⓪～③の中から１つ選び，その番号をマークしなさい。

⓪　日本は朝鮮を自主独立の国であり日本と同等の権利を持つ国家として認める。

①　日本人が開港にて罪を犯した場合は日本の官吏が裁判を行う。また朝鮮人が罪を犯した場合は朝鮮官吏が裁判を行うこと。

②　日本人に対し犯罪を犯したアメリカ人は，領事裁判所にてアメリカの国内法に従って裁かれ

る。アメリカ人に対して犯罪を犯した日本人は，日本の法律によって裁かれる。

③ 下田と箱館を開港する。この２港において薪水，食料，石炭，その他の必要な物資の供給をすることができる。

21 資料Ⅰの（Ｂ）が起きた明治時代の出来事(a)～(c)を古い順に並び替えたとき正しいものを，次の⓪～⑤の中から１つ選び，その番号をマークしなさい。

(a) 地租改正　　(b) 大日本帝国憲法の発布　　(c) 大逆事件

⓪ (a)→(b)→(c)　　① (a)→(c)→(b)　　② (b)→(a)→(c)

③ (b)→(c)→(a)　　④ (c)→(a)→(b)　　⑤ (c)→(b)→(a)

22 資料Ⅰの（Ｃ）に関連して，第二次世界大戦中のヨーロッパの様子について述べた文として**誤っているもの**を，次の⓪～③の中から１つ選び，その番号をマークしなさい。

⓪ ヨーロッパの大半を支配したドイツは，スターリングラードでソ連に敗れた。

① ユダヤ人がドイツによって強制収容所に送られるなど迫害を受けた。

② フランスのチャーチル首相はアメリカのルーズベルト大統領とともに大西洋憲章を発表した。

③ 1943年にイタリアは連合国に無条件降伏をした。

23 資料Ⅰの（Ｄ）よりもあとに起きた出来事を，次の⓪～③の中から１つ選び，その番号をマークしなさい。

⓪ 警察予備隊の創設　　① 日本の国際連合加盟

② 日中平和友好条約の締結　　③ 日韓基本条約の締結

24 アメリカの南北戦争が起きたのは資料Ⅰの⓪～④のどの時期か。１つ選び，その番号をマークしなさい。

資料Ⅱ

この写真は（Ｅ）2000年に「琉球王国のグスク及び関連遺産群」として（Ｆ）世界遺産に登録されたものの一つで勝連城跡（かつれんグスク）です。

（Ｇ）12～13世紀につくられた城で，沖縄島中部の東海岸一帯を一望できる場所にあります。有力な按司（あじ）であった阿麻和利（あまわり）が住んでいました。

（Ｈ）阿麻和利は，王位を狙ったとされ，破れほろびました。

※按司：領域支配を行っていた豪族・首長のこと

25 資料Ⅱの（Ｅ）よりもあとに起きた出来事を，次のページの⓪～③の中から１つ選び，その番号をマークしなさい。

⓪ アメリカ同時多発テロ　① ソ連崩壊　② 欧州連合（ＥＵ）発足　③ 天安門事件

26 日本国内にある資料Ⅱの（Ｆ）および所在する県の組み合わせとして誤っているものを，次の⓪～③の中から１つ選び，その番号をマークしなさい。

⓪ 姫路城 － 兵庫県　① 端島（軍艦島） － 長崎県
② 日光の社寺 － 群馬県　③ 百舌鳥・古市古墳群 － 大阪府

27 資料Ⅱの（G）の頃にイギリスで制定された王権の制限などを認めさせたものを，次の⓪～③の中から１つ選び，その番号をマークしなさい。

⓪ マグナ＝カルタ　① 人権宣言　② 独立宣言　③ 権利章典

28 資料Ⅱの（H）のように政治的な対立などにより亡くなった人物が多くいる。さて，松下村塾で明治維新に重要な働きをする若者に影響を与えたが，ある出来事により亡くなったものがいる。その人物の名前と出来事の組み合わせとして正しいものを，次の⓪～③の中から１つ選び，その番号をマークしなさい。

⓪ 桜田門外の変 － 井伊直弼　① 蛮社の獄 － 渡辺崋山
② 西南戦争 － 西郷隆盛　③ 安政の大獄 － 吉田松陰

資料Ⅲ

沖縄をテーマとした楽曲は数多くあります。たとえば森山良子さんの「(Ｉ) さとうきび畑」（作詞：寺島尚彦）がその一つです。「ざわわ　ざわわ　ざわわ」という風がさとうきび畑を通り抜けていく音を表現している点は非常に印象深いものです。THE BOOMの「島唄」（作詞：宮沢和史）でも「ウージの森であなたと出会い　ウージの下で千代にさよなら」とウージ，つまりさとうきび畑が登場しています。(Ｊ) 21世紀に入ってから (Ｋ) アルゼンチンでもこの曲はヒットしたようです。最後に紹介するのはHYの「時をこえ」（作詞：Izumi Nakasone）です。この曲には「誰かに伝えなきゃ　僕らが伝えなきゃ」とあり，(Ｌ) 戦争などで起きたことを，(M) 世代をつないで伝承しいくことが大切だという思いが曲に込められているようです。

29 資料Ⅲの（Ｉ）は1969年に森山良子さんのアルバムに収録されて初めてレコード化された。さて，その前後の時代に起きた出来事(a)～(c)を古い順に並び替えたとき正しいもの，次の⓪～⑤の中から１つ選び，その番号をマークしなさい。

(a) 東海道新幹線の開通　(b) 第一次石油危機　(c) 小笠原諸島の日本復帰

⓪ (a)→(b)→(c)　① (a)→(c)→(b)　② (b)→(a)→(c)
③ (b)→(c)→(a)　④ (c)→(a)→(b)　⑤ (c)→(b)→(a)

30 資料Ⅲの（Ｊ）の出来事の説明として誤っているものを，次の⓪～③の中から１つ選び，その番号をマークしなさい。

⓪ 2002年に日朝首脳会談が行われ，北朝鮮との国交が正常化した。
① 2003年にイラク戦争が起こると，翌年に政府は自衛隊をイラクへ派遣した。
② 2008年の世界金融危機によって深刻な不況が発生した。
③ 2009年に民主党を中心とした連立内閣が発足した。

31 資料Ⅲの（Ｋ）をはじめ南アメリカには移民として海を渡り日本をルーツとする方々が多くい

る。さて，次のグラフははじめてブラジル向けに移民船が出発した1908年ころからの，日本から海外への渡航した方々の年代別統計である。このグラフに関連した説明として**誤っているもの**を，次の⓪～③の中から１つ選び，その番号をマークしなさい。

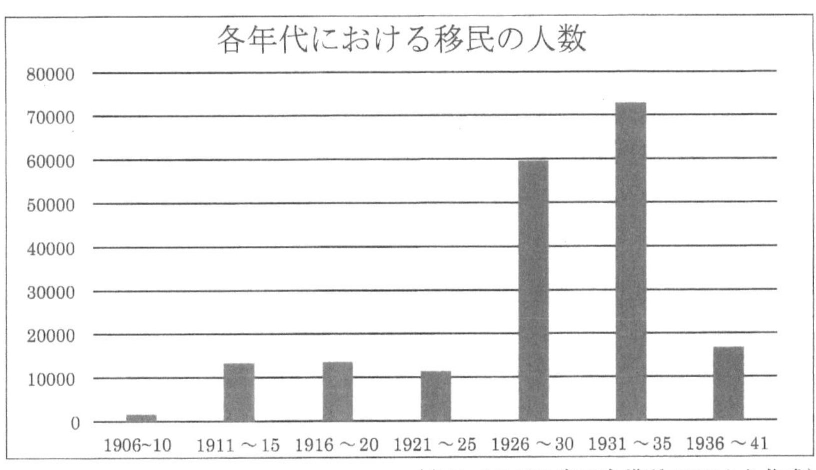

（在日ブラジル商工会議所のHPより作成）

⓪　はじめてブラジルに向けて移民船が出発する直前の1905年に，ポーツマス条約が結ばれた。

①　渡航人数がはじめて10000人をこえた頃，第一次世界大戦がはじまった。

②　渡航人数がはじめて70000人をこえた頃，五・一五事件で犬養毅首相らが暗殺された。

③　1936～41年の間に満州事変が起き，満州国の建国が宣言された。

32　資料Ⅲの（L）に関連した次の説明として**誤っているもの**を，次の⓪～③の中から１つ選び，その番号をマークしなさい。

⓪　イギリスが植民地に新税をかけたことで反対運動がおこり，それを弾圧したために独立戦争がはじまった。

①　イギリスがインドで栽培したアヘンを清に持ち込んで売ったことで，清が厳しく取り締まるようになったことからアヘン戦争が起こった。

②　ナポレオンは各国にロシアとの貿易を禁じだが，イギリスがこれに違反したためイギリスに攻め込み勝利し，フランスはヨーロッパの広い範囲を支配した。

③　太平洋戦争中，資源不足のため兵器をつくるための金属として鍋や釜，寺の鐘などが供出させられた。

33　資料Ⅲの（M）について，もしタカネさんがウェブページで調べたことを紹介するのであれば，その際の注意点として**誤っているもの**を，次の⓪～③の中から１つ選び，その番号をマークしなさい。

⓪　大きな文字で見出しをつけ，伝えたい内容を，見出しごとに簡潔にまとめる。

①　伝えたい内容を具体的にイメージできる写真を一般に販売されている書籍に掲載されているものを同意なくウェブページにのせる。

②　根拠になるような資料を示す。

③　外国向けに発信できるように英語も使い，文章を英語の先生に確認してもらう。

問題6　コズエさんは宿題で「持続可能な社会の実現」にむけての作文を書いた。次の資料がその作文である。これを読んで，あとの問いに答えなさい。

> ＳＤＧｓという言葉をよく目にしたり，耳にしたりすることが多くなっています。ＳＤＧｓとは(Sustainable Development Goals(持続可能な開発目標)」の略称です。ＳＤＧｓは2015年９月の国連総会で採択されたもので，(Ａ) 国連加盟193か国が2016年から2030年の15年間で達成するために掲げた目標です。
>
> ＳＤＧｓでは (Ｂ) 貧困や格差，(Ｃ) 働きがい，(Ｄ) 環境問題，(Ｅ) 教育問題，(Ｆ) 戦争など，世界のさまざまな問題を根本的に解決し，すべての人たちにとってより良い世界をつくるために設定された，世界共通の17の目標です。

34　資料の（Ａ）についての説明として**誤っているもの**を，次の⓪～③の中から１つ選び，その番号をマークしなさい。

⓪　総会はすべての加盟国で構成され，すべての加盟国が平等に１票を持っている。
①　安全保障理事会は５か国の常任理事国と任期２年の10か国の非常任理事会で構成されており，日本は常任理事国に入っている。
②　紛争後の平和実現のために，停戦や選挙を監視するなどの平和維持活動（ＰＫＯ）を行っている。
③　国連の収入にあたる分担金の負担は，加盟国の支払い能力に応じて総会で決定される。

35　資料の（Ｂ）に関連して，特定の国や地域の経済力を示す指標の説明として，正しいものを次の⓪～③の中から１つ選び，その番号をマークしなさい。

⓪　国内総生産（ＧＤＰ）が増加すると，必ず生活への満足度が上昇する。
①　日本の一人当たりの国内総生産（ＧＤＰ）はアメリカ，中国に次いで世界第３位である。
②　国民や住民が一定期間に得た所得の合計を表すものとして国民総所得（ＧＮＩ）がある。
③　国民総生産は略語でＧＩＳと表記される。

36　資料の（Ｃ）に関連して，日本の労働に関する法律や状況についての説明として，**誤っているもの**を，次の⓪～③の中から１つ選び，その番号をマークしなさい。

⓪　労働基準法，労働組合法，労働関係調整法の３つは労働三法と呼ばれる。
①　仕事と家庭生活や地域生活との両立させるワーク・ライフ・バランスの実現が課題となっている。
②　年功序列賃金にかえて，能力主義や成果主義を導入する企業もある。
③　1985年に男女共同参画社会基本法が制定され，雇用における女性差別が禁止された。

37　資料の（Ｄ）についての次の年表中の【Ｉ】に入る語句として，正しいものを次の⓪～③の中から１つ選び，その番号をマークしなさい。

1971年	環境庁の設置
1993年	【　Ｉ　】の制定
1997年	環境影響評価の制定

⓪　環境教育推進法　　①　循環型社会形成推進基本法
②　環境基本法　　③　公害対策基本法

38 資料の（D）について，ある企業の商品Xの需要量と供給量は次のようなグラフで示されるとする。もし，Xが環境にやさしいということで購入しようとする人が増える場合，グラフではどのような変化が起きるか。正しいものを次の⓪～③の中から１つ選び，その番号をマークしなさい。なお，Xの生産量など，そのほかの変化はないものとする。

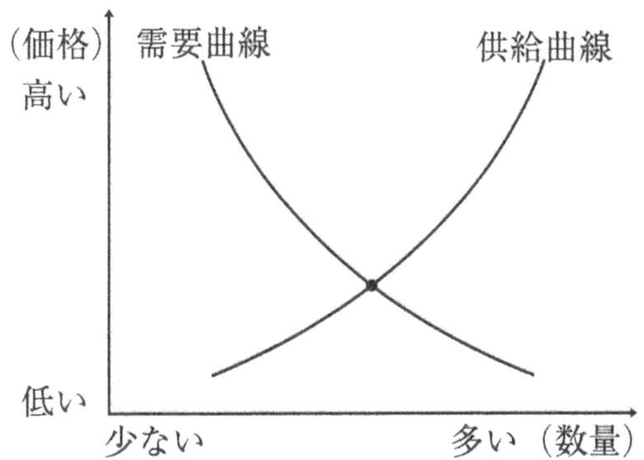

⓪ 需要曲線が右側へ移動して，高い値段でも売れるようになる。
① 需要曲線が左側へ移動して，安い値段でないと売れなくなる。
② 供給曲線が右側へ移動して，安い値段で売られるようになる。
③ 供給曲線が左側へ移動して，高い値段で売られるようになる。

39 資料の（E）に関連して，教育を受ける権利は日本国憲法のどの権利に位置づけられるか。正しいものを次の⓪～③の中から１つ選び，その番号をマークしなさい。

⓪ 自由権　① 社会権　② 参政権　③ 請求権

40 資料の（F）に関連して，2022年の通常国会で衆議院と参議院のそれぞれで「ロシアによるウクライナ侵略を非難する決議」が賛成多数で可決された。さて，国会についての説明として**誤っているもの**を，次の⓪～③の中から１つ選び，その番号をマークしなさい。

⓪ 国権の最高機関であり，唯一の立法機関である。
① 議決の基本は多数決である。
② いくつかの重要な点では参議院の議決を優先させるなど，参議院の優越が認められている。
③ 国会には常会，臨時会，特別会の三種類がある。

41 資料の（F）に関連して，日本は第二次世界大戦の経験から日本国憲法で平和主義を掲げている。次に示す憲法第９条の条文中の【Ⅱ】【Ⅲ】に入る語句の組み合わせとして，正しいものを次の⓪～③の中から１つ選び，その番号をマークしなさい。

> 第９条
> ① 日本国民は，正義と秩序を基調とする国際平和を誠実に希求し，国権の発動たる戦争と，武力による威嚇又は武力の行使は，国際紛争を解決する手段としては，永久にこれを放棄する。
> ② 前項の目的を達するため，陸海空軍その他の【　Ⅱ　】は，これを保持しない。国の【　Ⅲ　】は，これを認めない。

⓪ 【Ⅱ】実力　【Ⅲ】交戦権　① 【Ⅱ】実力　【Ⅲ】集団的自衛権
② 【Ⅱ】武力　【Ⅲ】交戦権　③ 【Ⅱ】武力　【Ⅲ】集団的自衛権

④　かの君

問五　傍線部D「これあけむ、これあけむ。いかで、いかで」について、この発言をした人物として適切なものを、次の⓪～④の中から一つ選び、その番号を解答欄にマークしなさい。解答欄は38。

⓪　北の方　①　小さき子　②　あこぎ　③　おとど

④　かの君

問六　傍線部G「腹立ちののしれば」について、その理由として適切なものを、次の⓪～③の中から一つ選び、その番号を解答欄にマークしなさい。解答欄は39。

⓪　落窪の姫が扉をなかなか開けてくれなかったから

①　北の方が扉をなかなか開けてくれなかったから

②　探している沓がなかなか見つからなかったから

③　大切な沓を部屋の中に隠されてしまったから

問七　傍線部H「あやし。なかりける」について、このように発言した理由として適切なものを、次の⓪～③の中から一つ選び、その番号を解答欄にマークしなさい。解答欄は40。

⓪　沓を探すために部屋の中に入ったが、たくさんの沓がありすぎて自分の物が見つけられなかったため

①　沓を探すために部屋の中に入ったが、そこにいる姫君が隠してしまっており見つからなかったため

②　沓を探すために部屋の中に入ったわけではなかったが、欲しいものがあることを期待していたため

③　沓を探すために部屋の中に入ったわけではないので、探して見つからなかったふりをするため

問八　傍線部J「されども」の語句の意味をとして適切なものを、次の⓪～④の中から一つ選び、その番号を解答欄にマークしなさい。解答欄は41。

⓪　もしくは　①　だから　②　しかし　③　まして

④　たとえば

問九　『落窪物語』は平安時代に成立した文学である。同時代に成立した作品として適切なものを、次の⓪～④の中から一つ選び、その番号を解答欄にマークしなさい。解答欄は42。

⓪　方丈記　①　古事記　②　源氏物語　③　おくの細道

④　舞姫

甘えて「よし僕が錠をぶっこわしてしまおう」と腹をたて騒ぐので、中納言は自身で来られて、雑舎を開けて入れられると、三郎君は沓(くつ)も取らないで、しゃがみこんで、姫君にさっと手紙と強飯を渡して、「不思議だなあ、沓はなかったよ」と言って出てきたので、北の方は「どうしてお前なんかにこ賢(ざか)しいことをさせようか。させやしないよ」と言って、走り寄って三郎君を叩かれる。□見ると、阿漕(あこぎ)がいろいろのことを書いて、なんでもないふうに装って、強飯と一緒によこしたのだった。□「物を食べよう」とも思わないでそのままにしておいた。

問一　波線部a～dの発音の組み合わせとして適切なものを、次の⓪～③の中から一つ選び、その番号を解答欄にマークしなさい。解答欄は31。

⓪　a　は　b　ほ　c　へ　d　ふ
①　a　わ　b　お　c　へ　d　ふ
②　a　は　b　ほ　c　え　d　う
③　a　わ　b　お　c　え　d　う

問二　傍線部A・E・F・Iの文章の現代語訳として適切なものを、それぞれ次の⓪～③の中からそれぞれ一つ選び、その番号を解答欄にマークしなさい。解答欄は、Aは32、Eは33、Fは34、Iは35。

A　いかで物まゐらむ
⓪　何とかして姫君にお食事を差し上げよう
①　何とかして三郎君にお食事を差し上げよう
②　なぜ姫君にお食事を差し上げることがあろうか
③　なぜあこぎにお食事を差し上げることがあろうか

E　なにしにあくべきぞ
⓪　どうして開けてはならないのか。開けてもいいのに
①　どうしても開けたいというのか。開けてあげますよ
②　どうして開けることができようか。開けられないよ
③　どうして開けることができないのか。開けられるよ

F　おごりありかむ
⓪　沓をはいてのんびりあるこう
①　沓をはいていばってあるこう
②　沓をはいて急いであるこう
③　沓をはいて優雅にあるこう

I　かの文をはさまより日の光のあたりたるより
⓪　中納言はその手紙を、隙間からもれる日の光で
①　北の方はその手紙を、隙間からもれる日の光で
②　あこぎはその手紙を、隙間からもれる日の光で
③　姫君はその手紙を、隙間からもれる日の光で

問三　傍線部B「せむかたなければ」について、この後、実行のお願いをした相手として適切なものを、次の⓪～④の中から一つ選び、その番号を解答欄にマークしなさい。解答欄は36。

⓪　北の方　①　小さき子　②　あこぎ　③　おとど　④　かの君

問四　傍線部C「これ、御文奉るわざしたまへ」について、手紙を書いた人物として適切なものを、後の⓪～④の中から一つ選び、その番号を解答欄にマークしなさい。解答欄は37。

⓪　北の方　①　小さき子　②　あこぎ　③　おとど

「※5いかがは」と言ふ。「さらば人にけしき見せで、Cこれ、御文(ふみたてまつ)奉るわざしたまへ」と言へば、「いで」とて、取りて、あやにくに、※6かの部屋に行きて、「Dこれあけむ、これあけむ。いかで、いかで」と言へば、北の方※7いみじくさいなみて、「Eなにしにあくべきぞ」とのたまへば、「沓(くつ)※8をこれに置きて。取らむ」とののしりて、うちこぼめかしてののしれば、おとど、※9末子(おとご)にてかなしうしたまへば、c「F『おごりありかむ』と思ふにこそあらめ。はやうあけさせたまへ」とのたまへど、いみじくのたまひて、「今しばしありてあけむ。ついでに」とのたまふに、おそばへて、※10「あれ、おしこぼちてむ」とG腹立ちののしれば、おとど手づからいまして、あけて入れたまへれば、沓(くつ)も取らで、ついかがまりて、さしとらせて、「Hあやし。なかりける」とて、出でぬれば、「※11まさにさかしきことせむや」とて、走りうちたまふ。dかのI文(ふみ)をはさまより日の光のあたりたるより見れば、あこぎがよろづのこと書きて、はかなきさまにして、※12おこせたるなりけり。Jされども「物食はむ」ともおぼえで置きつ。

（『落窪物語』）

※1　あこぎ・・・阿漕。落窪の君（姫君）に仕える女房

※2　強飯・・・もち米をこしきで蒸して作った飯

※3　この語らふ小さき子・・・この常に阿漕と話をして親しい子供。三郎君。異母姉である落窪の君を慕っている

※4　かの君・・・落窪の君（姫君）。継母である北の方から冷たい仕打ちを受けている

※5　「いかがは」・・・「いかがは」の下に、「いとほしと思はざらむや」が省略

※6　あやにくに・・・だだをこねて。わんぱくに

※7　北の方・・・落窪の君の継母であり、三郎君の実母

※8　沓・・・履き物の一種

※9　おとど・・・中納言。落窪の君と三郎君の実父

※10　おそばへて・・・甘え戯れて。ふざけて

※11　まさに・・・どうして

※12　はかなきさまにして・・・何でもないように。ただ食事だけでは失礼だと考えた阿漕の配慮が姫君にはわかった

【現代語訳】

朝になって阿漕(あこぎ)は「［　　　］。どんなにお気持ちが悪いことだろう」と推量して、強飯(こわめし)をそれとなく用意して、どうかして差し上げたいと思うけれども、お渡しする方法もないので、いつも来て阿漕(あこぎ)と親しく話をする中納言の三男の男の子に、「あの落窪の君があのようにしていらっしゃるのを、どうお思いになりますの。お気の毒にお思いさないませんか」と言うと、三郎君は「どうして気の毒だと思わないことがあろうか」と答える。「それなら北の方に様子をさとられないで、この強飯やお手紙を姫君に差し上げることをしてください」と言うと、三郎君は「いいよ」と言って受け取って、姫君の閉じ込められた雑舎の部屋に行って「ここを開けたい。ここを開けてょ。何とかして。ねえ何とかして」と、だだをこねて言うと、北の方は厳しく叱って「［　　　］」とおっしゃると「沓(くつ)をここに入れて置いてあるんで。それを取りたい」と、雑舎の戸をがたがたと鳴らして大声でわめくので、中納言は末子でかわいがっておられるので「『［　　　］』と思うのであろう。早く開けさせてあげなさい」とおっしゃるけれど、北の方は厳しくおっしゃるには「もう少したってから開けよう。開けるついでに」とおっしゃるので、

その番号を解答欄にマークしなさい。解答欄は27。

⓪ 不安感　① 悲哀感　② 焦燥感　③ 不審感

問八　傍線部Ｄ「いいけど。うん。いいと思うよ」について、ここでの「私」の心情として適切なものを、次の⓪～③の中から一つ選び、その番号を解答欄にマークしなさい。解答欄は28。

⓪ 「父さん」が悩んで決断した、仕事を辞める選択を快く肯定している

① 仕事を辞める決断をした「父さん」に対して、怒りの感情が満ちあふれている

② 仕事を辞める「父さん」や今後の生活に対して不安を感じているが、「父さん」を応援している

③ 「父さん」に対して反論をしたいが、あきれて何も言えなくなっている

問九　本文から読み取れる「私」の人物像として適切なものを、次の⓪～③の中から一つ選び、その番号を解答欄にマークしなさい。解答欄は29。

⓪ 現実的な一面もあり、「父さん」を尊重することができる、思いやりのある人物

① 優しい一面もあるが、「父さん」を尊重することができない、思いやりのない人物

② 決断をする場面で優柔不断であるが、「父さん」を尊重することができる、思いやりのある人物

③ 「父さん」のことを憎み、「父さん」を尊重することができない、思いやりのない人物

問十　本文の内容として適切なものを、次の⓪～③の中から一つ選び、その番号を解答欄にマークしなさい。解答欄は30。

⓪ 「父さん」は自分の提案を全く聞こうとしない「私」と「直ちゃん」にいらだちを覚えている

① 「父さん」の提案を「直ちゃん」は穏やかに聞き入れ、「私」は動揺しつつも受け入れている

② 「直ちゃん」は「父さん」の提案に不安を感じ、「私」は穏やかに聞き入れている

③ 「私」と「直ちゃん」は「父さん」の提案を聞き入れたが、今後の生活に絶望している

問題三　次の文章を読んで、後の問いに答えなさい。

主人公である姫君（落窪の君）は実母と死別したあと継母のもとで暮らすことになった。しかし、継母からは冷遇を受けて寝殿の落ち窪んだ部屋に住まわされ不幸な境遇にあった。そんな姫君の味方となってくれるのは、女房のあこぎと末弟の三郎君だけであった。本文では、姫君が北の方の策略によって物置に閉じ込められ、食事も与えられない状況になっている。

あこぎ[※1]、「<u>いかで物まゐらむ。いかに御心地あしからむ</u>[A]」と思ひまはして、強飯[※2](こはひ)をさりげなく構(かま)へて、いかでと思へど、<u>せむかたなければ</u>[B]、この[※3]語らふ小さき子は、「かの君[※4](きみ)のかくて<u>おはします</u>[a]をば、いかが思(おぼ)す。いと<u>ほしう</u>[b]思すや」と言へば、

る。もうあれから五年も経つのに……。そして、私はいつも父さんを安心させるように答える。

D「いいけど。うん。いいと思うよ」

そう言うと、父さんはほっとしたようにうなずいた。

（『幸福な食卓』瀬尾　まいこ）

問一　波線部1・2・3のカタカナと同一の漢字を、それぞれ次の⓪～③の中から一つ選び、その番号を解答欄にマークしなさい。解答欄は1は16、2は17、3は18。

1　シュウ慣　：

⓪　シュウ囲を気にする　①　同級生全員がシュウ合する
②　シュウ教に興味がある　③　シュウ字の墨汁を買う

2　コン難　：

⓪　コン気よく物事に取り組む
①　彼はコン惑の表情を浮かべた
②　道がコン雑している
③　来月に兄が結コンする予定だ

3　見カイ　：

⓪　相手の人と和カイする　①　海でカイ殻を拾う
②　今日は今朝からカイ議だ　③　作曲の才能がカイ花する

問二　[a]、[b]、[c]、[d]にあてはまる語句として適切なものを、それぞれ次の⓪～⑤の中から一つ選び、その番号を解答欄にマークしなさい。解答欄はaは19、bは20、cは21、dは22。

⓪　なおさら　①　いつも　②　たとえ　③　ところで
④　でも　⑤　なぜなら

問三　傍線部A「仕事を辞めることは父さんを辞めることより大問題だ」について、その理由として適切なものを、次の⓪～③の中から一つ選び、その番号を解答欄にマークしなさい。解答欄は23。

⓪　父さんが仕事を辞めると毎日だらけてしまうと思ったから
①　父さんが仕事を辞めると直ちゃんが悲しむと思ったから
②　父さんが仕事を辞めることを恥ずかしいと思ったから
③　父さんが仕事を辞めると生活に支障が出ると思ったから

問四　[e]にあてはまる言葉として適切なものを、次の⓪～③の中から一つ選び、その番号を解答欄にマークしなさい。解答欄は24。

⓪　男女比に差がある　①　年齢層が低い
②　年齢層が高い　③　数が減っている

問五　[f]にあてはまる文章として適切なものを、次の⓪～③の中から一つ選び、その番号を解答欄にマークしなさい。解答欄は25。

⓪　分かった。やっぱり仕事をするよ
①　貯金はあるし、もちろん仕事も探すよ
②　貯金もないし、家のローンもどうしよう
③　仕事をする必要は全くないんだ

問六　傍線部B「腑に落ちない」の意味として適切なものを、次の⓪～③の中から一つ選び、その番号を解答欄にマークしなさい。解答欄は26。

⓪　信用がない　①　素直でない
②　納得できない　③　はっきりしない

問七　傍線部C「いぶかしげな顔」について、ここで表現している「私」の感情として適切なものを、次のページの⓪～③の中から一つ選び、

は父さんを辞めることより大問題だ。私はさらにびっくりして、声が大きくなった。

「どうして仕事まで辞めちゃうのよ」

「他にいい方法が見あたらないし、ちょうど仕事にも疲れてはきているし……」

父さんは中学校で社会を教えている。教育大学を出てすぐ地元の中学で働きはじめて、今年で二十一年目になる。今まで、小さな愚痴を聞いたことはあったけど、辞めたくなるような話は出たことがなかった。［ d ］朝早く出勤して、たっぷり残業して帰ってくる。土日でもクラブに出かけ、それなりに充実してるように見えた。

「疲れたって、まだ父さん若いのに。うちにはもっと年寄りの先生がいっぱいいるよ」

私の通う中学校は辺鄙な場所にあるせいか、先生の［ e ］。父さんより年寄りの先生がほとんどだ。

「仕事辞めるのもなかなかいいじゃない。じゃあ、他には？」

直ちゃんが二杯目のコーヒーを入れながら言った。

「そうだなあ……。長いこと父さんでいすぎたせいで、他にはどうすればいいのか思いつかないなあ」

父さんが首を傾げた。

「旅にでも出たら？」

「旅は面倒くさい。父さん枕が変わると眠れないタイプだから」

直ちゃんの無責任な提案に父さんがのんきに答えた。

「ちょっと待ってよ。父さんが仕事辞めて、どうやって生活するの？」

どんどん進んでいく直ちゃんと父さんの話に私は不安になった。まだ家のローンだって残ってるはずだ。だけど、父さんはたいして気にもならない様子で、

「［ f ］」

と言って、働きはじめてちょうど一年になる直ちゃんも、

「俺も働いてるんだし、何とかなるよ。ね」

と言った。

「だったらいいんだけど」

直ちゃんが何とかなるというのなら、何とかなるのだろう。直ちゃんは軟弱だけど、物事を何とかする力にはすぐれている。

「とにかくこれからは父さんのこと、もっとフラットに見てくれたらいい」

いまいち<u>腑に落ちない</u>(B)私に父さんが言った。

「フラット？」

「そう。今日からは父さんじゃなく、弘さんとでも呼んでくれたらいいよ」

父さんは少し照れながら言った。

「弘さん？」

私が<u>いぶかしげな</u>(C)顔をすると、直ちゃんは相変わらずすました表情で、「それでいいんじゃない」と言った。

「うまくいくかどうかわかんないけど、できることからやっていこうと思う」

父さんは最後にそう宣言をした。そして、私の顔を見て「いいかな？」と訊いた。

父さんはいつも私の反応を気にかける。私に多くのことをゆだねてい

ね」

生徒B「そうそう。最近は聞く力についても見直されてきていることだし」

生徒C「ただなんとなく人の話を聞いているだけではだめなんだよね。どうすれば聞く力を伸ばせるかな」

生徒D「まずは、聞く力も話す力と同じくらいコミュニケーションに必要なんだ、と皆が知ることが大切だね」

⓪ 生徒A　① 生徒B　② 生徒C　③ 生徒D

問題二 次の文章を読んで、後の問いに答えなさい。

「父さんは今日で父さんを辞めようと思う」

春休み最後の日、朝の食卓で父さんが言った。

私は口に突っ込んでいたトマトをごくりと飲み込んでから「何それ？」と言って、直ちゃんはいつもの穏やかな口調で「あらまあ」と言った。

我が家は朝ご飯は全員がそろって食べる。母さんと父さんが隣同士に座って、直ちゃんが母さんの向かい、その隣に私が座る。母さんが決めた1シュウ慣なのに、母さんがいなくなってからも正しく守られている。

日曜日も、誰かが用事で早い時も、みんなで食卓を囲む。［ a ］病気で寝込んでいても、わざわざ起こされて食欲もないのに食卓に座らされる。直ちゃんと私の修学旅行の時と父さんが入院していた時以外は、いつもみんなで朝食を食べた。物心ついた時からこのスタイルで朝食を取っていたから、これが当たり前だと思っていたけど、ちっとも合理的でない面倒なシュウ慣だ。

第一に、時間を合わせるのが2コン難でたまらない。小さい時は良かったけど、大きくなってみんなの生活スタイルが変わっていくと、用もないのに不必要に早く起きたり、急いでいるのにみんなを待たないといけなかったりする。

そして、ややこしいのは、みんなが重要な決心や悩みを朝食時に告白することだ。家族が確実にそろうのが朝食だから仕方ないけど、直ちゃんが進路を決心したことも、母さんが家を出ることを決めたことも朝に知った。私たちは重い心地になったり、衝撃を受けたりしながら一日を迎える。

「父さんを辞めるってどういうこと？」

父さんはまじめで慎（つつし）み深く、突拍子（とっぴょうし）もないことを言うタイプの人間ではない。

「まだ父さん自身もどうしたいのか、はっきりした3見カイは持てていないんだ。［ b ］、今の状況では無理があるかなと思ってる。父さんのままでは支障を来（きた）しそうな気がしてるんだ」

父さんは遠慮がちに説明したけど、私は［ c ］意味がわからなくなった。

「支障って何の？　何に無理があるの？」

「それはちょっと、父さんにもわかんないんだけど」

「何それ。ものすごく変なの」

私が不服そうに言うと、直ちゃんが父さんに穏やかに訊（き）いた。

「例えばさ、どういう感じになるの？」

「そうだな。具体的にはまず、仕事を辞めようかなと思っている」

「それはわかりやすいね」

父さんの答えに、直ちゃんは好意的に言ったけど、A仕事を辞めること

るということ

② 人々が聞くことばかりを重視し、話すことをおろそかにしているということ

③ 人々が聞くことに加えて、話すことの重要さを真剣に議論しているということ

問八 [b] に入る語句として適切なものを、次の⓪～④の中から一つ選び、その番号を解答欄にマークしなさい。解答欄は[10]。

⓪ たしかに　① そして　② だから　③ なぜなら

④ まるで

問九 傍線部G「これ」が指す内容として適切なものを、次の⓪～③の中から一つ選び、その番号を解答欄にマークしなさい。解答欄は[11]。

⓪ 聞くことは訓練をしないとうまくできないと考えていること

① 聞くことは誰でもできる簡単なスキルだと考えていること

② 話すことは聞くことに比べて簡単なことだと考えていること

③ 話すことをうまくするための訓練が必要だと考えていること

問十 [c]・[d] に入る語句の組み合わせとして適切なものを、次の⓪～③の中から一つ選び、その番号を解答欄にマークしなさい。解答欄は[12]。

⓪ c 重要　d 安易　① c 安易　d 重要

② c 単純　d 複雑　③ c 複雑　d 単純

問十一 傍線部H「そんな現状」が表す内容として適切なものを、次の⓪～③の中から一つ選び、その番号を解答欄にマークしなさい。解答欄は[13]。

⓪ 聞くことを重要視しなかった結果、コミュニケーションの質が低下していること

① 話すことが難しい一方で、聞くことは誰にでもできると人々が誤解していること

② 努力や訓練、工夫をとおして、はじめて聞くスキルを身につけることができること

③ 私たちが他者に対し、言葉でしかコミュニケーションを取ることができないこと

問十二 傍線部I「是正」の読み方として適切なものを、次の⓪～④の中から一つ選び、その番号を解答欄にマークしなさい。解答欄は[14]。

⓪ しゅうせい　① ぜせい　② ていせい

③ しんせい　④ ほせい

問十三 本文を読んだ生徒四人が会話をしている。この中で本文の内容に合致しないことを述べている生徒として適切なものを、次のページの⓪～③の中から一つ選び、その番号を解答欄にマークしなさい。解答欄は[15]。

生徒A「筆者の言うとおり、聞く力についてはあまり考えたことがなかったな」

生徒B「確かに。受験に向けて面接で話す練習は何度もしたけれど、聞く練習ってしていないかも」

生徒C「なんとなく自分は聞き上手だと思っていたけれど、聞くって本当は難しいことなんだね」

生徒D「不思議だな。話すことも聞くことも大事なことなのに、一方だけを重視していたんだ」

生徒A「これからはもっと、聞く力も伸ばしていかないといけない

解答欄は1は[1]、2は[2]、3は[3]。

1　ゾクする　…

⓪　映画のゾク編を探す　①　営業部に配ゾクされる

②　完成品に満ゾクする　③　民ゾク学について学ぶ

2　ケイ成　…

⓪　ケイ算を得意とする　①　ケイ験は何者にも勝る

②　風ケイ画を収集する　③　ケイ式を大切にする

3　打カイ　…

⓪　カイ店の準備をする　①　先にカイ計を済ませる

②　暗号をカイ読する　③　カイ善策を提案する

問二　傍線部A「不可欠」の意味として適切なものを、次の⓪～③の中から一つ選び、その番号を解答欄にマークしなさい。解答欄は[4]。

⓪　決して許されないこと　①　深い意味を持つこと

②　なくてはならないこと　③　最も大切であること

問三　傍線部B「スピーチやプレゼンテーション」に用いられている表現技法として適切なものを、次の⓪～④の中から一つ選び、その番号を解答欄にマークしなさい。解答欄は[5]。

⓪　擬人法　①　直喩　②　体言止め　③　倒置法

④　反復法

問四　傍線部C「もっと上手にできるようにしたいと」、傍線部D「普段の会話などでももっと上手な話し方を身につけたいと」について、それぞれの文末に共通して省略されている言葉として適切なものを、次の⓪～③の中から一つ選び、その番号を解答欄にマークしなさい。解答欄は[6]。

⓪　思ったことがあるだろう　①　強く願うはずだ

②　考えなくてはいけない　③　言われることがある

問五　[a]に入る語句として適切なものを、次の⓪～④の中から一つ選び、その番号を解答欄にマークしなさい。解答欄は[7]。

⓪　主流　①　行動　②　正統　③　慎重　④　少数

問六　傍線部E「たいていの人は、もっと上手に話せるようにしたいと思うことはあるにしても、もっと上手に聞けるようにしたいと思うことは、あまりない」について、その理由として適切なものを、次の⓪～③の中から一つ選び、その番号を解答欄にマークしなさい。解答欄は[8]。

⓪　話すことの方が聞くことより重要であるため、聞くためのスキルは必要ないから

①　聞くことには特別なスキルが必要であり、幼少期から訓練を重ねてきているから

②　聞くことには特別なスキルなど必要なく、今でも十分できていると思っているから

③　話すことは上手くできない人が多いが、聞くことは誰でも上手にできているから

問七　傍線部F「アンバランス」の内容として適切なものを、後の⓪～③の中から一つ選び、その番号を解答欄にマークしなさい。解答欄は[9]。

⓪　人々が話すことばかりを重視し、聞くことをおろそかにしているということ

①　人々が話すことに加えて、聞くことの重要さを真剣に議論してい

【国語】（四〇分）〈満点：一〇〇点〉

問題一 次の文章を読んで、後の問いに答えなさい。

私たちは言葉を使ってコミュニケーションする生き物である。毎日毎日、人と話をし、人の話を聞いて生きている。話す。聞く。この二つが、人間のコミュニケーションにとってどちらも不可欠であることは言うまでもない。

このうち話すことに関しては、あなたはこれまで、もっと上手に話せるようにしたいと思ったことが、多分あるのではないかと思う。スピーチやプレゼンテーション。やってみて、どうも思うようにいかない。そこで、もっと上手にできるようにしたいと。あるいは、普段の会話などでももっと上手な話し方を身につけたいと。

では、人の話をもっと上手に聞けるようにしたいと思ったことは、あるだろうか？　もしあるとしたら、あなたは［a］派にゾクする。たいていの人は、もっと上手に話せるようにしたいと思うことはあるにしても、もっと上手に聞けるようにしたいと思うことは、あまりない。そんなことは思いもよらないという人だって少なくない。

この、「話す」と「聞く」にたいする態度のアンバランスは何だろうか？

「話す」ことには、このままでは不十分だ、もっと上手になるように努力しなければなどと、気を使う。それにくらべ、「聞く」にたいしては、ずいぶんそっけない。［b］、聞くなどということは自分はちゃんとやっている、別に問題などないとでもいう態度である。

このアンバランスは、「話術」という言葉があるのにたいして、「聞術」という言葉がないことにもみられる。話術とは、上手に話をするスキルである。そしてこれは、身につけるものと考えられている。つまり、上手に話をするスキルは、誰でもが最初から持っているものではなく、努力してはじめて身につくもの、訓練や工夫によってケイ成されるものと考えられているのである。

一方、「聞術」という言葉がこれまでなかったことは、暗に聞くことにはスキルなど必要ないと見なされてきたことを意味する。だから、特別の努力や訓練、工夫も必要ないと。

このようなアンバランスは、聞くことにたいする誤解から生じてきた。その誤解とは、聞くなどということは誰にでも簡単にできることだ、口を閉じて黙っていさえすればよいのだからとの誤解である。

これはとんでもない誤解である。聞くという行為は、普通考えられているよりもずっと［c］な行為である。そして、それを適切に実行するためには、そのためのスキルが必要となる。それもけっして［d］ではないスキルである。そのスキルは、やはり努力や訓練、工夫を通してはじめて身につけられるものなのだ。

適切なコミュニケーションのためには、上手に話すスキルばかりでなく、上手に聞くスキルも不可欠なのである。今、聞くことが至るところでおろそかにされており、そのためにコミュニケーションの質が低下するという状況に陥っている。そんな現状を打カイするためにも、「話す」と「聞く」にたいする私たちの態度のアンバランスを是正し、聞くことをもっと大事にしなければならない。

（『〈聞く力〉を鍛える』伊藤　進）

問一　波線部1・2・3のカタカナと同一の漢字を、次のページの⓪～③の中からそれぞれ一つ選び、その番号を解答欄にマークしなさい。

MEMO

大切なことはメモしておこうネ！

2023年度

解 答 と 解 説

《2023年度の配点は解答欄に掲載してあります。》

＜数学解答＞

問題1 (1) [1] 1　[2] 6　(2) [3] 8　(3) [4] 1　[5] 9　[6] 3
(4) [7] −　[8] 3　(5) [9] 8　[10] 3　(6) [11] 2　[12] −　[13] 9
(7) [14] 3　[15] 1　[16] 2　[17] 6　[18] 1　(8) [19] 3　[20] 5
[21] 4　(9) [22] 4　(10) [23] 1　[24] 5　(11) [25] 1　[26] 6
(12) [27] 1　[28] 7

問題2 (1) [29] 4　[30] 5　(2) [31] 4　[32] 6　[33] 2　[34] 5
(3) [35] 4　[36] 7　[37] 5　(4) [38] 5

問題3 (1) [39] 3　[40] 6　(2) [41] 1　[42] 9　(3) [43] 1　[44] 3　[45] 6

問題4 (1) [46] 4　(2) [47] 4　[48] 1　(3) [49] 1　[50] 7

問題5 (1) [51] −　[52] 6　(2) [53] 4　[54] −　[55] 8　[56] 3
(3) [57] 2　[58] −　[59] 2　[60] 3　(4) [61] 2　[62] 1

○推定配点○
問題1　各3点×12　問題2　(1)・(2)　各4点×2　他　各5点×2　問題3　(1)　4点
他　各5点×2　問題4　(1)　4点　他　各5点×2　問題5　(1)・(2)　各4点×2
他　各5点×2　計100点

＜数学解説＞

問題1 （数・式の計算，1次方程式，反比例，平方根，連立方程式，因数分解，方程式の応用，四分位数）

(1)　$13-9\div(-3)=13+3=16$

(2)　$2^2+(-2)^2-(-1)^2+1=4+4-1+1=8$

(3)　$2x-\frac{5x+1}{4}=\frac{9}{2}$の両辺を4倍して，$8x-(5x+1)=18$　$8x-5x-1=18$　$3x=19$　$x=\frac{19}{3}$

(4)　yがxに反比例し，$x=6$のとき$y=8$である式を$y=\frac{a}{x}$とおいて，$x=6$，$y=8$を代入すると，$8=\frac{a}{6}$　$a=48$　よって，この反比例の式は$y=\frac{48}{x}$であるから，$x=-16$を代入して，$y=\frac{48}{-16}=-3$

(5)　$\sqrt{12}-5\sqrt{3}+2\sqrt{27}+\sqrt{75}=2\sqrt{3}-5\sqrt{3}+2\times3\sqrt{3}+5\sqrt{3}=2\sqrt{3}-5\sqrt{3}+6\sqrt{3}+5\sqrt{3}=8\sqrt{3}$

(6)　$3x-2y=24$…①，$2x+y=-5$…②とすると，①＋②×2より，$7x=14$　$x=2$　②に$x=2$を代入して，$2\times2+y=-5$　$4+y=-5$　$y=-9$

(7)　$(2a+5)(2a-5)-(a+6)^2=\{(2a)^2-5^2\}-(a^2+12a+36)=4a^2-25-a^2-12a-36=3a^2-12a-61$

(8)　$3x^2+3x-60=3(x^2+x-20)=3(x+5)(x-4)$

基本　(9)　半径がrの円の面積はπr^2で表される。半径が2倍の$2r$になると，円の面積は$\pi\times(2r)^2=4\pi r^2$となる。よって，半径が2倍になると，円の面積は4倍になることがわかるので，半径18cmの円の面積は，半径9cmの円の面積の4倍である。また，半径18cmの円と半径9cmの円は相似であり，相似比は18：9＝2：1である。面積比は相似比の2乗となるので，$2^2:1^2=4:1$　よって，半径18cmの円の面積は，半径9cmの円の面積の4倍であると求めることもできる。

基本 (10)　240を素因数分解すると，$240=2^4\times3\times5=2^2\times2^2\times3\times5$なので，自然数$n$の最小値は$n=3\times5=15$

基本 (11)　現在のゆうた君の年齢をx歳とする。9年後のゆうた君の年齢は$x+9$歳であり，現在の父親の年齢は$x+25$歳，9年後の父親の年齢は$x+25+9=x+34$(歳)である。9年後にゆうた君の年齢が父親の年齢の半分になるので，$x+9=(x+34)\times\frac{1}{2}$　両辺を2倍して，$2(x+9)=x+34$　$2x+18=x+34$　$x=16$　ゆうた君の現在の年齢は16歳である。

基本 (12)　11個のデータを値の小さい順に並べ替えると，2，4，6，6，7，9，12，14，17，18，27である。第2四分位数である中央値は6番目の9であり，第1四分位数は2，4，6，6，7の中央の6，第3四分位数は12，14，17，18，27の中央の17である。

基本 問題2 (資料の活用)

(1)　データが見えている8人の点数を小さい順に並べ替えると，1，2，3，4，5，6，7，9である。8人の中央値は4番目と5番目の平均になるので，$(4+5)\div2=9\div2=4.5$(点)

(2)　データが見えている人の平均値は，$(7+6+3+2+5+9+4+1)\div8=37\div8=4.625$

(3)　女子6人の平均値は5点なので，女子6人の合計は$5\times6=30$(点)　同様に，男子6人の合計は$4.5\times6=27$(点)　よって，12人全員の合計は$30+27=57$(点)なので，12人全員の平均値は$57\div12=4.75$(点)

(4)　(2)より，データが見えている人の合計は37点，(3)より，12人全員の合計は57点なので，データが見えなくなった4人の合計は$57-37=20$(点)　よって，データが見えなくなった4人の平均値は$20\div4=5$(点)

問題3 (座標平面上の確率)

基本 (1)　a，bの取りうる値はそれぞれ1から6の6通りなので，点Pの取り方は$6\times6=36$(通り)

重要 (2)　点Pが直線$y=-x+5$上にあるとき，点Pは$(a, b)=(1, 4)$，$(2, 3)$，$(3, 2)$，$(4, 1)$の4通りなので，求める確率は$\frac{4}{36}=\frac{1}{9}$

重要 (3)　点Q，RをQ(1，1)，R(1，0)とする。△OQRはOR＝QR＝1の直角二等辺三角形であるので，$OQ=\sqrt{2}$である。点Oを中心として，半径$\sqrt{2}$の円を描くと，円周上にある格子点は(1，1)，(1，−1)，(−1，1)，(−1，−1)の4点だけであることがわかる。よって，点Pとして，考えうるのは$(a, b)=(1, 1)$の1通りなので，求める確率は$\frac{1}{36}$

重要 問題4 (円と三角形，長さ・面積比の計量)

(1)　円周角の定理より，∠CBD＝∠CAD，∠BAC＝∠BDC　よって，∠CBD＝∠CAD＝∠BAC＝∠BDCとなるから，△CBDはCB＝CDの二等辺三角形である。したがって，CD＝CB＝4

(2)　△ABEと△DCEにおいて，∠BAE＝∠CDE，∠AEB＝∠DECより，2組の角がそれぞれ等しいので，△ABE∽△DCE　相似比はAB：DC＝8：4＝2：1　面積比は相似比の2乗となるから，$\triangle ABE:\triangle DCE=2^2:1^2=4:1$

(3)　角の二等分線の定理より，BE：DE＝AB：AD＝8：6＝4：3　△BCEと△DCEは底辺をそれぞれBE，DEとすると高さは頂点Cから線分BDに下した垂線であり等しいので，面積比は底辺の比となる。よって，△BCE：△DCE＝BE：DE＝4：3　ここで，△BCE＝4S，△DCE＝3Sとおく。(2)より，△ABE：△DCE＝4：1であるから，△ABE：3S＝4：1　△ABE＝12S　△ABEと△ADEは底辺をそれぞれBE，DEとすると高さが等しいので，面積比は底辺の比と等しく，△ABE：△ADE＝BE：DE＝4：3なので，12S：△ADE＝4：3　4△ADE＝36S　△ADE＝9S　したがって，四角形ABCD＝△ABE＋△BCE＋△DCE＋△ADE＝12S＋4S＋3S＋9S＝28Sとなるから，△BCEは四角形ABCDの$\frac{4S}{28S}=\frac{1}{7}$(倍)である。

問題5 （図形と関数・グラフの融合問題）

(1)　$y=-\frac{1}{6}x^2$に$x=-6$を代入すると，$y=-\frac{1}{6}\times(-6)^2=-\frac{1}{6}\times36=-6$　また，$y=\frac{1}{3}x-4$に$x=-6$を代入して，$y=\frac{1}{3}\times(-6)-4=-2-4=-6$と求めてもよい。

基本 (2)　$y=-\frac{1}{6}x^2$と$y=\frac{1}{3}x-4$を連立方程式として解くと，$-\frac{1}{6}x^2=\frac{1}{3}x-4$　$x^2=-2x+24$　$x^2+2x-24=0$　$(x+6)(x-4)=0$　$x=-6,\ 4$　よって，点Bのx座標は4であるから，$y=-\frac{1}{6}x^2$に$x=4$を代入すると，$y=-\frac{1}{6}\times4^2=-\frac{1}{6}\times16=-\frac{8}{3}$　したがって，$B\left(4,\ -\frac{8}{3}\right)$となる。

重要 (3)　△OAQと△OPQの底辺をともにOQとすると，高さはそれぞれ点A，Pからy軸に下した垂線の長さとなる。底辺の長さが等しい三角形の面積比は高さの比に等しく，△OAQの高さは6であるから，△OPQが△OAQの面積の$\frac{1}{3}$となるためには，高さが6の$\frac{1}{3}$の2であればよい。よって，点Pのx座標は2となるから，$y=-\frac{1}{6}x^2$に$x=2$を代入すると，$y=-\frac{1}{6}\times2^2=-\frac{1}{6}\times4=-\frac{2}{3}$　したがって，$P\left(2,\ -\frac{2}{3}\right)$となる。

やや難 (4)　$y=-\frac{1}{6}x^2$に$x=3$を代入すると，$y=-\frac{1}{6}\times3^2=-\frac{1}{6}\times9=-\frac{3}{2}$　よって，$P\left(3,\ -\frac{3}{2}\right)$　また，点Cは直線②の切片なので，C(0，−4)　従って，△OPC＝$\frac{1}{2}\times4\times3=6$　ここで，点Pを通り直線②に平行な直線とy軸との交点をRとする。OR//BCより，等積変形をして，△PBC＝△RBCとなる。平行な直線は傾きが等しいので，直線PRの傾きは直線②の傾きと等しく，$\frac{1}{3}$である。直線PRの式を$y=\frac{1}{3}x+b$とおいて，$P\left(3,\ -\frac{3}{2}\right)$を代入すると，$-\frac{3}{2}=\frac{1}{3}\times3+b$　$-\frac{3}{2}=1+b$　$b=-\frac{5}{2}$　よって，直線PRの式は$y=-\frac{1}{3}x=\frac{5}{2}$であり，$R\left(0,\ -\frac{5}{2}\right)$となる。したがって，RC＝$-\frac{5}{2}-(-4)=-\frac{5}{2}+4=\frac{3}{2}$となるから，△PBC＝△RBC＝$\frac{1}{2}\times\frac{3}{2}\times4=3$　△OPC：△PBC＝6：3＝2：1である。

★ワンポイントアドバイス★

教科書に記載されている公式や解法が実践できるかが大切である。

＜英語解答＞

問題1	問1 ②	問2 ③	問3 ⓪	問4 ⓪	問5 ③	問6 ①	問7 ⓪
	問8 ③						
問題2	問1 ⓪	問2 ①	問3 ②	問4 ①	問5 ②		
問題3	問1 ①	問2 ⓪	問3 ⓪	問4 ②	問5 ②		
問題4	問1 ③	問2 ②	問3 ①	問4 ⓪	問5 ①	問6 ⓪	問7 ⓪
	問8 ③						
問題5	問1 ⓪	問2 ①	問3 ①	問4 ⓪	問5 ②	問6 ②	問7 ③
	問8 ⓪	問9 ②	問10 ③				
問題6	問1 ⓪	問2 ①	問3 ③	問4 ⓪	問5 ⓪	問6 ①	
問題7	問1 ③	問2 ⓪	問3 ⑤	問4 ②	問5 ③	問6 ①	問7 ④
	問8 ④	問9 ⑤	問10 ⑥				

○推定配点○

問題1　問8　3点　　問題2　各1点×5　　他　各2点×46　　計100点

＜英語解説＞

問題1　（長文読解問題・物語文：英文和訳，語句補充，指示語，要旨把握，内容吟味）

（全訳）　ある老人が息子と嫁，4歳の孫と一緒に暮らし始めた。老人は手が震え，目も弱く，歩くのも遅かった。

家族は毎晩一緒に食事をした。しかし，(ア)彼の震える手と弱い視力のため，食事はとても困難だった。スプーンから豆が床にこぼれ落ちた。グラスを持ち上げると，しばしばミルクがテーブルクロスにこぼれた。息子と嫁は彼に対して怒りを感じた。「お父さんのことを(イ)何かしなければならない」と息子が言った。「テーブルクロスにこぼれるミルクやうるさい食べ方，床に落ちる食べ物にはもううんざりだよ」そこで，夫婦は隅に小さなテーブルを設置した。老人はそこで一人で食事をし，残りの家族は晩餐を食べるテーブルで楽しんでいた。

老人がお皿を割ったこともあったため，彼の食べ物は木のボウルに盛られた。家族が彼を見るとき，彼は涙を浮かべながら一人で食事をしていることがあった。それにもかかわらず，夫婦が彼に向かって言ったのは，フォークや食べ物を落とした時に言った(ウ)ひどい言葉だけだった。4歳の孫は黙って全てを見ていた。

ある夕食前，父親は息子が床で木のかけらで遊んでいるのを見た。彼は優しい声で子供に尋ねた。「何をしているの？」と。優しい声で，子供は「お父さんとお母さんが大人になったら食べ物を食べるための小さなボウルを作っているんだよ」と言った。彼は笑顔で作業を続けた。その言葉が両親の心に響き，(エ)彼らは言葉を失った。そして涙が頬を伝った。彼らがどれだけ残酷だったかを悟り，彼らは息子を固く抱きしめ，そして父親を抱きしめた。その夜，夫は老人の手を取り，そっと彼を(オ)家族のテーブルに導いた。

残りの人生，彼は家族と一緒に毎食を食べた。夫婦はもはやフォークを落としたり，テーブルクロスを汚したりしても気にしなかった。

問1　〈make A＋B〉「AをBにする」

問2　この後で，老人のための小さなテーブルを隅に設置した。

問3　フォークや食べ物を落としたときに老人に言うのは「ひどい」言葉である。

問4　直前の the parents を指している。

問5　息子の言葉から残酷なことをしていたと悟り，父親と元のテーブルで食事をしたのである。

問6　老人，息子，嫁，4歳の孫の4人である。

やや難 問7　息子の気持ちが変化したのは，自分の子の言葉である点に注目する。

やや難 問8　老人が一人で食事をとるように変化したり，息子の気持ちが大きく変化したりする場面で木製のボウルが象徴的に出てきているところから判断できる。

基本 **問題2**（アクセント）

問1　第1音節にアクセントがある。

問2　第2音節にアクセントがある。

問3　第3音節にアクセントがある。

問4　第2音節にアクセントがある。

問5　第3音節にアクセントがある。

基本 **問題3**（発音）

問1　①は[ʌ]，cloud，mouth，now は[au]と発音する。

問2　⓪は[ei]，dead，already は[e]，season は[iː]と発音する。

問3　⓪は[æ]，came，plane は[ei]，small は[ɔː]と発音する。

問4　②は[ou]，comeは[ʌ]，often は[ɔ]，stop は[ɑ]と発音する。

問5　②は[ʌ]，student，introduce は[juː]，busy は[i]と発音する。

問題4（会話文）

問1　「待って。帽子をさがしているんだ」と答えているので，Are you ready?「準備できた？」が適切。

問2　do well「うまくいく」の比較級の表現を用いているので，「テストどうだった？」が適切。

問3　「後でそこに行く」と言っているので，先にしなければならないことがあると判断できる。

問4　提案された中華料理屋の場所をよく知らないので，別の場所を提案していると判断できる。

問5　「6個で十分だ」と答えているので，個数を尋ねているとわかる。

問6　「よくテニスをするの？」の問いに Twice a week.「週2回だよ」と答えている。

問7　Did you? と続いていることから過去形の文であり，「それらを見たい」と答えているので I took some pictures. が適切。

問8　Never. と答えているので，「今までしたことがあるか」と尋ねているとわかる。

重要 **問題5**（語句選択問題：助動詞，比較，受動態，前置詞，不定詞）

問1　前の部分が過去形を用いているので，過去形 didn't にする。

問2　How long で期間を尋ねる疑問文になる。

問3　have to ～「～しなければならない」

問4　Will you ～?「～してくれませんか」

問5　春と秋の「どちら」が好きか尋ねている。

問6　good の比較級は better になる。

問7　〈the ＋最上級＋ in ～〉「～の中で最も…」

問8　be made by ～「～によって作られる」

問9　as ～「～として」

問10　something to drink「飲み物」

問題6（書き換え問題：熟語，現在完了，接続詞，助動詞）

問1　drive to ～ ＝ go to ～ by car

問2　「昨年中国に来た」＝「昨年から中国にいる」

問3 〈so ~ that ＋主語＋ can't …〉= too ~ to …
問4 Don't ~ = You mustn't ~
問5 Let's ~ = Shall we ~?
問6 〈make ＋A＋B〉「AをBにする」

重要 **問題7** （語句整序問題：関係代名詞，進行形，分詞，動名詞，不定詞）

問1 (She) is my best friend who lives in (Hokkaido.) who lives in Hokkaido は前の名詞を修飾する主格の関係代名詞である。
問2 Who is playing the piano (in that room?) 〈be動詞＋~ing〉で過去進行形の文になる。
問3 How many books do you have(?) 〈How many ＋複数名詞〉で数を尋ねる文になる。
問4 (I) want to be a singer loved by (many people.) loved by many people は前の名詞を修飾する分詞の形容詞的用法である。
問5 Don't run in the hospital(.) 〈Don't ＋動詞の原形〉「~してはいけない」
問6 (He) is not good at playing soccer(.) 〈be good at ~ing〉「~するのが得意だ」
問7 Can you help me with my (cooking?) 〈help ＋人＋ with ＋物〉「人の物を手伝う」
問8 There were many shops near my (house ten years ago.) 〈There is[are] ~ ＋場所〉「…に~がある」
問9 My children were watching TV when (I called them.) 〈be動詞＋ ~ing〉「~している」という進行形の文になる・
問10 (I think) it is difficult for you to understand (his opinion.) 〈it is ~ for ＋人＋ to …〉「…することは人にとって~だ」

★ワンポイントアドバイス★

比較的問題数が多くなっている。過去問や問題集を用いて，すばやく解く練習をしよう。また，教科書に載っている英単語や熟語は覚えるようにしよう。

＜理科解答＞

問題1 [1] ② [2] ① [3] ⓪ [4], [5] ⓪, ④
問題2 [6] ④ [7] ③ [8] ⑦ [9] ①
問題3 [10] ⓪ [11] ② [12] ④ [13] ④ [14] ③ [15] ② [16] ②
問題4 [17] ② [18] ① [19] ② [20] ③ [21] ⓪ [22] ① [23] ③ [24] ③
問題5 [25] ⓪ [26] ② [27] ① [28] ① [29] ⓪ [30] ② [31] ⑤ [32] ②
問題6 [33] ① [34] ④ [35] ③ [36] ⑦ [37] ⓪ [38] ① [39], [40] ③, ⑥ [41] ⓪
問題7 [42] ① [43] ⓪ [44] ① [45] ② [46] ⓪ [47] ②
問題8 [48] ③ [49] ③ [50] ② [51] ① [52] ⓪ [53] ⓪ [54] ⓪

○推定配点○
問題1 [4], [5] 各1点×2 他 各2点×3 問題2 [6], [8] 各1点×2 他 各2点×2
問題3 各2点×7 問題4 [17], [18] 各1点×2 他 各2点×6 問題5 各2点×8
問題6 各2点×9 問題7 [42], [43] 各1点×2 他 各2点×4 問題8 各2点×7
計100点

<理科解説>

基本 **問題1** （力・圧力―力のつり合い）

1 加えている力が一直線上にないので，力がつり合っておらず回転する。

2 力の大きさが違うので，つり合わない。

3 等しい大きさの力が一直線上にかかるのでつり合う。

4・5 離れていても働く力は，磁力，重力である。

問題2 （力・圧力―力のつり合い）

重要 6 物体の重力は，重心に働くと考えてよい。図のEが重心である。

基本 7 図の1マスは1Nを表すので，3Nの重力は3マスに相当する。

8 垂直抗力は机から受ける力であり，机と接するH点にはたらく。

重要 9 重力が3Nで，ひもをつけて真上に2Nの力で引き上げるので，上向きに垂直抗力が1Nの大きさで働く。

問題3 （電流と電圧―電流・抵抗，電力）

重要 10 アの測定器は，電源と直列でつないでいるので電流計である。電流計の－端子は，大きな電流の端子から順に小さな端子につなぎかえていく。大きな電流が流れて測定器が壊れることを防ぐためである。

基本 11 9Vで3Aの電流が流れるので，抵抗は9÷3＝3(Ω)である。

12 (電力)＝(電流)×(電圧)より，9×3＝27(W)である。

重要 13 (ジュール熱)(J)＝(電圧)×(電流)×(時間)(秒)より，9×3×2×60＝3240(J)。

14 グラフより，1分で3℃温度が上昇するので，7分後には7×3＝21(℃)上昇し，14＋21＝35(℃)になる。

15 39℃になるには，39－14＝25(℃)温度が上昇する。1分の加熱で3℃温度が上昇するので，25÷3＝$8\frac{1}{3}$(分)＝8(分)20(秒)かかる。

重要 16 (発熱量)＝(電力)×(秒)より，電力と時間は反比例する。よって18Wの電熱線を使って同じ発熱量にするには，電圧を加える時間は$\frac{27}{18}$＝1.5(倍)にする必要がある。

基本 **問題4** （溶液とその性質―加熱操作・溶解度）

17 石灰水が白くにごったので，発生する気体は二酸化炭素である。

18 二酸化炭素や一酸化炭素を除く，炭素を含む化合物を有機物という。

19 ガスバーナーの点火の手順は，初めにガスの元栓を開け，次いでマッチをすって近づけガス調節ねじを開けて点火する。次いで，ガス調節ねじで炎の大きさを調節し，最後に空気調節ねじで炎の色を青色にする。

20 粉末は有機物であり，水に溶ける。①，②，③は有機物であるが，水に溶けるものは砂糖だけである。

21 物質は水に溶けると均一に広がる。

22 一定量の水に溶ける物質の最大質量を溶解度という。一般に，水100gに溶ける溶質の質量を溶解度という。

23 溶質の質量が50g，溶液の質量が250gなので，水溶液のパーセント濃度は(50÷250)×100＝20(%)である。

24 このとき，溶液の質量は60÷0.10＝600(g)なので，水の質量は600－60＝540(g)である。

問題5 （その他―ダニエル電池）

25・26 電流がイからアに向かって流れるので，電子の流れはアからイに向かう。アでは電極の金属が溶け出し，電子が電極板に残される。これが導線を伝わってイの電極に流れる。電子を放出したアの金属原子は，陽イオンになって水溶液中に溶け出す。

27 このような構成の電池を，ダニエル電池という。

重要 28 ダニエル電池では，負極に亜鉛板，正極に銅板を使用し，負極側の電解液は硫酸亜鉛水溶液，正極側は硫酸銅(Ⅱ)水溶液を用いる。亜鉛板上で発生した電子が，導線を伝わって銅板側に運ばれる。電子の流れは＋極から－極と決められているので，電流の流れは図1の矢印の向きであるが，電子の向きは逆である。

重要 29・30 ダニエル電池では，負極の亜鉛がイオンになって水溶液中に溶け出し，金属板が徐々に減少する。一方，正極側の銅板上に銅が析出する。

基本 31 異なる金属を組み合わせて電解質溶液につけると，電流が流れる。これらをダニエル型電池という。

32 金属の水溶液中でのイオンになりやすさを「イオン化傾向」といい，金属の種類によってその傾向の大きさが異なる。3つの金属の中ではマグネシウムが最もその傾向が大きく，次いで亜鉛，最も小さいものが銅である。

問題6 （植物の種類とその生活―植物の分類）

33・34・35 めしべの先端を柱頭といい，根元のふくらんだ部分を子房という。おしべの先の小さな袋をやくという。

重要 36 ホウセンカは双子葉植物であり，子葉が2枚，葉脈は網状脈，根は主根と側根からなる。

37 離弁花はアブラナ，サクラ，エンドウであり，合弁花はアサガオ，ツツジ，タンポポである。

38 間違っているのはDである。胚珠が子房の中にある植物は被子植物という。

39・40 虫媒花は，虫に見つかりやすいように目立った色や形のものが多い。また，花粉は虫の体にくっつきやすくするために，べたべたしていることが多い。風媒花は目立ちにくい色や形のものが多く，花粉は他のものにくっつかないで遠くまで運ばれるように，さらさらしたものが多い。

41 被子植物では，子房の中の胚珠が成長して種子になる。図ではaの部分である。裸子植物ではりん片の胚珠が種子になる。図のcの部分が胚珠である。図のdは雄花のりん片の花粉のうである。

問題7 （植物の体のしくみ―光合成）

基本 42 試験管Aに光を当てて気体が発生したので，光合成で酸素が発生した。

基本 43 光合成により，二酸化炭素と水から酸素と有機物ができる。

基本 44 葉の裏側に多くある，気体の出入り口を気孔という。

重要 45 BTB溶液はアルカリ性で青色である。これに息を吹き込むと緑色になるのは，息の中に含まれる二酸化炭素が酸性の気体であり，水溶液中で中和されて中性になり緑色にかわるからである。

重要 46 光合成が行われると，水溶液中の二酸化炭素が反応に使われて減少するため，水溶液が元のアルカリ性に戻り，BTB溶液が青色になる。

47 二酸化炭素の減少が原因である。

基本 問題8 （地球と太陽系―太陽の動き）

48 地球を中心にして，星の位置を示した透明な球面を天球という。観測者の真上の，天球のHの部分を天頂という。

49 太陽は東の空から登って，南の空を移動し西の空に沈む。エの方角が西の方角である。

50 真南に太陽が来るときを南中といい，その時の地平線との間の角度(オ)を南中高度という。

51 1時間で1.6cm移動するので，0.4cm移動するには15分かかる。C点が午前11時なので，Bは11時15分である。

52 地球の自転は西から東に向かって回転する。そのため，太陽は東から西に移動するように見える。約24時間で360°回転するので，1時間で約15°移動する。

53 南の空の星の見え方は，向かって左手方向から右手方向に回転して移動するように見える。①は西の空，②は北極星を中心に回転して見えるので北の空，③が東の空の星の動きである。

54 南半球では，星は向かって右手側から登り左手側に回転するように見える。天の南極を中心にして時計回りに回転するように見える。

★ワンポイントアドバイス★

理科全般の幅広い基本的な問題知識が求められる。問題数が多いので，時間配分に気をつけながら，できるところから1問でも多く解答するようにしたい。

＜社会解答＞

問題1 1 ③ 2 ② 3 ③

問題2 4 ③ 5 ② 6 ⓪ 7 ③

問題3 8 ② 9 ① 10 ① 11 ② 12 ②

問題4 13 ① 14 ① 15 ② 16 ⓪ 17 ③ 18 ⓪ 19 ③

問題5 20 ③ 21 ⓪ 22 ② 23 ② 24 ② 25 ⓪ 26 ② 27 ⓪
28 ③ 29 ① 30 ⓪ 31 ③ 32 ② 33 ①

問題6 34 ① 35 ② 36 ③ 37 ② 38 ⓪ 39 ① 40 ② 41 ②

○推定配点○

問題1 各2点×3 問題2 各2点×4 問題3 各3点×5 問題4 各2点×7

問題5 20～24 各2点×5 他 各3点×9 問題6 34～37 各2点×4 他 各3点×4

計100点

＜社会解説＞

問題1 （地理－地形図）

1 地形図上の方位は，方位を示す矢印がなければ，上が北，右が東，下が南，左が西となる。大曽根駅から見てナゴヤドームは，右下に位置するから南東が正解となる。

2 実際の距離約1.3kmは，2万5000分の1地形図上では，1.3km＝1300m＝130000cm，130000(cm)÷25000＝5.2(cm)となる。

3 老人ホームの地図記号は，建物と杖の形を記号にしたもので3が正解である。これは，平成18年に全国の小学生・中学生から募集したデザインをもとにつくらた。

問題2 （日本の地理－諸地域の特色，産業，その他）

4 1947年，渥美半島で電照菊栽培が始まり，翌年本格的に実用化された。渥美半島が電照菊の産地として発展したのは，温暖な気候であったこととともに，1968年，豊川用水が通ったことが大きな理由と言える。

5 ハザードマップは，自然災害による被害を予測し，その被害範囲を地図化したものである。防災マップ，被害予測図，被害想定図，アボイドマップ，リスクマップなどの名称で作成されている場合もある。

6 輪中とは，洪水から集落や耕地を守るため，周囲に堤防を巡らした低湿地域または共同村落組織である。江戸時代につくられたものが多く，木曽・長良・揖斐の三河川の合流地域につくられたものが有名である。

7 高蔵寺ニュータウンは日本で2番目に古いニュータウンである。現在，高齢化と老朽化が深刻な問題になっていて，若い世帯の人口増加率も低くなっている。したがって，③が誤りとなる。

問題3 （地理―世界の地形・気候，諸地域の特色，その他，地理と歴史の総合問題）

8 ロシアの民族で最も多い割合を示しているのは。選択肢の中ではスラブ系である。

9 イルクーツクの気候は冷帯である。夏は快適で，冬は極寒で，降雪が多く，年間を通じて曇りが多い。雨温図から考察しても，夏と冬の気温差が大きく，冬は降雨は少ない。

基本 10 ウラル山脈はヨーロッパとアジアを地理的に分ける山脈である。地形的には「長くなだらか」なのが特徴である。

重要 11 日本は3つの領土問題を抱えている。北方領土(対ロシア)，竹島(対韓国)，尖閣諸島(対中国)である。地図中Cはその中の北方領土を示している。

12 ペレストロイカは，ソ連のゴルバチョフ政権が掲げ，1986年2月から始まった改革である。当初は社会主義経済の停滞を打破するための市場経済導入を柱とした経済改革を意味し，「上からの改革」として始まったが，すぐに複数候補者選挙制などの政治改革にまで広がり，さらにグラスノスチ(情報公開)や歴史の見直しなど全面的な改革を開始した。

問題4 （日本の歴史―各時代の特色，政治・外交史，社会・経済史，文化史）

13 平清盛は，後白河上皇の院政を助け，武士としてはじめて太政大臣となり，一族も高い地位につき，多くの荘園を手に入れた。源頼朝は鎌倉に本拠地を定め，武士を集結して関東地方を支配すると，平氏をたおすために弟の源義経などを送って攻めさせた。義経は平氏を追いつめ，壇ノ浦(山口県)でほろぼした。

14 一乗谷城を中心に越前国(福井県)を支配したのは朝倉氏，北近江(滋賀県)で勢力を持って支配したのは浅井氏，越後国(新潟県)など北陸地方を支配したのは上杉氏，甲斐国(長野県)を中心として支配していたのが武田氏，それぞれの戦国大名である。

15 清盛が整備したのは兵庫(神戸市)の港であるので，2は関係ない。

16 後鳥羽上皇が兵をあげたのは，承久の乱の時である。

17 六波羅探題は，1221年後鳥羽上皇の起こした承久の乱後，鎌倉から遠く離れた京都にある朝廷を監視し，西国の武士を取り締まるため，鎌倉幕府が京都に置いた役職のことである。

18 浄土真宗の開祖は親鸞である。

19 C：平安時代後期→A：平安時代末期→D：鎌倉時代→E：建武の新政期→B：室町時代後期(戦国時代)

問題5 （日本と世界の歴史―政治・外交史，社会・経済史，日本史と世界史の関連，歴史と公民の総合問題）

20 日米和親条約は，1854年に日本とアメリカが友好関係を結ぶために締結した条約であり，神奈川条約とも呼ばれる。日本は下田と箱館の2港を開港し，鎖国制度を終わらせた。また，日本はアメリカに燃料や食料の提供，船員の保護，領事の駐在，最恵国待遇などを約束した。

21 a地租改正(1873年～)→b大日本帝国憲法の発布(1889年)→c大逆事件(1910年)。

22 チャーチルはイギリスの首相なので，2は誤りとなる。

23 警察予備隊創設(1950年)，日本の国際連合加盟(1956年)，日中平和友好条約の締結(1978年)，日韓基本条約の締結(1965年)。

24 南北戦争は1861～65年の間であるので，2が正解となる。

25 アメリカ同時多発テロ(2001年)，ソ連崩壊(1988～1991年)，欧州連合(EU)発足(1993年)，天安門事件(1989年)。

26 日光の社寺は栃木県であるので，②は誤りである。

基本 27 マグナ＝カルタは，1215年，イギリスで国王に対し，封建諸侯と都市代表が共同して認めさせたもので，王権を制限し，諸侯の既得権と，都市の自由を規定し，イギリス憲法を構成する重要な憲章とされている

28 吉田松陰は，長州藩出身で，おじのひらいた私塾松下村塾で人材の育成を行ったが，幕府の対外政策を批判したことで，安政の大獄によって，江戸で処刑された。

29 a東海道新幹線の開通(1964年)→c小笠原諸島の日本復帰(1968年)→b第一次石油ショック(1973年)。

重要 30 日朝首脳会談は，日本と朝鮮民主主義人民共和国との首脳同士による会談である。2002年9月と2004年5月の計2回開かれた。この会談により日本人拉致被害者の5人が帰還したが，北朝鮮との国交正常化は実現しなかった。

31 満洲事変は，1931年9月18日に中華民国奉天郊外の柳条湖で，関東軍が南満洲鉄道の線路を爆破した事件に端を発したもので，③は誤りとなる。

やや難 32 ナポレオンは，イギリスを経済的に孤立させることを狙い，イギリスと大陸諸国間の貿易を禁じる「大陸封鎖令」を発令したので，②は誤りとなる。

33 ①は，実行した場合，著作権法違反となるので，誤っている。

問題6 (公民―経済生活，憲法，政治のしくみ，国際政治，その他)

34 日本は常任理事国ではなく，非常任理事国に入っているので，①は誤りとなる。

やや難 35 国民総所得(GNI)はGross National Incomeの略である。Grossは総，Nationalは国民，Incomeは所得のことである。つまり，日本国民が1年間で稼いだ所得のことである。

36 男女共同参画社会基本法は，男女平等を推進するべく，1999年(平成11年)に施行された法律であり，③の文章は誤りとなる。

37 環境基本法は，日本の環境政策の基本的な方向性と基準を定める法律で，環境問題に対応するために1993年に制定された。環境基本法は，国や地方公共団体，事業者，国民の責務や，環境の保全に関する施策の基本となる事項を規定している。

38 商品Xを購入しようとする人が増えるということは超過需要になり，需要曲線が，右側に移動する。すると，品不足にもかかわらず買いたい人が増えているので高い値段でも売れるようになる。

39 社会権とは，個人の生存，生活の維持・発展に必要な諸条件を確保するために，国家に積極的な配慮を求める権利の総称である。日本国憲法は，社会権として，生存権・教育を受ける権利・勤労権・勤労者の団結権・団体交渉権・争議権を規定している。

40 国会では衆議院の優越が認められているのであって，参議院の優越はない。

41 第9条は「戦争放棄」「戦力不保持」「交戦権の否認」の3つを規定している。

★ワンポイントアドバイス★

問題24 菊の電照栽培では，花芽ができる前に夜間，電気で照らし続け，菊に日照時間を長く感じさせることで開花を遅らせ，出荷時期を調整する。

問題312 ペレストロイカは，スターリン体制から続く硬直した政治と社会の克服をめざした。

＜国語解答＞

問題一 問一 1 ① 2 ③ 3 ⓪ 問二 ② 問三 ② 問四 ⓪
問五 ④ 問六 ② 問七 ⓪ 問八 ④ 問九 ① 問十 ③
問十一 ⓪ 問十二 ① 問十三 ①

問題二 問一 1 ③ 2 ① 3 ⓪ 問二 a ② b ④ c ⓪ d ①
問三 ③ 問四 ② 問五 ① 問六 ② 問七 ③ 問八 ②
問九 ⓪ 問十 ①

問題三 問一 ③ 問二 A ⓪ E ② F ① I ③ 問三 ① 問四 ②
問五 ① 問六 ① 問七 ③ 問八 ② 問九 ②

○推定配点○
問題一 問一 各1点×3 問二・問三・問十二 各2点×3 他 各4点×9
問題二 問一・問二 各1点×7 問六 2点 他 各4点×7
問題三 問六・問七 各4点×2 他 各1点×10 計100点

＜国語解説＞

問題一 （論説文―大意・要旨，内容吟味，文脈把握，指示語の問題，接続語の問題，脱文・脱語補充，漢字の読み書き，語句の意味，表現技法）

問一 1 属する ⓪ 続編 ① 配属 ② 満足 ③ 民俗学
2 形成 ⓪ 計算 ① 経験 ② 風景画 ③ 形式
3 打開 ⓪ 開店 ① 会計 ② 解読 ③ 改善策

基本 問二 「ふかけつ」と読む。「欠(か)く可(べ)からず」と考える。

基本 問三 「プレゼンテーション」という体言(名詞)で終わっているので，体言止め。

問四 同じ段落の「もっと上手に話せるようにしたいと思ったことが，多分あるのではないかと思う。」に着目する。傍線部Cと傍線部Dはこの後に続いているので，「多分あるのではないかと思う」と同様の意味を表す言葉が省略されている。

問五 直後の文に「たいていの人は……もっと上手に聞けるようにしたいと思うことは，あまりない」とあるので，前の「もっと上手に聞けるようにしたいと思」う人は人数が少ないとわかる。

問六 一つ後の段落で，上手に話を聞くスキルという意味の「聞術」という語を挙げ，「一方」で始まる段落で「聞くことにはスキルなど必要ないと見なされてきた」「特別の努力や訓練，工夫も必要ないと。」と説明を加えている。この「スキルなど必要ない」という理由を述べている②が適切。他の選択肢は，この説明に合わない。

問七 直後の「『話す』ことには……気を使う。それにくらべ，『聞く』にたいしては，ずいぶんそっけない。」に着目する。「気を使う」を「重視」に，「そっけない」を「おろそか」と言い換えている⓪を選ぶ。

問八 前の「そっけない」様子を，直後の「聞くなどということは自分はちゃんとやっている，別に問題などない」と説明しているので，ほとんど同じような状況という意味を表す語句が入る。

問九 筆者が「とんでもない誤解」としているのは，直前の段落の「聞くなどということは誰にでも簡単にできることだ……との誤解」で，ここから「誰でもできる簡単な」とある①が適切。

問十 c 直前の段落の「聞くなどということは誰にでも簡単にできる」が，「普通考えられている」ことにあたる。「普通考えられているよりもずっと」というのであるから，「簡単」と相反する意味の「複雑」が入る。 d 直後の文の「努力や訓練，工夫を通してはじめて身につけられる」に着目する。

基本 問十一　直前の文の「聞くことが至るところでおろそかにされており，そのためにコミュニケーションの質が低下するという状況」を表している。

問十二　悪い点を直して正しくすること。「是」を使った熟語には，他に「是非」などがある。

重要 問十三　最終段落の「聞くことをもっと大事にしなければならない」という筆者の主張に，「最近は聞く力についても見直されてきている」と述べている生徒Bの会話は合致しない。

問題二　(小説—大意・要旨，情景・心情，文脈把握，接続語の問題，脱文・脱語補充，漢字の読み書き，語句の意味，ことわざ・慣用句)

問一　1　習慣　⓪　周囲　①　集合　②　宗教　③　習字
　　　2　困難　⓪　根気　①　困惑　②　混雑　③　結婚
　　　3　見解　⓪　和解　①　貝殻　②　会議　③　開花

問二　a　後に「病気で寝込んでいても」と続いているので，仮定の意味を表す語句があてはまる。　b「はっきりした見カイは持てていない」という前に対して，後で「無理があるかなと思ってる」と相反する内容を述べているので，逆接の意味を表す語句があてはまる。　c　前の「説明した」にもかかわらず，後で「意味がわからなくなった」というのであるから，ますますという意味の語句があてはまる。　d　直後の「朝早く出勤して……帰ってくる」は，「父さん」のふだんの様子である。

問三　後の「父さんが仕事辞めて，どうやって生活するの？」と「私」は言っている。

基本 問四　直後の「父さんより年寄りの先生がほとんどだ」にふさわしい言葉があてはまる。

問五　直前の「父さんはたいして気にもならない様子」や，直後の「俺も働いてるんだし，何とかなるよ。」という直ちゃんの反応や，「だったらいいんだけど」という「私」の反応から，「私」を安心させる内容の文章があてはまる。②と③は「私」を安心させるものではない。⓪は，「何とかなる」という直ちゃんの反応に合わない。

問六　「腑(に)落ちる」は，納得がいくという意味。

問七　「いぶかしい」は，疑わしく思う様子を表す。

問八　直前の「父さんはいつも私の反応を気にかける……私はいつも父さんを安心させるように答える」に着目する。「父さんを安心させるように」という表現から，「私」は「いいと思うよ」と言いながらも，内心は不安であることが読み取れるので，②が適切。

やや難 問九　「私」は，「父さんが仕事辞めて，どうやって生活するの？」と不安を訴えながらも，最終的には「うん，いいと思うよ」と父の考えを尊重しているので，⓪が適切。

重要 問十　「父さん」と仕事を辞めるという「父さん」の提案を，直ちゃんは「俺も働いてるんだし，何とかなるよ。」と穏やかに聞き入れている。「私」も「父さんを辞めるってどういうこと？」「何それ。ものすごく変なの」「父さんが仕事辞めて，どうやって生活するの？」と言いながらも，最終的には「父さん」の提案を受け入れている。この二人の様子に①が適切。他の選択肢は，この二人の様子にそぐわない。

問題三　(古文—文脈把握，語句の意味，文と文節，仮名遣い，口語訳，文学史)

基本 問一　語頭以外のハ行はワ行で発音する。

やや難 問二　A　前の注釈に「姫君が……物置に閉じ込められ，食事も与えられない状況」とある。姫君の女房であるあこぎが，姫君に食事を差し上げようとしていることから考える。　E「なにしに」はどうしてという意味で，非難の気持ちを込めて問いかけている。「ぞ」は強い断定の意味を表す。　F「おごり」は得意になって，という意味。　I　直後に「あこぎがよろづのこと書きて」とある。あこぎは三郎君に強飯と手紙を姫君に届けるように頼んでいるので，手紙を読んでいるのは姫君。

問三　「せむかたなければ」は，【現代語訳】に「お渡しする方法もないので」とあり，その後であこぎは「小さき子」に「さらば……これ，御文奉るわざしたまへ」と実行をお願いしている。

問四　【現代語訳】の後半に，「阿漕がいろいろのことを書いて……よこした」とある。

やや難　問五　直前の「かの部屋に行きて」の「かの部屋」は姫君がいる物置で，「小さき子」はあこぎに頼まれて，物置に閉じ込められている姫君に手紙と強飯を届けようとしている。

問六　前の「『今しばしありてあけむ。ついでに』とのたまふに」が，三郎君が「腹立ちののし」った理由にあたる。【現代語訳】から，「今しばしありてあけむ。ついでに」と言ったのは北の方であることから，①が適切。「小さき子」は，姫君の末弟の三郎君であることも確認しておく。

重要　問七　三郎君は，北の方に知られないように，物置に閉じ込められている姫君に手紙と強飯を届けるために「沓をここに入れて置いてあるんで。それを取りたい」と嘘をついて物置に入ろうとしている。この内容を「探して見つからなかったふり」と述べている③を選ぶ。

基本　問八　「されども」は，そうであっても，という意味。前の「強飯と一緒によこした」という前に対して，後で「『物を食べよう』とも思わないでそのままにしておいた」と予想と反する内容が続いているので，逆接の意味だと推察できる。

基本　問九　⓪は鎌倉時代，①は奈良時代，③は江戸時代，④は明治時代に成立した作品。

★ワンポイントアドバイス★

時間を設定して，大量の問題をすばやく解く練習を重ねておこう。

2022年度

★★★★★★★★★★★★★★★★★★★★★★★

入　試　問　題

2022年度

豊田大谷高等学校入試問題

【数　学】（40分）　　＜満点：100点＞

解答上の注意

問題文中の$\boxed{1}$，$\boxed{2}\boxed{3}$，$\dfrac{\boxed{4}}{\boxed{5}}$などの□には，数字（０から９），または符号（－）のいずれか一つが入ります。それらを解答カードの**1**，**2**，**3**，…で示された解答欄にマークして答えなさい。ただし，（±）は使用しません。

【注意】　$\boxed{2}\boxed{3}$のような解答の場合，**2**には０は入りません。また，$4\sqrt{2}$と答えるところを，$2\sqrt{8}$のように答えてはいけません。

例１　$\boxed{1}$の答えを６，$\boxed{2}\boxed{3}$の答えを97とする場合，右のようにマークしなさい。

1	±	−	0	1	2	3	4	5	●	7	8	9
2	±	−	0	1	2	3	4	5	6	7	8	●
3	±	−	0	1	2	3	4	5	6	●	8	9

例２　$\dfrac{\boxed{4}}{\boxed{5}}$の答えを$\dfrac{3}{8}$とする場合，右のようにマークしなさい。特に分数で答える場合，解答番号に注意し，マークしなさい。

4	±	−	0	1	2	●	4	5	6	7	8	9
5	±	−	0	1	2	3	4	5	6	7	●	9

〈練習問題〉

(1)　$7-10=\boxed{1}\boxed{2}$　　　(2)　$\dfrac{1}{3}+\dfrac{4}{3}=\dfrac{\boxed{3}}{\boxed{4}}$

練習問題用解答欄

1	±	−	0	1	2	3	4	5	6	7	8	9
2	±	−	0	1	2	3	4	5	6	7	8	9
3	±	−	0	1	2	3	4	5	6	7	8	9
4	±	−	0	1	2	3	4	5	6	7	8	9

練習問題解答

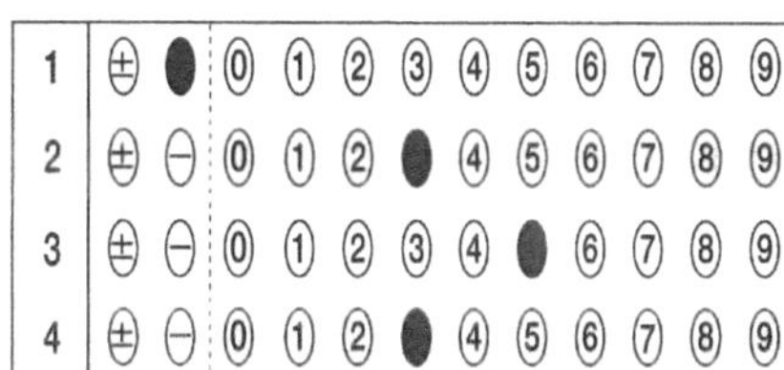

問題１　次の問いに答えなさい。

(1)　$7-(-3)\times(-2)$ を計算すると，$\boxed{1}$である。

(2)　$(-2)^2\div 3-\dfrac{10}{3}$を計算すると，$\boxed{2}\boxed{3}$である。

(3)　方程式$0.3x+1.07=0.43x-0.62$を解くと，$x=\boxed{4}\boxed{5}$である。

(4)　yはxに反比例し，$x=-3$のとき$y=-2$である。
　このとき，$x=6$のときのyの値は$\boxed{6}$である。

(5)　$\sqrt{8}\times 2\sqrt{6}-\dfrac{12}{\sqrt{3}}$を計算すると，$\boxed{7}\sqrt{\boxed{8}}$である。

(6)　連立方程式 $\begin{cases}-3x+4y=-11\\ 2x-5y=-16\end{cases}$を解くと，$x=\boxed{9}\boxed{10}$，$y=\boxed{11}\boxed{12}$である。

(7)　$(4x+3)(2x-1)$ を展開すると，$\boxed{13}x^2+\boxed{14}x-\boxed{15}$である。

(8)　2次方程式$x^2+x-56=0$を解くと，$x=$⑯⑰，⑱である。

(9)　底面の半径が6cmで，母線の長さが9cmの円錐の側面積は⑲⑳π cm²である。ただし，円周率をπとする。

(10)　$3<\sqrt{n}<3\sqrt{2}$を満たす自然数nは㉑個ある。

(11)　連続する3つの自然数がある。そのうち，最大の数と最小の数をそれぞれ2乗した数の和が202であるとき，真ん中の数は㉒㉓である。

(12)　次の9個のデータの第1四分位数を求めると，㉔㉕である。

123，81，99，156，110，137，95，170，104

問題2　次の表はあるクラスの生徒18人のある日における通学時間を調査した結果を度数分布表にまとめたものである。このとき，次の問いに答えなさい。

通学時間(分) 以上　未満	階級値(分)	度数(人)	階級値×度数
16 ～ 20	18	1	18
20 ～ 24	22	3	66
24 ～ 28	26	2	C
28 ～ 32	A	1	
32 ～ 36	34	B	
36 ～ 40	38	2	76
40 ～ 44	42	2	84
計		18	

(1)　Aに当てはまる値は㉖㉗，Bに当てはまる値は㉘，Cに当てはまる値は㉙㉚である。

(2)　このクラスの通学時間の中央値が含まれる階級値は㉛㉜（分）である。

(3)　このクラスの通学時間の平均値は㉝㉞．㉟（分）である。
（ただし，小数第2位を四捨五入して答えること。）

問題3　ジョーカーを除く1組52枚のトランプをよくきって1枚取り出すとき，次の確率を求めなさい。

(1)　ハートのカードが出る確率は$\frac{㊱}{㊲}$である。

(2)　素数のカードが出る確率は$\frac{㊳}{㊴㊵}$である。

(3)　スペードの絵札またはクローバーの絵札が出ない確率は$\frac{㊶㊷}{㊸㊹}$である。

問題4　次のページの図は1辺の長さが2の正五角形ABCDEであり，線分ADとCEの交点をPとする。このとき，次の問いに答えなさい。

(1)　正五角形の内角の和は㊺㊻㊼°である。

(2)　∠ADCの大きさは㊽㊾°である。

(3)　線分ADの長さは50＋$\sqrt{51}$である。

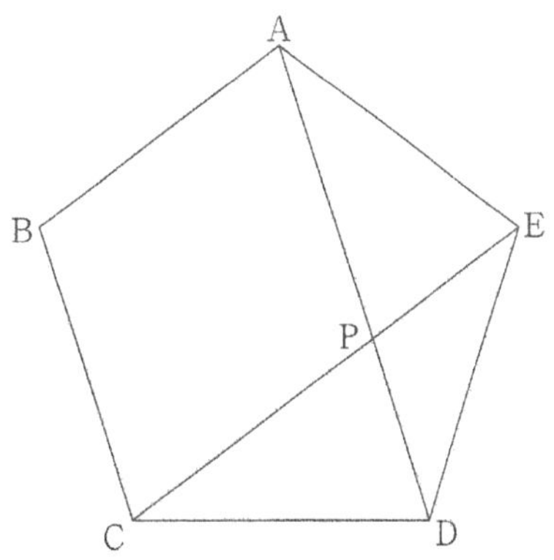

問題５　下の図で，放物線$y=\frac{1}{2}x^2$上にx座標が－２の点A，x座標が正の点Bがあり，y軸上に点C（0，4）がある。また，四角形AOBCの面積は９である。
このとき，次の問いに答えなさい。

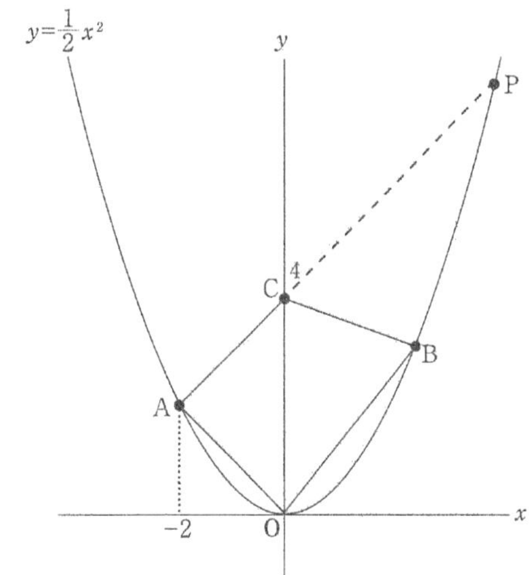

(1)　Aのy座標は52である。

(2)　Bの座標は$\left(\frac{53}{54}, \frac{55\,56}{57}\right)$である。

(3)　△OBCをy軸のまわりに１回転させてできる立体の体積は$\frac{58\,59}{60}\pi$である。
ただし，円周率をπとする。

(4)　３点A，C，Pが一直線上になるように放物線上に点Pをとる。
このとき，点Oを通り，△AOPの面積を２等分する直線の式は$y=$61xである。

【英　語】（40分）　<満点：100点>

問題 1　次の文章を読んで，後の問いに答えなさい。

"If you spin all the material into thread, you can marry my oldest son," said the queen.

The girl was left alone and quickly started to cry. (ア)<u>She knew that even if she worked for a hundred years she would not finish the job the queen gave her.</u>

For three days she cried and she wondered what the queen would say when she found out that she was not working. She went to the window and thought of her family. Looking down, she saw three old women outside the palace. One had a large right foot, one had a mouth twice the usual size, and the third had one arm bigger than any man's.

(イ)<u>The old women</u> saw that the girl was upset and asked her what (ウ)<u>the problem</u> was. She told them and they said, "If you invite us to your wedding and tell everybody we are your aunts, we will do all the work for you."

"Of course I will (エ)," said the young girl happily.

The three strange-looking old women began to work. The girl did not let the queen know about the three women.

Soon they spun all the material into thread. As the three strange women left the palace, one of them said to the girl, "Remember your promise to us. Ask (オ) to come when you get married and you will have great happiness."

When the girl showed the queen the clean rooms, the queen was so happy that she set the date for the marriage right away.

The girl said, "I want my three aunts to come on the marriage day. They are three old women but they have been very kind to me. If you will allow (カ)<u>it</u>, I want them to share our table."

The queen and the prince agreed. When the day came, the women arrived and they looked very strange. The girl quickly welcomed them and said, "Come and sit at my table, my dear aunts, next to the prince and I."

When the prince saw them, he was quite upset.

【注】 spin ~ into…　~を紡いで…にする　material：材料　thread：糸　palace：宮殿
upset：取り乱している　spun：spin の過去形　promise：約束　marriage：結婚
allow：許す

問1　下線部(ア)の日本語訳で，適切なものを次の⓪～③から１つ選び，その番号をマークしなさい。 [1]

⓪彼女は，100年働いて，それを知った。そして，女王様が彼女に与えた仕事を終えた。

①彼女は，100年働いて，それさえ知った。しかし，女王様が彼女に与えた仕事を終わらせることができなかった。

②彼女は，女王様に与えられた仕事を100年間続けたが，終えることができなかったことを知っ

た。

③ 彼女は，たとえ100年間働いたとしても，女王様が彼女に与えた仕事を終えることができないことを知った。

問２ 下線部(イ)の女性たちを，正しく表しているものを次の⓪～③から１つ選び，その番号をマークしなさい。 2

⓪女王様と，大きな右足の女性と，通常の２倍の口の女性と，片方の腕が男よりも大きな女性

①大きな右足の女性と，通常の２倍の口の女性と，片方の腕が男よりも大きな女性

②３人の年老いた女王様たち

③女王様と，大きな右足と通常の２倍の口を持った女性と，片方の腕が男よりも大きな女性

問３ 下線部(ウ)の問題を，正しく表しているものを次の⓪～③から１つ選び，その番号をマークしなさい。 3

⓪女王様から与えられた仕事ができないこと

①年老いた女性たちが奇妙であること

②年老いた女性たちが，少女が取り乱しているところを見てしまったこと

③少女がひとり取り残されたこと

問４ （エ）に入る表現で，適切なものを次の⓪～③から１つ選び，その番号をマークしなさい。 4

⓪ do all the work for you

① do all the work for us

② invite us to your wedding and tell everybody we are your aunts

③ invite you to my wedding and tell everybody you are my aunts

問５ （オ）に入る語句で，適切なものを次の⓪～③から１つ選び，その番号をマークしなさい。 5

⓪ you　① them　② us　③ the girl

問６ 下線部(カ)の it の内容を正しく表しているものを次の⓪～③から１つ選び，その番号をマークしなさい。 6

⓪３人のおじが結婚式に参加すること

①３人の年老いた女性が結婚式に参加すること

②３人の年老いた女性が私たちのテーブルを共有すること

③結婚式の日付を決めること

問７ 王子様が３人の年老いた女性を見て，取り乱した理由で，適切なものを次の⓪～③から１つ選び，その番号をマークしなさい。 7

⓪少女が，3人の女性を王子様のとなりのテーブルに案内したから

①３人の女性が，少女のおばであることがわかったから

②３人の女性が，やたら王子様になれなれしかったから

③３人の女性の見た目が，奇妙だったから

問８ 本文の内容に一致するものを次の⓪～③から１つ選び，その番号をマークしなさい。 8

⓪３人の年老いた女性は，宮殿の召使いであった。

①女王様には，息子が一人だけいた。

②女王様と王子様は，3人の年老いた女性が結婚式に参加するのに同意した。

③女王様は，少女が全く仕事をしないことをうすうす知っていた。

問題 2 次の各組の単語のうち，強く発音する位置が他の 3 つと異なるものをそれぞれ⓪～③から 1 つ選び，その番号をマークしなさい。

問 1	⓪ a-pple	① or-ange	② cher-ry	③ e-nough	[9]
問 2	⓪ to-mor-row	① beau-ti-ful	② re-mem-ber	③ tra-di-tion	[10]
問 3	⓪ dif-fer-ent	① au-di-ence	② choc-o-late	③ de-li-cious	[11]
問 4	⓪ res-tau-rant	① gov-ern-ment	② dan-ger-ous	③ im-por-tant	[12]
問 5	⓪ cul-ture	① ap-ply	② fa-mous	③ hun-dred	[13]

問題 3 次の各組の単語のうち，下線部の発音が他の 3 つと異なるものをそれぞれ⓪～③から 1 つ選び，その番号をマークしなさい。

問 1	⓪ go	① host	② zoo	③ whole	[14]
問 2	⓪ past	① panda	② paper	③ pass	[15]
問 3	⓪ she	① see	② season	③ sea	[16]
問 4	⓪ other	① their	② thank	③ though	[17]
問 5	⓪ area	① part	② carpenter	③ arm	[18]

問題 4 次の会話の意味が通るように，(□) 内に入る適切なものをそれぞれ⓪～③から 1 つ選び，その番号をマークしなさい。

問 1 A：What did you have for breakfast today?
B：([19])
⓪ Yes, I did. ① No, I haven't.
② I had a pancake. ③ I like miso soup.

問 2 A：I can't sing well.
B：([20]) Enjoy yourself.
⓪ That's too bad. ① Don't worry.
② That's interesting. ③ What's up?

問 3 A：I want that bag, but it's expensive.
B：How much is it?
A：([21])
⓪ It's a hundred yen. ① I have much money.
② It's 30,000 yen. ③ The price is not cheap.

問 4 A：How do you go to school?
B：I go there ([22])
⓪ every day. ① by train.
② with my friend. ③ at seven o'clock.

問 5 A：How many times have you ever been to Tokyo?
B：([23])
⓪ Last night. ① Twice.
② For three days. ③ Since ten years old.

問6 A：How often do you eat curry and rice?
B：I eat it (24) I love it.
⓪ once a week. ① at the restaurant.
② very much. ③ with my family.

問7 A：May I ask you a favor?
B：(25)
⓪ Sure. ① No, thank you.
② You are welcome. ③ I have a question.

問8 A：Which do you like better, red or blue?
B：(26)
A：Me, too. I like sea and sky.
⓪ I don't like blue. ① I like red better.
② I like blue better. ③ I like both.

問題5 次の各文の意味が通るように，(□) 内に入る適切なものをそれぞれ⓪～③から１つ選び，その番号をマークしなさい。

問1 I'm good (27) swimming.
⓪ in ① at ② of ③ for

問2 (28) is a zoo in this city.
⓪ These ① Those ② There ③ They

問3 I was reading a book (29) he came into my room.
⓪ that ① when ② because ③ if

問4 I am surprised to (30) the tyrannosaurus in the museum.
⓪ see ① saw ② seeing ③ seen

問5 This photo was (31) by her in France.
⓪ take ① took ② taken ③ taking

問6 Listening to music (32) me happy.
⓪ is ① make ② makes ③ are

問7 How (33) have you lived in Italy?
⓪ much ① many ② times ③ long

問8 It is important for you to (34) this book.
⓪ read ① lead ② reading ③ leading

問9 I want you (35) come to the party.
⓪ for ① with ② from ③ to

問10 My father knows (36) my mother is now.
⓪ where ① when ② what ③ that

問題６　次の２つの文がほぼ同じ意味を表すように，（□）内に入る適切なものをそれぞれ⓪～③から１つ選び，その番号をマークしなさい。

問１　This is Yoshio's first trip to New York.
Yoshio has (37) to New York before.
⓪ gone　① never gone　② been　③ never been

問２　Let's go to the concert.
(38) go to the concert?
⓪ Shall I　① Let you　② Shall we　③ Let is

問３　Beth can't sing as well as her sister.
Beth's sister can sing (39) Beth.
⓪ good than　① better than　② best for　③ well than

問４　The name of the dog is Koro.
We (40) the dog Koro.
⓪ are　① put　② call　③ say

問５　Reading books is very fun.
(41) books is very fun.
⓪ For reading　① To reading　② For read　③ To read

問６　Yuji went to Australia, and he is still there.
Yuji (42) to Australia.
⓪ has been　① had been　② has gone　③ has lived

問題７　次の各文の意味が通るように【　】内の語句を並べ替えたとき，【　】内で３番目に来る語句を選び，その番号をマークしなさい。
ただし，文頭にくる語も小文字になっている。

問１　I【 many people / these ideas / am / sure / help / that / will 】.　43
⓪ many people　① these ideas　② am　③ sure　④ help　⑤ that　⑥ will

問２　【 English / in / to / you / speak / have 】 this class.　44
⓪ English　① in　② to　③ you　④ speak　⑤ have

問３　This【 that / building / than / one / is / older 】.　45
⓪ that　① building　② than　③ one　④ is　⑤ older

問４　I【 use / to / how / computer / this / know 】.　46
⓪ use　① to　② how　③ computer　④ this　⑤ know

問５　【 from / be / Mt. Sanage / seen / can 】 here.　47
⓪ from　① be　② Mt. Sanage　③ seen　④ can

問６　【 koalas / in / ever / seen / have / you 】 Australia?　48
⓪ koalas　① in　② ever　③ seen　④ have　⑤ you

問７　【 his homework / he / just / has / finished 】.　49
⓪ his homework　① he　② just　③ has　④ finished

問 8　She【 since / studying / has /math / been 】6 a.m.　50
　　　　　　⓪　　　①　　　②　　③　　④

問 9　Shibusawa【 influenced / many people / a man / has / is / who 】.　51
　　　　　　　　　⓪　　　　　①　　　　②　　③　④　⑤

問10　【 you / do / have / many / watches / how 】?　52
　　　⓪　①　②　　③　　　④　　　⑤

【理　科】（40分）　＜満点：100点＞

問題１　天井に固定したばねにおもりをつるし，ばねの全体の長さとおもりの質量との関係について調べた。図１は，この実験の結果をグラフに表したものである。ただし，100ｇのおもりにはたらく重力の大きさを１Ｎとする。あとの問いに答えなさい。

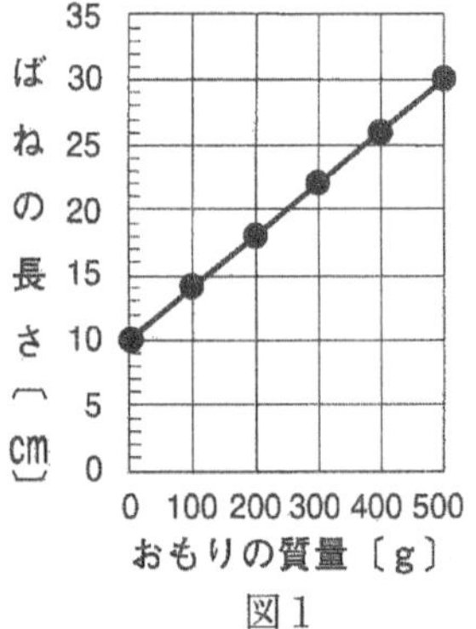

図１

1 2　ばねの伸びについて説明した下の文章の，カッコに入る語句は何か。最も適当な語句を次の⓪～⑤から１つずつ選びマークしなさい。

ばねの伸びは，加えた力の大きさに（1）する。 この関係を（2）の法則という。

⓪　ジュール　①　レンツ　②　フック　③　オーム　④　比例　⑤　反比例

3　このばねを１cm伸ばすのに必要な力の大きさはいくらか。最も適当なものを次の⓪～⑤から１つ選びマークしなさい。

⓪　0.1N　①　0.25N　②　1.0N　③　2.5N　④　10N　⑤　25N

4　このばねに675ｇのおもりをつるすと，ばねの全体の長さは何cmになるか。最も適当なものを次の⓪～⑦から１つ選びマークしなさい。

⓪　25cm　①　27cm　②　29cm　③　31cm
④　33cm　⑤　35cm　⑥　37cm　⑦　39cm

5　図２のように摩擦のない滑車を通してこのばねの両端に600ｇのおもりをつるすと，ばねの全体の長さは何cmになるか。最も適当なものを次の⓪～⑦から１つ選びマークしなさい。

⓪　22cm　①　24cm　②　26cm　③　28cm
④　30cm　⑤　32cm　⑥　34cm　⑦　36cm

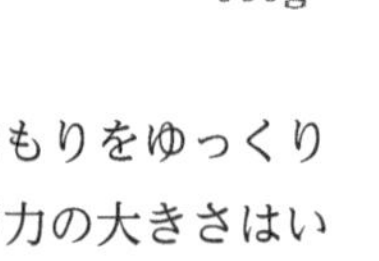

図２

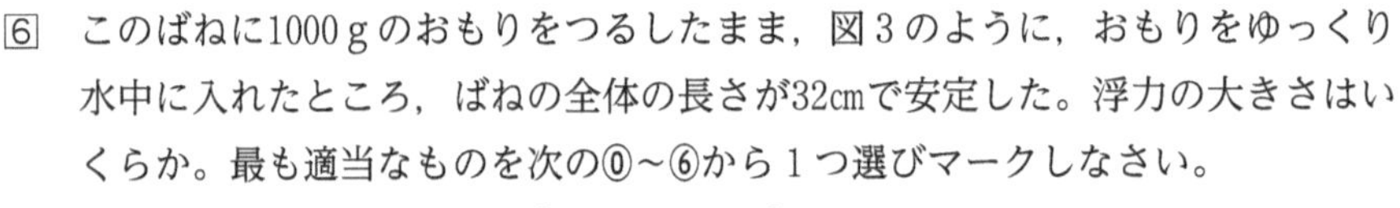

6　このばねに1000ｇのおもりをつるしたまま，図３のように，おもりをゆっくり水中に入れたところ，ばねの全体の長さが32cmで安定した。浮力の大きさはいくらか。最も適当なものを次の⓪～⑥から１つ選びマークしなさい。

⓪　2.0N　①　2.5N　②　3.0N　③　3.5N
④　4.0N　⑤　4.5N　⑥　5.0N

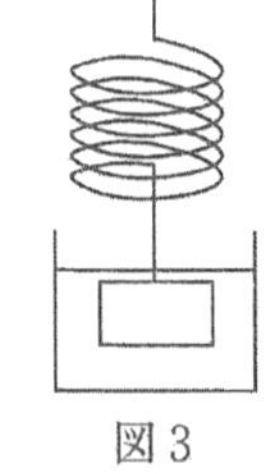
図３

7　このばねにあるおもりをつけたところ，ばねの全体の長さが28cmになった。
同じことを月面で行うと，ばねの全体の長さは何cmになるか。最も適当なものを次の⓪～⑨から１つ選びマークしなさい。ただし，月面上での重力の大きさは地球上の$\frac{1}{6}$とする。

⓪　10cm　①　11cm　②　12cm　③　13cm　④　14cm
⑤　15cm　⑥　16cm　⑦　17cm　⑧　18cm　⑨　19cm

問題２　電流の性質について調べる実験を行った。あとの問いに答えなさい。

【実験Ⅰ】

抵抗の大きさがそれぞれ20Ωと30Ωの抵抗A，抵抗Bを用いて図１のような並列回路をつくり，24Vの電圧を加えた。

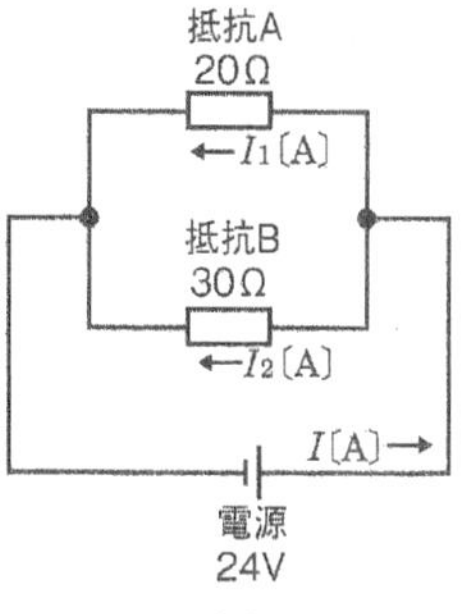

抵抗A
20Ω
$\leftarrow I_1$〔A〕
抵抗B
30Ω
$\leftarrow I_2$〔A〕
I〔A〕→
電源
24V

図１

⑧　抵抗Aに加わる電圧の大きさはいくらか。最も適当なものを次の⓪～④から１つ選びマークしなさい。

⓪　4.8V　　①　9.6V　　②　14.4V　　③　19.2V　　④　24V

⑨　抵抗Aを流れる電流 I_1 の大きさはいくらか。最も適当なものを次の⓪～④から１つ選びマークしなさい。

⓪　1.0A　　①　1.2A　　②　1.4A　　③　1.6A　　④　1.8A

⑩⑪　回路全体を流れる電流 I の大きさはいくらか。□に当てはまる数値をマークしなさい。

⑩．⑪A

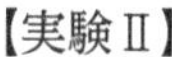
【実験Ⅱ】

図２のようにコの字に曲げた導線を固定した木の棒につるし，抵抗A，電源などを接続して回路をつくった。さらに，強力な磁石をN極を上にし，導線PQをはさんで置いた。なお，抵抗は実験Ⅰのものと同じものを用いた。

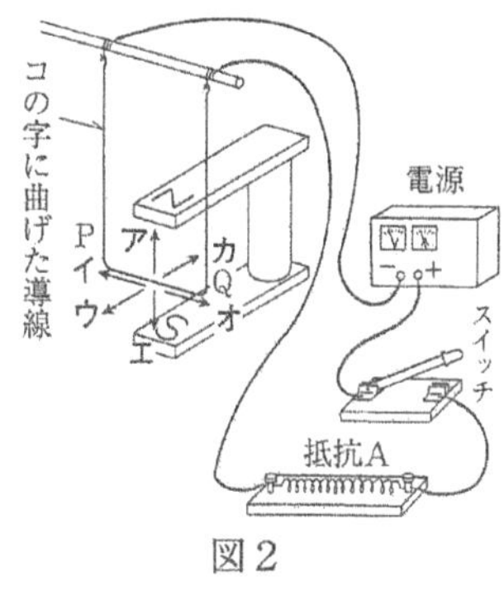

図２

⑫　スイッチを入れて電流を流したところ，導線PQを流れる電流が５Aであった。電源の電圧はいくらか。最も適当なものを次の⓪～④から１つ選びマークしなさい。

⓪　0.25V　　①　4.0V　　②　15V　　③　25V　　④　100V

⑬　磁石による磁界の向き，導線PQを流れる電流の向き，導線PQが受ける力の向きはそれぞれ図２中のア～カのうちどれか。最も適当な組み合わせのものを次の⓪～⑦から１つ選びマークしなさい。

	磁石による磁界の向き	導線PQを流れる電流の向き	導線PQが受ける力の向き
⓪	ア	イ	ウ
①	ア	イ	カ
②	ア	オ	ウ
③	ア	オ	カ
④	エ	イ	ウ
⑤	エ	イ	カ
⑥	エ	オ	ウ
⑦	エ	オ	カ

⑭　導線PQの振れる幅が大きくなるものはどれか。最も適当なものを次の⓪～④から１つ選びマークしなさい。

⓪　磁力が弱い磁石に変える。　①　磁石のN極とS極の幅を広くする。

②　導線ＰＱの幅を広くする。　③　電源の電圧を大きくする。

④　抵抗A（20Ω）を抵抗B（30Ω）に変える。

問題３　分解の実験を行った。あとの問いに答えなさい。

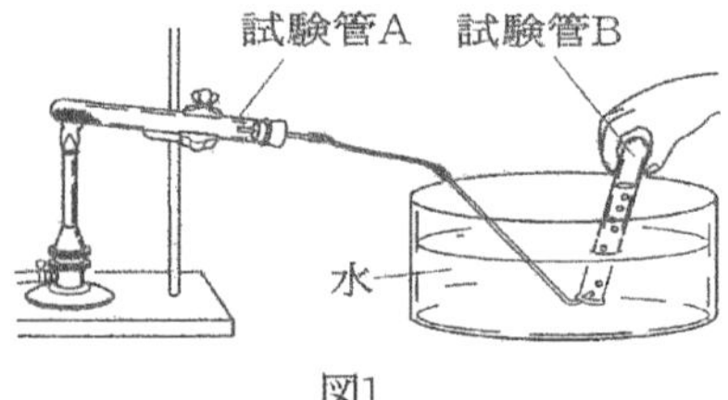

図1

【実験Ⅰ】

図１のような装置を使って炭酸水素ナトリウムを加熱し，分解した。

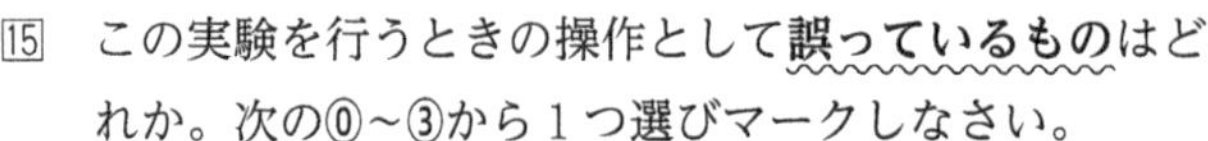

15　この実験を行うときの操作として**誤っているもの**はどれか。次の⓪～③から１つ選びマークしなさい。

⓪　マッチに火をつけ，ガスバーナーのガス調節ねじを少しずつ開いて点火する。
①　炭酸水素ナトリウムが入った試験管は，口を少し下向きにする。
②　火を消してから，ゴム管の先を水から取り出す。
③　火を消すときは，空気調節ねじ，ガス調節ねじの順に閉める。

16　試験管Ａに残った固体は何か。最も適当なものを次の⓪～⑤から１つ選びマークしなさい。

⓪　ナトリウム　①　酸化ナトリウム　②　炭化ナトリウム
③　炭酸ナトリウム　④　水素化ナトリウム　⑤　水酸化ナトリウム

17　試験管Ａの口付近についた液体が水であることを確かめる方法として，塩化コバルト紙をふれさせる方法がある。塩化コバルト紙の色の変化として正しいものはどれか。最も適当なものを次の⓪～⑤から１つ選びマークしなさい。

⓪　白色から赤色　①　白色から青色　②　赤色から白色
③　赤色から青色　④　青色から白色　⑤　青色から赤色

18　図１のように水上置換法で気体を集めるのはどのような性質を示す気体の場合か。最も適当なものを次の⓪～④から１つ選びマークしなさい。

⓪　水に溶けやすく，空気より軽い気体。
①　水に溶けやすく，空気より重い気体。
②　水への溶けやすさは関係なく，空気より軽い気体。
③　水への溶けやすさは関係なく，空気より重い気体。
④　水に溶けにくい気体。

19　図１で発生した気体が何か調べる操作として，正しいものはどれか。最も適当なものを次の⓪～③から１つ選びマークしなさい。

⓪　水にぬらした赤色リトマス紙をかざす。　①　手であおぐようにしてにおいをかぐ。
②　火のついたマッチを近づける。　③　石灰水に通す。

【実験Ⅱ】

図２のような装置を使って水を電気分解した。

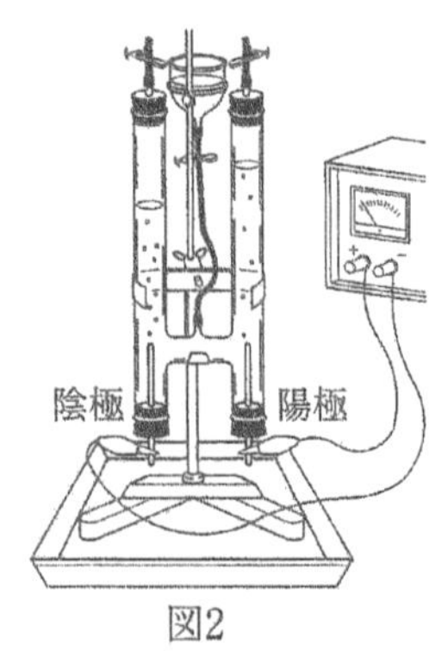

図2

20 21　この実験で発生する気体として正しいものはどれか。最も適当なものを次の⓪～⑦から２つ選び１つずつマークしなさい（順不同）。

⓪　水素　①　塩素　②　酸素　③　二酸化炭素
④　アンモニア　⑤　窒素　⑥　硫化水素　⑦　塩化水素

22 水の電気分解をするとき，少量の水酸化ナトリウムを加える理由は何か。最も適当なものを次の⓪～③から１つ選びマークしなさい。

⓪ 水中の微生物や菌を死滅させるため。　① 小さな電圧で分解を進めるため。
② 水中の不純物を取り除くため。　③ 水溶液をアルカリ性にするため。

問題４ 図１のように，BTB溶液を加えたうすい塩酸にうすい水酸化ナトリウム水溶液を加えてよくかき混ぜ，中性にした。あとの問いに答えなさい。

図１

23 BTB溶液の色の変化として正しいものはどれか。最も適当なものを次の⓪～⑤から１つ選びマークしなさい。

⓪ 黄色から緑色　① 黄色から青色　② 緑色から黄色
③ 緑色から青色　④ 青色から黄色　⑤ 青色から緑色

24 次の文章のア，イに当てはまる語句は何か。最も適当な組み合わせのものを次の⓪～⑤から１つ選びマークしなさい。

> この実験で使われているうすい（　ア　）は酸性の物質である。酸性の物質は水溶液中で必ず（　イ　）を生じる。

⓪ ア：塩酸　イ：水素イオン
① ア：水酸化ナトリウム水溶液　イ：水素イオン
② ア：塩酸　イ：酸化物イオン
③ ア：水酸化ナトリウム水溶液　イ：酸化物イオン
④ ア：塩酸　イ：水酸化物イオン
⑤ ア：水酸化ナトリウム水溶液　イ：水酸化物イオン

25 アルカリ性の物質の性質として誤っているものはどれか。次の⓪～③から１つ選びマークしなさい。

⓪ 電解質の水溶液である。
① マグネシウムと反応して水素を発生する。
② 赤色リトマス紙を青色に変化させる。
③ フェノールフタレイン液を加えると赤色に変化する。

26 図１で中性になった水溶液をスライドガラスに１～２滴とって水を蒸発させると白い固体が残った。この固体は何か。最も適当なものを次の⓪～⑤から１つ選びマークしなさい。

⓪ 塩化水素　① 塩化ナトリウム　② 酸化水素
③ 酸化ナトリウム　④ 水酸化塩素　⑤ 水酸化酸素

次に，塩酸Ａ，塩酸Ａの２倍の濃度の塩酸Ｂ，塩酸Ａと同じ濃度の水酸化ナトリウム水溶液Ａの３つを用意した。あとの問いに答えなさい。

27 10㎤の塩酸Ａに水酸化ナトリウム水溶液Ａを25㎤を加えたところ，アルカリ性を示した。この溶液を中性にするためには塩酸Ｂをあと何㎤加えればよいか。最も適当なものを次のページの⓪～⑦から１つ選びマークしなさい。

⓪　5 cm^3　①　7.5cm^3　②　10cm^3　③　12.5cm^3
④　15cm^3　⑤　20cm^3　⑥　25cm^3　⑦　30cm^3

28　この実験のように酸性の水溶液とアルカリ性の水溶液を混ぜ合わせると，お互いの性質を打ち消し合うような化学変化を何というか。最も適当なものを次の⓪～③から１つ選びマークしなさい。

⓪　酸化　①　還元　②　中和　③　電離

29　溶液を次のように換えて実験を行った。このとき28の現象が**起こらないもの**はどれか。最も適当なものを次の⓪～⑤から１つ選びマークしなさい。

⓪　塩酸を硫酸に換えた。
①　塩酸をお酢に換えた。
②　塩酸をレモン水に換えた。
③　水酸化ナトリウム水溶液をアンモニア水に換えた。
④　水酸化ナトリウム水溶液を炭酸水に換えた。
⑤　水酸化ナトリウム水溶液を石けん水に換えた。

問題５　植物の葉や茎からの蒸散量を調べるため実験を行った。あとの問いに答えなさい。

【実験】

質量，葉の枚数，葉の大きさ，茎の太さなど，すべての条件が同じ枝を５本用意した。それらに次のＡ～Ｅの処理をそれぞれ１本ずつ行い，水の入ったメスシリンダーに入れ，光の良く当たるところに置いた。数時間後，水の減少量を調べた。

Ａ：葉をすべてとりのぞき，茎全体にワセリンをぬる
Ｂ：葉をすべてとりのぞく
Ｃ：茎全体とすべての葉の裏にワセリンをぬる
Ｄ：茎全体とすべての葉の表にワセリンをぬる
Ｅ：何の処理もしない

【結果】

Ｂの水の減少量はＡの約５倍，Ｃの水の減少量はＢの約５倍，Ｄの水の減少量はＢの約13倍，Ｅの水の減少量はＢの約19倍であった。なお，ワセリンをぬったところでは，ほとんど蒸散が行われなかったものとする。

30　図１は，葉の表皮を観察したスケッチである。Ａのすき間とＢの細胞の名称の組み合わせとして正しいものはどれか。最も適当なものを次の⓪～③から１つ選びマークしなさい。

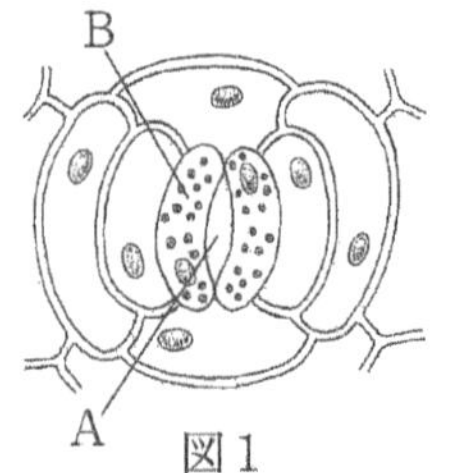

図１

⓪　Ａ：維管束　Ｂ：蒸散細胞
①　Ａ：気孔　Ｂ：蒸散細胞
②　Ａ：維管束　Ｂ：孔辺細胞
③　Ａ：気孔　Ｂ：孔辺細胞

31 32 33　次のページの文章は，30のＡのすき間のはたらきについて説明したものである。文章中のカッコにあてはまる語句は何か。最も適当なものを次のページの⓪～④から１つずつ選びそれぞれマークしなさい。

光合成に必要な（31）を大気中から取り入れ，光合成でできた（32）を大気中へ出している。 根から吸い上げられた（33）は，気体の状態で大気中へ出している。

⓪　エタノール　①　二酸化炭素　②　酸素　③　硫化水素　④　水

34　Eのような実験を何というか。また，その実験を行う目的は何か。名称と目的として，最も適当な組み合わせのものを次の⓪～⑤から１つ選びマークしなさい。

⓪　名称：対照実験　目的：条件を１つだけ変えて，その条件により実験結果がどのように変化したかを明らかにする実験。

①　名称：対照実験　目的：条件をできるだけたくさん変えて，それらの条件により実験結果がどのように変化したかを明らかにする実験。

②　名称：対照実験　目的：A～Eを比較してどちらが優れているかを比べる実験。

③　名称：比較の実験　目的：条件を１つだけ変えて，その条件により実験結果がどのように変化したかを明らかにする実験。

④　名称：比較の実験　目的：条件をできるだけたくさん変えて，それらの条件により実験結果がどのように変化したかを明らかにする実験。

⑤　名称：比較の実験　目的：A～Eを比較してどちらが優れているかを比べる実験。

35 36　実験の結果から判断して，**誤っているもの**はどれか。次の⓪～⑤から２つ選びマークしなさい（順不同）。ただし，Aで水が減少したのは，水面から蒸発したからである。

⓪　葉の表側からの蒸散量は，茎からの蒸散量の約５倍である。

①　葉の裏側からの蒸散量は，茎からの蒸散量の約13倍である。

②　葉の裏側からの蒸散量は，葉の表側からの蒸散量の約３倍である。

③　葉全体の蒸散量は，茎からの蒸散量の約18倍である。

④　葉全体の蒸散量は，水面からの水の蒸発量の約95倍である。

⑤　葉全体と茎の蒸散量は，水面からの水の蒸発量の約95倍である。

問題６　あとの問いに答えなさい。

Ⅰ．現在の地球上には200万種を越える生物種が存在するが，それらは長い年月をかけて進化してきたものであり，脊椎動物は（　A　），（　B　），（　C　），（　D　）と進化してきたと考えられている。生物進化の歴史は化石からたどることができ，どのような生物が繁栄していたかによって，先カンブリア時代，古生代，中生代，新生代の４つの地質年代に区別される。

37 38 39 40　Ⅰ．について，脊椎動物はどの順番で進化したと考えられるか。

（A）～（D）にあてはまる語句として，最も適当なものを次の⓪～③から１つずつ選び（A）を37に，（B）を38に，（C）を39に，（D）を40にマークしなさい。ただし，同じ記号は２回使用しない。

⓪　哺乳類　①　両生類　②　魚類　③　は虫類

41　脊椎動物は進化するにつれて子を保護するしくみが備わるようになるが，親の世話がなくても子がかえるものが多いのは何類か。最も適当なものを次の⓪～④から１つ選びマークしなさい。

⓪　魚類　①　魚類・両生類　②　魚類・両生類・は虫類

③　魚類・両生類・は虫類・鳥類　④　魚類・両生類・は虫類・鳥類・哺乳類

42 図1は，ウマ，カモ，トカゲ，イモリのからだの一部を模式的に表したものである。これらは基本的なつくりに共通点があり，同じ形とはたらきのものから変化してできたと考えられている。このような器官の名称と，この器官が示すことは何か。最も適当な組み合わせのものを次の⓪～⑤から１つ選びマークしなさい。

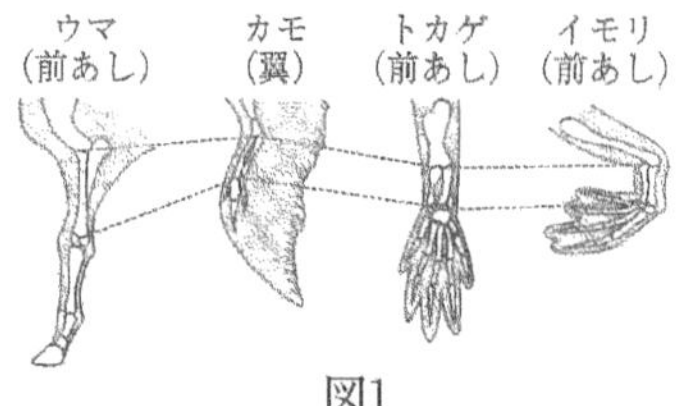

図1

⓪　名称：相同器官　示すこと：ある生物が衰退して別の生物が繁栄したことを示す証拠
①　名称：相同器官　示すこと：ある生物が陸上から水中に移住したことを示す証拠
②　名称：相同器官　示すこと：ある生物が変化して別の生物が生じたことを示す証拠
③　名称：遺伝子　　示すこと：ある生物が衰退して別の生物が繁栄したことを示す証拠
④　名称：遺伝子　　示すこと：ある生物が陸上から水中に移住したことを示す証拠
⑤　名称：遺伝子　　示すこと：ある生物が変化して別の生物が生じたことを示す証拠

43 『種の起源』を著して進化論を唱えたイギリスの学者は誰か。最も適当なものを次の⓪～③から１つ選びマークしなさい。

⓪　ワトソン　①　メンデル　②　ダーウィン　③　山中伸弥

Ⅱ．体細胞分裂によって新しい個体をつくることを（　ア　）生殖といい，生殖細胞のはたらきによって新しい個体を増やすことを（　イ　）生殖という。
（　ウ　）分裂によって生殖細胞の染色体の数はもとの（　エ　）となり，受精することで（　オ　）の染色体の数はもとに戻る。

44 45 46 47 48　Ⅱ．の（ア）～（オ）にあてはまる語句は何か。最も適当なものを次の⓪～⑦から１つずつ選び，（ア）を44に，（イ）を45に，（ウ）を46に，（エ）を47に，（オ）を48にマークしなさい。

⓪　受精卵　①　無精卵　②　体細胞　③　減数
④　有性　⑤　無性　⑥　半分　⑦　２倍

49 図２は雌と雄の細胞を模式的に表したものである。雌と雄の生殖細胞が受精してできた受精卵の図はどれか。最も適当なものを次の⓪～⑦から１つ選びマークしなさい。

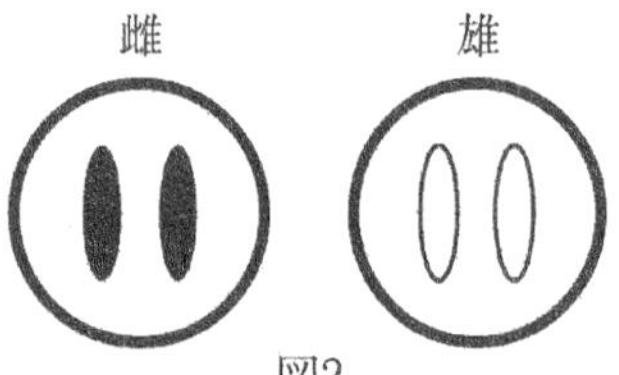

図2

⓪
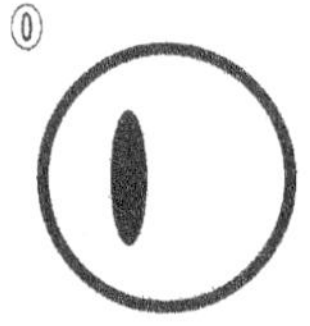
①
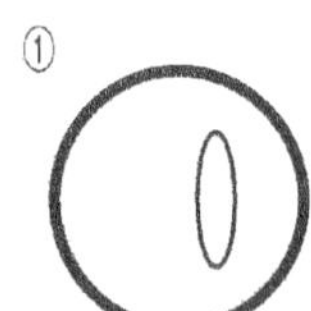
②

③

④

⑤

⑥
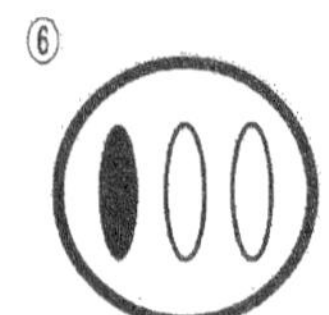
⑦
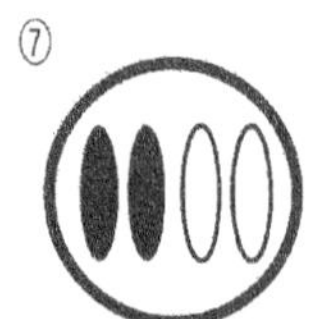

問題７　図１のように筒の容器に水を入れ，上かられき，砂，泥を混ぜた土砂を落とした。しばらくすると図２のようにA，B，Cの三層になった。図３はある地形の模式図と一部の拡大図である。

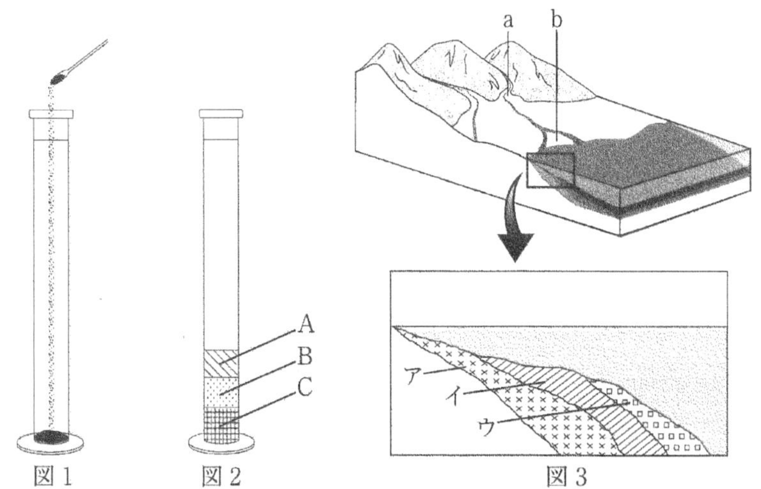

図１　図２　図３

50 51 52　図２のA，B，Cはれき，砂，泥のうちどれか。最も適当なものを次の⓪～②からそれぞれ１つずつ選びAを50に，Bを51に，Cを52にマークしなさい。

⓪　れき　①　砂　②　泥

53 54 55　図２のA，B，Cは図３のア，イ，ウのどれにあたるか。最も適当なものを次の⓪～②からそれぞれ選びAを53に，Bを54に，Cを55にマークしなさい。

⓪　ア　①　イ　②　ウ

56　もろくなった岩石が削られる，風や流水のはたらきを何というか。最も適当なものを次の⓪～⑧から１つ選びマークしなさい。

⓪　しゅう曲　①　沈降　②　鍵層　③　侵食　④　隆起
⑤　堆積　⑥　運搬　⑦　断層　⑧　風化

57　流水が川の上流で削り取った土砂を下流へ運んでいくはたらきを何というか。最も適当なものを56の⓪～⑧から１つ選びマークしなさい。

58　長い間に気温の変化や水のはたらきなどによって，表面がぼろぼろになって崩れていく現象を何というか。最も適当なものを56の⓪～⑧から１つ選びマークしなさい。

59　図３のaのように，運ばれてきた土砂が堆積してできる平らな土地を何というか。最も適当なものを次の⓪～⑤から１つ選びマークしなさい。

⓪　リアス海岸　①　扇状地　②　シラス　③　カルデラ　④　V字渓谷　⑤　三角州

60　図３のbのように，流水が海や湖に流れ込むところで，土砂の堆積によってできる低い土地を何というか。最も適当なものを59の⓪～⑤から１つ選びマークしなさい。

61　れき，砂，泥などが堆積し，固まってできた岩石を堆積岩というが，堆積岩ではないものはどれか。最も適当なものを次の⓪～⑥から１つ選びマークしなさい。

⓪　れき岩　①　砂岩　②　深成岩　③　凝灰岩
④　石灰岩　⑤　チャート　⑥　泥岩

【社　会】（40分）　＜満点：100点＞

問題１　次の資料Ⅰ，Ⅱを見て，問いに答えなさい。

資料Ⅰ　東京の「三鷹(みたか)の森ジブリ美術館」（地図中央部＋の表記がある所）周辺の地図

（国土地理院 HP より引用）

1　資料Ⅰから読み解けることとして誤っているものを，次の⓪～③の中から１つ選び，その番号をマークしなさい。

⓪　三鷹の森ジブリ美術館の北東にある井の頭公園には寺社や神社がある。
①　三鷹の森ジブリ美術館の西側には税務署がある。
②　三鷹の森ジブリ美術館の南側に郵便局がある。
③　三鷹の森ジブリ美術館の北側には交番がある。

2　資料Ⅰの三鷹の森ジブリ美術館から井の頭自然文化園まで実際には直線距離で500mである。さて２万5000分の１地形図においてこの距離はいくつか。正しいものを，次の⓪～③の中から１つ選び，その番号をマークしなさい。

⓪　1㎝　　①　2㎝　　②　3㎝　　③　4㎝

3　三鷹の森ジブリ美術館がある東京都について述べた文章のうち誤っているものを，次の⓪～③の中から１つ選び，その番号をマークしなさい。

⓪　首都であり，国会や中央省庁，最高裁判所といった，国の政治の中枢機能が集中している。
①　全国に支店を持つ金融機関や，テレビ局，新聞社の本社や本店が集中している。
②　百貨店などの商業施設や，博物館や劇場，大学などの文化や教育関連施設が集中している。
③　世界と日本とを結ぶ玄関口である成田国際空港や横浜港がある。

4　2022年中に愛・地球博記念公園の敷地内に「ジブリパーク」が開業する予定である。さて，愛知県を示すデータを，次のページの⓪～③の中から１つ選び，その番号をマークしなさい。なお次のデータは愛知県，東京都，鹿児島県，宮城県のいずれかのものである。

	人口（万人）2019年	農業出荷額（億円）2018年	工業生産出荷額（億円）2017年	65歳以上人口割合（%）2019年
⓪	230	1,939	44,953	27.2
①	1,374	240	79,116	22.6
②	756	3,115	472,303	24.5
③	164	4,863	20,990	30.9

資料Ⅱ　高知県にある観光名所（沈下橋、高知城）

（高知県庁のHPより引用）

5　資料Ⅱの沈下橋に関連して，国内には様々な橋が各地にある。橋についての次の文章のうち**誤っているもの**を，次の⓪～③の中から１つ選び，その番号をマークしなさい。

⓪　1988年に開通した岡山県倉敷市と香川県坂出市をむすぶ瀬戸大橋によって，それまで岡山市と高松市との間は，鉄道と船を使って移動に約２時間かかっていたのが自動車と鉄道を使って約１時間で移動できるようになった。

①　関門橋は北九州市と下関市を結び，1942年に戦争で必要な物資を運ぶために建設された。

②　1998年に開通した明石海峡大橋によって四国と近畿の行き来がしやすくなった一方，大都市に人が吸い寄せられて移動するストロー現象もみられる。

③　本州四国連絡橋の一つ尾道・今治ルートは，通称として「しまなみ海道」とよばれている。

6　資料Ⅱがある高知県のうち高知市の気温と降水量を示したグラフを，次の⓪～③の中から１つ選び，その番号をマークしなさい。

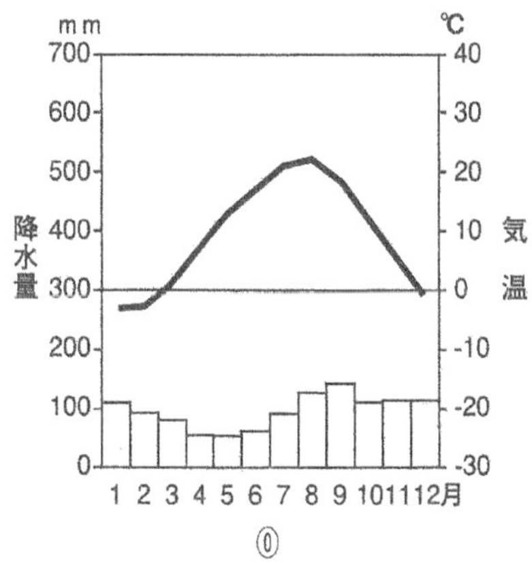

⓪

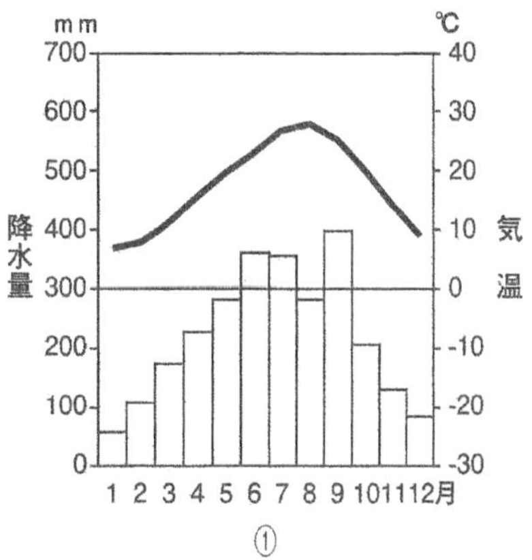

①

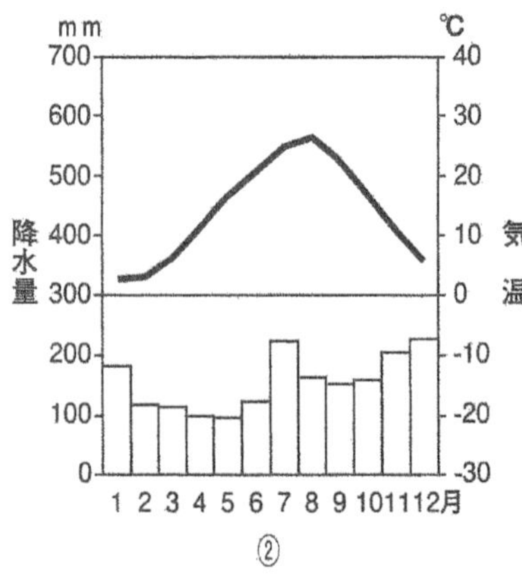

②

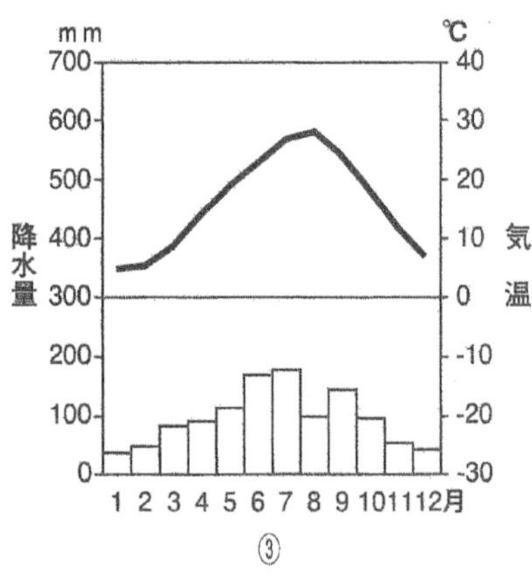

③

7 高知県といえば「天災は忘れられたる頃来る」という言葉で有名な物理学者・文学者寺田寅彦(てらだとらひこ)の出身地である。さて，自然災害，防災，被災地支援について述べた文章のうち**誤っているもの**を，次の⓪～③の中から１つ選び，その番号をマークしなさい。

⓪ 大きな地震は，揺れとともに，土砂くずれや地盤の液状化などの災害を引きおこす。

① 災害援助法では国が都道府県や市区町村と協力して被災者を保護することが定められている。

② グリーンマップを作ることで，自然災害が起こったときの対策が進められている。

③ 災害が起きた際に都道府県知事が自衛隊に派遣要請を行うことができる。

8 高知県の祭りの一つに「よさこい祭り」がある。この祭りはＹＯＳＡＫＯＩとして各地に広がった。さて，「ＹＯＳＡＫＯＩさんさ」がおこなわれる盛岡市がある岩手県の伝統工芸品を，次の⓪～③の中から１つ選び，その番号をマークしなさい。

⓪ 津軽塗　① 南部鉄器　② 天童将棋駒　③ 伊万里焼

問題２ 次の資料Ⅰ，次のページの資料Ⅱをみて，あとの問いに答えなさい。

資料Ⅰ　基本的な衛生施設を利用できる人々の割合（2015年）

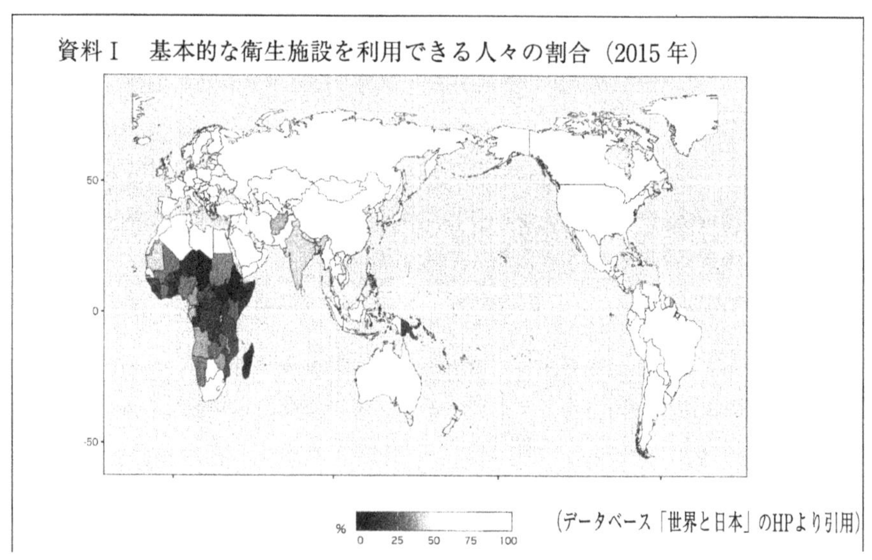

（データベース「世界と日本」のHPより引用）

資料Ⅱ　貧困人口割合（一日 1.90 ドル未満）

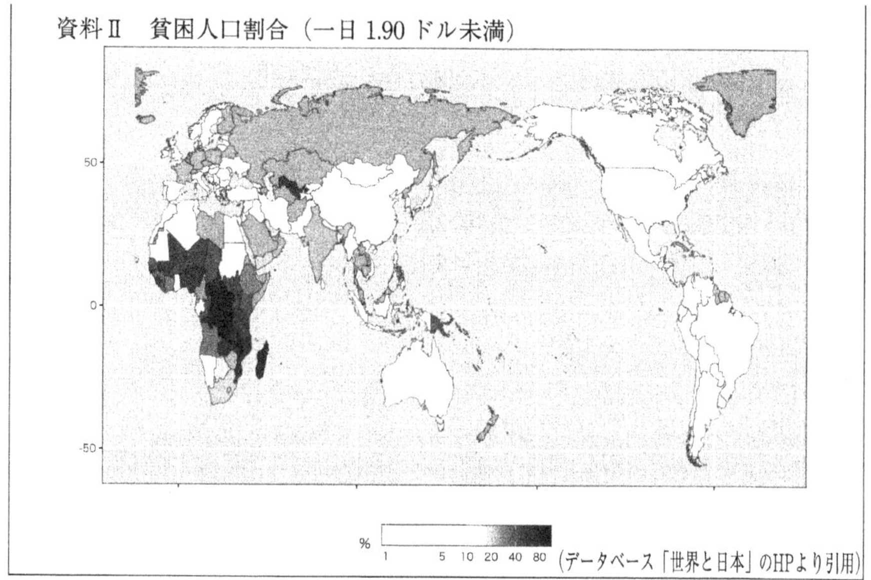

（データベース「世界と日本」のHPより引用）

⑨ 前のページの資料Ⅰ，Ⅱから読み解けることとして正しいものを，次の⓪～③の中から１つ選び，その番号をマークしなさい。

⓪ 北アメリカ州の貧困人口割合は低いが，基本的な衛生施設を利用できる人々の割合も低い。

① アジア州のすべての国は貧困人口割合が高く，基本的な衛生施設を利用できる人々の割合も高い。

② ヨーロッパ州の貧困人口割合はデータなしの国が多いが，基本的な衛生施設を利用できる人々の割合は低い。

③ アフリカ州の貧困人口割合は高く，基本的な衛生施設を利用できる人々の割合は低い。

⑩ 資料Ⅰ，Ⅱからも読み解ける，1960年代に入って指摘された先進資本国と発展途上国の経済格差とその是正をめぐる問題を何というか。正しいものを，次の⓪～③の中から１つ選び，その番号をマークしなさい。

⓪ 南南問題　① 東西問題　② 南北問題　③ 北北問題

⑪ アフリカ州の地図を見ると，直線的な国境線が目立つ。また，公用語として英語やフランス語が使用されている国もある。その理由として正しいものを，次の⓪～③の中から１つ選び，その番号をマークしなさい。

⓪ 国際連合での話し合いの末，列強国が経度や緯度で領域を決めたから。

① かつて植民地支配をしていた列強国が経度や緯度で領域を決めたから。

② 異なる民族の住む地域の境界を，部族間の話し合いにより国境として決めたから。

③ 山脈や川などを利用して，現地に住む部族間の話し合いにより国境を決めたから。

⑫ 資料Ⅰの基本的な衛生施設を利用できる人々の割合が低い国のいくつかでは，次のページの資料（安価なプラスチック製の簡易式トイレ用便器「SATO」）のようなものが公衆衛生の向上のため使用されている。その中の一つであるベトナムについて述べた文章として正しいものを，次のページの⓪～③の中から１つ選び，その番号をマークしなさい。

（LIXILのHPより引用）

⓪　東南アジア諸国連合（ASEAN）加盟国の一つで，自動車や電化製品などの工業製品を日本などに輸出をしている。日本企業の進出も増えている。

①　世界の中でも，ハイテク産業が発展していて，世界各地の注文をうける大規模な半導体の工場が集まっている。

②　人口は13億人をこえ，ICT（情報通信技術）産業が発展著しい。

③　石炭や石油，天然ガス，レアメタルなどの鉱産資源が豊富で，その輸出で経済が成長している。

13　SATOのトイレシステムが使用されている国の一つにブラジルがある。ブラジルのリオデジャネイロ（西経45度とする）と豊田市（東経135度とする）の時差として正しいものを，次の⓪～③の中から１つ選び，その番号をマークしなさい。

⓪　10時間　①　11時間　②　12時間　③　13時間

14　問13に関連して，「安全な水とトイレを世界中に」という目標が持続可能な開発目標の17の目標のうち１つに掲げられている。持続可能な開発目標の略語として正しいものを，次の⓪～③の中から１つ選び，その番号をマークしなさい。

⓪　MDGs　①　ODA　②　SDGs　③　ＧＩＳ

15　次のグラフはSATOが使用されているバングラデシュ，ミャンマー，インド，フィリピンの貿易額やおもな輸出品を示したものである。インドを示したものとして正しいものを，次の⓪～③の中から１つ選び，その番号をマークしなさい。

	輸出額（百万ドル）２０１８年	輸入額（百万ドル）２０１８年	おもな輸出品
⓪	６７，４４８	１１５，０３８	機械類，バナナ
①	３１，７３４	４８，０５９	衣類，繊維品
②	１６，６７２	１９，３４５	衣類，液化天然ガス，米
③	３２２，４９２	５０７，６１６	石油製品，機器類，ダイヤモンド

問題３　ともみさんは，日本の文化についてＡ～Ｅのカードにまとめてみました。これを読んで，あとの問いに答えなさい。

Ａ　この時代には，貴族の文化と，ア．禅宗の影響を受けた武士の文化が混じり合った文化が現れた。足利義満が京都の北山の別荘に建てた（　あ　）は，この文化の特色をよく示している。

Ｂ　この時代には，イ．遣唐使を通じて唐の文化が伝えられ，その影響を強く受けた文化が，都を中心に栄えた。東大寺の（　い　）宝物の中には，西アジアやインドから唐にもたらされ，それを遣唐使が持ち帰ったとみられるものが数多くある。

C　この時代には，藤原氏から出た天皇のきさきたちの周りに教養のある女性が集められ，紫式部の「　Ⅰ　」や清少納言の随筆「　Ⅱ　」などが生み出された。

D　この時代には，たくましく成長した民衆や，戦いの中を生き延びた武士のこころのよりどころとして，ウ．新しい仏教がおこった。

E　この時代を代表する安土城や大阪城などの壮大な城には，高くそびえる天守や巨大な石垣が築かれ，支配者の強大な権力や富が示された。

16　（あ）にあてはまるものを，次の⓪～③の中から１つ選び，その番号をマークしなさい。
⓪　金閣　①　延暦寺　②　金剛峯寺　③　銀閣

17　下線部アについて述べた文章として正しいものを，次の⓪～③の中から１つ選び，その番号をマークしなさい。
⓪　念仏を唱えて阿弥陀如来にすがり，死後に極楽浄土へ生まれ変わることを願った。
①　個人のさとりよりも他人を助けることを重視する教えである。
②　中国の宋から伝わり，臨済宗や曹洞宗が開かれた。
③　題目（南無妙法蓮華経）を唱えれば人も国も救われると説いた。

18　（い）にあてはまるものを，次の⓪～③の中から１つ選び，その番号をマークしなさい。
⓪　南大門　①　大極殿　②　羅城門　③　正倉院

19　下線部イについて，894年に派遣の延期を訴えた人物を次の⓪～③の中から１つ選び，その番号をマークしなさい。
⓪　桓武天皇　①　菅原道真　②　藤原道長　③　平清盛

20　Cのカードの「Ⅰ」,「Ⅱ」に入る組合せとして最も適当なものを，次の⓪～⑤の中から１つ選び，その番号をマークしなさい。
⓪　Ⅰ：枕草子　Ⅱ：源氏物語
①　Ⅰ：枕草子　Ⅱ：竹取物語
②　Ⅰ：源氏物語　Ⅱ：竹取物語
③　Ⅰ：源氏物語　Ⅱ：枕草子
④　1：竹取物語　Ⅱ：源氏物語
⑤　Ⅰ：竹取物語　Ⅱ：枕草子

21　下線部ウに関して，法然の弟子親鸞が開いた浄土真宗の主な寺院を次の⓪～③の中から１つ選び，その番号をマークしなさい。
⓪　本願寺　①　知恩院　②　永平寺　③　久遠寺

22　Eのカードの頃について述べた文章として**誤っているもの**を，次の⓪～③の中から１つ選び，その番号をマークしなさい。
⓪　甲斐の武田氏が独自の分国法である「甲州法度之次第」を定めた。
①　豊臣秀吉は，日本は「神国」であるとして宣教師の国外追放を命じた。
②　千利休は，質素な風情を工夫して楽しむ，わび茶とよばれる芸能を完成させた。
③　キリスト教の宣教師や商人など多くのヨーロッパ人が来航し，カステラなどをもたらした。

23 A～Eのカードを古い出来事から順に並べかえた時，3番目にくるカードを次の⓪～④の中から1つ選び，その番号をマークしなさい。

⓪ A　① B　② C　③ D　④ E

問題4　下記の年表を見て，あとの問いに答えなさい。

年	主なできごと
1911	長江流域の武昌で軍隊が反乱をおこす・・・・・・・・・・・・・A
1915	日本が［Ⅰ］政権に対し，二十一か条の要求を示す
1919	北京での学生集会をきっかけに反日運動がおこる・・・・・・・B
1921	中国［Ⅱ］党が結成される
	↕ ア
1927	国民政府が中国［Ⅱ］党と内戦を開始する・・・・・・・・・・・C
1931	関東軍が奉天郊外で南満州鉄道の線路を爆破した・・・・・・・D
1937	北京郊外で日中両国軍の武力衝突がおき，日中戦争が始まる・・E
	↕ イ
1949	中華人民共和国が成立した
	↕ ウ
1972	日中共同声明によって国交を正常化した・・・・・・・・・・・・F

24 年表中のAのできごとと**関係のないことがら**を次の⓪～③の中から1つ選び，その番号をマークしなさい。

⓪ 義和団事件　① 孫文　② 中華民国　③ 辛亥革命

25 年表中のⅠ，Ⅱに入る組合せとして最も適当なものを，次の⓪～③の中から1つ選び，その番号をマークしなさい。

⓪ Ⅰ：孫文　Ⅱ：国民　① 1：袁世凱　Ⅱ：国民

② Ⅰ：袁世凱　Ⅱ：共産　③ Ⅰ：孫文　Ⅱ：共産

26 年表中のBのできごとを次の⓪～③の中から1つ選び，その番号をマークしなさい。

⓪ 三・一運動　① 五・四運動　② 五・三〇事件　③ 九・一八事変

27 年表中のCのできごとに関係する人物を次の⓪～③の中から1つ選び，その番号をマークしなさい。

⓪ 孫文　① 袁世凱　② 張作霖　③ 蒋介石

28 年表中のDについて述べた文章として**誤っているもの**を，次の⓪～③の中から1つ選び，その番号をマークしなさい。

⓪ 日本政府は，関東軍の軍事行動を全面的に支持した。

① 日本国内では，昭和恐慌に苦しんでいた多くの民衆が関東軍の行動を歓迎した。

② 中国は，日本の行動を侵略であるとして，国際連盟に提訴した。

③ 軍事的な目的もあって，日本から満州への移民が進められることになった。

29 年表中のEの武力衝突を次の⓪～③の中から1つ選び，その番号をマークしなさい。

⓪ 柳条湖事件　① 済南事件　② 盧溝橋事件　③ 南京事件

30 前のページの年表中のＦと関係がある人物を次の⓪～③の中から１つ選び，その番号をマークしなさい。

⓪ 岸信介　① 池田勇人　② 佐藤栄作　③ 田中角栄

31 年表中のアの時期におきたできごととして**誤っているもの**を，次の⓪～③の中から１つ選び，その番号をマークしなさい。

⓪ レーニンの指導の下，ロシアで革命がおこった。

① アメリカのよびかけでワシントン会議がひらかれた。

② ソビエト社会主義共和国連邦（ソ連）が成立した。

③ 関東大震災がおこり，日本の経済は大きな打撃をうけた。

32 年表中のイの時期に関して述べた文章として**誤っているもの**を，次の⓪～③の中から１つ選び，その番号をマークしなさい。

⓪ ヒトラーは，それまで対立していたソ連と独ソ不可侵条約を結んだ。

① ドイツの優勢を見て，日本はドイツとの連携にふみきった。

② アメリカのローズベルト大統領とソ連のスターリンは大西洋憲章を発表し，戦後の平和構想を示した。

③ 日本では，戦時体制が高まる中，日中戦争の対処方針について厳しく批判する「反軍演説」を行う衆議院議員があらわれた。

33 年表中のウの時期のできごととして**誤っているもの**を，次の⓪～③の中から１つ選び，その番号をマークしなさい。

⓪ テレビ放送が始まり，長嶋茂雄や王貞治などのヒーローが生まれた。

① 東海道新幹線が開通した。

② 日米安全保障条約の改定に対して激しい反対運動が起こった。

③ 国際博覧会が愛知で開かれた。

問題５

次のⅠ，Ⅱ，Ⅲ，Ⅳは，日本国憲法の条文の一部である。これを読んで，あとの問いに答えなさい。

Ⅰ	第一条　天皇は，日本国の（　　）であり日本国民統合の（　　）であつて，この地位は，主権の存する日本国民の総意に基く。
Ⅱ	第二十五条　すべて国民は，健康で文化的な最低限度の生活を営む権利を有する。
Ⅲ	第二十九条　財産権は，これを侵してはならない。
Ⅳ	第四十二条　国会は，衆議院及び参議院の両議院でこれを構成する。

34 Ⅰの条文中の（　）にあてはまる語句として正しいものを，次の⓪～③の中から１つ選び，その番号をマークしなさい。

⓪ 至尊　① 象徴　② 元首　③ 国王

35 天皇陛下の国事行為に**該当しないもの**を，次の⓪～③の中から１つ選び，その番号をマークしなさい。

⓪ 内閣総理大臣の指名　① 最高裁判所長官の任命

② 外国の大使，公使の接受　③ 国会の召集

36 次の文章は，Ⅱの条文に関連して，ある制度について述べたものである。文章中の（ア），（イ），（ウ）にあてはまる語句の組み合わせとして最も適当なものを，次の⓪～⑦の中から１つ選び，その番号をマークしなさい。

人間として最低限度の生活さえ営めない人々には，憲法に基づいて（　ア　）法によって，必要な費用が支給されます。近年では，国内でも経済的な格差が（　イ　），（　ア　）を受ける例が（　ウ　）います。

⓪　ア．生活保護　　イ．広がり　　ウ．増えて
①　ア．生活保護　　イ．広がり　　ウ．減って
②　ア．生活保護　　イ．狭まり　　ウ．増えて
③　ア．生活保護　　イ．狭まり　　ウ．減って
④　ア．国民年金　　イ．広がり　　ウ．増えて
⑤　ア．国民年金　　イ．広がり　　ウ．減って
⑥　ア．国民年金　　イ．狭まり　　ウ．増えて
⑦　ア．国民年金　　イ．狭まり　　ウ．減って

37 Ⅱの条文から示される生存権と同じく社会権に分類されるものを，次の⓪～③の中から１つ選び，その番号をマークしなさい。

⓪　財産権　　①　選挙権　　②　請願権　　③　教育を受ける権利

38 Ⅲの条文から読み解けるよう，日本国憲法では資本主義経済をとっている。資本主義経済の特徴の一つとして自由な企業活動があげられる。さて，自由な企業活動について企業の三つの生産活動に**該当しないもの**を，次の⓪～③の中から１つ選び，その番号をマークしなさい。

⓪　土地　　①　労働力　　②　技術革新　　③　設備

39 次の資料は，Ⅳの条文に関連して，国会について説明したものである。資料中の（ウ），（エ）にあてはまる語句の組み合わせとして最も適当なものを，次の⓪～③の中から１つ選び，その番号をマークしなさい。

1993年６月17日	社会党，公明党，民社党が内閣不信任決議案を提出。
６月18日	衆議院本会議で，内閣不信任決議案が賛成255，反対220で可決。 臨時閣議が開かれ，衆議院の解散を決定。 衆議院本会議で解散詔書が朗読され，日本国憲法第７条により衆議院が解散。
７月18日	衆議院議員総選挙が開かれ，自民党は過半数を回復できず。
８月５日	第127（　ウ　）が招集。（　エ　）が首相に指名される。

⓪　ウ．臨時国会　　エ．小泉純一郎
①　ウ．臨時国会　　エ．細川護熙
②　ウ．特別国会　　エ．小泉純一郎
③　ウ．特別国会　　エ．細川護熙

40 衆議院の優越が**認められないもの**を，次の⓪～③の中から１つ選び，その番号をマークしなさい。

⓪　予算の議決　　①　憲法改正の発議　　②　条約の承認　　③　法律案の議決

② 惟喬の親王はお酒を飲むのにふさわしい場所を探していて、天の河にたどり着いた

③ 惟喬の親王が馬の頭の和歌を繰り返し唱えるのを聞いて、そばにいた紀有常が返歌を詠んだ

問八 この作品『伊勢物語』とは異なる時代に成立した作品として適切なものを、次の⓪～④の中から一つ選び、その番号を解答欄にマークしなさい。解答欄は41。

⓪ 竹取物語　① 源氏物語　② 土佐日記

③ 枕草子　④ 奥の細道

るまで酒を飲み、［　　　］、主人の親王は酔って寝所（しんじょ）におはいりなさろうとする。

問一　波線部a～dの発音の組み合わせとして適切なものを、次の⓪～④の中から一つ選び、その番号を解答欄にマークしなさい。解答欄は31。

⓪　a　ハ　b　ウ　c　ム　d　ル
①　a　ワ　b　フ　c　ム　d　エ
②　a　ハ　b　ウ　c　ン　d　ル
③　a　ワ　b　ウ　c　ン　d　イ
④　a　ワ　b　ウ　c　ム　d　イ

問二　二重傍線部1～3の語句の意味として適切なものを、次の⓪～③の中からそれぞれ一つ選び、その番号を解答欄にマークしなさい。解答欄は1は32、2は33、3は34。

1　おもしろし…⓪　愉快である　①　痛快なことだ
　　②　趣がある　③　興味がある
2　めでたけれ…⓪　祝いたい　①　おめでたい
　　②　きれいである　③　すばらしい
3　物語して…⓪　本を読んで　①　お話をして
　　②　物語を書いて　③　説教をして

問三　傍線部A「その人の名忘れにけり」とあるが、忘れた理由として適切なものを、次の⓪～③の中から一つ選び、その番号を解答欄にマークしなさい。解答欄は35。

⓪　「その人」の名前がとても長く、覚えきれなかったから
①　「その人」と会っていたときから、長い時間が過ぎたから
②　「その人」とよく似た名前の人が、他にも何人かいたから
③　「その人」とは仲が悪く、関わらないようにしていたから

問四　傍線部B「いで来たり」・D「のたまうければ」の主語として適切なものを、次の⓪～③の中からそれぞれ一つ選び、解答欄にマークしなさい。解答欄はBは36、Dは37。

⓪　惟喬の親王　①　馬の頭　②　御供なる人　③　紀の有常

問五　傍線部C「まゐる」の敬意の対象として適切なものを、次の⓪～③の中から一つ選び、その番号を解答欄にマークしなさい。解答欄は38。

⓪　惟喬の親王への敬意　①　作者への敬意
②　馬の頭への敬意　③　酒への敬意

問六　傍線部E「歌をかへすがへす誦（ず）じたまうて」の解釈として適切なものを、次の⓪～③の中から一つ選び、その番号を解答欄にマークしなさい。解答欄は39。

⓪　歌が次から次へと、思い浮かぶようになられて
①　歌がますます、上手に詠（よ）めるようになられて
②　歌を何度も返しているうちに、暗記なさっていて
③　歌をくりかえしくりかえし、朗誦（ろうしょう）なさっていて

問七　本文の内容と**合致しないもの**を、次の⓪～③の中から一つ選び、その番号を解答欄にマークしなさい。解答欄は40。

⓪　惟喬の親王は鷹狩りに行ったとき、いつもお酒を飲みながら和歌を楽しんでいた
①　惟喬の親王と馬の頭は鷹狩りの際に和歌で真剣勝負したが、勝敗はつかなかった

Ⅲ　狩りくらしたなばたつめに宿からむ天の河原にわれは来にけり（E）

親王、歌をかへすがへす誦じたまうて、返しえしたまはず。紀の有常、御供に仕うまつれり。それが返し、

Ⅳ　ひととせにひとたび来ます君待てば宿かす人もあらじとぞ思ふ

かへりて宮に入らせたまひぬ。夜ふくるまで酒飲み、3物語して、あるじの親王、酔ひて入りたまひなむとす。

（『伊勢物語』）

※1　惟喬の親王…文徳天皇の第一皇子
※2　山崎…京都府乙訓郡大山崎村
※3　右の馬の頭…在原業平　※4　狩…鷹狩り
※5　交野…大阪府枚方市あたり。鷹狩の名所であった
※6　天の河…大阪府枚方市禁野の一名
※7　大御酒まゐる…お酒を差し上げる

（現代語訳）

昔、惟喬の親王ともうしあげる親王がおいでになった。山崎のむこう、水無瀬という所に離宮があった。毎年の桜の花盛りには、その離宮へおいでになったのだった。そのとき、右の馬の頭であった人を、いつも、つれておいでになった。いままで、だいぶん時がたったので、その人の名は忘れてしまった。鷹狩りはそう熱心にもしないで、もっぱら酒を飲んでは、和歌を詠むのに熱をいれていた。いま鷹狩りをする交野の渚の家、その院の桜がとりわけ［　　］。その桜の木のもとに馬からおりて、桜の枝を折り、髪の飾りにさして、上、中、下の人々がみな、歌を詠んだ。馬の頭だった人が詠んだ。それは、

世の中に……（世の中に桜がまったくなかったならば、惜しい花が散りはせぬかと心を悩ませることもなく、春をめでる人の心は、のどかなことでありましょう）

もう一人の人が詠んだ歌、

散ればこそ……（散るからこそますます桜は［　　］のです。悩み多いこの世に、何が久しくとどまっているでしょうか、何もないではありませんか。だから散るのもとうぜん、ことにわずかの盛りの桜の華やかさを愛すべきです）

というしだいで、その木の下は立ち去って帰るうちに、日暮れになった。お供の人が下部に酒を持たせて、野の中から姿を現した。この酒を飲もう、といって、酒宴によい場所をさがしていくうちに、天の河という所に行きついた。右の馬の頭がお酒をおすすめする。親王がおっしゃるには、「交野を狩りして、天の河のほとりに到着する、というのを題にして、まず歌を詠んで、それから盃はさしなさい」とおっしゃったので、例の馬の頭は、歌を詠んで差し上げた。その歌は、

狩りくらし……（狩りをして日を暮らし、今夜は織女さんにお宿をお願いしましょう。うまいぐあいに、天の河原にわたくしは来たんですよ）

親王は、［　　　　］、返しの歌がいっこうにおできにならない。紀有常がお供にひかえていた。その有常が詠んだ返しの歌、

ひととせに……（織女さんは、一年に一度おいでのお方をお待ちしているのですから、いくらここが天の河だからといっても、おめあての人でもなければ、そうやすやすと宿を貸してはくれまいと思いますよ）

親王は、水無瀬にお帰りになって離宮におはいりになった。夜が更け

③ 他者の料理や宣伝方法を参考にし、新たな客を呼び込もうとする商い

問八 傍線部E「清潔」と同じ熟語の構成になっているものとして適切なものを、次の⓪～④の中から一つ選び、その番号を解答欄にマークしなさい。解答欄は27。

⓪ 客足 ① 迷惑 ② 営業 ③ 師弟 ④ 腰痛

問九 傍線部F「必然」の対義語として適切なものを、次の⓪～④の中から一つ選び、その番号を解答欄にマークしなさい。解答欄は28。

⓪ 当然 ① 自然 ② 偶然 ③ 天然 ④ 突然

問十 本文から読み取れる円谷の人物像として適切なものを、次の⓪～③の中から一つ選び、その番号を解答欄にマークしなさい。解答欄は29。

⓪ 新しいものに敏感で、常に流行を取り入れようと創意工夫している人物

① 頑固な面もあるが、仕事にはこだわりと情熱をもって取り組む人物

② 料理は好きで熱心に取り組むが、店の経営は人任せのいいかげんな人物

③ 大きな変化を嫌い、これまでの伝統を絶対的に優先しようとする人物

問十一 本文の内容として適切なものを、次の⓪～③の中から一つ選び、その番号を解答欄にマークしなさい。解答欄は30。

⓪ 藤丸は自分の提案を全く聞こうとしない円谷に対して、指示には従いながらもいらだちを覚えている

① 藤丸の提案に対して円谷は快く聞き入れ、二人で力を合わせてよりよい店づくりをしようとしている

② 円谷は藤丸への提案が聞き入れられなかったことで、店の立て直しを目指す気持ちをさらに強めている

③ 円谷は藤丸の提案を聞き入れようとしなかったが、それでも藤丸は円谷の仕事への姿勢を尊敬している

問題三 次の文章を読んで、後の問いに答えなさい。

むかし、※1惟喬（これたか）の親王（みこ）と申すみこおはしましけり[a]。山崎の※2あなたに、水無瀬（みなせ）といふ所に、宮ありけり。年ごとの桜の花ざかりには、その宮へなむおはしましける[b]。その時、※3右の馬の頭（うまのかみ）なりける人を、常に率て（ゐて）おはしましけり[c]。時世経て（ときよへ）久しく（ひさしく）なりにければ、その人の名忘れにけり[A]。※4狩（かり）はねむごろにもせで、酒をのみ飲みつつ、やまと歌にかかれりけり。いま狩する※5交野（かたの）の渚（なぎさ）の家、その院（ゐん）の桜、ことにおもしろし[1]。その木のもとにおりゐて[d]、枝を折りて、かざしにさして、かみ、なか、しも、みな歌よみけり。馬の頭なりける人のよめる。

Ⅰ 世の中にたえてさくらのなかりせば春の心はのどけからまし

となむよみたりける。また人の歌、

Ⅱ 散（ち）ればこそいとど桜はめでたけれ[2]憂（う）き世（よ）になにか久（ひさ）しかるべき

とて、その木のもとは立ちてかへるに日暮（ひぐれ）になりぬ。御供（とも）なる人、酒をもたせて、野よりいで来たり[B]。この酒を飲みてむとて、よき所を求めゆくに、※6天の河（あまのがは）といふ所にいたりぬ。親王（みこ）に馬の頭（うまのかみ）、※7大御酒（おほみき）まゐる[C]。親王（みこ）ののたまひける、「交野（かたの）を狩りて、天の河のほとりにいたる、を題にて、歌よみて盃（さかづき）はさせ」[D]とのたまうければ、かの馬の頭よみて奉り（たてまつり）ける。

② ニン務をやり遂げる

③ 彼はとてもニン気がある

3 ゲン象…⓪ 負担の軽ゲンを目指す

① 野生の熊が出ゲンする

② 何事もゲン度がある

③ ポイントを還ゲンする

問二 傍線部A「ドジョウを大ウナギにする」について、この表現が意味していることとして適切なものを、次の⓪～③の中から一つ選び、その番号を解答欄にマークしなさい。解答欄は[19]。

⓪ お店に来る客がもっと増えること

① お店をきれいに改装すること

② お店の店員を大人数に増やすこと

③ お店の料理をよりおいしくすること

問三 [a] にあてはまる語句として適切なものを、次の⓪～④の中から一つ選び、その番号を解答欄にマークしなさい。解答欄は[20]。

⓪ ありがたい　① 申し訳ない　② もったいない

③ 恥ずかしい　④ 嘆かわしい

問四 傍線部B「老若男女」の意味として適切なものを、次の⓪～③の中から一つ選び、その番号を解答欄にマークしなさい。解答欄は[21]。

⓪ 身近な人々　① あらゆる人々

② 流行に敏感な人々　③ 人生経験豊富な人々

問五 傍線部C「意思の疎通に問題がある」とあるが、この場面での藤丸と円谷の解釈の組み合わせとして適切なものを、次の⓪～③の中から一つ選び、その番号を解答欄にマークしなさい。解答欄は[22]。

⓪ 「店の建て直し」という言葉について、藤丸は「古くなった店の改築をすること」、円谷は「売り上げが落ちた店の経営状態を回復させること」とそれぞれ解釈した

① 「店の建て直し」という言葉について、藤丸は「店の経営方針を見直すこと」、円谷は「古くなった店の改築をすること」とそれぞれ解釈した

② 「店の建て直し」という言葉について、藤丸は「店の経営方針を見直すこと」、円谷は「売り上げが落ちた店の経営状態を回復させること」とそれぞれ解釈した

③ 「店の建て直し」という言葉について、藤丸は「売り上げが落ちた店の経営状態を回復させること」、円谷は「古くなった店の改築をすること」とそれぞれ解釈した

問六 [b]、[c]、[d] にあてはまる漢字として適切なものを、次の⓪～④の中からそれぞれ一つ選び、解答欄にマークしなさい。解答欄はbは[23]、cは[24]、dは[25]。

⓪ 顔　① 目　② 肩　③ 腕　④ 首

問七 傍線部D「身の丈に合った商い」の内容として適切なものを、次の⓪～③の中から一つ選び、その番号を解答欄にマークしなさい。解答欄は[26]。

⓪ 無理に宣伝や呼び込みをせず、今来てくれている客を大切にする商い

① 自分の得意分野を生かし、新たなメニューを次々に考案していく商い

② 料理の技術を磨き、誰からも認められる一流の料理人を目指す商い

弟のあいだはうまくいっている。

今回も会話は噛みあわぬままとなり、「そうかなあ。売り上げを増やして、建て直したほうがいいと思うんだけど」と、藤丸は釈然としない思いで[b]をひねる。

円服亭は古い。二階建ての箱状の建物だが、蔦で覆われた外壁には、実は少々ヒビが入っている。店の二階で寝起きする藤丸は、うっかり畳に落としたガラスコップが、落としただけとは思えぬ勢いで部屋の隅まで転がっていくのを目撃した。心霊ゲン象でないならば、建物が傾いているのだ。

「だいたいね」

と円谷は言う。「ここは住宅街でもあるんだから、これ以上お客さんが来たら、列が邪魔になって近所に迷惑だろう。身の丈に合った商いをすりゃいいんだ」

話はこれまで、と読んでいた新聞を畳み、円谷は厨房に行ってしまった。藤丸はため息をつき、テーブル席を再び台布巾で拭きはじめる。昼の客足が引き、遅めの休憩にようやく入ったところだ。

円服亭は夕方五時から営業を再開するので、あまりゆっくりはしていられない。店内を軽く掃除したら、円谷が作ってくれる賄いを手早くかきこみ、すぐに夜に向けた仕込みをする必要がある。

紅白のチェック柄をしたビニール製のテーブルクロスを、藤丸は丁寧に拭きあげた。床にゴミが落ちていないか、椅子の座面は汚れていないか、各テーブルに置かれた一輪挿しの花は枯れていないかなど、入念に確認する。

店主の円谷は頑固かついいかげんという困った性格の持ち主だが、料理に対する姿勢と[c]前はたしかだし、身なりも常に清潔さを保っている。必然的に、店員である藤丸への要求も厳しく、掃除の手を抜こうものなら「バカヤロウ」の嵐が吹きすさぶことだろう。藤丸も円谷の紡ぎだす味が大好きだし、円服亭での生活を気に入っているので、もちろん円谷の言いつけをきちんと守り、店内のわずかな埃も見逃さぬよう[d]を光らせている。

大将もなあ、女に弱くさえなけりゃ、言うことなしなひとなんだけど。

藤丸はテーブルに飾られた黄色いマーガレットを眺める。店の花は三日に一度、本郷通り沿いの花屋の女性店主が持ってきてくれる。なにを隠そう、彼女が円谷の彼女である。円谷は十歳も年下の女性と恋仲になり、いまは花屋の二階で同棲中だ。十歳下といっても、円谷が七十歳ぐらいなので、花屋の女性店主も還暦前後だ。「はなちゃん」と、円谷にならって藤丸も彼女のことを呼んでいるが、本名なのかどうかわからない。花屋のはなちゃんって、できすぎだろう、と藤丸は思う。

(『愛なき世界』三浦　しをん)

問一　波線部1・2・3のカタカナと同一の漢字を、次の⓪～③の中からそれぞれ一つ選び、その番号を解答欄にマークしなさい。解答欄は1は[16]、2は[17]、3は[18]。

1　取ザイ…⓪　洗ザイで皿を洗う
　①　ザイ宝のありかを探す
　②　ザイ宅で仕事をする
　③　高級な素ザイを集める

2　ニン識…⓪　要点を確ニンする
　①　ニン耐力を鍛える

② 欠点を克服したいと思えるようになったこと
③ 知らなかった新しい知識を得たこと

問十一 傍線部H「こういう学びの楽しさ」の内容として適切なものを、次の⓪～③の中から一つ選び、その番号を解答欄にマークしなさい。解答欄は13。

⓪ 学べば学ぶほど、いろいろなスリルを味わえる
① 正しいことがわかるようになり、満足感を感じる
② 自分の視野が広がり、もっと多くを学びたくなる
③ 数学の大切さがわかり、対数に強い興味を持つ

問十二 c にあてはまる接続詞として適切なものを、次の⓪～④の中から一つ選び、その番号を解答欄にマークしなさい。解答欄は14。

⓪ だから　① そして　② けっきょく
③ たとえば　④ でも

問十三 本文で述べられる筆者の主張として適切なものを、次の⓪～③の中から一つ選び、その番号を解答欄にマークしなさい。解答欄は15。

⓪ 数学は役立つものとわかれば、いくらでも勉強できる
① 小さい頃から本を読み、読書好きになることが大切だ
② 大きな喜びを得るために、日々学び続ける必要がある
③ 何歳でも学びの楽しさを知れば、一生学び続けていける

問題二 次の文章を読んで、後の問いに答えなさい。

洋食屋「円服亭(えんぷくてい)」は、東京都文京区本郷の高台にある。ちょうど、国立T大学の赤門の向かいあたり、本郷通りから細い道にちょっと入ったところだ。

場所柄、円服亭の客にはT大の学生や教職員が多い。もちろん、周辺に会社もたくさんあるので、昼どきともなれば、腹をすかせた幅広い年齢層の人々で店内はごった返す。といっても、テーブル席が八つばかりの小さな店だ。すぐに満席になってしまい、店のまえの道にドジョウほどの列ができることもしばしばだった。

円服亭の住み込み店員である藤丸陽太(ふじまるようた)は、「もう少し宣伝すれば、[A]ドジョウを大ウナギにすることもできるのになあ」と思っている。思うだけでなく、円服亭店主の円谷正一(つぶらやしょういち)に何度も進言したのだが、てんで相手にされない。

「バカヤロウ！　半人前のくせに、なに商売っ気出してんだ。いいからおめえはとっとと夕マネギ刻め」

「だけど大将、このあいだもミニコミ誌の[1]取ザイを断っちゃったでしょう。 a と思うんすよ。いま『谷根千(やねせん)』っつって、T大の東側のほうはオシャレスポットになってるし。[B]老若男女が詰めかけて、ぞろぞろ歩きしてるらしいじゃないですか」

「『そぞろ歩き』な」

「とにかく、そのひとたちがT大の構内を抜けて、こっちにも来てくれるかも。つぶれかけた円服亭を建て直すチャンスなんすよ、大将！」

「バッキャロウ！　うちはつぶれかけてなんかねえ！　むしろ腰痛になるほど忙しくて困ってんだ、立て直す必要などなし！」

藤丸は建物の物理的な「建て直し」を提案したのだが、円谷は店の経済的な「立て直し」だと思いこみ、提案を却下した。二人は常にこの調子で、[C]意思の疎通に問題があるのだが、互いに極めてマイペースだから、「問題がある」とはまったく[2]ニン識しておらず、なんだかんだで師

3　卒ギョウ　…　⓪　ギョウ績が認められる
①　うま味がギョウ縮されている
②　作文を十ギョウ書く
③　鬼のようなギョウ相で叱られる

問二　傍線部A「それ」の指す内容として適切なものを、次の⓪～③の中から一つ選び、その番号を解答欄にマークしなさい。解答欄は4。

⓪　なるべく時間をかけて、深く学ぼうとする態度
①　何事にも興味を持ち、意欲的に学ぼうとする態度
②　勉強のおもしろさを伝え、聞き手の興味をさそう工夫
③　勉強の必要性について語り、相手に熱意を伝える工夫

問三　傍線部B「この話」の説明として適切なものを、次の⓪～③の中から一つ選び、その番号を解答欄にマークしなさい。解答欄は5。

⓪　地震のエネルギーを表すのに対数が使われていたこと
①　NHK社会部記者になってからのつらい体験
②　地震がどのようなものか猛勉強していた日々
③　マグニチュード8は非常に危険だということ

問四　傍線部C「そもそも」の意味として適切なものを、次の⓪～③の中から一つ選び、その番号を解答欄にマークしなさい。解答欄は6。

⓪　だいたいは　①　もしかしたら
②　元来は　③　基本的には

問五　傍線部D「複雑な」の品詞として適切なものを、次の⓪～④の中から一つ選び、その番号を解答欄にマークしなさい。解答欄は7。

⓪　形容動詞　①　動詞　②　副詞　③　名詞　④　助動詞

問六　[a]にあてはまる語句として適切なものを、次の⓪～④の中から一つ選び、その番号を解答欄にマークしなさい。解答欄は8。

⓪　気象庁　①　航海　②　単位　③　仕事　④　地震

問七　傍線部E「あの時」の内容として適切なものを、次の⓪～③の中から一つ選び、その番号を解答欄にマークしなさい。解答欄は9。

⓪　本を読むのが好きだった時
①　NHKの記者として猛勉強した時
②　秋山仁さんと会話をした時
③　学校で数学を勉強していた時

問八　[b]にあてはまる語句として適切なものを、次の⓪～③の中から一つ選び、その番号を解答欄にマークしなさい。解答欄は10。

⓪　数学　①　興味を持つこと
②　わからないこと　③　学ぶこと

問九　傍線部F「知的スリル」が表現している感情として適切なものを、次の⓪～③の中から一つ選び、その番号を解答欄にマークしなさい。解答欄は11。

⓪　わくわくする高揚感　①　どきどきする緊張感
②　はらはらする不安感　③　むずむずする不快感

問十　傍線部G「好奇心が満たされれば」について、「好奇心が満たされた」具体例として適切なものを、次の⓪～③の中から一つ選び、その番号を解答欄にマークしなさい。解答欄は12。

⓪　他者に自分の知識や経験を披露できたこと
①　上手にできたことをほめられたこと

【国　語】（四〇分）〈満点：一〇〇点〉

問題一　次の文章を読んで、後の問いに答えなさい。

私は小さい頃から本を読むのが好きでした。でも、学校の勉強は、実はそれほど好きではありませんでした。教科書を読めばわかることに長い時間をかけていることが、時間の無駄に思えたものです。「勉強は我マン[1]して学ぶもの」という感覚の授業があまりにも多かったんですね。

「勉強って実はおもしろいんだよ」というさわりを見せて、「あっ、おもしろそうだな。じゃあ、この後の話も聞いてみようか」と思わせる工夫が必要なのに、[A]それが感じられませんでした。

私がNHK社会部記者として気象庁を担当したとき、地震について猛勉強をしました。地震のエネルギーの大きさを表す単位にマグニチュードというのがありますね。ニュースにも出てくるように、マグニチュードは6から7に1増えるだけでエネルギーは約32倍になります。2増えてマグニチュード8になれば、32の2乗（32×32）でエネルギーは約1000倍です。なぜ1違っただけでエネルギーが32倍にもなるんだろうと思ったら、対数を使っていることがわかりました。

その後、[B]この話を数学者の秋山仁（あきやまじん）さんに話したら、[C]そもそも対数は船乗りが航路を計算する[D]複雑な方法を簡単な足し算でできてしまうように開発されたというのです。

高校生のときは、対数の勉強など一体何の役に立つんだろうと思いながら数学の授業を受けていましたが、対数を使えば、地震のエネルギーのように小さなエネルギーから非常に大きなエネルギーまで一つの指ヒョウ[2]で簡単に表せるし、[a]にも役立つものとは。それがわかったとたんに、[E]「なんであの時、対数はこんなふうに役に立つんだよって教えてくれなかったのか。それがわかっていれば、もっと興味深く対数を勉強できたのに」と思ったものです。

このように、私が「[b]って楽しいな」と思えるようになったのは、大学を卒ギョウ[3]して社会に出てからです。

一度学びの楽しさを味わってからは、やみつきになりました。学べば学ぶほど、いままでわからなかったことがわかるようになり、それによって自分の視野が広がります。知らないことや新しいことに出合うとかえって好奇心が刺激され、もっと多くのことを学びたくなります。学ぶことに[F]知的スリルを覚えるようになるのですね。[G]好奇心が満たされれば、大きな喜びにひたることができます。

[H]こういう学びの楽しさを、小学生、中学生、高校生の頃から体験することができたら、どんなに素敵（すてき）でしょうか。[c]、社会に出てからでもいいのです。どこかで学びの楽しさを知っておけば、その後は一生学び続けることができるのですから。

（『なんのために学ぶのか』池上　彰）

問一　波線部1・2・3のカタカナと同一の漢字を、次の⓪～③の中からそれぞれ一つ選び、その番号を解答欄にマークしなさい。解答欄は1は[1]、2は[2]、3は[3]。

1　我マン　…　⓪ 桜がマン開に咲いている
　① 億マン長者になることを夢見る
　② マン心せずにテストに臨む
　③ マン画は日本の大切な文化だ

2　指ヒョウ　…　⓪ 部活動でヒョウ彰を受ける
　① 目ヒョウは大会での優勝だ

大切なことはメモしておこうネ！

2022年度

解　答　と　解　説

《2022年度の配点は解答欄に掲載してあります。》

＜数学解答＞

問題1 [1] 1　[2] −　[3] 2　[4] 1　[5] 3　[6] 1　[7] 4　[8] 3
[9] 1　[10] 7　[11] 1　[12] 0　[13] 8　[14] 2　[15] 3　[16] −
[17] 8　[18] 7　[19] 5　[20] 4　[21] 8　[22] 1　[23] 0　[24] 9　[25] 7

問題2 [26] 3　[27] 0　[28] 7　[29] 5　[30] 2　[31] 3　[32] 4　[33] 3　[34] 1
[35] 3

問題3 [36] 1　[37] 4　[38] 6　[39] 1　[40] 3　[41] 2　[42] 3　[43] 2　[44] 6

問題4 [45] 5　[46] 4　[47] 0　[48] 7　[49] 2　[50] 1　[51] 5

問題5 [52] 2　[53] 5　[54] 2　[55] 2　[56] 5　[57] 8　[58] 2　[59] 5　[60] 3
[61] 5

○推定配点○
各4点×25　　計100点

＜数学解説＞

基本 問題1 (数の計算，1次方程式，比例関数，平方根，連立方程式，式の展開，2次方程式，側面積，方程式の応用問題，四分位数)

(1)　$7-(-3)\times(-2)=7-6=1$

(2)　$(-2)^2\div3-\frac{10}{3}=\frac{4}{3}-\frac{10}{3}=-\frac{6}{3}=-2$

(3)　$0.3x+1.07=0.43x-0.62$　両辺を100倍して，$30x+107=43x-62$　$43x-30x=107+62$　$13x=169$　$x=13$

(4)　$y=\frac{a}{x}$に$x=-3$，$y=-2$を代入して，$-2=\frac{a}{-3}$　$a=(-2)\times(-3)=6$　$y=\frac{6}{x}$に$x=6$を代入して，$y=\frac{6}{6}=1$

(5)　$\sqrt{8}\times2\sqrt{6}-\frac{12}{\sqrt{3}}=2\sqrt{48}-\frac{12\sqrt{3}}{3}=2\times4\sqrt{3}-4\sqrt{3}=8\sqrt{3}-4\sqrt{3}=4\sqrt{3}$

(6)　$-3x+4y=-11$…①　$2x-5y=-16$…②　①×2+②×3から，$-7y=-70$　$y=10$　これを①に代入して，$-3x+4\times10=-11$　$-3x=-11-40=-51$　$x=17$

(7)　$(4x+3)(2x-1)=4x\times2x-4x\times1+3\times2x-3\times1=8x^2-4x+6x-3=8x^2+2x-3$

(8)　$x^2+x-56=0$　$(x+8)(x-7)=0$　$x=-8$，7

(9)　$\pi\times9^2\times\frac{2\pi\times6}{2\pi\times9}=54\pi\,(\mathrm{cm}^2)$

(10)　$3<\sqrt{n}<3\sqrt{2}$　2乗して，$9<n<18$　よって，求める自然数nの個数は，$18-9-1=8$(個)

(11)　真ん中の数をxとすると，連続する3つの自然数は，$x-1$，x，$x+1$と表せる。仮定から，$(x+1)^2+(x-1)^2=202$　$x^2+2x+1+x^2-2x+1=202$　$2x^2+2=202$　$2x^2=200$　$x^2=100$

xは自然数だから，$x=10$

(12) データを小さい順に並べると，81，95，99，104，110，123，137，156，170　第1四分位数は，2番目と3番目の平均だから，$\frac{95+99}{2}=97$

基本 問題2 (統計―度数分布表，中央値，平均値)

(1) $A=\frac{28+32}{2}=30$　$B=18-(1+3+2+1+2+2)=7$　$C=26\times2=52$

(2) 9番目と10番目が含まれる階級の階級値を求めればよいから，34分。

(3) $\frac{18+66+52+30\times1+34\times7+76+84}{18}=\frac{564}{18}=31.33\cdots$から，31.3分。

問題3 (確率)

基本 (1) 52枚のうち，ハートのカードは13枚あるから，求める確率は，$\frac{13}{52}=\frac{1}{4}$

(2) 1から13までの素数は，2，3，5，7，11，13の6個。スペード，ハート，ダイヤ，クローバーそれぞれに6枚ずつあるから，全部で，$6\times4=24$(枚)　よって，求める確率は，$\frac{24}{52}=\frac{6}{13}$

(3) スペードとクローバーの絵札はそれぞれ3枚ずつあるから，$3\times2=6$(枚)　よって，求める確率は，$1-\frac{6}{52}=1-\frac{3}{26}=\frac{23}{26}$

問題4 (平面図形の計量問題―角度，三角形の相似)

基本 (1) 正五角形の内角の和は，$180^\circ\times(5-2)=540^\circ$

(2) 正五角形の1つの角の大きさは，$540^\circ\div5=108^\circ$　△AEDは二等辺三角形だから，$\angle EDA=\frac{180^\circ-108^\circ}{2}=36^\circ$　よって，$\angle ADC=108^\circ-36^\circ=72^\circ$

重要 (3) △AED≡△EDCより，$\angle DEC=36^\circ$　$\angle AEP=108^\circ-36^\circ=72^\circ$　△PEDにおいて内角と外角の関係から，$\angle APE=36^\circ+36^\circ=72^\circ$　よって，△APEは二等辺三角形になるので，AP＝AE＝2　△ACDと△CPDは底角が等しい二等辺三角形だから，△ACD∽△CPD　AD：CD＝CD：PD　AD：2＝2：PD　AD＝xとすると，$x:2=2:(x-2)$　$x(x-2)=4$　$x^2-2x-4=0$　$x=\frac{-(-2)\pm\sqrt{(-2)^2-4\times1\times(-4)}}{2\times1}=\frac{2\pm\sqrt{20}}{2}=\frac{2\pm2\sqrt{5}}{2}=1\pm\sqrt{5}$　$x>0$から，$x=1+\sqrt{5}$

問題5 (図形と関数・グラフの融合問題)

基本 (1) $y=\frac{1}{2}x^2$…①　①に$x=-2$を代入して，$y=\frac{1}{2}\times(-2)^2=2$　よって，Aのy座標は2

(2) $\triangle OAC=\frac{1}{2}\times4\times2=4$　△OBC＝(四角形AOBC)－△OAC＝9－4＝5　△OBCのOCを底辺としたときの高さをhとすると，$\frac{1}{2}\times4\times h=5$　$h=\frac{5}{2}$　よって，点Bのx座標は$\frac{5}{2}$になる。これを①に代入して，$y=\frac{1}{2}\times\left(\frac{5}{2}\right)^2=\frac{25}{8}$　したがって，$B\left(\frac{5}{2},\ \frac{25}{8}\right)$

重要 (3) 求める体積は，底面の円の半径が$\frac{5}{2}$で高さが$\frac{25}{8}$の円錐の体積と底面の円の半径が$\frac{5}{2}$で高さが$\left(4-\frac{25}{8}\right)$の円錐の体積との和になるから，$\frac{1}{3}\times\pi\times\left(\frac{5}{2}\right)^2\times\left\{\frac{25}{8}+\left(4-\frac{25}{8}\right)\right\}=\frac{1}{3}\times\frac{25}{4}\times4\pi=\frac{25}{3}\pi$

重要 (4) 直線APの式を$y=ax+4$として点Aの座標を代入すると，$2=-2a+4$　$2a=2$　$a=1$

よって，直線APの式は，$y=x+4$…②　①と②からyを消去すると，$\frac{1}{2}x^2=x+4$　$x^2=2x+8$　$x^2-2x-8=0$　$(x+2)(x-4)=0$　$x=-2,\ 4$　よって，点Pのx座標は4　これを②に代入して，$y=4+4=8$　P(4, 8)　線分APの中点をQとすると，$\frac{-2+4}{2}=1$，$\frac{2+8}{2}=5$より，Q(1, 5)　直線OQは△AOPを二等分するから，求める直線の式は，$y=5x$

★ワンポイントアドバイス★

問題4(3)の方法で，一辺の長さがaの正五角形の対角線の長さは，$\frac{\sqrt{5}+1}{2}a$と求めることができる。

＜英語解答＞

問題1　問1 ③　問2 ①　問3 ⓪　問4 ③　問5 ②　問6 ①　問7 ③
問8 ②

問題2　問1 ③　問2 ①　問3 ③　問4 ③　問5 ①

問題3　問1 ②　問2 ②　問3 ⓪　問4 ②　問5 ⓪

問題4　問1 ②　問2 ①　問3 ②　問4 ①　問5 ①　問6 ⓪　問7 ⓪
問8 ②

問題5　問1 ①　問2 ②　問3 ①　問4 ⓪　問5 ②　問6 ②　問7 ③
問8 ⓪　問9 ③　問10 ⓪

問題6　問1 ③　問2 ②　問3 ①　問4 ②　問5 ③　問6 ②

問題7　問1 ⑤　問2 ②　問3 ⑤　問4 ①　問5 ①　問6 ②　問7 ②
問8 ①　問9 ⑤　問10 ④

○推定配点○

問題1問5，問題2，問題3　各1点×11　　問題1問1～問4，問6～問8　各3点×7
他　各2点×34　　計100点

＜英語解説＞

重要 **問題1**　（長文読解問題・説明文：和文英訳，指示語，語句補充，要旨把握，内容吟味）

（全訳）「すべての材料を糸に紡いでいけば，私の長男と結婚できます」と女王は言った。

少女は一人取り残され，すぐに泣き出した。(ア)彼女は，たとえ100年間働いても，女王が彼女に与えた仕事を終えられないことを知っていた。

3日間，彼女は泣き叫び，自分が働いていないことを知ったとき，女王は何を言うだろうかと考えた。彼女は窓のところに行き，家族のことを考えた。見下ろすと，宮殿の外に3人の老婆が見えた。一人は右足が大きく，一人は口が通常の2倍，三人目は片腕が誰よりも大きかった。

(イ)老婆たちは少女が動揺しているのを見て，何が(ウ)問題か尋ねた。彼女は彼女らに言い，そして彼女たちは「あなたが私たちをあなたの結婚式に招待し，私たちがあなたの叔母であることを皆に言うなら，あなたのためにすべての仕事をしましょう」と言った。

「もちろん，(エ)私は結婚式にあなたたちを招待し，あなたたちが私の叔母であることを皆に伝えます」と少女は嬉しそうに言った。

三人の奇妙な老婆が働き始めた。少女は女王に3人の女性のことを知らせなかった。

すぐに彼らはすべての材料を糸に紡いだ。三人の見知らぬ女たちが宮殿を去ると，そのうちの一人が少女に「お前が我々に約束したことを思い出せ。お前が結婚して，大きな幸せを得たら，私たちに来るように頼みなさい」と言った。

少女が女王に清潔な部屋を見せると，女王はとてもうれしそうだったので，すぐに結婚の日を決めた。

少女は「結婚の日に3人の叔母さんに来てほしい。彼女らは3人の老婆ですが，私にとても親切でした。あなたが(カ)それを許可するなら，私は彼女らがテーブルを共有してほしいです」と言った。

女王と王子は同意した。その日が来ると，女性たちが到着し，彼女らは非常に奇妙に見えた。少女はすぐに彼女らを歓迎し「さあ，私のテーブルに座って，私の親愛なる叔母たちよ，王子様と私の隣に座りなさい」と言った。

王子は彼女らを見て，かなり動揺した。

問1　even if ～「たとえ～だとしても」

問2　前段落の最終文に書かれている3人の老婆を指している。

問3　少女は，女王から「すべての材料を糸に紡いでいけば，私の長男と結婚できます」と言われたが，与えられた仕事が終えられない内容だったのである。

問4　少女は，「自分の結婚式」に招待し，相手(老婆たち)を自分の叔母と紹介するつもりだったのである。

問5　〈ask ＋人＋ to ～〉「人に～するように頼む」

問6　少女の発言の第1文を指している。

問7　3人の叔母は，第3段落最終文にあるように，見た目が奇妙だったのである。

問8　第10段落第1文参照。女王様と王子は，3人の叔母が結婚式に参加することに同意した。

基本 問題2 （アクセント）

問1　第2音節にアクセントがある。

問2　第1音節にアクセントがある。

問3　第2音節にアクセントがある。

問4　第2音節にアクセントがある。

問5　第2音節にアクセントがある。

基本 問題3 （発音）

問1　②は[u]，その他は[ou]と発音する。

問2　②は[ei]，その他は[æ]と発音する。

問3　⓪は[ʃ]，その他は[s]と発音する。

問4　②は[θ]，その他は[ð]と発音する。

問5　⓪は[ɛr]，その他は[ɑr]と発音する。

問題4 （会話文）

問1　朝食に何を食べるかを尋ねている。

問2　Don’t worry.「心配しないで」

問3　How much で値段を尋ねる疑問文になる。

問4　How で交通手段を尋ねる疑問文になる。

問5　How many times で回数を尋ねる疑問文になる。

問6　How often で回数や頻度を尋ねる疑問文になる。

問7　May I ~?「~してもいいですか」－Sure.「いいですよ」

問8　この後で,「私も海と空が好きだ」と言っているので, 青が好きだとわかる。

問題5 （語句選択問題：動名詞, 接続詞, 不定詞, 受動態, 現在完了, 間接疑問文）

問1　be good at ~ing「~するのが上手だ」

問2　be動詞 is を用いることができるのは There だけである。There is ~.「~がある」

問3　when ~「~とき」

問4　〈be surprised to ＋動詞の原形〉「~しておどろく」

問5　受動態は〈be動詞＋過去分詞＋ by ~〉「~に…される」

問6　make A＋B「AをBにする」

問7　How long で期間を尋ねる疑問文になる。

問8　〈It is ~ for ＋人＋ to …〉「…することは人にとって~だ」

問9　〈want ＋人＋ to ~〉「人に~してもらいたい」

問10　間接疑問文は〈疑問詞＋主語＋動詞〉の語順になる。

基本 問題6 （書き換え問題：現在完了, 助動詞, 比較, 動名詞）

問1　「~への初めての旅」= have never been to ~「一度も~に行ったことがない」

問2　Let's ~ = Shall we ~?

問3　not as ~ as …「…ほど~ない」

問4　call A＋B「AをBと呼ぶ」

問5　Reading books「本を読むこと」=To read books(不定詞の名詞的用法)

問6　have gone to ~「~に行ってしまった(今はここにいない)」

重要 問題7 （語句整序問題：接続詞, 助動詞, 比較, 不定詞, 受動態, 現在完了, 関係代名詞）

問1　(I) am sure that these ideas will help many people(.)　I am sure that ~「きっと~と思う」

問2　You have to speak English in (this class.)　have to ~「~しなければならない」

問3　(This) building is older than that one(.)　〈比較級＋ than ~〉「~より…だ」

問4　(I) know how to use this computer(.)　how to ~「~する方法, やり方」

問5　Mt. Sanage can be seen from (here.)　助動詞を含む受動態は〈can be ＋過去分詞〉となる。

問6　Have you ever seen koalas in (Australia?)　〈Have you ever ＋過去分詞~？〉「今まで~したことがありますか」

問7　He has just finished his homework(.)　〈have just ＋過去分詞〉「ちょうど~したところだ」

問8　(She) has been studying math since (6 a.m.)　〈have been ~ing〉「ずっと~している」という現在完了進行形の文である。

問9　(Shibusawa) is a man who influenced many people(.)　who influenced many people は前の名詞を修飾する主格の関係代名詞である。

問10　How many watches do you have (?)　〈How many ＋複数名詞〉で数を尋ねる疑問文になる。

★ワンポイントアドバイス★

試験時間の割に問題数が多くなっている。長文読解を早く処理できるように練習をしたい。教科書に出てくる英単語や構文は確実に身につけておこう。

＜理科解答＞

問題1　[1] ④　[2] ②　[3] ①　[4] ⑥　[5] ⑥　[6] ⑤　[7] ③

問題2　[8] ④　[9] ①　[10] 2　[11] 0　[12] ④　[13] ④　[14] ③

問題3　[15] ②　[16] ③　[17] ⑤　[18] ④　[19] ③　[20]・[21] ⓪，②　[22] ①

問題4　[23] ⓪　[24] ⓪　[25] ①　[26] ①　[27] ①　[28] ②　[29] ④

問題5　[30] ③　[31] ①　[32] ②　[33] ④　[34] ⓪　[35]・[36] ②，④

問題6　[37] ②　[38] ①　[39] ③　[40] ⓪　[41] ②　[42] ②　[43] ②　[44] ⑤
[45] ④　[46] ③　[47] ⑥　[48] ⓪　[49] ④

問題7　[50] ②　[51] ①　[52] ⓪　[53] ②　[54] ①　[55] ⓪　[56] ③　[57] ⑥
[58] ⑧　[59] ①　[60] ⑤　[61] ②

○推定配点○

問題1　[1]，[2]　各1点×2　　他　各2点×5　　問題2　各2点×6([10]，[11]完答)

問題3　各2点×7([20]，[21]完答)　　問題4　各2点×7　　問題5　各2点×6([35]，[36]完答)

問題6　[37]～[40]・[44]～[48]　各4点×2(各完答)　　他　各2点×4

問題7　[50]～[52]・[53]～[55]　各4点×2(各完答)　　他　各2点×6　　計100点

＜理科解説＞

問題1　(力・圧力―ばね)

基本　[1]・[2]　ばねの伸びは，加えた力の大きさに比例する。これをフックの法則という。

重要　[3]　図1より，ばねを20cm伸ばすのに5Nの力が必要なので，1cm伸ばすには5÷20＝0.25(N)の力が必要である。

重要　[4]　6.75Nでは，6.75÷0.25＝27(cm)ばねが伸びる。このときばねの長さは10＋27＝37(cm)になる。

重要　[5]　ばねにかかる力が6Nなので，ばねの伸びは6÷0.25＝24(cm)であり，ばねの長さは10＋24＝34(cm)になる。

重要　[6]　おもりにかかる重力は10Nである。ばねの伸びは32－10＝22(cm)であり，ばねがおもりを引く力は22×0.25＝5.5(N)なので，おもりにかかる浮力は10－5.5＝4.5(N)になる。

[7]　地上でのばねの伸びは28－10＝18(cm)である。月面では重力が6分の1なので，ばねの伸びも6分の1の3cmである。よって，ばねの長さは13cmになる。

問題2　(電流と電圧―オームの法則)

重要　[8]　並列回路では，それぞれの回路にかかる電圧の大きさが等しい。よって，抵抗A，Bそれぞれに24Vの電圧がかかる。

重要　[9]　オームの法則より，電圧÷抵抗＝電流なので，抵抗Aを流れる電流は24÷20＝1.2(A)である。

重要　[10]・[11]　抵抗Bを流れる電流の大きさは24÷30＝0.8(A)なので，回路全体を流れる電流の大きさは，1.2＋0.8＝2.0(A)である。

[12]　電圧＝電流×抵抗より，5×20＝100(V)の電圧になる。

重要　[13]　図より，磁界の向きはN極からS極に向かうのでエとなり，電流の向きは＋極から－極に向かうのでイとなる。このとき発生する力の向きは，フレミングの左手の法則よりウの方向になる。

[14]　導線の振れ幅を大きくするには，磁力を大きくしたり，電流を大きくすればよい。③で，電圧を大きくすると電流が大きくなるので，振れ幅が大きくなる。

問題3　(気体の発生とその性質・電気分解とイオン―気体の発生・性質)

基本　[15]　火を消してからゴム栓の先を水から取り出すと，試験管A内の温度が下がるため圧力が下がり，水が試験管Aに逆流する危険がある。

重要 16 炭酸水素ナトリウムを加熱すると，熱分解して二酸化炭素と水と炭酸ナトリウムが生じる。このうち試験管Aに残るのは，炭酸ナトリウムである。

基本 17 塩化コバルト紙は乾燥しているときは青色であるが，水を吸収すると赤色になる。

基本 18 水上置換法が使えるのは，水に溶けにくい気体のときである。

基本 19 発生する気体は二酸化炭素なので，石灰水に通すと白くにごる。

重要 20・21 水を電気分解すると，水素と酸素が体積比2：1の割合で発生する。

22 水は電気を流しにくいので，イオンに電離して電気を流しやすくし，電気分解を起きやすくするために水酸化ナトリウムを加える。

問題4 （酸とアルカリ・中和—中和反応）

基本 23 BTB溶液は，酸性では黄色，中性では緑色，アルカリ性では青色を示す。はじめ塩酸を入れていたので酸性で黄色を示すが，水酸化ナトリウム水溶液を加えて中性にしたので緑色になる。

基本 24 塩酸は酸性を示す。酸性の物質は水に溶けて水素イオンを生じる。

25 マグネシウムは，アルカリ性の物質と反応し水素を発生することはない。アルミニウムでは，水酸化ナトリウム水溶液との反応で水素が発生する。

基本 26 塩酸と水酸化ナトリウム水溶液が反応すると，水と塩化ナトリウムが生じる。水を蒸発させると塩化ナトリウムが残る。

重要 27 塩酸A10cm^3とちょうど中和する水酸化ナトリウム水溶液Aの体積は10cm^3であり，塩酸Aとの反応後に水酸化ナトリウム水溶液Aは15cm^3残る。これを中和するのに要する2倍の濃度の塩酸Bの体積は$15 \div 2 = 7.5$(cm^3)である。

基本 28 酸とアルカリの反応を中和反応という。

29 酸とアルカリの組み合わせにならないものを探す。④ではアルカリ性の水酸化ナトリウム水溶液を酸性の炭酸水に換えるので，中和反応が起きない。

問題5 （植物の体のしくみ—蒸散）

基本 30 図1のAのすき間を気孔，その周りの細胞を孔辺細胞という。

基本 31・32・33 気孔では，気体の出入りが行われる。光合成に必要な二酸化炭素が取り入れられ，光合成でできた酸素が放出される。根から吸い上げられる水は，水蒸気になって気孔から放出される。

34 比較する条件だけを変えて，あとの条件を同じにして行う実験を対照実験という。これにより，比較した条件が及ぼす影響を知ることができる。

重要 35・36 Aは水面からの蒸発量。B～Eでは水面からの蒸発は無視できるものとして考えると，Bは茎からの蒸散量。Cは葉の表側からの蒸散量。Dは葉の裏側からの蒸散量。Eはすべての蒸散量を示す。Aでの蒸発量を1とすると，BはAの約5倍，CはAの約25倍，DはAの約65倍，EはAの約95倍になる。　⓪　葉の表側からの蒸散量はB，Cを比較して，茎からの蒸散量の約5倍である。

①　葉の裏側からの蒸散量はB，Dより，茎からの蒸散量の約13倍である。　②　葉の裏側からの蒸散量は，C，Dより$65 \div 25 = 2.6$なので，葉の表からの蒸散量の3倍ではなく約2.6倍である。

③　葉全体の蒸散量はE−BよりAの$95 - 5 = 90$倍で，これは茎からの蒸散量を示すBの約18倍である。　④　葉全体の蒸散量はAの約90倍になる。　⑤　葉全体と茎からの蒸散量EはAの約95倍になる。よって，誤っているのは②，④である。

問題6 （生物の類縁関係と進化—進化）

基本 37・38・39・40 生物は海で発生し，その後，陸の動物に進化したとされている。そのため，進化の順番は，魚類→両生類→は虫類→哺乳類の順である。

41 鳥類は卵がかえるまで卵を温め，ひなにエサを与える。哺乳類はお腹の中で子供が生まれるまで世話をする。魚類・両生類・は虫類は卵を産みっぱなしで子供の世話をしない。

重要 42 もともとは同じ器官であったが，進化の過程で形やはたらきが変わってしまったと考えられる器官を相同器官という。ヒトの手，犬の前足，クジラのむなびれなどがこれに当たる。

基本 43 「種の起源」を書いたのは，チャールズ・ダーウィンである。

重要 44・45・46・47・48 体の一部が分裂して新しい固体が発生する生殖を無性生殖，卵と精子のような生殖細胞が受精して新しい固体ができる生殖を有性生殖という。生殖細胞ができる分裂を減数分裂といい，これによって生殖細胞内の染色体の数はもとの半分になる。受精卵ではそれぞれの生殖細胞からやってくる染色体により，染色体数はもとの数に戻る。

重要 49 雌と雄から1本ずつの染色体が生殖細胞に入り，これが合体して2本の染色体をもつ受精卵ができる。④のように白色と黒色の染色体を1本ずつ含む。

基本 **問題7** （地層と岩石―堆積岩と火成岩）

50・51・52 粒が大きくて重いれきが一番下になり，次に砂，一番軽い泥が一番上の層になる

53・54・55 れきは重いので，河口の近くに堆積し，次いで砂，さらに泥がより遠くに堆積する。

56 岩石が風や流水によって削られるはたらきを侵食という。

57 削られた土砂が川の流れで下流に運ばれる作用を，運搬という。

58 気温の変化や水のはたらきなどの物理的な作用や化学的な変化により，次第にぼろぼろに崩れてゆく現象を風化という。

59 川が山地から平野に流れ出る場所で，土砂が堆積してできる地形を扇状地という。

60 川が海や湖に流れ込む場所で，土砂が堆積してできる地形を三角州という。

重要 61 深成岩はマグマが地下の深いところでゆっくりと冷えてできる岩石である。

★ワンポイントアドバイス★

理科全般の幅広い基本的な問題知識が求められる。標準レベルの問題集の演習を十分行うことが大切である。

<社会解答>

問題1 1 ①　2 ①　3 ③　4 ②　5 ①　6 ①　7 ②　8 ①

問題2 9 ③　10 ②　11 ①　12 ⓪　13 ②　14 ②　15 ③

問題3 16 ⓪　17 ②　18 ③　19 ①　20 ③　21 ⓪　22 ⓪　23 ③

問題4 24 ⓪　25 ②　26 ①　27 ③　28 ⓪　29 ②　30 ③　31 ⓪　32 ②　33 ③

問題5 34 ①　35 ⓪　36 ⓪　37 ③　38 ②　39 ③　40 ①

○推定配点○

問題1　4～6　各3点×3　他　各2点×5　問題2　11，12　各2点×2　他　各3点×5

問題3　21～23　各3点×3　他　各2点×5　問題4　29～33　各3点×5　他　各2点×5

問題5　34，35，37　各2点×3　他　各3点×4　計100点

＜社会解説＞

問題1 （地理－地形図，日本の気候，諸地域の特色，産業）

1 税務署の記号は，そろばんの玉の形をしているが，三鷹の森ジブリ美術館の西側には，その記号は見あたらない。

2 直線距離500mは，2万5000分の1地形図上では，500m＝50000cm，50000cm÷25000=2cmとなる。

3 成田国際空港は千葉県，横浜港は神奈川県にある。したがって，③が誤りである。

4 愛知県は，工業生産出荷額が1番多い②である。⓪は宮崎県，①は東京都，③は鹿児島県となる。

5 関門橋は，山口県下関市と福岡県北九州市間の関門海峡をまたぐ道路橋の名称である。1973年(昭和48年)11月14日に開通したので，①が誤りとなる。

6 高知市は，夏に太平洋からの季節風の影響で降水量が多くなる太平洋側の気候であるから，①の雨温図が該当する。

基本 7 ②はグリーンマップがハザードマップの誤りとなる。

8 南部鉄器が岩手県の伝統工芸品である。津軽塗は青森県，天童将棋駒は山形県，伊万里焼は佐賀県，それぞれの伝統工芸品である。

問題2 （地理－世界の諸地域の特色，産業，各分野総合問題）

9 資料Ⅰ，Ⅱを注意深く考察すると，資料Ⅱからアフリカ州は，世界の全州の中で，貧困人口割合が1番高いことがわかる。資料Ⅰからアフリカ州は全州の中で，基本的な衛生施設を利用できている人々の割合は1番低いことがわかる。

10 資料Ⅰ，Ⅱから読み取れる9の世界的な課題は，地球の北側の国々と南側の国々との間の，様々な格差に関する南北問題に属する問題であることがわかる。

11 アフリカの国々の国境に直線が多いのは，緯線や経線を国境にしているからである。これには，列強の植民地とされてきたアフリカの歴史が関係している。

12 ベトナムはASEAN(東南アジア諸国連合)加盟国で，近年，工業が急成長を遂げ，工業団地をつくって，日本をはじめ諸外国の企業を受け入れ，製品を輸出している。日本には，主に自動車や電化製品を輸出している。

13 リオデジャネイロと豊田市の経度差は，45度＋135度＝180度である。15度で1時間の時差があるので，両市の時差は180度÷15度=12で，12時間の時差があることになる。

14 持続可能な開発目標(SDGs：Sustainable Development Goals)とは，2001年に策定されたミレニアム開発目標(mDGs)の後継として，2015年9月の国連サミットで加盟国の全会一致で採択された「持続可能な開発のための2030アジェンダ」に記載された，2030年までに持続可能でよりよい世界を目指す国際目標である。17のゴール・169のターゲットから構成され，地球上の「誰一人取り残さない(leave no one behind)」ことを誓っている。

15 輸出額，輸入額ともに1番多い③がインドである。⓪はバナナがあることからフィリピン，①は繊維品があることからバングラディシュ，②は液化天然ガス，米などがあることからミャンマーとわかる。

問題3 （日本の歴史－各時代の特色，政治・外交史，社会・経済史，文化史，日本史と世界史の関連）

基本 16 義満の建てた金閣には，公家の文化と武家の文化の融合という，室町文化の特色がよくあらわされていており，義満の時期の文化を特に北山文化と呼んでいる。

17 禅宗というのは，曹洞宗や臨済宗といった，禅をもちいる宗派をまとめた「総称」である。

18 正倉院は聖武天皇ゆかりの品をはじめとする，天平時代を中心とした多数の美術工芸品を収蔵していた建物で，1997年に国宝に指定され，翌1998年に「古都奈良の文化財」の一部としてユネスコの世界遺産(文化遺産)に登録された。また，収蔵品には，中国や西域，ペルシアなどからの輸入品もあることから，日本がシルクロードの東の終点と言われるゆえんとなっている。

19 894年，菅原道真の建議がきっかけで遣唐使は廃止された。

20 藤原氏から出たきさきたちの周りには，教養や才能がある女性が集まり，紫式部の『源氏物語』や清少納言の『枕草子』(随筆)など，女性による文学作品が多く生まれたことも，当時の国風文化の特色である。

21 本願寺は京都市下京区堀川七条にある浄土真宗本願寺派の本山である。知恩院は浄土宗，永平寺は曹洞宗，久遠寺は日蓮宗，それぞれの本山である。

やや難 22 Eのカードは安土桃山時代を表している。①の秀吉，②の千利休，いずれも，その頃の人物である。③の南蛮貿易は16世紀半ばから17世紀初期で，戦国時代後期から安土桃山時代までである。武田氏は戦国時代初期から中期に活躍した戦国大名なので，⓪が誤りとなる。

23 B：奈良時代→C：平安時代→D：鎌倉時代→A：室町時代→E：安土桃山時代となる。

問題4 (日本と世界の歴史―政治・外交史，社会・経済史，日本史と世界史の関連)

24 Aは孫文による辛亥革命のことをあらわしている。この革命によって，中華民国が成立した。したがって，⓪の日清戦争後に起きた義和団事件が関係がない。

重要 25 日本は，第一次世界大戦中，欧米列強のアジアへの関心がうすれたのを機に，1915年，中国の袁世凱政権に対して二十一か条の要求を示し，強引に大部分を認めさせた。これは，中国の主権をおかすものであった。毛沢東は，1921年の中国共産党の結成に参加し，国民党の圧迫からのがれるための大移動(長征)の途中で党の実権をにぎった。

26 1919年5月4日の北京での学生集会をきっかけに，中国国内で反日運動が起き，さらに帝国主義に反対する国民運動へと発展した。これを五・四運動と呼ぶ。

27 蔣介石は，孫文の死後に中国国民党の実権をにぎり，軍閥によってばらばらに支配されていた中国を統一し，国民政府主席になった。その後，共産党との内戦が続いていたが，1937年には，国民党と共産党との協力体制が実現し，抗日民族統一戦線が結成された。

28 当時，日本政府は，満州事変を引き起こした関東軍の軍事行動を批判し，不拡大政策を探っていたので，⓪が誤りとなる。

29 1937年7月7日，北京郊外の盧溝橋付近で起こった日中両軍の武力衝突である盧溝橋事件をきっかけに，日中戦争がはじまった。

30 1972年9月29日，田中角栄首相が訪中し，周恩来首相との間で調印した，日中国交正常化に関する合意文書が日中共同声明である。日本は，中華人民共和国を中国唯一の合法政権であることを承認し，満州事変以来の両国の不正常な状態の終結と，外交関係の樹立を宣言し，中国側は対日賠償請求権を放棄した。

31 ロシア革命は1917年から始まったので，アの期間に該当しない。ワシントン会議(1921～22年)，ソ連成立(1922年)，関東大震災(1923年)。

32 独ソ不可侵条約(1939年)，日独伊三国同盟(1940年)，大西洋憲章(1941年)，日中戦争の対処に関する反戦演説(1940年)，それぞれが行われた年は，イの期間に該当しているが，大西洋憲章はアメリカのローズベルトとイギリスのチャーチルによって発表されているので，②の文章は，誤りとなる。

33 愛知での国際博覧会は2005年に開催されているので，ウの期間に該当しない。テレビ放送開始(1953年)，東海道新幹線開通(1964年)，安保闘争(1959～1960年，1970年)。

問題5 (公民―経済生活，憲法，政治のしくみ，各分野総合問題，その他)

34 日本国憲法で規定された，天皇を日本国及び日本国民統合の象徴とする制度を象徴天皇制という。

35 内閣総理大臣の指名は国会で行われる。

重要 36 生活保護とは，国民の生存権を保障している日本国憲法第25条に基づいて健康で文化的な最低限度の生活を保障するために，経済的に困窮する人に対して国が給付を行う制度である。その人がふたたび自立できるよう支援することを目的とした制度であるため，生活に困窮する人はだれでも申請することができる。運用の基本原理・原則は生活保護法による。

37 日本国憲法では，社会権として，生存権，教育を受ける権利，勤労の権利，労働基本権を保障している。

38 資本主義経済の特徴は，「資本が，お金から土地，設備，労働力という3つの生産活動，そして商品へと形を変えながら，利潤を生み出し，蓄えられる経済のしくみ」と説明できる。

39 特別国会とは，衆議院の解散による総選挙から30日以内に召集しなければならない国会で，会期は定められていない。取り扱われる議題はおもに総理大臣の指名である。1993年，日本新党代表細川護熙が第79代内閣総理大臣に任命され，非自民・非共産8党派の連立政権である細川内閣が発足した。

やや難 40 憲法改正の発議は，両院それぞれの本会議で3分の2以上の賛成で可決した場合，国会が憲法改正の発議を行う。そして，国民に提案したものとされるので，これに関しては衆議院の優越は認められていない。

★ワンポイントアドバイス★

問題210 経済的な格差の面から見ても，ヨーロッパ・アメリカ合衆国・日本などの先進国は北の方に位置し，アジアやアフリカ，ラテンアメリカなどの発展途上国は南に位置している。 **問題3**18 正倉院は校倉造の大規模な高床倉庫である。

<国語解答>

問題一 問一 1 ② 2 ① 3 ⓪ 問二 ② 問三 ⓪ 問四 ②
問五 ⓪ 問六 ① 問七 ③ 問八 ③ 問九 ⓪ 問十 ③
問十一 ② 問十二 ④ 問十三 ③

問題二 問一 1 ③ 2 ⓪ 3 ① 問二 ⓪ 問三 ② 問四 ①
問五 ⓪ 問六 b ④ c ③ d ① 問七 ⓪ 問八 ①
問九 ② 問十 ① 問十一 ③

問題三 問一 ③ 問二 1 ② 2 ③ 3 ① 問三 ① 問四 B ②
D ⓪ 問五 ⓪ 問六 ③ 問七 ① 問八 ④

○推定配点○

問題一 問一 各1点×3 問四・問五・問九 各2点×3 他 各4点×9
問題二 問一・問六 各1点×6 問二・問四・問八・問九 各2点×4 他 各4点×5
問題三 問一・問二・問四・問八 各1点×7 問五 2点 他 各4点×3 計100点

＜国語解説＞

問題一 （論説文―大意・要旨，情景・心情，内容吟味，文脈把握，指示語の問題，接続語の問題，脱文・脱語補充，漢字の読み書き，語句の意味，品詞・用法）

問一　1　我慢　⓪　満開　①　億万　②　慢心　③　漫画
　　　2　指標　⓪　表彰　①　目標　②　氷雪　③　兵庫県
　　　3　卒業　⓪　業績　①　凝縮　②　十行　③　形相

基本　問二　筆者が「学校の勉強」で「感じられ」なかったのは何か。同じ文の「『勉強って実はおもしろいんだよ』というさわりを見せて，『あっ，おもしろそうだな。じゃあ，この後の話も聞いてみようか』と思わせる工夫」を指している。この内容を「勉強のおもしろさを伝え，聞き手の興味をさそう工夫」と言い換えている②が最も適切。他の選択肢は同じ文の内容に合わない。

問三　傍線部B「この話」について，直前の段落で述べている。「地震のエネルギーの大きさを表す単位」であるマグニチュードに「対数を使っている」という内容なので，⓪の説明が適切。傍線部Bを含む段落は「対数」について述べており，①の「つらい体験」や②の「猛勉強していた日々」についての話ではない。③の「非常に危険だ」に通じる内容は述べていない。

問四　傍線部C「そもそも」には，最初，もともとという意味と，ある話題を改めて説き起こすという接続詞としての意味がある。

基本　問五　自立語で活用があり，言い切りの形が「複雑だ」となるので，⓪の形容動詞。

問六　同じ文の文脈から，「対数」が「地震のエネルギーを表す」以外に何に「役立つもの」なのかを考える。直前の段落の「対数は船乗りが航路を計算する複雑な方法を簡単な足し算でできてしまうように開発された」に着目する。

問七　筆者が「対数はこんなふうに役に立つんだよって教えてくれなかった」と思ったのは，どんな時か。直前の文に「高校生のときは，対数の勉強など一体何の役に立つんだろうと思いながら数学の授業を受けていましたが」とあるので，③の「学校で数学の勉強をしていた時」が適切。

問八　筆者は，社会に出てから何が「楽しい」と思えるようになったのか。直後の文に「一度学びの楽しさを味わってからは」と続けているので，「学び」を意味する語句があてはまる。

重要　問九　直前の文「知らないことや新しいことに出合うとかえって好奇心が刺激され」ることを，「知的スリルを覚える」と表現している。この感情を精神や気分が高まるという意味の「高揚感」と表現している⓪が適切。

問十　「好奇心」は珍しいものや知らないものに興味を持つ気持ちで，その気持ちが「満たされた」というのであるから，知らなかったことを知ることができたという意味のものを選ぶ。

重要　問十一　傍線部Hの「学びの楽しさ」について，直前の段落の冒頭に「学びの楽しさ」と同じ表現があり，その直後の文で「学べば学ぶほど，いままでわからなかったことがわかるようになり，それによって自分の視野が広がります」と説明している。この内容として適切なものは②。⓪の「スリルを味わえる」や，①の「正しいことがわかる」とは述べていない。③の「数学」や「対数」だけではなく，筆者は「学び」のすべてに対して言っている。

問十二　「小学生，中学生，高校生の頃から体験することができたら，どんなに素敵でしょうか。」という前に対して，後で「社会に出てからでもいいのです。」と相反する内容を述べているので，逆接の意味を表す接続詞があてはまる。

重要　問十三　最終段落で「どこかで学びの楽しさを知っておけば，その後は一生学び続けることができるのですから」と筆者の主張を述べている。この内容を述べている③を選ぶ。

問題二（小説―情景・心情，内容吟味，脱文・脱語補充，漢字の読み書き，語句の意味，同義語・対義語，熟語，ことわざ・慣用句，表現技法）

問一 1 取材 ⓪ 洗剤 ① 財宝 ② 在宅 ③ 素材
2 認識 ⓪ 確認 ① 忍耐力 ② 任務 ③ 人気
3 現象 ⓪ 軽減 ① 出現 ② 限度 ③ 還元

基本 問二 傍線部Aの「ドジョウ」について，直前の段落に「すぐに満席になってしまい，店のまえの道にドジョウほどの列ができる」とある。「ドジョウ」はお店に来る客の行列を意味しているので，「大ウナギにする」はお客がもっと増えて行列が長くなることを意味している。

問三 店主の円谷が「ミニコミ誌の取ザイを断っちゃった」ことに対して，藤丸はどう思っているのかを考える。同じ会話で「老若男女が詰めかけて」と言っているように，藤丸は円服亭が繁盛してほしいと思っているので，取ザイで宣伝できなくて惜しいという意味の語句があてはまる。

基本 問四 「ろうにゃくなんにょ」と読む。老人と若者，男も女もの意味であることから判断する。

問五 直前の文「藤丸は建物の物理的な『建て直し』を提案したのだが，円谷は店の経済的な『立て直し』だと思いこみ」が，傍線部Cの「問題」の具体的な内容にあたる。藤丸の言う「物理的な『建て直し』」は古くなった店の改築をするという解釈で，円谷の言う「経済的な『立て直し』」は，売り上げが落ちた店の経営状態を回復させるという解釈である。

問六 「［b］をひねる」で疑わしく思う，「［c］前」で身につけた技術，「［d］を光らせる」で厳重に監視する，という意味になる漢字があてはまる。

問七 傍線部Dの「身の丈」には，背の高さの他に無理せず分相応に対処することという意味がある。ここでは「商い」について言っているので，無理に宣伝や呼び込みをせずこれ以上客を増やさないという意味の⓪が適切。

問八 「清」と「潔」は似た意味の漢字を重ねる構成で，同じ熟語の構成は①の「迷惑」。

問九 傍線部Fは必ずそうなるという意味なので，対義語はたまたまそうなるという意味の語。

やや難 問十 「店主の円谷は」で始まる段落の内容に着目する。「店主の円谷は頑固かついいかげんという困った性格」を「頑固な面」と表現し，「料理に対する姿勢と［c］前はたしかだし，身なりも常に清潔さを保っている。必然的に，店員である藤丸への要求も厳しく，掃除の手を抜こうものなら『バカヤロウ』の嵐が吹きすさぶ」を「仕事にはこだわりと情熱をもって取り組む」と表現している①が適切。「身の丈に合った商いをすりゃいいんだ」という円谷の言葉に，⓪の「新しいものに敏感で……創意工夫している」や②の「店の経営は人任せ」は合わない。また，「これまでの伝統を絶対的に優先しようとする」様子は書かれていない。

重要 問十一 「今回も」で始まる段落で，藤丸は「そうかなあ。売り上げを増やして，建て直したほうがいいと思うんだけど」と円谷に提案しているが，円谷は「身の丈に合った商いをすりゃいいんだ」と藤丸の提案を聞き入れようとしていない。一方，「店主の円谷は」で始まる段落の「藤丸も円谷の紡ぎ出す味が大好きだし……もちろん円谷の言いつけをきちんと守り，店内のわずかな埃も見逃さぬよう［d］を光らせている」からは，藤丸が円谷の仕事への姿勢を尊敬していることが読み取れる。この内容を述べている③が適切。⓪の「いらだち」，①の「円谷は快く聞き入れ」，②の「店の立て直しを目指す気持ちをさらに強めている」の部分が適切ではない。

問題三（古文―大意・要旨，文脈把握，語句の意味，文と文節，仮名遣い，口語訳，文学史）

問一 語頭以外のハ行はワ行で発音する。「なむ」は「なん」，「ゐ」は「い」と発音する。

やや難 問二 いずれも現代の意味とは異なる意味で用いられている。1は「院の桜」に対して言っていることからも判断できる。2の「めでたし」はすばらしいという意味。3の直前に「酒飲み」とある。酒を飲みながらしていることにふさわしい意味を選ぶ。

問三　直前の「常に率ておはしましけり。時世経て久しくなりにければ」から，その人の名前を忘れた理由を読み取る。(現代語訳)に「いつも，つれておいでになった。いままで，だいぶん時がたったので」とある。

問四　B　野より「いで来」たのは，「御供なる人」。　D　会話の前に「親王ののたまひける」とある。「のたまふ」は，言うの尊敬語であることもヒントになる。

やや難　問五　(現代語訳)から，ここでの「まゐる」は「おすすめする」という意味だとわかる。親王に「右の馬の頭がお酒をおすすめする」というのであるから，敬意の対象は，惟喬の親王。

問六　傍線部Eの「かへすがへす」はくりかえしくりかえしという意味で，「誦ず」は節をつけて声高らかに歌うという意味。(現代語訳)で直後に「返しの歌がいっこうにおできにならない」とあるので，「次から次へと，思い浮かぶ」とある⓪や，「上手に詠める」とある①は適当ではない。「誦じたまうて」は，②の「暗記なさって」という意味ではない。

重要　問七　①の「和歌で真剣勝負をしたが，勝敗はつかなかった」という内容は書かれていない。⓪は「酒をのみ飲みつつ，やまと歌にかかれりけり」，②は「この酒を飲みてむとて，よき所を求めゆくに，天の河といふ所にいたりぬ」，③は「親王，歌をかへすがへす誦じたまうて……紀の有常，御供に仕うまつれり。それが返し」と合致する。

基本　問八　『伊勢物語』は平安時代に成立した作品で，④の『奥の細道』は江戸時代に成立した作品。

★ワンポイントアドバイス★

国語の知識が幅広く問われている。資料集や問題集なのでまとめて学習しておくことで，得点源としたい。論説文の読解問題では，指示語の内容を正確にとらえる練習を重ねておこう。

2021年度

★★★★★★★★★★★★★★★★★★★★★★★★

入　試　問　題

2021年度

豊田大谷高等学校入試問題

【数　学】（40分）　＜満点：100点＞

解答上の注意

問題文中の$\boxed{1}$，$\boxed{2}\boxed{3}$，$\dfrac{\boxed{4}}{\boxed{5}}$などの□には，数字（０から９），または符号（－）のいずれか一つが入ります。それらを解答カードの１，２，３，…で示された解答欄にマークして答えなさい。ただし，（±）は使用しません。

【注意】 $\boxed{2}\boxed{3}$のような解答の場合，$\boxed{2}$には０は入りません。また，$4\sqrt{2}$と答えるところを，$2\sqrt{8}$のように答えてはいけません。

例１　$\boxed{1}$の答えを６，$\boxed{2}\boxed{3}$の答えを97とする場合，右のようにマークしなさい。

1	±	−	0	1	2	3	4	5	●	7	8	9
2	±	−	0	1	2	3	4	5	6	7	8	●
3	±	−	0	1	2	3	4	5	6	●	8	9

例２　$\dfrac{\boxed{4}}{\boxed{5}}$の答えを$\dfrac{3}{8}$とする場合，右のようにマークしなさい。特に分数で答える場合，解答番号に注意し，マークしなさい。

4	±	−	0	1	2	●	4	5	6	7	8	9
5	±	−	0	1	2	3	4	5	6	7	●	9

〈練習問題〉

⑴　$7-10=\boxed{1}\boxed{2}$　　　⑵　$\dfrac{1}{3}+\dfrac{4}{3}=\dfrac{\boxed{3}}{\boxed{4}}$

練習問題用解答欄

1	±	−	0	1	2	3	4	5	6	7	8	9
2	±	−	0	1	2	3	4	5	6	7	8	9
3	±	−	0	1	2	3	4	5	6	7	8	9
4	±	−	0	1	2	3	4	5	6	7	8	9

練習問題解答

1	±	●	0	1	2	3	4	5	6	7	8	9
2	±	−	0	1	2	●	4	5	6	7	8	9
3	±	−	0	1	2	3	4	●	6	7	8	9
4	±	−	0	1	2	●	4	5	6	7	8	9

問題１　次の問いに答えなさい。

⑴　$-8-(-5)+3$ を計算すると，$\boxed{1}$である。

⑵　$13-(-4)^2\div\dfrac{8}{3}$ を計算すると，$\boxed{2}$である。

⑶　$\dfrac{4}{5}-0.22+0.07-\dfrac{13}{10}$ を計算すると，$\boxed{3}\boxed{4}.\boxed{5}\boxed{6}$である。

⑷　$2\sqrt{10}\times3\sqrt{2}-\sqrt{125}$ を計算すると，$\boxed{7}\sqrt{\boxed{8}}$である。

⑸　方程式 $\dfrac{3x-1}{4}=\dfrac{2x+4}{3}$ を解くと，$x=\boxed{9}\boxed{10}$である。

⑹　$(2x-4)(3x+5)$ を展開すると，$\boxed{11}\,x^2-\boxed{12}\,x-\boxed{13}\boxed{14}$である。

⑺　２次方程式 $x^2-x-42=0$ を解くと，$x=\boxed{15}\boxed{16}$，$\boxed{17}$である。

⑻　連立方程式 $\begin{cases} -2x+9y=5 \\ 3x-7y=-14 \end{cases}$ を解くと，$x=$ 18 19，$y=$ 20 21 である。

⑼　$\sqrt{84n}$ が自然数となる最小の自然数 n の値は 22 23 である。

⑽　十の位が８の２桁の整数がある。この整数の十の位の数と一の位の数を入れ替えてできる整数を３倍し，元の整数の２倍から引くと52となる。このとき，元の整数は 24 25 である。

問題２　次のデータは，あるクラスの生徒20人の１日の平均読書時間を調査した結果である。

30	19	28	62	27	22	11	72
3	21	42	35	23	18	30	53
8	13	18	25				

（単位　分）

⑴　このデータの平均値を求めると，26 27（分）となる。

⑵　このデータの中央値を求めると，28 29（分）となる。

⑶　このデータを度数分布表にすると右のようになった。
①～③の問いに答えなさい。
①　Aにあてはまる値は，30 である。
②　Bにあてはまる値は，31 である。
③　Cにあてはまる値は，32 である。

⑷　このデータで30分以上40分未満の階級の相対度数を求めると，33 . 34 35 となる。

読書時間（分）	度数（人）
以上　未満 0～10	2
10～20	A
20～30	B
30～40	C
40～50	1
50～60	1
60～70	1
70～	1
計	20

問題３　500円，100円，50円，10円，５円の５枚の硬貨を同時に１回投げる。このとき，次の問いに答えなさい。ただし，硬貨の表裏の出方は同様に確からしいものとする。

⑴　すべて表が出る確率は $\dfrac{36}{37\,38}$ である。

⑵　少なくとも１枚は表が出る確率は $\dfrac{39\,40}{41\,42}$ である。

⑶　表が出た硬貨の合計金額が650円以上になる確率は $\dfrac{43}{44}$ である。

問題４　次のページの図の△ABCにおいて，∠BAC＝90°，AB＝４㎝，BC＝５㎝，AC＝３㎝である。頂点Aから辺BCへ垂線を引き，辺BCとの交点をDとする。∠ABCの二等分線へ頂点Cから垂線を引き，交点をEとする。また，線分BEと線分ADの交点をF，線分BEと線分ACの交点をGとする。

このとき，次の問いに答えなさい。

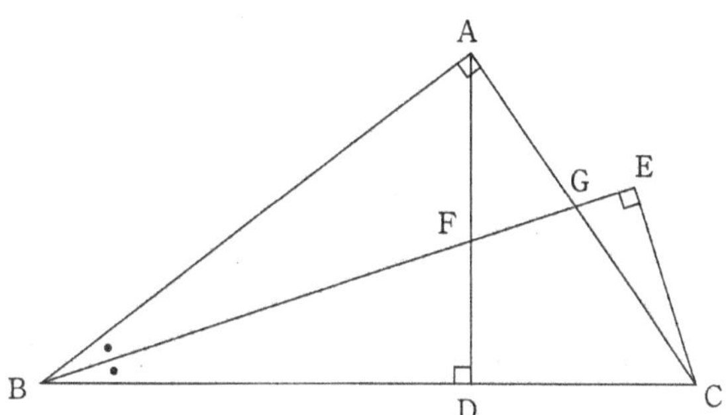

(1)　線分CG＝$\frac{45}{46}$cmである。

(2)　CE：EG＝47：48 である。

(3)　△BDFの面積は$\frac{495051}{5253}$cm²である。

問題5　下の図のように，放物線 $y=x^2$…①，放物線 $y=\frac{1}{3}x^2$…②のグラフがある。①上に点Aと点D，②上に点Bと点Cをとり，長方形ABCDをつくる。このとき，次の問いに答えなさい。

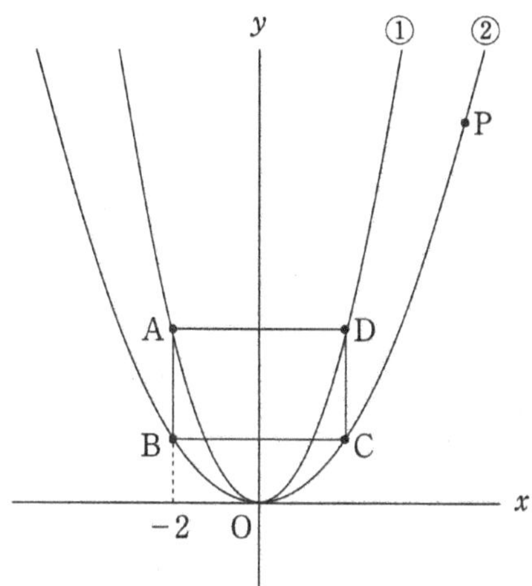

(1)　点Aの x 座標が－２のとき，点Dの座標は（54，55）である。

(2)　長方形ABCDの面積は$\frac{5657}{58}$である。

(3)　点（１，５）を通り，長方形ABCDの面積を２等分する直線の式は $y=\frac{59}{60}x+\frac{61}{62}$ である。

(4)　放物線②上に点Ｐをとり，△ADPをつくる。△ADPの面積が長方形ABCDの$\frac{3}{2}$倍のとき，点Ｐの座標は（63，6465）である。
ただし，点Ｐの x 座標は正の値とする。

【英　語】（40分）　<満点：100点>

問題１　次の文章を読んで，後の問いに答えなさい。

Okinawan meals have been made with a good balance of food （ ア ）on farms and （ イ ）in the wild. With a great healthy balance, Okinawan food culture is full of good ideas for （ ウ ）in the hot place.

Okinawans eat a lot of pork. It is used in dishes such as *tebichi* (pork leg) and *mimiga* (pig's ear). There is even an old saying that the only part of the pig that can't be eaten is its oink.

Okinawa also has (エ)unique fruits and vegetables. Traditional vegetables known as *shima yasai* (island vegetables) include *goya* (bitter melon) and *nigana* (bitter greens). They are very healthy. Many of the fruits grown in Okinawa have the bright coloring often seen in tropical areas, including dragon fruit, mangos, bananas and papayas. Okinawa's rich sunshine makes these fruits very sweet.

Okinawans also eat a lot of *tofu*. *Tofu* is popular around the world these days. Okinawan *tofu*, known as *shima dofu* (island *tofu*), is harder than (オ)that eaten in the other places. A key part of making *tofu* is *nigari*, but for *shima dofu*, not *nigari* but seawater is used.

At the same time, Okinawa's oceans are also a rich source of food. The islands' warm waters are home to many colorful fish, such as the *mibai*, *irabucha*, and *gurukun*, Okinawa's prefectural fish. The oceans give Okinawans （ カ ） fish （ キ ）many types of seaweed. These include *umi budo* (sea grapes) and *mozuku*. They are thought to give Okinawans good health for longer life.

balance：バランス　pork：豚肉　saying：ことわざ　oink：（ブタが）ぶーぶー鳴く声
include：含む　tropical：熱帯の　source：源　prefectural：県の　seaweed：海藻

問１　（ア）（イ）に入る英単語の組み合わせで，適切なものを次の⓪～③から１つ選び，その番号をマークしなさい。　1

⓪（ア）growing　（イ）finding　①（ア）grown　（イ）found
②（ア）growing　（イ）found　③（ア）grown　（イ）finding

問２　（ウ）に入る適切なものを次の⓪～③から１つ選び，その番号をマークしなさい。　2

⓪ making　① eating　② living　③ using

問３　下線部(エ)unique の意味を次の⓪～③から１つ選び，その番号をマークしなさい。　3

⓪ きれいな　① 栄養豊富な　② 色鮮やかな　③ 特有な

問４　下線部(オ)that は具体的に何を指すか。次の⓪～③から１つ選び，その番号をマークしなさい。　4

⓪ *tofu*　① *shima dofu*　② Okinawan *tofu*　③ fruit

問５　（カ）（キ）に入る語句の組み合わせで，適切なものをあとの⓪～③から１つ選び，その番号をマークしなさい。　5

⓪（カ）not　　（キ）but　　①（カ）too　（キ）to
②（カ）not only　（キ）but also　③（カ）so　（キ）that

問６　ブタで食べることのできない部分はどこか。適切なものを次の⓪～③から１つ選び，その番号をマークしなさい。 6

⓪ 耳　① 足　② 脚　③ 鳴き声

問７　本文の内容に一致するものを次の⓪～③から１つ選び，その番号をマークしなさい。 7

⓪ 島豆腐には，にがりが使用されている。
① 沖縄の色鮮やかな果物には，バナナ，メロン，ブドウが含まれている。
② 沖縄の日光によって，果物がとても甘くなる。
③ グルクンは沖縄の県魚ではない。

問題２　次の単語で，最も強く発音する部分をそれぞれ⓪～②から１つ選び，その番号をマークしなさい。

問１　al-read-y 8 （⓪ ① ②）　問２　i-de-a 9 （⓪ ① ②）　問３　Jap-a-nese 10 （⓪ ① ②）

問４　choc-o-late 11 （⓪ ① ②）　問５　mu-si-cian 12 （⓪ ① ②）

問題３　次の各組の単語のうち，下線部の発音が他の３つと異なるものをそれぞれ⓪～③から１つ選び，その番号をマークしなさい。

問１　⓪ open　① hope　② bought　③ cold　13
問２　⓪ mouth　① cloud　② young　③ sound　14
問３　⓪ breakfast　① break　② eight　③ great　15
問４　⓪ sit　① drink　② children　③ drive　16
問５　⓪ many　① said　② wait　③ get　17

問題４　次の各文の意味が通るように（□）内に入る適切なものをそれぞれ⓪～③から１つ選び，その番号をマークしなさい。

問１　A：When do you eat breakfast?
B：（ 18 ）
⓪ Yes, I do.　① For ten minutes.
② No, I don't.　③ After I wash my face.

問２　A：How many brothers do you have?
B：（ 19 ）
⓪ Yes, I have.　① I like two brothers.
② How about you?　③ I have two brothers.

問３　A：I have been sick in bed for three days.
B：（ 20 ）
⓪ That's too bad.　① That's a nice idea.
② I'm glad to hear that.　③ I want to eat *Tempura*.

問4　A：Could you open the window?

B：(21)

⓪ Yes, I'm fine.　① Sure.

② No, thank you.　③ Don't open.

問5　A：Do I have to come to the party by train?

B：(22)

⓪ No, I mustn't.　① No, you don't have to.

② No, you must.　③ Yes, I have to.

問題5　次の各文の意味が通るように，(□) 内に入る適切なものをそれぞれ⓪～③から1つ選び，その番号をマークしなさい。

問1　Work hard, (23) you will be famous.

⓪ or　① and　② but　③ so

問2　He was born (24) 1968.

⓪ on　① in　② at　③ for

問3　Tom can (25) a letter in French.

⓪ writing　① writes　② wrote　③ write

問4　She put two pieces of (26).

⓪ paper　① a paper　② some papers　③ papers

問5　(27) was cold last week.

⓪ The　① That　② It　③ This

問6　(28) of the students has a computer.

⓪ Each　① Both　② All　③ Most

問7　Which do you like (29), coffee or tea?

⓪ good　① well　② much　③ better

問8　Nancy is (30) in Japanese culture.

⓪ interest　① interested　② to interested　③ interesting

問9　(31) too much is not good for your health.

⓪ Eat　① Ate　② To eat　③ Eats

問10　It is important (32) us to study English.

⓪ for　① to　② on　③ in

問題6　次の日本語の意味になるように，【　】内の語句を並べ替えたとき，【　】内で4番目に来る語句を選び，その番号をマークしなさい。ただし，文頭にくる語も小文字になっている。

問1　あなたの英語の先生はカナダ出身ですか。 33

【 English / from / teacher / your / is 】 Canada?
　⓪ English　① from　② teacher　③ your　④ is

問2　マイクは日本で楽しい時間を過ごしましたか。 34

【 a / time / did / have / good / Mike 】 in Japan?
　⓪ a　① time　② did　③ have　④ good　⑤ Mike

問3　今日は，朝食用の牛乳がありませんでした。 35

【 any / milk / not / breakfast / there / was / for 】 today.
⓪ ① ② ③ ④ ⑤

問4　姉が帰ってきたとき，私は宿題をしていました。 36

【 when / doing / was / my / homework / I 】 my sister came home.
⓪ ① ② ③ ④ ⑤

問5　あなたは川で泳ぐつもりですか。 37

【 going / in / are / swim / the river / to / you 】?
⓪ ① ② ③ ④ ⑤ ⑥

問6　このかばんを部屋に運んでもらえますか。 38

【 can / this / the room / bag / you / carry / to 】?
⓪ ① ② ③ ④ ⑤ ⑥

問7　今晩，妹の世話をしなければなりません。 39

【 sister / of / must / take / care / I / my 】 this evening.
⓪ ① ② ③ ④ ⑤ ⑥

問8　学校に遅れてはいけません。 40

【 late / school / not / be / must / for / you 】.
⓪ ① ② ③ ④ ⑤ ⑥

問9　私はいつも何かわくわくすることを探しています。 41

I'm 【 looking / exciting / for / always / something 】.
⓪ ① ② ③ ④

問10　彼は，私たちの学校でいちばんテニスが上手です。 42

He is 【 our / the / tennis / school / player / best / in 】.
⓪ ① ② ③ ④ ⑤ ⑥

【理　科】（40分）　＜満点：100点＞

問題１　図１のように，モノコードのRQの間を指ではじいて出る音をコンピュータを用いて観測した。初めに出た音は図２のような波の形になった。次に，A～Gの操作をそれぞれ行って波の形を調べた。あとの問いに答えなさい。ただし，操作のたびに初めの状態に戻すものとし，書かれている操作以外は行わないものとする。

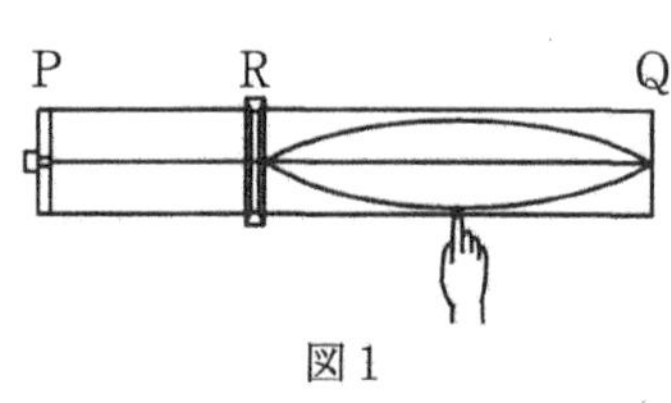

図１

図２

A：RをPに近づけ，指ではじく。
B：弦の張り方を強め，指ではじく。
C：指で弱くはじく。
D：弦の張り方を緩め，指で強くはじく。
E：RをQに近づけ，指ではじく。
F：弦を同じ素材の太いものに張り替え，指ではじく。
G：弦を同じ素材の細いものに張り替え，指ではじく。

1　図１の状態で観測した音より高い音になった操作として適当なものはA～Gのうちどれか。過不足なく選択しているものを⓪～⑨から１つ選びマークしなさい。

⓪　Cのみ　①　Dのみ　②　Eのみ　③　DEG　④　ADF
⑤　ADG　⑥　BEF　⑦　ABG　⑧　BEG　⑨　EBCG

2　図１の状態で観測した音より大きい音になった操作として適当なものはA～Gのうちどれか。過不足なく選択しているものを⓪～⑨から１つ選びマークしなさい。

⓪　Cのみ　①　Dのみ　②　Eのみ　③　DEG　④　ADF
⑤　ADG　⑥　BEF　⑦　ABG　⑧　BEG　⑨　EBCG

3　図２において，振幅を表す矢印はどれか。最も適当なものを図２中の⓪～④から１つ選びマークしなさい。

4　図２において，１回の振動を表す矢印はどれか。最も適当なものを図２中の⓪～④から１つ選びマークしなさい。

5 6 7 8　A～Dの操作を行ったときの波の形はどれか。次の⓪～⑦から最も適当なものを１つずつ選び，Aを5に，Bを6に，Cを7に，Dを8にマークしなさい。

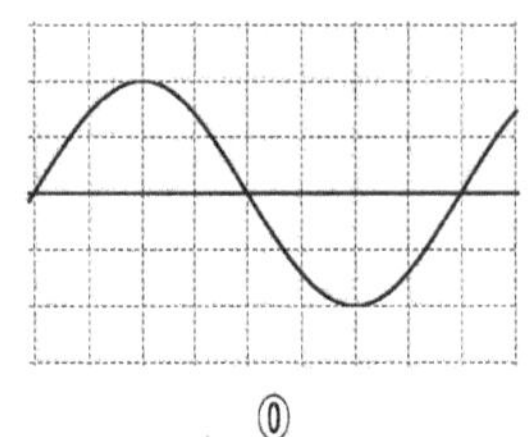

⓪

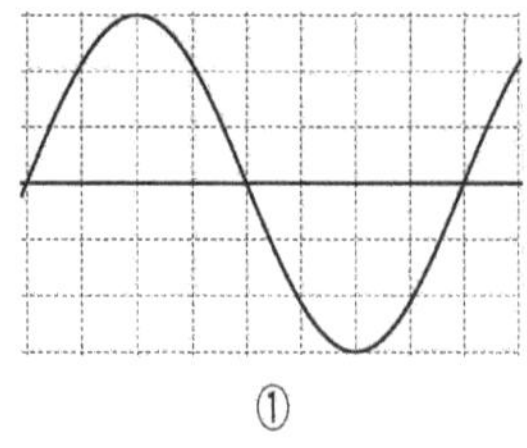

①

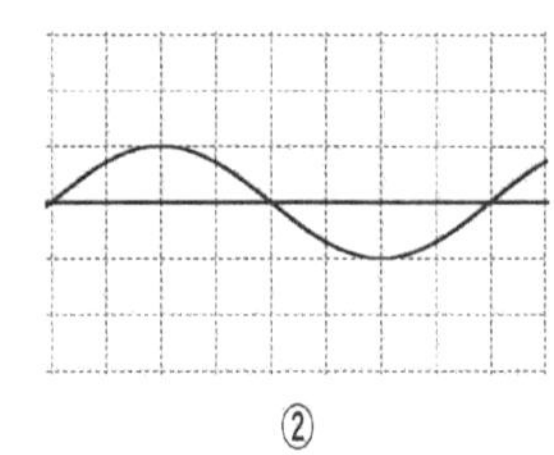

②

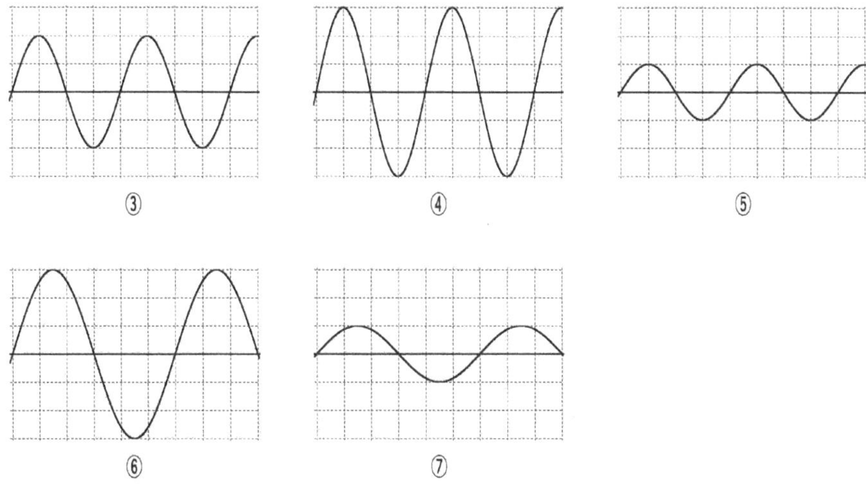

問題２　図１のように，ひもの一端に物体をつけ，もう一端を天井に取り付けた。あとの問いに答えなさい。

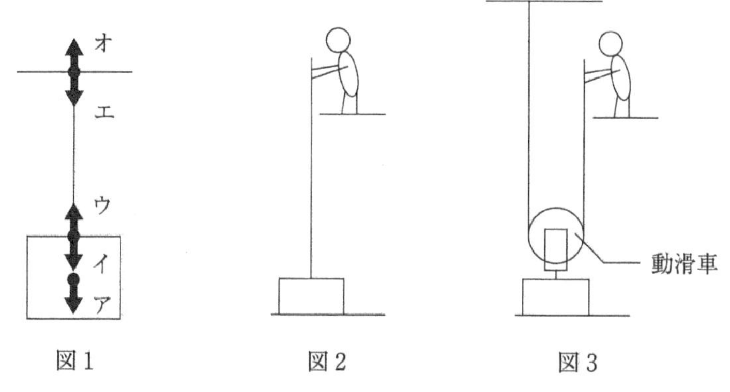

⑨　図１の矢印アで示した，地球が物体を引く力とつり合う力は，図１のイ～オのうちどれか。最も適当なものを⓪～③から１つ選びマークしなさい。

⓪　イ　　①　ウ　　②　エ　　③　オ

⑩　次の２力のうち，つり合っている組み合わせのものはどれか。最も適当なものを⓪～⑤から１つ選びマークしなさい。

⓪　イとウ　　①　イとエ　　②　イとオ　　③　ウとエ　　④　ウとオ　　⑤　エとオ

次に，図２のように物体を床に置き，ひもをつけて持ち上げた。

⑪　1 kg の物体を１ｍ持ち上げるのに必要な仕事は何Ｊか。最も適当なものを⓪～③から１つ選びマークしなさい。ただし，質量100 g の物体にはたらく重力の大きさを１Ｎとする。

⓪　0.1 J　　①　1 J　　②　10 J　　③　100 J

⑫　1 kg の物体を２ｍ持ち上げるとき，⑪の仕事と比べて何倍になるか。最も適当なものを⓪～④から１つ選びマークしなさい。

⓪　0.25倍　　①　0.5倍　　②　１倍　　③　２倍　　④　４倍

13　2 kg の物体を 1 m持ち上げるとき，11 の仕事と比べて何倍になるか。最も適当なものを⓪～④から 1 つ選びマークしなさい。

⓪　0.25倍　　①　0.5倍　　②　1倍　　③　2倍　　④　4倍

14　前のページの図 3 のように，ひもの一端を天井に取り付け，動滑車を 1 つ利用して 1 kg の物体を 1 m持ち上げるとき，11 の仕事と比べて何倍になるか。最も適当なものを⓪～④から 1 つ選びマークしなさい。ただし，動滑車の質量および滑車とひもの摩擦力は無視できるものとする。

⓪　0.25倍　　①　0.5倍　　②　1倍　　③　2倍　　④　4倍

問題 3　図 1 のような装置を使って二酸化炭素を発生させた。あとの問いに答えなさい。

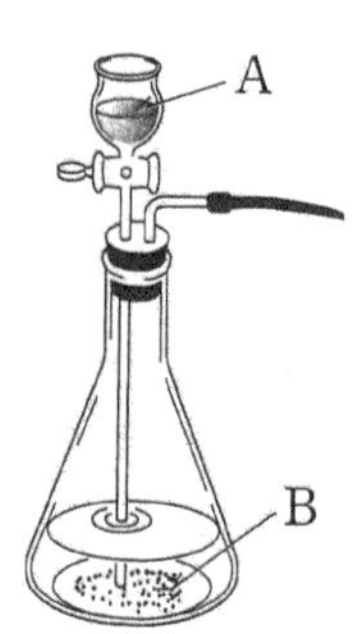

図 1

15　図 1 のA，Bに入れる物質として正しい組み合わせはどれか。最も適当なものを⓪～③から 1 つ選びマークしなさい。

⓪　A：オキシドール　　B：二酸化マンガン
①　A：水酸化ナトリウム　　B：塩化アンモニウム
②　A：うすい塩酸　　B：石灰石
③　A：うすい硫酸　　B：亜鉛

16　発生した気体が二酸化炭素であることを確かめる方法はどれか。最も適当なものを⓪～④から 1 つ選びマークしなさい。

⓪　手であおぐようにしてにおいをかぐ。
①　火のついた線香を入れる。
②　火のついたマッチを近づける。
③　水にぬらした赤色リトマス紙をかざす。
④　石灰水に通す。

17　二酸化炭素の集め方として，適当でない方法はどれか。⓪～②から 1 つ選びマークしなさい。

⓪　水上置換法　　①　上方置換法　　②　下方置換法

18　17 で選んだ方法で集める気体はどれか。最も適当なものを⓪～③から 1 つ選びマークしなさい。

⓪　酸素　　①　窒素　　②　アンモニア　　③　塩化水素

19　この実験以外に二酸化炭素を発生させる方法として最も適当なものはどれか。⓪～④から 1 つ選びマークしなさい。

⓪　酸化銀を加熱する。　　①　食塩を加熱する。
②　小麦粉を燃やす。　　③　マグネシウムにうすい塩酸を加える。
④　塩酸を電気分解する。

20　酸素を発生させる方法として最も適当なものはどれか。⓪～④から 1 つ選びマークしなさい。

⓪　酸化銀を加熱する。　　①　食塩を加熱する。
②　小麦粉を燃やす。　　③　マグネシウムにうすい塩酸を加える。
④　塩酸を電気分解する。

問題4 図1のような装置で銅の粉末を加熱し，加熱後の物質の質量を測定する実験を行った。表1は銅の粉末の質量をそれぞれ変えて実験した結果を表したものである。あとの問いに答えなさい。

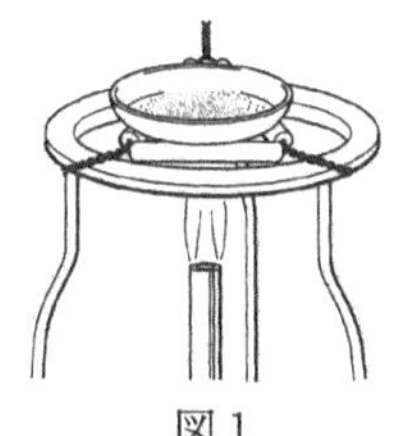
図1

銅の質量 ［g］	0.8	1.2	1.6	2.0
加熱後の物質の質量［g］	1.0	1.5	2.0	2.5

表1

21 加熱後の物質の色は何色か。最も適当なものを⓪～⑤から1つ選びマークしなさい。

⓪ 赤色　① 黒色　② 青色　③ 黄色　④ 白色　⑤ 灰色

22 加熱後の物質4.0gを得るためには銅が何g必要か。最も適当なものを⓪～⑦から1つ選びマークしなさい。

⓪ 3.0g　① 3.1g　② 3.2g　③ 3.3g
④ 3.4g　⑤ 3.5g　⑥ 3.6g　⑦ 3.7g

23 この反応において，銅と酸素の質量比を最も簡単な整数比で表すとどうなるか。最も適当なものを⓪～⑦から1つ選びマークしなさい。

⓪ 1：1　① 2：1　② 3：1　③ 3：2
④ 3：4　⑤ 4：1　⑥ 4：3　⑦ 4：5

24 この化学変化は，銅原子を◎，酸素原子を○としてどのように表されるか。最も適当なものを⓪～③から1つ選びマークしなさい。

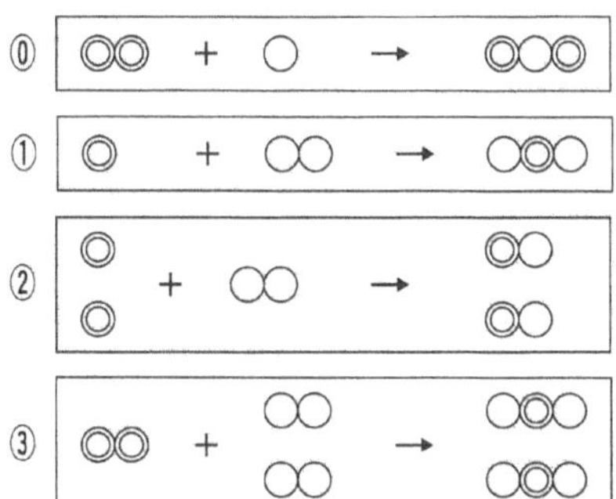

次に密閉容器の中で銅7.0gを加熱したところ，密閉容器の中の物質が8.6gになった。あとの問いに答えなさい。

25 26 このとき反応に使われた酸素の量は何gか。25 26にはいる数字を1つずつ選びマークしなさい。

25.26g

27 28 酸素と反応しなかった銅は何gか。27 28にはいる数字を1つずつ選びマークしなさい。

27.28g

問題5 セキツイ動物をⅠ～Ⅴ類に分類し，それぞれの特徴を表1にまとめた。あとの問いに答えなさい。

	Ⅰ類	Ⅱ類	Ⅲ類	Ⅳ類	Ⅴ類
子の残し方	卵生				胎生
呼吸のしかた	A呼吸	A呼吸 B呼吸	B呼吸		
体温の保ち方	C動物			D動物	
体表のようす	E	しめった皮ふ	F	G	毛

表1

29 30 Ⅱ類は，子のときはA呼吸と皮ふ呼吸を，成長して親になるとB呼吸と皮ふ呼吸を行う。A，Bに当てはまる器官はそれぞれ何か。最も適当なものを⓪～③から1つずつ選びAを 29 に，Bを 30 にマークしなさい。

⓪ えら　① 葉緑体　② 肺　③ 胚

31 Ⅳ・Ⅴ類は，外界の温度と体温の関係から見るとD動物と呼ばれる。Ⅳ・Ⅴ類に関する説明として最も適当なものを⓪～③から1つ選びマークしなさい。

⓪ 変温動物であり，外界の温度が変化しても体温はほぼ一定に保たれる。
① 恒温動物であり，外界の温度が変化しても体温はほぼ一定に保たれる。
② 変温動物であり，外界の温度の変化にあわせて体温も変化する。
③ 恒温動物であり，外界の温度の変化にあわせて体温も変化する。

32 Ⅰ～Ⅴ類の中で，一般的に殻のある卵をうむものはどれか。最も適当なものを⓪～④から1つ選びマークしなさい。

⓪ Ⅰ・Ⅱ類　① Ⅱ・Ⅲ類　② Ⅲ・Ⅳ類
③ Ⅰ・Ⅲ・Ⅳ類　④ Ⅱ・Ⅲ・Ⅳ類

33 E～Gに当てはまる語句は何か。最も適当な組み合わせのものを⓪～⑦から1つ選びマークしなさい。

	E	F	G
⓪	しめった皮ふ	しめった皮ふ	しめった皮ふ
①	しめった皮ふ	うろこ	しめった皮ふ
②	しめった皮ふ	羽毛	うろこ
③	しめった皮ふ	毛	うろこ
④	うろこ	しめった皮ふ	羽毛
⑤	うろこ	うろこ	羽毛
⑥	うろこ	羽毛	毛
⑦	うろこ	毛	毛

34 35 36 イルカ，イモリ，ペンギンをⅠ～Ⅴ類に分類したとき，それぞれどれにあたるか。最も適当なものを⓪～④から1つずつ選び，イルカを 34 に，イモリを 35 に，ペンギンを 36 にマークしなさい。

⓪ Ⅰ類　① Ⅱ類　② Ⅲ類　③ Ⅳ類　④ Ⅴ類

問題6　図1は，生物どうしのつながりと，ある物質の循環を模式的に表したものである。また，図2は自然界のつり合いが保たれている生物の数量的関係を示したものである。あとの問いに答えなさい。

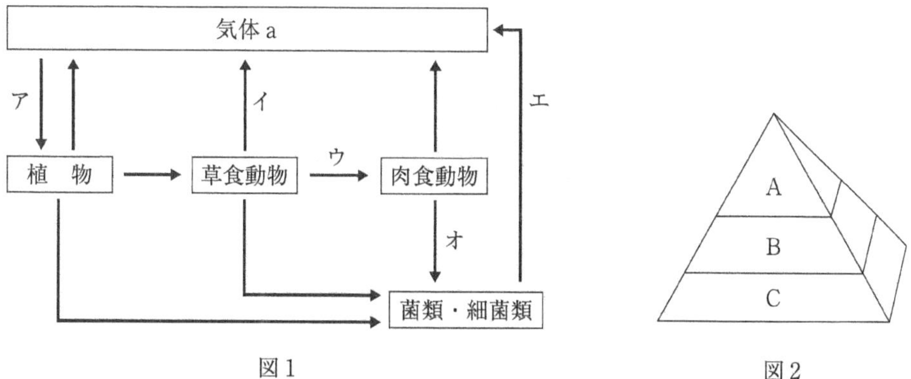

図1　　　　　　図2

37　図1の植物，草食動物，肉食動物，菌類・細菌類は，自然界でのはたらきからそれぞれ何といわれているか。語句の組み合わせとして最も適当なものを⓪～⑤から1つ選びマークしなさい。

	植物	草食動物	肉食動物	菌類・細菌類
⓪	生産者	生産者	消費者	分解者
①	生産者	消費者	消費者	消費者
②	生産者	消費者	消費者	分解者
③	分解者	生産者	消費者	分解者
④	分解者	生産者	消費者	消費者
⑤	分解者	消費者	消費者	生産者

38　図1の矢印アのはたらきは何か。また，気体aは何を表しているか。語句の組み合わせとして最も適当なものを⓪～⑤から1つ選びマークしなさい。

	はたらき	—	気体a		はたらき	—	気体a
⓪	呼　吸	—	二酸化炭素	①	光合成	—	二酸化炭素
②	分　解	—	二酸化炭素	③	呼　吸	—	酸　素
④	光合成	—	酸　素	⑤	分　解	—	酸　素

39　図1の矢印ア～オのうち，無機物の流れを示しているものはどれか。最も適当なものを⓪～⑨から1つ選びマークしなさい。

⓪　アのみ　①　イのみ　②　ウのみ　③　エのみ　④　オのみ
⑤　アイ　⑥　アウ　⑦　アエ　⑧　アイエ　⑨　アイオ

40　次の4つの生物のうち菌類でないものはどれか。最も適当なものを1つ選びマークしなさい。

⓪　酵母菌　①　納豆菌　②　シイタケ　③　アオカビ

41　図2のAとCにあてはまるものは，植物，草食動物，肉食動物のうちどれか。最も適当な組み合わせを⓪～⑤から1つ選びマークしなさい。

⓪　A：植物　C：草食動物　①　A：植物　C：肉食動物
②　A：草食動物　C：植物　③　A：草食動物　C：肉食動物

④　A：肉食動物　C：植物　　⑤　A：肉食動物　C：草食動物

42 43　前のページの図２のＢの生物の個体数がある理由でグラフ１のような変化をしたとき，ＡとＣの生物はどのように変化していくと考えられるか。最も適当なものを⓪～⑥からそれぞれ１つずつ選び，Ａの生物を 42 に，Ｃの生物を 43 にマークしなさい。

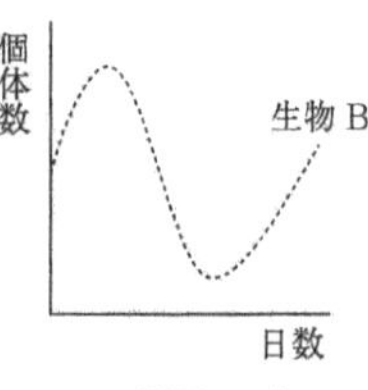

グラフ１

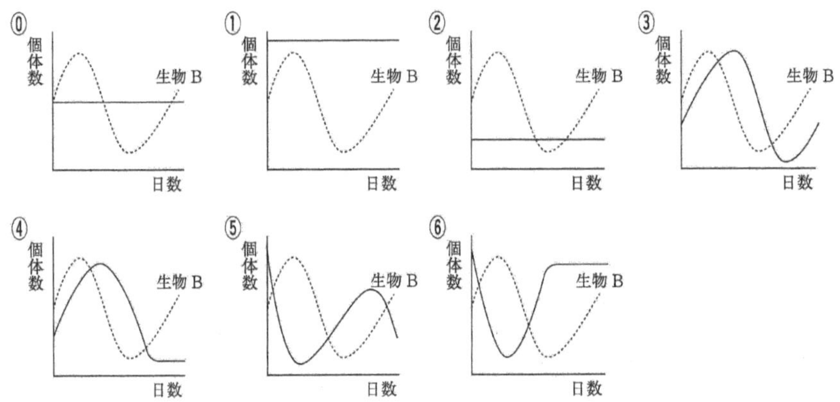

問題７　図１は，ある地震の初期微動を起こした地震波（Ｐ波）と，主要動を起こした地震波（Ｓ波）のそれぞれの到着時刻と震源からの距離との関係を表したものである。あとの問いに答えなさい。

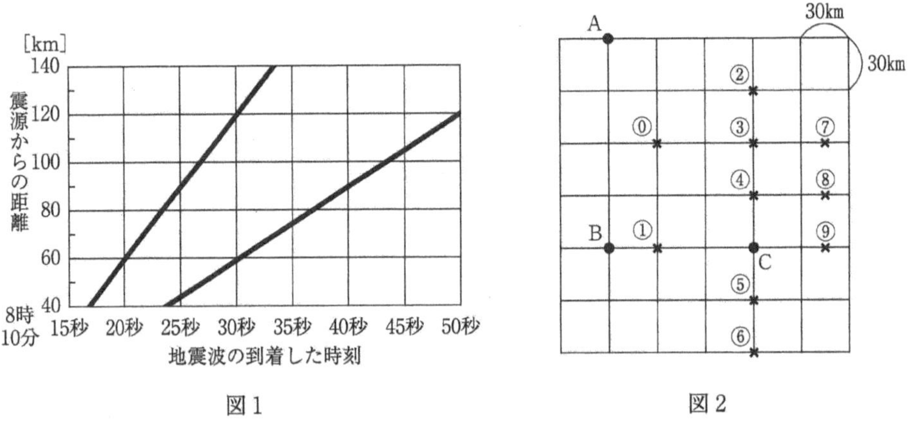

図１　　図２

44　地震に関する次の文章中の空欄［ア］～［オ］に当てはまる語句として，最も適当な組み合わせを次のページの⓪～⑦から１つ選びマークしなさい。

地震による土地のゆれの程度を［　ア　］という。［ア］は建物のゆれ方や人の体での感じ方などによって，わが国では［　イ　］段階に分けられている。それに対し，地震の規模，地震によって放出される［　ウ　］の大小を表す尺度として，［　エ　］が用いられる。［エ］の値は，震源からの距離に関係［　オ　］。

	［ア］	［イ］	［ウ］	［エ］	［オ］
⓪	マグニチュード	7	エネルギー	震度	する
①	マグニチュード	7	力	震度	する
②	マグニチュード	10	エネルギー	震度	しない
③	マグニチュード	10	力	震度	する
④	震度	7	エネルギー	マグニチュード	しない
⑤	震度	7	力	マグニチュード	する
⑥	震度	10	エネルギー	マグニチュード	しない
⑦	震度	10	力	マグニチュード	しない

㊺　初期微動継続時間の説明として誤っているものはどれか。⓪～③から１つ選びマークしなさい。

⓪　震源距離と比例する。

①　初期微動のみが続いた時間。

②　Ｐ波が到着してからＳ波が到着するまでの時間。

③　初期微動が始まってから地震が終わるまでの時間。

㊻　Ｐ波の速さは何km／ｓか。最も適当なものを⓪～⑤から１つ選びマークしなさい。

⓪　３km／ｓ　①　４km／ｓ　②　５km／ｓ

③　６km／ｓ　④　７km／ｓ　⑤　８km／ｓ

㊼　Ｓ波の速さは何km／ｓか。最も適当なものを⓪～⑤から１つ選びマークしなさい。

⓪　３km／ｓ　①　４km／ｓ　②　５km／ｓ

③　６km／ｓ　④　７km／ｓ　⑤　８km／ｓ

㊽　この地震が起こった時刻は何時何分何秒か。最も適当なものを⓪～⑤から１つ選びマークしなさい。

⓪　８時10分０秒　①　８時10分５秒　②　８時10分10秒

③　８時10分15秒　④　８時10分20秒　⑤　８時10分25秒

㊾　ある地点で初期微動が18秒間続いた。ある地点と震源との距離は何kmか。最も適当なものを⓪～⑧から１つ選びマークしなさい。

⓪　84km　①　88km　②　92km　③　96km　④　100km

⑤　104km　⑥　108km　⑦　112km　⑧　116km

㊿　前のページの図２のＡ，Ｂ，Ｃでの初期微動継続時間はＡ，Ｂ両地点では同じ時間で，Ｃ地点では10秒であった。震央（震源）の位置はどこか。最も適当なものを図２の⓪～⑨から１つ選びマークしなさい。ただし，１マスを30kmとする。

【社　会】(40分)　＜満点：100点＞

問題1　アキラさんは，「仏教」に関することがらを調べ，年表にまとめてみた。これを見て，あとの問いに答えよ。

世紀	おもなできごと
6	仏教が（　あ　）から大和政権に伝えられた
7	a聖徳太子が仏教や儒教の考え方をとり入れた政治を行った
8	仏教の力にたよって伝染病や災害などの不安から国家を守ろうとした ……… ア
9	空海は唐にわたって仏教の新しい考えを伝えた ……… イ
10	（　い　）を唱え，阿弥陀如来にすがる浄土信仰がおこる
13	武士の心のよりどころとして，新しい仏教が広まった …… ウ
17	宗門改で仏教徒であることを寺に証明させた
	↕　A
19	神仏分離令が出され，仏教を排除する運動がおこった

1　年表中の（あ）にあてはまるものを次の⓪～③の中から1つ選び，その番号をマークしなさい。

⓪　渡来人　①　インド　②　中国　③　南蛮人

2　年表中のaの人物と関係のないものを次の⓪～③の中から1つ選び，その番号をマークしなさい。

⓪　推古天皇　①　法隆寺　②　蘇我馬子　③　正倉院

3　年表中のアに関して述べた文章のうち，誤っているものを次の⓪～③の中から1つ選び，その番号をマークしなさい。

⓪　国ごとに国分寺と国分尼寺を建てた。
①　都に東大寺を建て，東大寺に金銅の大仏を造立した。
②　当時の僧は，神仏の威力をふりかざして集団で強訴を行った。
③　当時の僧は，国家から保護を受けていたため，税や刑罰を免除されていた。

4　年表中のイに関して，空海と関係のあることがらの組合せとして正しいものを次の⓪～③の中から1つ選び，その番号をマークしなさい。

⓪　天台宗－比叡山　①　真言宗－比叡山　②　真言宗－高野山　③　天台宗－高野山

5　年表中の（い）にあてはまるものを次の⓪～③の中から1つ選び，その番号をマークしなさい。

⓪　題目　①　念仏　②　まじない　③　ええじゃないか

6　年表中のウに関して，浄土真宗の開祖を次の⓪～③の中から1つ選び，その番号をマークしなさい。

⓪　法然　①　親鸞　②　一遍　③　道元

7　年表中のAの時期におきた出来事ではないものをあとの⓪～③の中から1つ選び，その番号をマークしなさい。

⓪　イギリスでピューリタン革命がおこる

① アメリカで独立戦争がおこる
② フランスでルイ14世が絶対王政を行う
③ レーニンがロシア革命をおこす

問題2 次のⅠ，Ⅱは織機の発明に一生を捧げた豊田佐吉，トヨタ自動車の創業者の豊田喜一郎についての資料である。これを見て，あとの問いに答えなさい。

Ⅰ（豊田佐吉の歩み）

1867年 遠江国（とおとうみ）に生まれる
↕ A
(ア) 1890年 豊田式木製人力織機（しょっき）を発明
↕ B
1902年 豊田商会を設立
↕ C
1924年 無停止杼換（ひかん）式豊田自動織機（G型）を完成
1930年 病気のため死去

Ⅱ（豊田喜一郎の歩み）

1894年 静岡県に生まれる
1933年 豊田自動織機（しょっき）製作所，取締役会で自動車事業進出を決議，自動車部門を設置
1935年 A1型乗用車試作第1号完成
G1型トラック試作車完成
↕ D
1938年 (イ) 挙母（ころも）工場竣工（しゅんこう）
1947年 SA型小型乗用車の生産開始
↕ E
1952年 逝去（せいきょ）

「トヨタ産業技術記念館」ガイドブック改訂版（2018年）をもとに作成

8 Ⅰの資料中のAの時期に起きた出来事の説明として誤っているものを，次の⓪～③の中から1つ選び，その番号をマークしなさい。
⓪ 版籍奉還により藩主に土地と人民を政府に返させた。
① 政府は藩を廃止して県を置き，各県には県令を府には府知事を中央から派遣した。
② 学制が公布され，満6歳になった男子のみが小学校に通うことが義務となった。
③ 徴兵令が出され，満20歳になった男子は兵役の義務を負うことになった。

9 Ⅰの資料中の（ア）の年に行われた最初の衆議院議員選挙における選挙権についての記述として正しいものを，次の⓪～③の中から1つ選び，その番号をマークしなさい。
⓪ 直接国税15円以上を納める満25歳以上の男子
① 直接国税15円以上を納める満20歳以上の男子
② 直接国税3円以上を納める満25歳以上の男子
③ 直接国税3円以上を納める満20歳以上の男子

10 Ⅰの資料中のBの時期に日露戦争が起きた。次のページの資料は日清戦争と日露戦争の死者と戦費の比較，1戸当たりの税負担額の推移についてのものである。文章中の（a），（b）にあてはまる言葉の組み合わせとして正しいものを，あとの⓪～③の中から1つ選び，その番号をマークしなさい。

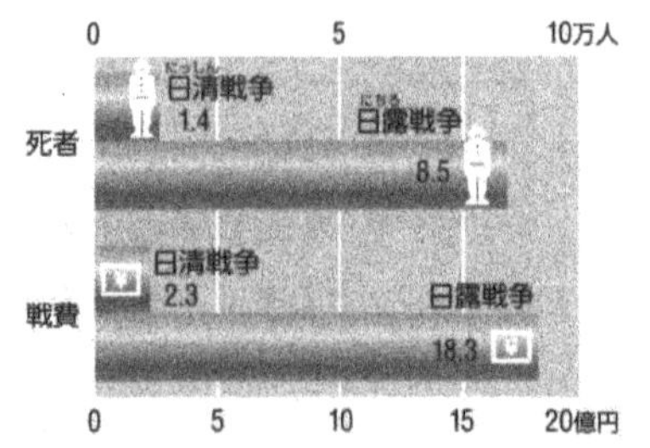

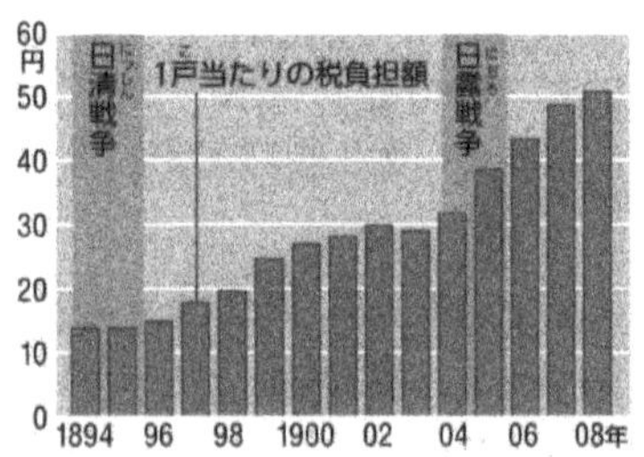

日露戦争は日清戦争より死者と戦費が（a）。1戸当たりの税負担額は（b）の頃のほうが多い。

	（a）	（b）
⓪	多い	日清戦争
①	多い	日露戦争
②	少ない	日清戦争
③	少ない	日露戦争

11 前のページのⅠの資料中のCの時期に起きた出来事に該当しないものを，次の⓪～③の中から1つ選び，その番号をマークしなさい。

⓪ 国際連盟の発足　① 三・一独立運動

② 治安維持法の制定　③ シベリア出兵の開始

12 前のページのⅡの資料中のDの時期の出来事を記した次の文章中より誤っているものを，次の⓪～③の中から1つ選び，その番号をマークしなさい。

中国では，国民政府（国民党）と共産党との内戦が行われていましたが，抗日運動が盛り上がる中，⓪毛沢東が率いる共産党は，①蔣介石を指導者とする国民党に協力を呼びかけ，1936（昭和11）年に内戦を停止しました。1937年7月，北京郊外の②鴨緑江大橋付近で起こった日中両国軍の武力衝突をきっかけに，日中戦争が始まりました。戦火は中国中部の上海に拡大し，全面戦争に発展しました。これを受けて，国民党と共産党は日本との戦争のために協力し合うことを最終的に決め，③抗日民族統一戦線が結成されました。

13 Ⅱの資料中の（イ）は，1945年8月14日に模擬原子爆弾（パンプキン）の標的となり空襲の被害を受けた。さて，世界で初めて原子爆弾が落とされた都市とその日付の組み合わせとして正しいものを，次の⓪～③の中から1つ選び，その番号をマークしなさい。

	都市	日付
⓪	広島	8月6日
①	広島	8月9日
②	長崎	8月6日
③	長崎	8月9日

14 Ⅱの資料中のEの時期に起きた出来事として正しいものを，あとの⓪～③の中から1つ選び，

その番号をマークしなさい。

⓪ 日本の国際連合加盟　　① 朝鮮戦争が起こる

② 沖縄の日本復帰　　③ 東海道新幹線の開通

問題3 次の文章は，生徒と先生が三重県四日市市へ地域調査に出かける前に話し合った際の会話の一部であり，あとの地図も四日市の市街地を示したものである。これを見て，あとの問いに答えなさい。

生徒：祖父母の住む四日市で地域調査を行いたいのですが，どのようにすすめていけばいいですか。

先生：まずは四日市で何をテーマに調べてみたいか考えていますか。

生徒：①公害問題について関心があるので，それをテーマにしようと思います。

先生：なるほど。そのテーマであれば「②四日市公害と環境未来館」に行ってみるといいと思います。公害の発生に至る経緯や被害，環境改善に向けた方策などを知ることができます。

生徒：四日市は③中京工業地帯の中でも石油化学コンビナートが集積している地域なのでそれもぜひ見てきたいです。

先生：そういえば事前のプリントで君は三重県の県庁所在地を四日市と書いてきたけど，それは誤りで正しくは④津市だからね。ちなみに四日市という地名は⑤「四」のつく日に市場が開かれていたことに由来します。

生徒：祖母が四日市といえば⑥萬古焼(ばんこやき)が有名と言っているので陶芸体験もしてきたいと思います。あと地図にも載っている「あすなろう鉄道」も乗ってみたいです。

先生：有意義な調査をしてきてください。

（国土地理院ホームページより引用）

15 下線部①のひとつである水俣病についての次のページの説明文中の（ア），（イ）にあてはまる語句の組み合わせとして正しいものを，あとの⓪～③の中から1つ選び，その番号をマークしなさい。

この病気は，水俣市にある化学工場が，排水とともに海に流した（　ア　）が魚に蓄積し，その魚を人間が食べたことで発生しました。その後，水俣湾は人々の努力によって安全な海に生まれ変わり，漁業もおこなわれるようになりました。2008（平成20）年には国から（　イ　）に選定されました。

	（　ア　）	（　イ　）
⓪	メチル水銀	環境モデル都市
①	メチル水銀	政令指定都市
②	硫黄酸化物	環境モデル都市
③	硫黄酸化物	政令指定都市

16　下線部②のような博物館の地図記号として正しいものを，次の⓪～③の中から１つ選び，その番号をマークしなさい。

17　２万5000分の１の地形図で近鉄四日市駅からJRの四日市駅までの長さを測ったら約４cmであった。実際の距離にすると約何メートルになるか，次の⓪～③の中から正しいものを１つ選び，その番号をマークしなさい。

⓪　500m　①　1000m　②　1500m　③　2000m

18　下線部③の工業生産額を示すものとして正しいものを，次の⓪～②の中から１つ選び，その番号をマークしなさい。

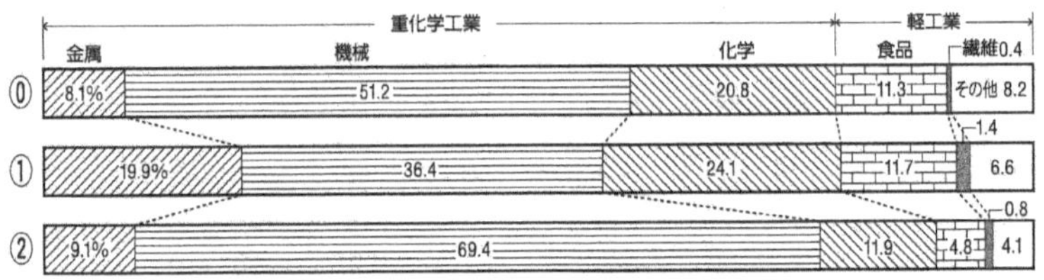

19　下線部④に関連して，日本には「津」の漢字を使う県庁所在地を持つ県がもう一つあり，それは滋賀県である。次の資料のうち滋賀県を示すものとして正しいものを，次の⓪～③の中から１つ選び，その番号をマークしなさい。なお次の**ア**～**エ**は大阪府，京都府，奈良県，滋賀県のいずれかである。

	ア	**イ**	**ウ**	**エ**
人口（万人）	861	139	135	249
製造品出荷額等（十億円）	15820	2613	1819	5449
国宝・重要文化財の指定件数	99	183	262	294
林野面積率（%）	30.2	50.7	76.8	74.3

（『データブック　オブ・ザ・ワールド 2020』や文化庁資料をもとに作成）

⓪　**ア**　①　**イ**　②　**ウ**　③　**エ**

⑳ 下線部⑤に関連して，ほかにも廿日市市の市名も同じような由来である。さて次の資料から廿日市市がある県の県庁所在地である広島市のものとして正しいものを，次の⓪～③の中から１つ選び，その番号をマークしなさい。なお次の⓪～③は広島市，高知市，新潟市，松本市のいずれかである。

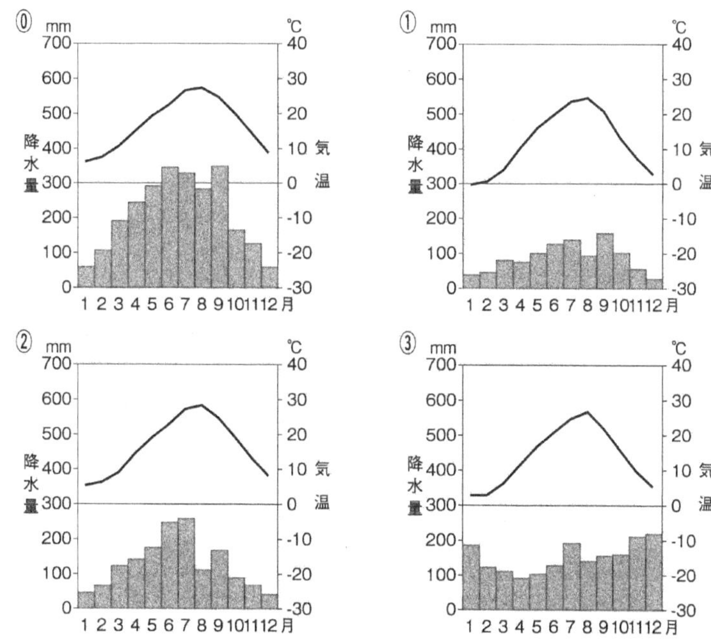

㉑ 下線部⑥をはじめ，日本各地には伝統的工芸品として指定されているものがある。岩手県の伝統的工芸品として正しいものを，次の⓪～③の中から１つ選び，その番号をマークしなさい。

⓪ 会津塗　① 津軽塗　② 天童将棋駒　③ 南部鉄器

問題４ 次のⅠ，Ⅱ（次のページ）の資料はＡ～Ｄの各国の説明文や産業についてあらわしたものである。これを見て，あとの問いに答えなさい。なお，Ⅰ，Ⅱの資料中のＡ～Ｄは同じ符号には同じ国名があてはまる。

Ⅰ　４国についての説明

国名	説明
A	経済成長によって，多くの都市では人口が増加しました。特にペキン（北京），シャンハイ（上海），①ホンコン（香港）は，超高層のオフィスビルが立ち並び，世界の経済の中心になりました。
B	鉱産資源を基にして，水上交通に便利な大西洋岸や②五大湖沿岸で工業が発展し，工業都市が繁栄しました。
C	流域面積が世界最大のアマゾン川が流れています。河口から約1600 kmも上流にあるマナオスの港は多くの船でにぎわっています。一方，流域では，開発のために，森林の大規模伐採によって牧場や，③さとうきび，大豆の畑が広がっています。
D	④ヒンドゥー教徒が多数をしめています。人口は約 13 億人で北部のヒンドスタン平野や南部の沿岸に集中しています。

Ⅱ　綿花，鉄鉱石，自動車，コーヒーの生産や産出の割合

ア		イ		ウ		エ	
国名	%	国名	%	国名	%	国名	%
C	29.1	D	23.7	オーストラリア	34.7	A	29.8
ベトナム	16.7	A	23.6	C	18.4	B	11.5
コロンビア	8.2	B	13.7	A	16.6	日本	10.0
インドネシア	7.3	パキスタン	9.1	D	6.9	ドイツ	5.8

（『データブック　オブ・ザ・ワールド　2020年版』をもとに作成）

22　前のページのⅠの資料中のAの下線部①の都市はかつてイギリスの統治下にあった。そのきっかけとなった戦争と条約の組み合わせとして正しいものを，次の⓪～③の中から1つ選び，その番号をマークしなさい。

	戦争	条約
⓪	クリミア戦争	南京条約
①	クリミア戦争	ベルサイユ条約
②	アヘン戦争	南京条約
③	アヘン戦争	ベルサイユ条約

23　Ⅰの資料中のBの国の初代大統領として正しいものを，次の⓪～③の中から1つ選び，その番号をマークしなさい。

⓪　ウッドロー・ウィルソン　　①　フランクリン・ルーズベルト

②　エイブラハム・リンカン　　③　ジョージ・ワシントン

24　Ⅰの資料中のBの下線部②の周辺の産業について述べた文章として正しいものを，次の⓪～③の中から1つ選び，その番号をマークしなさい。

⓪　デトロイトは自動車製造の中心地として発展した。

①　サンベルトと呼ばれる地域では情報技術（IT）産業が発達している。

②　シアトルでは航空機産業が発達している。

③　ヒューストンでは石油化学工業が発達しているほか，宇宙産業も発達している。

25　次のグラフはロサンゼルス，ニューヨーク，アンカレジ，ハバナのいずれかの都市の降水量と気温をあらわしたグラフである。Ⅰの資料中のBの国のロサンゼルスのグラフとして正しいものを，次の⓪～③の中から1つ選び，その番号をマークしなさい。

⓪
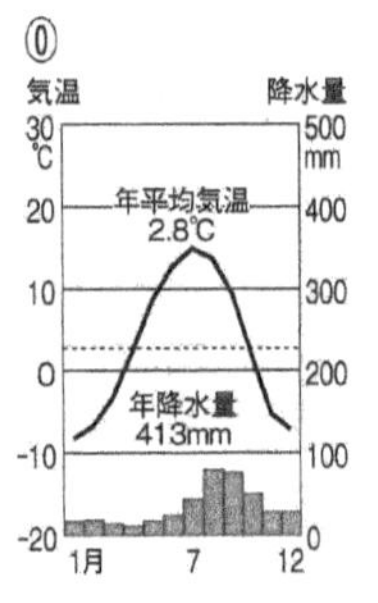

①
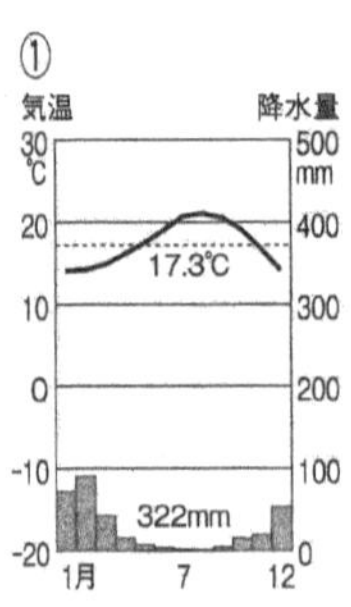

②
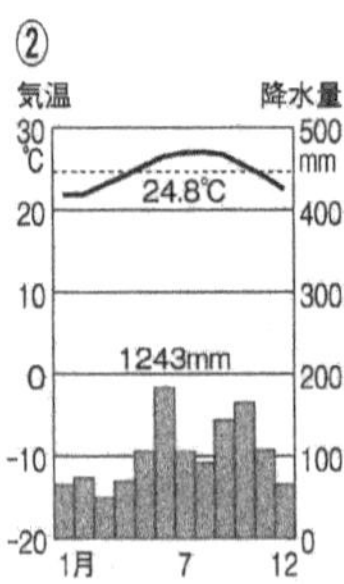

③
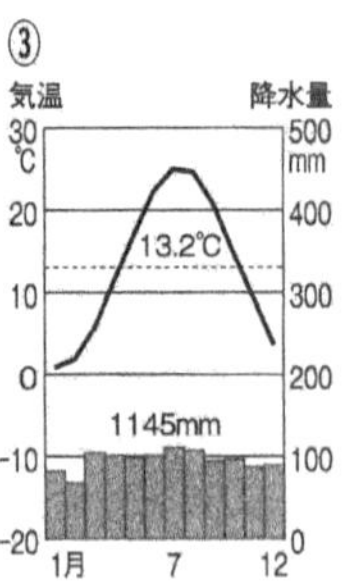

26 21ページのⅠの資料中のCの下線部③やトウモロコシなどの生物資源から作られる再生可能燃料の名称として正しいものを，次の⓪～③の中から１つ選び，その番号をマークしなさい。

⓪ レアメタル　① バイオエタノール

② マングローブ　③ スローフード

27 Ⅰの資料中のCの国にあるリオデジャネイロ（西経45度とする）が８月15日20時のとき，豊田市（東経135度とする）は何日の何時であるか正しいものを，次の⓪～③の中から１つ選び，その番号をマークしなさい。

⓪ ８月14日の20時　① ８月15日の８時

② ８月16日の８時　③ ８月16日の20時

28 Ⅰの資料中のDの下線部④の特徴として正しいものを，次の⓪～③の中から１つ選び，その番号をマークしなさい。

⓪ ユダヤ教の教えをイエスが発展させて，人はみな罪を背負っているけれども，神の愛を受けられることなどが教えである。

① 教典の「コーラン」には豚肉を食べることが禁じられている。

② シャカが教えを説き始め，修行を積んで心のやすらぎが得られるとしている。

③ 牛が神の使いとされていて，この宗教を信仰している人は牛肉を食べない。

29 前のページのⅡの資料中の**ア**～**エ**のうち綿花の生産の割合をあらわすものとして正しいものを，次の⓪～③の中から１つ選び，その番号をマークしなさい。

⓪ **ア**　① **イ**　② **ウ**　③ **エ**

30 AとBの間での貿易摩擦の問題が起きている。さて，このような貿易摩擦の問題を話し合って解決するための国際機関として正しいものを，次の⓪～③の中から１つ選び，その番号をマークしなさい。

⓪ NIES　① UNESCO　② NPO　③ WTO

問題５ 31～40の各問いに答えよ。

31 「憲法」について述べた文章のうち，誤っているものを次の⓪～③の中から１つ選び，その番号をマークしなさい。

⓪ 国の在り方の根本を定めた法を憲法という。

① 憲法によって政治権力を制限するという考えを立憲主義という。

② 大日本帝国憲法では基本的人権は法律によって制限されていた。

③ 日本国憲法は君主によって定められた憲法である。

32 「平和主義」について述べた文章のうち，誤っているものを次の⓪～③の中から１つ選び，その番号をマークしなさい。

⓪ 日本は防衛のため，アメリカと日米安全保障条約を結んでいる。

① アメリカ軍が日本の領域内に駐留し，基地を設置することを認めたのは，沖縄のみである。

② 自衛隊はＰＫＯ協力法に基づいて平和維持活動に参加してきた。

③ 日本は核兵器を「持たず，作らず，持ちこませず」という非核三原則を国の方針とした。

33 「社会権」について述べた文章のうち，誤っているものを次のページの⓪～③の中から１つ選び，その番号をマークしなさい。

⓪　人々に人間らしい豊かな生活を保障するのが社会権である。
①　日本国憲法第25条では，「健康で文化的な最低限度の生活を営む権利」について定めている。
②　だれもが学校に行けるように，学校教育は無償とされている。
③　労働者は雇い主に対して弱い立場にあるため，労働基本権が定められている。

34 「新しい人権」について述べた文章のうち，誤っているものを次の⓪～③の中から１つ選び，その番号をマークしなさい。

⓪　患者が治療方法など自ら決定できるよう，手術などの際には十分な説明に基づく同意が求められる。
①　高度経済成長期に経済成長が優先されて，公害などが深刻化したため，環境権が主張されるようになった。
②　国民が主権者として政治について判断するため，国や地方は人々の請求に応じて持っている情報を開示しなければならない。
③　有名タレントの私生活の情報を掲載した本の出版は，表現の自由があるため，制限されることはない。

35 「選挙」について述べた文章のうち，誤っているものを次の⓪～③の中から１つ選び，その番号をマークしなさい。

⓪　日本の選挙権年齢は，2016年から満18歳に引き下げられている。
①　参議院議員の選挙は３年ごとに定数の半分ずつが改選される。
②　近年，有権者が投票しやすいように，投票日前に投票できる制度が整えられている。
③　地方によって人口にかたよりがあるので，３倍以内の一票の格差は合憲とされた。

36 「政党」について述べた文章のうち，誤っているものを次の⓪～③の中から１つ選び，その番号をマークしなさい。

⓪　政治で実現したい理念や達成しようとする方針（政策）について同じ考えを持つ人々が作る団体を政党という。
①　内閣を組織して政権を担う政党を与党といい，それ以外の政党を民党という。
②　日本では，1990年代以降，さまざまな政党が結成と消滅を繰り返している。
③　自由民主党では，2020年に安倍晋三氏が党首を辞任した。

37 「人の一生と法律」について述べた文章のうち，誤っているものを次の⓪～③の中から１つ選び，その番号をマークしなさい。

⓪　義務教育が始まるのは６歳からである。
①　男女とも18歳になると結婚が可能である。
②　25歳になると衆議院の被選挙権が与えられる。
③　老齢年金の給付が始まるのは65歳からである。

38 「裁判」について述べた文章のうち，誤っているものを次の⓪～③の中から１つ選び，その番号をマークしなさい。

⓪　裁判は，事前に申し込んだ場合，だれでも傍聴できる。
①　裁判を傍聴する場合，メモをとってもよい。
②　家庭裁判所が扱う家事事件や少年事件は傍聴できない。
③　裁判の様子を録音や撮影することはできない。

39 「国会」について述べた文章のうち，誤っているものを次の⓪～③の中から１つ選び，その番号をマークしなさい。

⓪　衆議院では与党が過半数の議席を持ちながら，参議院では野党が議席の過半数をしめている状態を「ねじれ国会」という。

①　常会（通常国会）は，毎年１回，１月中に内閣総理大臣が招集する。

②　内閣不信任案の決議を行うことができるのは，衆議院のみである。

③　国会議員は，国会が開かれている間，原則として逮捕されない。

40 「地方自治」について述べた文章のうち，誤っているものを次の⓪～③の中から１つ選び，その番号をマークしなさい。

⓪　地方自治は，人々の暮らしに身近であるため「民主主義の学校」といわれる。

①　地方公共団体独自の法を条例という。

②　地方公共団体の長（首長）は，住民から直接選挙で選ばれる。

③　住民投票の結果，３分の２以上の同意があれば，首長をやめさせることができる。

問四 傍線部E「されば」の意味をとして適切なものを、次の⓪～④の中から一つ選び、その番号を解答欄にマークしなさい。解答欄は35。

⓪ だから　① しかし　② まして
③ まさか　④ もしも

問五 1 にあてはまる語句として適切なものを、次の⓪～④の中から一つ選び、その番号を解答欄にマークしなさい。解答欄は36。

⓪ ず　① ざら　② ざる　③ ざれ　④ ぬ

問六 傍線部F「これ」が指す内容として適切なものを、次の⓪～③の中から一つ選び、その番号を解答欄にマークしなさい。解答欄は37。

⓪ 法師たちの夢の中で別れの挨拶をしたこと
① 法師たちが夢の中で別れの挨拶をしてきたこと
② 法師たちが夢を持って話していたこと
③ 法師たちに憧れていた過去があること

問七 傍線部G「平茸に生まれ変わる」とあるが、ここで指している人物として適切なものを、次の⓪～④の中から一つ選び、その番号を解答欄にマークしなさい。解答欄は38。

⓪ 里村の者　① 宗とある者　② 妻や子
③ 不浄説法する法師　④ 故仲胤僧都

問八 本文において、仲胤僧都のことばを聞いた里村の人々の夢の捉え方として適切なものを、次の⓪～③の中から一つ選び、その番号を解答欄にマークしなさい。解答欄は39。

⓪ 平茸が好きな僧たちの引っ越しの挨拶の夢
① 平茸になった僧たちの引っ越しの挨拶の夢
② 平茸を求める僧たちの引っ越しの挨拶の夢
③ 平茸が嫌いな僧たちの引っ越しの挨拶の夢

問九 傍線部H「平茸などは食わなくても、なにも不自由はすまいに」について、筆者がこのように言う理由として適切なものを、次の⓪～③の中から一つ選び、その番号を解答欄にマークしなさい。解答欄は40。

⓪ 誰が植えて育てているかもわからないので、食べないほうがよいと伝えた
① 何かの生まれ変わりであるかも知れないので、食べないほうがよいと伝えた
② みんなが取って食べていると無くなるので、食べないほうがよいと伝えた
③ 急に平茸が生えてこなくなってしまったので、食べないほうがよいと伝えた

問十 『宇治拾遺物語』と同じ時代に成立した作品として適切なものを、次の⓪～④の中から一つ選び、その番号を解答欄にマークしなさい。解答欄は41。

⓪ 古事記　① 徒然草　② 奥の細道
③ 万葉集　④ 枕草子

がどうしようもないほどたくさん生えていた。村里の者はこれを取って人にも贈り、また自分も食いなどして、年月を過ごしているうちに、ある時［　　］、頭髪が少しのびた法師たちが二、三十人ほど出て来て、「お話したいことが」と言ったので、「いったい何者か」と問いただすと、「この法師どもは長い年月よく宮仕えをしてまいりましたが、この里にも縁がなくなり、今はよそへ移り去ろうと存じます。一面お名残惜しくも思われます。また事の子細を申し上げないでは失礼とも思って、この話を申すのです」と言うと見て、［　　］、「^{F}これはいったい何事か」と妻や子などに語っていると、またその里の人の夢にも、こんなふうに見えたといって、大勢が同じように話をするので、［　　］。

さて次の年の九月、十月にもなったが、例年、平茸が出る頃なので、山にはいって茸を捜し求めたが、茸は全く見あたらない。いったいどうしたことかと、村里の人々が不審に思って過ごしていると、故仲胤僧都といって、説法のたぐいなく上手な方がおいでになった。この話を聞いて、「これはなんと。不浄の身で人に説法する法師は、^{G}平茸に生まれ変わるということがあるのに」と言われた。

［　　］、もともと、^{H}平茸などは食わなくても、なにも不自由はすまいに、ということだ。

問一 波線部a～dの発音の組み合わせとして適切なものを、次の⓪～④の中から一つ選び、その番号を解答欄にマークしなさい。解答欄は30。

⓪ a ふ b い c は d い
① a う b ひ c わ d ひ
② a ふ b ひ c わ d ひ
③ a う b い c わ d い
④ a う b い c は d い

問二 傍線部A「その里にとりて宗とある者の夢に」・C「うち驚きて」・D「心も得で、年も暮れぬ」の現代語訳として適切なものを、それぞれ次の⓪～③の中から一つ選び、その番号を解答欄にマークしなさい。解答欄はAは31、Cは32、Dは33。

A その里にとりて宗とある者の夢に
⓪ その村の主だった人の夢の中に
① その村の宗教を信仰する人の夢の中に
② その村はずれに住む人の夢の中に
③ その村とは関係のない人の夢の中に

C うち驚きて
⓪ 心の中に秘めて　① ふと思い出して
② はっと目が覚めて　③ びっくりして

D 心も得で、年も暮れぬ
⓪ 腑に落ちないままで、その年は暮れなかった
① 腑に落ちないままで、その年は暮れた
② 思い当たることがなく、その年は暮れなかった
③ 思い当たることがあり、その年は暮れた

問三 傍線部B「いふ」の主語として適切なものを、次の⓪～③の中から一つ選び、その番号を解答欄にマークしなさい。解答欄は34。

⓪ 頭をつかみなる法師ども　① 里村の者
② 仲胤僧都　③ 妻や子

② ロバみたいに大きな蝶　③ ヒグラシの鳥

問八　傍線部E「そう云(い)って彼女は、僕の肩によりかかって泣くのだ」とあるが、悦子が泣いた理由として適切なものを、次の⓪～③の中から一つ選び、その番号を解答欄にマークしなさい。解答欄は[28]。

⓪ ヒグラシの鳥が存在しないことを知ったから
① 「僕」に嘘ばかりつかれていると思ったから
② 「僕」が悦子の言葉に耳を傾けなかったから
③ 「僕」がヒグラシを見たことがなかったから

問九　本文の内容として適切なものを、次の⓪～③の中から選び、その番号を解答欄にマークしなさい。解答欄は[29]。

⓪ 「僕」は悦子の勘違いを正そうとして、ヒグラシは鳥であると説明した
① 「僕」は悦子の意見に賛成したが、悦子はすねて泣き出してしまった
② 「僕」は悦子が涙を流したので、慌ててヒグラシを見たことがないと伝えた
③ 「僕」は悦子が嘘ばかりつくので、悦子が信じられなくなってしまった

問題三　次の文章を読んで、後の問いに答えなさい。

これも今は昔、丹波国篠村(たんばのくにしのむら)といふ所に、年比(としごろ)※1平茸(ひらたけ)※2やる方もなく多かりけり。里村(さとむら)の者、これを取りて、人にも心ざし※3、また我も食ひなどして、年比過ぐる程に、その里にとりて宗(むね)とある者の夢に、頭(かしら)※4をつかみなる法師どもの、二三十人ばかり出(い)で来(き)て、「申すべき事」といひければ、「いかなる人ぞ」と問(と)ふに、「この法師ばらは、この年比も宮仕(みやづかひ)よくして候(さぶら)ひつるが、この里の縁(えん)尽きて、今はよそへまかり候ひなんずる事の、かつはあはれにも候。また事の由(よし)を申さではと思ひて、この由を申すなり」といふと見て、うち驚きて、「こは何事ぞ」と妻や子やなどに語る程に、またその里の人の夢にも、この定(ぢやう)※5に見えたりとて、あまた同様に語れば、心も得(え)で、年も暮れぬ。

さて、次の年の九十月にもなりぬるに、さきざき出(い)で来(く)る程なれば※6、山に入りて茸(たけ)を求むるに、すべて蕈(くさびら)※7大方見えず※8。いかなる事にかと、里(さと)国(くに)の者思ひて過ぐる程に、故(こ)※9仲胤僧都(ちゅういんそうづ)とて、説法(せつぽふ)ならびなき人いましけり。この事を聞きて、「こはいかに、不浄説法する法師、平茸に生(むま)るといふ事のあるものを」とのたまひてけり。

されば、いかにもいかにも、平茸は食は[1]んに事欠くまじきものとぞ。

（『宇治拾遺物語』）

※1　年比…久しい以前から
※2　やる方もなく…どうしようもないほど
※3　心ざし…志を現し、贈る
※4　をつかみなる…少し長く生え伸びた頭髪の
※5　この定…その通りに
※6　さきざき出で来る程なれば…例年、平茸が出る頃になったので
※7　蕈…茸の類
※8　大方見えず…全く見えない
※9　仲胤僧都…藤原季仲の八男。比叡山の僧

（現代語訳）

これも今は昔のこと、丹波国篠村という所に、ずっと以前から、平茸

問一　波線部1・2・3・4のカタカナと同一の漢字を、それぞれ次の⓪〜③の中から一つ選び、その番号を解答欄にマークしなさい。解答欄は1は15、2は16、3は17、4は18。

1　真ケン　……⓪　ケン道部に入る　①　理科の実ケンをする
②　冒ケンに出かける　③　視力をケン査する

2　模ヨウ　……⓪　太平ヨウを渡る　①　異ヨウな光景を目にする
②　ヨウ日を間違える　③　ヨウ性反応が出る

3　ショウ躁……⓪　ショウ学金を受ける　①　ショウ動買いをした
②　ショウ点を合わせる　③　ショウ細を調べる

4　愉カイ　……⓪　問題がカイ決した　①　視カイがぼやける
②　ゴミをカイ収する　③　今日はカイ晴だ

問二　［a］、［b］、［c］、［d］にあてはまる語句として適切なものを、それぞれ次の⓪〜④の中から一つ選び、その番号を解答欄にマークしなさい。解答欄はaは19、bは20、cは21、dは22。

⓪　しかし　①　そう云えば　②　だって
③　すると　④　もしも

問三　［I］にあてはまる語句として適切なものを、次の⓪〜④の中から一つ選び、その番号を解答欄にマークしなさい。解答欄は23。

⓪　学校　①　休み　②　授業　③　仕事　④　宿題

問四　傍線部A「いやでたまらなかった」とあるが、その理由として**適切ではないもの**を、次の⓪〜③の中から一つ選び、その番号を解答欄にマークしなさい。解答欄は24。

⓪　番外の用だったから
①　途中でクシャミばかり出たから
②　行きたくない家だったから
③　五月のはじめの暑い日だから

問五　傍線部B「僕と同じだった」とあるが、その内容として適切なものを、次の⓪〜③の中から一つ選び、その番号を解答欄にマークしなさい。解答欄は25。

⓪　級長さんみたいであること
①　優等生であること
②　学校が始まるのがいやであること
③　成績がビリであること

問六　傍線部C「ヒグラシの鳴くのをきくのはやりきれなかった」とあるが、その理由として適切なものを、次の⓪〜③の中から一つ選び、その番号を解答欄にマークしなさい。解答欄は26。

⓪　怠けて遊んでしまい、宿題に手をつけていないから
①　体調がすぐれなくて、宿題に手をつけていないから
②　残り少ない休日で、楽しく遊ぶことができたから
③　暑い日であり、ヒグラシの声が聞きたくないから

問七　傍線部D「あたし見たんですもの」とあるが、ここで悦子が見たと主張しているものとして適切なものを、次の⓪〜③の中から一つ選び、その番号を解答欄にマークしなさい。解答欄は27。

⓪　犬のようなカマキリ　①　黒部西瓜ほどの大きなムシ

い、パイプ[※4]をくわえようとする僕に、シガレット[※5]を出してくれた。彼女の動作は変によわよわしい。マッチをすってくれるときに、火の出るのを怖れるみたいに、軸木のハジの方を不器用につまんで、おそろしく真ケンな顔つきになるのだ。僕はふと、彼女を、そだちのいい人ではないのかと思った。

その日、僕は意外にゆっくりしてしまった。帰りしな[※6]に彼女は、またあのテレたような笑いをうかべて、よかったらときどき遊びに来てくれと云った。僕は彼女の言葉にしたがった。その方が、かたい椅子しかない学校へ行くより余程よかったから。

そんな風にして、悦子と僕はしたしくなった。 a それにしても、後になって彼女に惚れてしまうことになろうとは、気が付かなかった。どちらかと云えば、彼女は魅力のとぼしい方だった。

一週間ばかりたって或る日、行ってみると、彼女は病気だからと云って、テニスのラケットの模ヨウのついたユカタを着ていた。僕がその模ヨウを子供っぽいとひやかしたことから、話は小学校の頃の夏休みのことになった。悦子は自分は優等生だったと云った。 b 、彼女の青白い皮膚や、へんにキチンとした身なりに、いかにも級長さんらしい所があった。けれども、学校のはじまるのが厭だったのは、ビリだった僕と同じだった。終りに近付いた I の日が一日一日と消えて行くときの憂鬱さ。活気のなくなった暑さの中でひとりぽつねん[※7]と子供心に感じるショウ躁。そんなものが僕たちの心によみがえり、それがなつかしいと云うよりは、ジカに二人の気持ちにふれあった。僕は云った。きょうもまた怠けて遊んでしまい、手のつけてない宿題帳の山をながめながら、ヒグラシの鳴くのをきくのはやりきれなかった、と。 c 彼女は突然きいた。

「あなた、ヒグラシの鳥って、見たことある?」

僕は驚いた。悦子は二十歳なのだ。問いかえすと、彼女は口もとにアイマイな笑いをうかべている。そこで僕は説明した。

「ヒグラシっていうのはね、鳥じゃないんだ。ムシだよ。セミの一種だよ。」

悦子は僕の言葉に仰天した。彼女は眼を大きくみひらいて、——悦子の眼は美しかった——

「そうオ、あたし、これくらいの鳥かと思った。」と手で、およそ黒部西瓜ほどの大きさを示した。……僕は魔法にかかった。ロバみたいに大きな蝶や、犬のようなカマキリ、そんなイメージが一時にどっと僕の眼前におしよせた。僕はたまらなく愉カイになり、大声をあげて笑った。するとと彼女は泣き出した。

「あなたのおっしゃることって、嘘ばっかり。 d あたし見たんですもの……軽井沢で。」

そう云って彼女は、僕の肩によりかかって泣くのだ。ポロポロ涙が頬をつたって流れている。僕は狼狽[※8]した。

「そうだね、軽井沢にはいるかもしれない。ほんとは、僕はまだヒグラシなんて見たことがないんだ。」

(『ガラスの靴』安岡章太郎)

※1 番外…予定以外　※2 メード…メイド。女性の使用人
※3 彼女…クレイゴー中佐の娘　※4 パイプ…喫煙具の一種
※5 シガレット…紙巻きタバコ　※6 帰りしな…帰りぎわ
※7 ぽつねん…ひとりでさびしそうにしているさま
※8 狼狽…うろたえる

見つかること

③ 自分の手で作り上げたものを、他者に確認してもらうことで改善すること

問七 傍線部E「客観」の対義語として適切なものを、次の⓪～④の中から一つ選び、その番号を解答欄にマークしなさい。解答欄は[9]。

⓪ 悲観　① 楽観　② 傍観　③ 達観　④ 主観

問八 本文には次の一文が抜けているが、入れる箇所として適切なものを、次の⓪～④の中から一つ選び、その番号を解答欄にマークしなさい。解答欄は[10]。

これが、つまり絵の上達というものだ。

⓪ [ア]　① [イ]　② [ウ]　③ [エ]　④ [オ]

問九 傍線部F「文章が上手い」とあるが、ここで表している意味として適切なものを、次の⓪～③の中から一つ選び、その番号を解答欄にマークしなさい。解答欄は[11]。

⓪ 相手が誤解しないかを考えた文章になっているかということ

① 一度書いた文章をもう一度読み返した文章になっているかということ

② 誰が読んでも理解できる文章になっているかということ

③ 先生に何度も訓練してもらった文章になっているかということ

問十 傍線部G「シフト」の意味として適切なものを、次の⓪～③の中から一つ選び、その番号を解答欄にマークしなさい。解答欄は[12]。

⓪ 考え方を変更すること　① 事柄を発展させること

② まじめに努力すること　③ 誤解を訂正すること

問十一 [b] にあてはまる語句として適切なものを、次の⓪～④の中から一つ選び、その番号を解答欄にマークしなさい。解答欄は[13]。

⓪ それから　① ところが　② したがって

③ けっきょく　④ たとえば

問十二 本文の内容として適切なものを、次の⓪～③の中から一つ選び、その番号を解答欄にマークしなさい。解答欄は[14]。

⓪ 人間はすべて口から出る声でコミュニケーションを取っている

① 自分の書いた文章や絵を客観的な目で見ることが大切である

② 上手な絵は何日か経ってみないとそのすばらしさはわからない

③ 先生にわかってもらえる文章を書くことが文章の最終的な目標である

問題二　次の文章を読んで、後の問いに答えなさい。

店の主人にたのまれて、僕は原宿にある米軍医クレイゴー中佐の家へ、鳥撃ち用の散弾をとどけた。云(い)わばそれは、僕には番外(ばんがい)※1の用だったし、そのうえ五月のはじめの暑い日で、途中クシャミばかり出てAいやでたまらなかったが、行ってみると僕は、ちょっとした歓待(かんたい)をうけた。やせた、色の青白いメード※2が、飲みものや菓子を出してくれた※3。彼女は僕をみて、テレたような、だまってオナラした人がするような笑いをうかべた。僕は彼女を羊に似ていると思った。紙を食っている白い羊を、何とはなしに思い出させた。

―― 中略 ――

彼女はクレイゴー中佐が夫人同伴で明日からアンガウル島へ出掛けること、それで彼女は三月ばかり一人で留守番をさせられることなどをぽつりぽつり話した。僕が帰ろうとすると、彼女はもっと居ないかと云(い)

最初のうちは、この読み手が、ある特定の人物になる。学生であれば、先生がその人だ。先生にわかってもらえる文章を書く、という訓練をすることになる。［b］、先生は、自分の視点だけで見るのではない。不特定多数が読んでもわかる文章になっているかどうかをチェックする。それが、文章の最終的な目標だからだ。

（『読書の価値』森博嗣）

※1　てにをは…単語に付け加えて、言葉同士の関係を表したり、対象を表したりする語句の総称

問一　波線部1・2・3のカタカナと同一の漢字を、それぞれ次の⓪～③の中から一つ選び、その番号を解答欄にマークしなさい。解答欄は1は［1］、2は［2］、3は［3］。

1　要イン……⓪　出勤簿に押インする
①　彼とはイン縁の対決だ
②　絵にイン影をつける
③　婚イン届を提出する

2　指テキ……⓪　犯人をテキ発する
①　船の警テキがなる
②　目テキの場所に着く
③　テキは本能寺にあり

3　ハイ除……⓪　祖父の趣味はハイ句だ
①　郵便物の集ハイ作業
②　舞台のハイ景を考える
③　ハイ気ガスが発生する

問二　傍線部A「『学校?』『おう』『行けた?』『大丈夫』『マジで?』『またな』みたいな会話」とあるが、このような会話が通じてしまう理由として適切なものを、次の⓪～③の中から一つ選び、その番号を解答欄にマークしなさい。解答欄は［4］。

⓪　口から出る声で人間はすべてのことを認識しているから
①　手紙やメールなどの文章より音声の方が伝わりやすいから
②　お互いの状況や使う言葉をだいたいわかっているから
③　普段のコミュニケーション方法が相手に理解されやすいから

問三　傍線部B「『てにをは』」とあるが、これらの品詞名として適切なものを、次の⓪～④の中から一つ選び、その番号を解答欄にマークしなさい。解答欄は［5］。

⓪　動詞　①　名詞　②　副詞　③　連体詞　④　助詞

問四　傍線部C「文章はここで飛躍しなければならない」とあるが、ここで表現している内容として適切なものを、次の⓪～③の中から一つ選び、その番号を解答欄にマークしなさい。解答欄は［6］。

⓪　自分だけが理解すること　①　会話文から脱却すること
②　読む相手を想定すること　③　文章に正しい文法を用いること

問五　［a］にあてはまる語句として適切なものを、次の⓪～④の中から一つ選び、その番号を解答欄にマークしなさい。解答欄は［7］。

⓪　理解力　①　順序　②　視点　③　経験　④　知識

問六　傍線部D「これ」が指している内容として適切なものを、次の⓪～③の中から一つ選び、その番号を解答欄にマークしなさい。解答欄は［8］。

⓪　最初はうまくできたと思っていても、後で見返すと良くない点に気付くこと
①　自分の手で作り上げたものを、後で何度も確認して修正を重ねていくこと
②　最初は失敗したと思っていても、後で見返すと良い点がいくつも

【国　語】（四〇分）〈満点：一〇〇点〉

問題一　次の文章を読んで、後の問いに答えなさい。

人は、普段は口から出る声でコミュニケーションを取っている。手紙などを書くときも、メールを書くときも、せいぜいその声が文字にそのまま変換されているにすぎない。簡単なことはこれで通じる。A「学校?」「おう」「行けた?」「大丈夫」「マジで?」「またな」みたいな会話をしているのである。

お互いが状況を知っていて、お互いが使う言葉もだいたいわかっているから、これで通じてしまう。文章にもなっていないし、文法などが入り込む隙もない。

しかしこれが、実験データを考察し、実験要イン[1]に関する結果への影響を指テキ[2]する、といった場合では簡単にはいかない。これまで、さんざん慣れ親しんできた母国語であってもだ。何がどうして、何のためにどのように、Bといった説明に言葉をつなぎ合わせるのだが、普段の会話では、今の日本人の多くは「てにをは」※1を使わないから、そのまま書くと意味が思いどおりには通じない。

重要になってくるのは、相手に理解してもらう、という通信の機能である。ここでは、読む相手を想定することが基本である。

自分だけで終始していた段階から、C文章はここで飛躍しなければならない。それが文章の本来の役目なのだ。

たとえば、「相手はこれをどう読むだろう?」という視点がなければ、わかりやすい文章は書けない。相手の知識や理解力をある程度知っている必要があるし、自分が書いた文章が誤解される可能性をできるだけハイ除[3]する必要もある。

自分の書いた文章は、書いたそのときには、もの凄（すご）くわかりやすい。これは当然で、わかっている頭から出てきた言葉だからだ。［ a ］が違うのだ。それを読む側は、言葉からわかろうとするわけで、変換を逆に辿（たど）ることになる。

自分の文章をいくら読み直しても、わかりやすいか、誤解が生じないか、を確かめることはけっこう難しいものだ。最も簡単なのは、一週間くらいあとで読み直すことだろう。これは、書いたときの気持ちをすっかり忘れて、自分がもうそのときの自分ではなくなっているためである。

文章に限ったことではない。漫画の絵も同じだった。描いた直後には、なかなか上手く描けたと思っていても、何日か経ってから見てみると、デッサンが狂っているし、奇妙な顔になっていたりする。…［ア］　初心者ほどDこれがある。変だということがわかるE客観的な目を持っていないためだ。…［イ］

最初は何日もあとにならないとわからないが、そのうち翌日にはわかるようになり、ついには、描いてすぐに判別できる目になる。…［ウ］　漫画を描く人は、自分が書いた絵を鏡に映して見ることをおすすめする。…［エ］　裏返しになるだけで、客観的に見る自分になれる。上手い絵は、鏡で反転しても、まったく崩れない。…［オ］

F文章が上手いというのは、つまりは、自分の書いた文章を客観的に読み直せるかどうか、であり、それは結局「視点」Gのシフト能力なのだ。自分以外の誰かになったつもりでそれが読める、架空の人物の視点で文章を読める、ということである。

大切なことはメモしておこうネ！

2021年度

解　答　と　解　説

《2021年度の配点は解答欄に掲載してあります。》

＜数学解答＞

問題1　[1] 0　[2] 7　[3] －　[4] 0　[5] 6　[6] 5　[7] 7　[8] 5
[9] 1　[10] 9　[11] 6　[12] 2　[13] 2　[14] 0　[15] －　[16] 6
[17] 7　[18] －　[19] 7　[20] －　[21] 1　[22] 2　[23] 1　[24] 8
[25] 3

問題2　[26] 2　[27] 8　[28] 2　[29] 4　[30] 5　[31] 6　[32] 3　[33] 0　[34] 1
[35] 5

問題3　[36] 1　[37] 3　[38] 2　[39] 3　[40] 1　[41] 3　[42] 2　[43] 1　[44] 8

問題4　[45] 5　[46] 3　[47] 3　[48] 1　[49] 1　[50] 2　[51] 8　[52] 7　[53] 5

問題5　[54] 2　[55] 4　[56] 3　[57] 2　[58] 3　[59] 7　[60] 3　[61] 8　[62] 3
[63] 6　[64] 1　[65] 2

○推定配点○
問題1　各4点×10　問題2　(1)・(2)・(4)　各4点×3　(3)　各2点×3　問題3　各4点×3
問題4　(1)・(2)　各4点×2　(3)　5点　問題5　(1)～(3)　各4点×3　(4)　5点
計100点

＜数学解説＞

基本 **問題1**（数の計算，平方根の計算，1次方程式，式の展開，2次方程式，連立方程式，方程式の応用問題）

(1)　$-8-(-5)+3=-8+5+3=0$

(2)　$13-(-4)^2\div\frac{8}{3}=13-16\times\frac{3}{8}=13-6=7$

(3)　$\frac{4}{5}-0.22+0.07-\frac{13}{10}=0.8-0.22+0.07-1.3=0.87-1.52=-0.65$

(4)　$2\sqrt{10}\times3\sqrt{2}-\sqrt{125}=6\sqrt{20}-5\sqrt{5}=6\times2\sqrt{5}-5\sqrt{5}=12\sqrt{5}-5\sqrt{5}=7\sqrt{5}$

(5)　$\frac{3x-1}{4}=\frac{2x+4}{3}$　両辺を12倍して，$3(3x-1)=4(2x+4)$　$9x-3=8x+16$　$9x-8x=16+3$　$x=19$

(6)　$(2x-4)(3x+5)=2x\times3x+2x\times5-4\times3x-4\times5=6x^2+10x-12x-20=6x^2-2x-20$

(7)　$x^2-x-42=0$　$(x+6)(x-7)=0$　$x=-6,\ 7$

(8)　$-2x+9y=5$…①　$3x-7y=-14$…②　①×3＋②×2から，$13y=-13$　$y=-1$　これを①に代入して，$-2x+9\times(-1)=5$　$-2x=14$　$x=-7$

(9)　$\sqrt{84n}=2\sqrt{21n}$　よって，$\sqrt{84n}$が自然数となる最小の自然数は，$n=21$

(10)　元の整数の一の位の数をxとすると，元の整数は$80+x$，入れ替えてできる整数は$10x+8$
仮定から，$2(80+x)-3(10x+8)=52$　$160+2x-30x-24=52$　$28x=84$　$x=3$　よって，求める元の整数は83

基本 **問題2** (統計－平均値，中央値，度数分布表，相対度数)

(1) 求める平均値は，$(30+19+28+62+27+22+11+72+3+21+42+35+23+18+30+53+8+13+18+25)\div20=560\div20=28$(分)

(2) このデータを少ない順に並べると，3，8，11，13，18，18，19，21，22，23，25，27，28，30，30，35，42，53，62，72　中央値は10番目と11番目の平均値になるから，$\frac{23+25}{2}=24$(分)

(3) ① 11，13，18，18，19の5(人)
② 21，22，23，25，27，28の6(人)
③ 30，30，35の3(人)

(4) $\frac{3}{20}=0.15$

問題3 (確率)

基本 (1) 5枚の硬貨の表裏の出方は全部で，$2\times2\times2\times2\times2=32$(通り)　そのうち，すべて表が出る場合は1通りだから，求める確率は，$\frac{1}{32}$

(2) 少なくとも1枚が表が出る場合は，$32-1=31$より31通りだから，求める確率は，$\frac{31}{32}$

(3) 表が出た硬貨の合計金額が650円以上になる場合は，(500円，100円，50円，10円，5円)＝(表，表，表，表，表)，(表，表，表，表，裏)，(表，表，表，裏，表)，(表，表，表，裏，裏)の4通り　よって，求める確率は，$\frac{4}{32}=\frac{1}{8}$

問題4 (平面図形の計量問題－角の二等分線の定理，三角形の相似，面積)

(1) 角の二等分線の定理から，AG：GC＝BA：BC＝4：5　よって，$CG=3\times\frac{5}{4+5}=3\times\frac{5}{9}=\frac{5}{3}$(cm)

(2) $AG=3\times\frac{4}{9}=\frac{4}{3}$　△ABGと△ECGにおいて，∠BAG＝∠CEG＝90°　対頂角から，∠AGB＝∠EGC　2組の角がそれぞれ等しいので，△ABG∽△ECG　よって，CE：EG＝BA：AG＝$4:\frac{4}{3}=3:1$

重要 (3) △ABDと△CBAにおいて，共通な角だから，∠ABD＝∠CBA　∠ADB＝∠CAB＝90°　2組の角がそれぞれ等しいので，△ABD∽△CBA　相似比は，AB：CB＝4：5　よって，$BD=4\times\frac{4}{5}=\frac{16}{5}$，$AD=3\times\frac{4}{5}=\frac{12}{5}$　$\triangle ABD=\frac{1}{2}\times\frac{16}{5}\times\frac{12}{5}=\frac{96}{25}$　角の二等分線の定理から，AF：FD＝BA：BD＝$4:\frac{16}{5}=5:4$　したがって，$\triangle BDF=\frac{4}{9}\triangle ABD=\frac{4}{9}\times\frac{96}{25}=\frac{128}{75}$

問題5 (図形と関数・グラフの融合問題)

基本 (1) ①に$x=-2$を代入して，$y=(-2)^2=4$　よって，A$(-2,\ 4)$　点Dはy軸に関して点Aと対称な点だから，D$(2,\ 4)$

(2) ②に$x=2$を代入して，$y=\frac{1}{3}\times2^2=\frac{4}{3}$　よって，C$\left(2,\ \frac{4}{3}\right)$　$DC=4-\frac{4}{3}=\frac{8}{3}$　$AD=2-(-2)=4$　したがって，長方形ABCDの面積は，$\frac{8}{3}\times4=\frac{32}{3}$

(3) (1，5)の点をE，線分ACの中点をFとする。$\frac{-2+2}{2}=0$，$\left(4+\frac{4}{3}\right)\div2=\frac{8}{3}$から，F$\left(0,\ \frac{8}{3}\right)$　直線EFは長方形ABCDを2等分する。直線EFの式を$y=ax+\frac{8}{3}$として点Eの座標を代入すると，

$5=a\times1+\frac{8}{3}$　$a=\frac{7}{3}$　よって，求める直線式は，$y=\frac{7}{3}x+\frac{8}{3}$

重要 (4)　$\triangle$ADP$=\frac{3}{2}$(長方形ABCD)$=\frac{3}{2}\times\frac{32}{3}=16$　$\triangle$ADPの底辺をAD，高さをhとすると，$\frac{1}{2}\times4\times h=16$　$h=8$　$4+8=12$から，点Pのy座標は12になる。②に$y=12$を代入して，$12=\frac{1}{3}x^2$　$x^2=36$　$x>0$から，$x=6$　よって，P(6, 12)

★ワンポイントアドバイス★
問題5(3)は，平行四辺形の2本の対角線の交点を通る直線は平行四辺形の面積を2等分することを利用しよう。

<英語解答>

問題1	問1 ①	問2 ②	問3 ③	問4 ⓪	問5 ②	問6 ③	問7 ②
問題2	問1 ①	問2 ①	問3 ②	問4 ⓪	問5 ①		
問題3	問1 ②	問2 ②	問3 ⓪	問4 ③	問5 ②		
問題4	問1 ③	問2 ③	問3 ⓪	問4 ①	問5 ①		
問題5	問1 ①	問2 ①	問3 ③	問4 ⓪	問5 ②	問6 ⓪	問7 ③
	問8 ①	問9 ②	問10 ⓪				
問題6	問1 ②	問2 ⓪	問3 ⓪	問4 ③	問5 ⑤	問6 ①	問7 ④
	問8 ③	問9 ④	問10 ④				

○推定配点○

問題1　問2　2点　他　各3点×6　**問題2・問題3**　各1点×10　**問題4**　各2点×5
問題5・問題6　各3点×20　計100点

<英語解説>

問題1　(長文読解問題・説明文：語句補充，語句解釈，指示語，要旨把握，内容吟味)

(全訳)　沖縄の食事は，農場で(ア)育てられたり，野生で(イ)見られたりするバランスの良い食べ物で作られている。沖縄の食文化は，健康に良いバランスで，暑い場所での(ウ)生活に良いアイデアに満ちている。

沖縄の人は豚肉をたくさん食べる。それは，てびち(豚足)やミミガー(豚の耳)などの料理に使用されている。食べられない豚の唯一の部分は，ぶーぶー鳴く声であるという古い言葉さえある。

沖縄には，(エ)特有な果物や野菜もある。島野菜として知られる伝統的な野菜には，ゴーヤ(苦いメロン)とニガナ(苦菜)を含む。それらは非常に健康的だ。沖縄で栽培される果物の多くは，ドラゴンフルーツ，マンゴー，バナナ，パパイヤなど，熱帯地方でよく見られる明るい色彩をしている。沖縄の豊かな日差しは，これらの果物をとても甘くする。

沖縄県民はまた豆腐もたくさん食べる。最近は世界中で人気がある。島豆腐と呼ばれる沖縄豆腐は，他の場所で食べる(オ)豆腐よりも固い。豆腐を作る上で重要な部分はニガリだが，島の豆腐では，ニガリではなく海水が使われている。

同時に沖縄の海も豊富な食料源だ。島の暖かい海には，ミーバイ，イラブチャー，沖縄県の魚グルクンなど，色とりどりの魚がたくさん生息している。沖縄の海は魚(カ)だけでなく，海藻の種類(キ)もまた多く与える。これらには，海ぶどうとモズクが含まれる。それらは沖縄人に長生きのための健康を与えていると考えられている。

問1 「育てられる」「見られる」となるため，過去分詞の形容詞的用法があてはまる。

問2 living in the hot place「暖かい場所で生活すること」という動名詞になる。

問3 沖縄には，熱帯地方でよく見られる「特有」の果物や野菜がある。

問4 「沖縄の豆腐」との比較なので，that が指すのは「豆腐」が適切である。

問5 not only A but also B「AだけでなくBもまた」

問6 第2段落最終文参照。ブタで食べることができないのは鳴き声だけである。

問7 第3段落最終文参照。沖縄の日差しは，果物を甘くするのである。

問題2 （アクセント）

問1 第2音節にアクセントがある。

問2 第2音節にアクセントがある。

問3 第3音節にアクセントがある。

問4 第1音節にアクセントがある。

問5 第2音節にアクセントがある。

問題3 （発音）

問1 ②は[ɔː]，その他は[ou]と発音する。

問2 ②は[ʌ]，その他は[au]と発音する。

問3 ⓪は[e]，その他は[ei]と発音する。

問4 ③は[ai]，その他は[i]と発音する。

問5 ②は[ei]，その他は[e]と発音する。

問題4 （会話文）

問1 「いつ」朝食を食べるかを尋ねている。

問2 How many brothers を用いているので，「何人兄弟がいるか」尋ねている。

問3 That's too bad.「それは残念でしたね」

問4 Could you ～?「～してくれませんか」という依頼の英文である。

問5 Do I have to ～? の答えは，No, I don't have to.「いいえ，その必要はありません」となる。

問題5 （語句選択問題：接続詞，前置詞，助動詞，代名詞，比較，受動態，不定詞）

問1 〈命令文，and ～〉「～しなさい，そうすれば…」

問2 後ろに年や季節，月の場合は in を用いる。

問3 助動詞 can の後は，動詞の原形が続く。

問4 paper は数えられない名詞なので，複数形はない。

問5 天気や寒暖，明暗を表現する場合には，it を用いる。

問6 一般動詞 has を用いているため，3人称単数として扱う each が適切である。

問7 コーヒーと紅茶の2つの比較なので，比較級を用いる。

問8 be interested in ～「～に興味がある」

問9 to eat too much「食べ過ぎること」が主語になる。

問10 〈It is ～ for 人 to …〉「…することは人にとって～だ」

問題6 （語句整序問題：熟語，接続詞，助動詞，進行形，比較）

問1 Is your English teacher from (Canada?) be動詞の疑問文は，文頭にbe動詞を置く。
問2 Did Mike have a good time (in Japan?) have a good time「楽しく過ごす」
問3 There was not any milk for breakfast (today.) not any ～「全く～ない」
問4 I was doing my homework when (my sister came home.) do one's homework「宿題をする」
問5 Are you going to swim in the river(?) 〈be going to ＋動詞の原形〉「～するつもりだ」
問6 Can you carry this bag to the room(?) Can you ～?「～してくれませんか」
問7 I must take care of my sister (this evening.) take care of ～「～の世話をする」
問8 You must not be late for school(.) be late for ～「～に遅れる」
問9 (I'm) always looking for something exciting(.) something は後ろに形容詞を置く。
問10 (He is) the best tennis player in our school(.) 〈the ＋最上級＋ in ～〉「～で最も…だ」

★ワンポイントアドバイス★

英文法の割合が大きい出題となっている。比較的取り組みやすい問題が多いため，教科書レベルの単語や英文をきちんと身につけたい。

＜理科解答＞

問題1	[1] ⑧	[2] ①	[3] ②	[4] ①	[5] ⓪	[6] ③	[7] ⑦	[8] ①
問題2	[9] ①	[10] ②	[11] ②	[12] ③	[13] ③	[14] ②		
問題3	[15] ②	[16] ④	[17] ①	[18] ②	[19] ②	[20] ⓪		
問題4	[21] ①	[22] ②	[23] ⑤	[24] ②	[25], [26] ①，⑥		[27], [28] ⓪，⑥	
問題5	[29] ⓪	[30] ②	[31] ①	[32] ②	[33] ⑤	[34] ④	[35] ①	[36] ③
問題6	[37] ②	[38] ①	[39] ⑧	[40] ①	[41] ④	[42] ③	[43] ⑤	
問題7	[44] ⑥	[45] ③	[46] ③	[47] ⓪	[48] ②	[49] ⑥	[50] ③	

○推定配点○

[25]・[26]，[27]・[28] 各4点×2(各完答)　他 各2点×46　計100点

＜理科解説＞

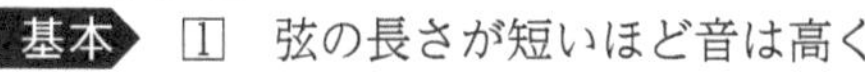

重要 **問題1** （光と音の性質―音の性質）

基本 [1] 弦の長さが短いほど音は高くなり，太さが細いほど，弦の張り方が強いほど高い音になる。

基本 [2] 弦を強くはじくと音は大きくなる。

[3] 図②の山の高さの部分が，振幅を表す。

[4] 波の位置が山と谷の部分を経て，初めと同じ位置に戻るまでが1回の振動を表す。これを波長という。

[5] 振動する部分の長さが長くなるので，音の高さは低くなる。そのため振動数が小さくなり，1往復の時間が長くなる。音の大きさは変わらないので，⓪のグラフになる。

[6] 弦の張り方を強めると音が高くなり，振動数が大きくなるので1往復の時間が短くなる。音の大きさは変わらないので，③のグラフになる。

7 音の高さは変わらず，音の大きさが小さくなる。振幅が小さくなるの，グラフは⑦である。

8 音の高さは低くなり，音の大きさは大きくなるので，1往復の時間が長くなり振幅が大きくなる。グラフは①になる。

問題2 （力・圧力―力のつり合い）

重要 9 物体に働く力は，地球が物体を引く力(ア)と，糸が物体を引く力(ウ)である。

重要 10 糸にかかる上向きの力と下向きの力は，イの物体が糸を引く力とオの天井が糸を引く力で，これがつりあう。物体にいくつかの力が働くときその合力が0になるとき，この状態を力のつり合いという。エとオやエとウ，ウとイなどの力は大きさは同じであるが，同じ物体にかかる力ではないので，ここでの力のつり合いの関係は共に糸を引く力のイとオである。

基本 11 仕事(J)＝力の大きさ(N)×力の方向に動いた距離(m)で求められる。1kgの物体にかかる重力が10Nで，これと同じ大きさの力で1m移動させるので，行なう仕事は10×1＝10(J)である。

基本 12 11と同じ大きさの力で2倍の距離を移動させるので，仕事の大きさも2倍になる。

基本 13 11の2倍の力で1m移動させるので，仕事の大きさも2倍になる。

重要 14 動滑車を使うと力の大きさは半分になるが，移動距離は2倍になるので仕事の大きさは変わらない。

問題3 （気体の発生とその性質―気体の性質）

基本 15 二酸化炭素の発生は②の組み合わせで生じる。⓪では酸素，①ではアンモニア，③では水素が発生する。

基本 16 二酸化炭素の確認は，気体を石灰水に通して白くにごるかどうかを見る。

基本 17 二酸化炭素は少し水に溶け，空気より重い気体である。よって上方置換法は適切でない。

18 上方置換法に適する気体は，水に溶けやすく空気より軽い気体である。アンモニアが適する。

19 小麦粉を燃やすと成分の炭素が燃焼して二酸化炭素が発生する。⓪では酸素，③では水素，④では塩素と水素が発生する。

重要 20 酸化銀を加熱すると，分解反応が生じ酸素が発生する。

問題4 （物質とその変化―物質の変化）

基本 21 銅を空気中で加熱すると，酸素と反応して黒色の酸化銅が生じる。

重要 22 銅の質量と反応によって生じた酸化銅の質量は比例するので，必要な銅の質量をx(g)とすると $0.8:1.0=x:4.0$　$x=3.2$(g)である。

23 0.8gの銅から1.0gの酸化銅が生じたので，銅と化合した酸素の質量は1.0－0.8＝0.2gであり，銅と酸素の質量比は0.8：0.2＝4：1である。

重要 24 この反応の化学反応式は，$2Cu+O_2 \rightarrow 2CuO$であり，②が正しい。

重要 25・26 7.0gの銅が8.6gになったので，質量の増加分が銅と結びついた酸素の質量になり8.6－7.0＝1.6(g)である。

重要 27・28 反応する銅と酸素の質量比が4：1であるので，1.6gの酸素と結びつく銅の質量は1.6×4＝6.4(g)であり，未反応の銅は7.0－6.4＝0.6(g)である。

問題5 （生物の類縁関係と進化―セキツイ動物の関係性）

基本 29・30 表のⅡ類は両生類であり，子供の時はえら呼吸と皮膚呼吸を行い，親になると肺呼吸と皮膚呼吸を行う。Ⅰ類は魚類でありえら呼吸をするのでAがえら，Bが肺である。

基本 31 Ⅳ類は鳥類，Ⅴ類はホ乳類である。これらは恒温動物であり，外気温が変化しても体温がほぼ一定に保たれる動物である。

基本 32 Ⅰ類は魚類，Ⅲ類はハ虫類であり，魚類と両性類の卵はやわらかく，ハ虫類と鳥類の卵は硬い殻に覆われている。

基本 33 魚類の体はうろこでおおわれている。ハ虫類はうろこや角質の皮膚に覆われている。鳥類は羽毛で覆われている。

34 イルカはホ乳類である。

35 イモリは両生類である。

36 ペンギンは鳥類である。

問題6 (生物どうしのつながり―食物連鎖)

基本 37 植物は光合成により有機物をつくりだす生産者である。草食動物は植物を食べる消費者であり，肉食動物は草食動物を食べる消費者である。菌類・細菌類は，植物や動物の死がいを分解する分解者である。

38 気体aは二酸化炭素であり，植物は二酸化炭素と水から太陽の光を利用して有機物をつくりだす。

39 植物も動物も菌類も呼吸により二酸化炭素を放出する。また，植物は光合成により二酸化炭素を取り入れる。ア，イ，エがこれらの流れを表している。

40 納豆菌は細菌類である。その他は菌類に属する。

基本 41 肉食動物の数が最も少なく，植物の数が最も多い。Bが草食動物を表す。

重要 42 草食動物の数が増えると，それをエサとする肉食動物の数も遅れて増える。しかし，草食動物の数が減少すると，遅れて肉食動物の数も減少する。これを表すグラフは③になる。

重要 43 草食動物の数が増えると，エサになる植物の数は減少し，草食動物が減ると植物は増える。グラフは⑤になる。

問題7 (地層と岩石―堆積岩と火成岩)

44 地震のゆれの大きさを示すのが震度である。震度は10段階で示される。地震のエネルギーの大きさを示すのがマグニチュードである。マグニチュードは震源からの距離には関係しない。マグニチュードが1大きくなると地震のエネルギーは約32倍大きくなる。

45 初期微動継続時間は，P波が到達してからS波が到達するまでの時間である。震源からの距離に比例する。

重要 46 P波は縦波で，S波より速い。図1より，P波は10秒間で60km進むので，その速さは6km/sである。

重要 47 S波は横波で，図1より20秒間で60km進むので，その速さは3km/sである。

48 P波は8時10分20秒で震源から60kmに達している。P波の速さは6km/sなので，60km進むには60÷6=10(秒)かかる。よって地震の発生時間は8時10分10秒であった。

49 初期微動継続時間は震源から60kmの場所で10秒であり，120kmの場所で20秒である。よって初期微動継続時間が18秒のとき，震源からの距離をx(km)とすると，$10:18=60:x$　$x=108$kmである。

50 A，B地点は震源からの距離が等しい。C点は震源から60kmの場所にある。これを満たす場所は③である。

★ワンポイントアドバイス★

理科全般の幅広い基本的な問題知識が求められる。標準レベルの問題集の演習を十分行うことが大切である。

＜社会解答＞

問題1	1 ⓪	2 ③	3 ②	4 ②	5 ①	6 ①	7 ③	
問題2	8 ②	9 ⓪	10 ①	11 ②	12 ②	13 ⓪	14 ①	
問題3	15 ⓪	16 ③	17 ①	18 ②	19 ①	20 ②	21 ③	
問題4	22 ②	23 ③	24 ⓪	25 ①	26 ①	27 ②	28 ③	29 ①
	30 ③							
問題5	31 ③	32 ①	33 ②	34 ③	35 ③	36 ①	37 ①	38 ⓪
	39 ①	40 ③						

○推定配点○

問題1　5～7　各3点×3　他　各2点×4　問題2　12～14　各3点×3　他　各2点×4

問題3　15～17　各2点×3　他　各3点×4　問題4　27～30　各3点×4　他　各2点×5

問題5　31～34　各2点×4　他　各3点×6　計100点

＜社会解説＞

問題1 （日本と世界の歴史―各時代の特色，政治・外交史，社会・経済史，文化史，日本史と世界史の関連）

1　仏教は，6世紀半ばに，渡来人によって伝えられたとされている。

2　東大寺の正倉院は，奈良時代につくられたので，聖徳太子とは関係がない。

3　聖武天皇と光明皇后は，仏教の力にたよって国家を守ろうと，国ごとに国分寺と国分尼寺を，都には東大寺を建て，東大寺に金銅の大仏をつくらせた。当時の僧は，保護され税や刑罰を免除されていた。当時，僧が集団で強訴を行った事実はないので，2は誤りとなる。

4　空海は高野山金剛峰寺に真言宗を開いた。

5　10世紀半ばになるとしだいに社会が乱れ，人々の心に不安な気持ちが高まったため，念仏を唱えて阿弥陀如来にすがり，死後に極楽浄土へ生まれ変わることを願う，浄土信仰がおこった。

基本　6　親鸞は，阿弥陀如来の救いを信じる心を強調した浄土真宗を，主に，農村に広めた。

7　年表中のAは17世紀と19世紀の間である。レーニンのロシア革命は1917年で，20世紀に起きているので，Aの時期には該当しない。

問題2 （日本と世界の歴史―政治・社会・経済史，日本史と世界史の関連）

8　2は「男子のみ」が「男女すべて」の誤りである。

重要　9　1890年に行われた最初の衆議院議員選挙での選挙権があたえられたのは，直接国税を15円以上をおさめる満25歳以上の男子だけであったため，総人口の1.1％（約45万人）にすぎなかった。

10　2つの資料を注意深く考察する。死者と戦費は圧倒的に日露戦争が勝っている。一戸当たりの税負担も，やはり，日露戦争の方が多い。

重要　11　治安維持法は，普通選挙法と同じ，1925年に成立しているので，Cの時期には該当しない。

12　1937年7月7日，北京郊外の盧溝橋付近で起こった日中両国軍の武力衝突をきっかけに，日中戦争がはじまった。したがって，2が誤りとなる。

13　太平洋戦争末期，1945年8月6日に広島，9日に長崎に，アメリカによって，原子爆弾が投下された。

14　日本の国連加盟（1956年），朝鮮戦争（1950～53年），沖縄返還（1972年），東海道新幹線開通（1964年），したがって，①が正解となる。

問題3 (日本の地理―地形図，気候・人口，諸地域の特色，産業)

⑮ 水俣病の原因はメチル水銀である。水俣市は，2008年7月に国が「環境モデル都市」と認定した全国6自治体のうちの一つである。

⑯ 0は図書館，1は老人ホーム，2は工場，3は博物館・美術館，それぞれの地図記号である。

⑰ 2万5千分の1の地形図上の4cmは，実際には，25000×4＝100000cm＝1000mとなる。

⑱ 愛知県を中心に広がる中京工業地帯は，自動車産業がさかんで，輸送機械工業の出荷額がしめる割合がとても高くなっている。したがって，機械工業の割合が1番多い2が正解となる。

⑲ 人口と製造品出荷額等が1番多いアは大阪府，人口が3番目に多いイは滋賀県，人口が1番少なく，国宝・重要文化財の指定件数が2番目に多いウは奈良県，国宝・重要文化財の指定件数が1番目に多いエは京都府である。

⑳ 広島市は，一年中温暖で降水量が少ない瀬戸内の気候で②にあたる。⓪は太平側の気候で高知市，①は内陸の気候で松本市，③は日本海側の気候で新潟市，それぞれがあてはまる。

㉑ 南部鉄器は，岩手県盛岡市周辺で作られている金工品である。江戸時代中期に誕生した伝統工芸品で，南部藩で作られていたことから「南部鉄器」という名前が付けられた。

問題4 (地理―世界の気候，諸地域の特色，産業，各分野総合問題)

㉒ アヘンを厳しく取り締まった清に対し，イギリスは1840年に軍艦を送り，アヘン戦争を起こして，勝利した。1842年に結ばれた南京条約により，イギリスは清に上海など五つの港を開かせ，香港を手に入れたうえに，賠償金を支払わせた。

㉓ 「水上交通に便利な大西洋岸や五大湖沿岸」という箇所から，Bはアメリカ合衆国であることが分かる。アメリカ合衆国の初代大統領はジョージ・ワシントンである。

㉔ 五大湖周辺にある年は，選択肢の中では，自動車産業の盛んなデトロイトだけである。サンベルトは北緯37度以南の地域，シアトルは太平洋岸の都市，ヒューストンはメキシコ湾岸の都市である。

㉕ ロサンゼルスは，太平洋岸にあるが，冬に雨が多く夏は極端に少ない地中海性気候である。したがって，1の雨温図が該当する。

㉖ バイオエタノールとは，さとうきび，トウモロコシ，小麦，テンサイ，廃木材など植物由来の資源を発酵させて抽出するエタノールで，再生可能燃料となる。

㉗ リオデジャネイロと豊田市の経度差は45度＋135度＝180度である。15度で1時間の時差があるので，リオデジャネイロと豊田市の時差は180度÷15度＝12時間である。豊田市の方が日付変更線の東側に位置するので，西側に位置するリオデジャネイロよりも時間が早い。したがって，リオデジャネイロが8月15日20時のとき，それより豊田市は12時間早いので8月16日8時となる。

㉘ ヒンドゥー教は，牛を聖なるものとしている。したがって，3が正解となる。0はキリスト教，1はイスラム教，2は仏教をあらわした文章である。

やや難 ㉙ 世界の綿花の生産割合は，1位Dのインド，2位Aの中国，3位Bのアメリカ合衆国である。したがって，イが正解である。

㉚ WTO(世界貿易機関)は，自由貿易促進を主たる目的として創設された国際機関であり，国家間の貿易摩擦解決にも力をつくしている。事務局がスイスのジュネーブにある。

問題5 (公民―社会生活，憲法，政治のしくみ，国際政治，その他)

㉛ 日本国憲法は，君主(日本では天皇)によって定められた憲法ではない。大日本帝国憲法の天皇主権から国民主権にかわり，天皇は象徴となった。したがって，③が誤りである。

㉜ 日米安全保障条約によって，アメリカが，沖縄だけでなく，日本国内に軍事基地を置くことが認められているので，①が誤りとなる。

基本 33 学校教育が無償ではなく，9年間の義務教育が無償であるので，②が誤りとなる。

34 新しい人権の中のプライバシーの権利は，表現の自由を制限することもある。したがって，③が誤りである。

重要 35 一票の格差においては2倍以上でも，最高裁で違憲判決が出ている。しかし，選挙結果自体は有効であるとされている。したがって，③が誤りとなる。

36 政権党(与党)以外の政党は「民党」ではなく，「野党」という。したがって，①が誤りとなる。

やや難 37 現在の日本の法律では，結婚できる年齢は，女性が16歳，男性は18歳である。ただし成人する前の結婚の場合，親の同意が必要である。したがって，1が誤りである。しかし，この法律は近々変わる。平成30年6月13日に成人年齢が20歳から18歳に引き下げられるとともに，女性の結婚できる年齢が18歳に引き上げられることなどを内容とする，民法の一部を改正する法律が成立した。そして，2022年(令和4年)から，男女ともに，親の同意なしに結婚できる年齢が18歳となる。

やや難 38 裁判の傍聴は法廷が開かれていれば，事前に申し込まなくても可能である。なお，家庭裁判所や簡易裁判所などで扱う非公開の事件(調停，審判等)は，傍聴することができない。また，傍聴希望者が多い裁判では傍聴券交付手続が行われる場合もある。その場合には，指定された場所に集合時間まであつまり，傍聴券を入手する必要がある。

39 常会(通常国会)は毎年1回，1月召集，と決められており，内閣総理大臣が召集するのではない。

40 解職請求(リコール)の場合，有権者の3分の1以上の署名が集まった後，住民投票を行い。その結果，過半数の同意があれば，首長や議員は解職される。

★ワンポイントアドバイス★

問題14 一方，最澄は，比叡山延暦寺に天台宗を開いた。真言宗も天台宗も，人里はなれた山奥の寺で，学問やきびしい修業をした。 **問題3**21 南部鉄器の特徴は，さびにくく長持ちすることや熱が均一に伝わることなどである。

＜国語解答＞

問題一 問一 1 ① 2 ⓪ 3 ③ 問二 ② 問三 ④ 問四 ②
問五 ① 問六 ⓪ 問七 ④ 問八 ② 問九 ② 問十 ⓪
問十一 ① 問十二 ①

問題二 問一 1 ⓪ 2 ① 3 ② 4 ③ 問二 a ⓪ b ① c ③
d ② 問三 ① 問四 ② 問五 ② 問六 ⓪ 問七 ③
問八 ① 問九 ②

問題三 問一 ③ 問二 A ⓪ C ② D ① 問三 ⓪ 問四 ⓪
問五 ① 問六 ① 問七 ③ 問八 ① 問九 ① 問十 ①

○推定配点○

問題一 問一 各1点×3 問二・問三・問七・問十 各2点×4 他 各4点×7
問題二 問一・問二 各1点×8 問三・問四・問七 各2点×3 他 各4点×4
問題三 問一～問五 各2点×7 問十 1点 他 各4点×4 計100点

＜国語解説＞

問題一 （論説文―大意・要旨，内容吟味，文脈把握，指示語の問題，接続語の問題，脱文・脱語補充，漢字の読み書き，語句の意味，同義語・対義語，品詞・用法）

問一　1　要因　⓪　押印　①　因縁　②　印影　③　婚姻
　　　2　指摘　⓪　摘発　①　警笛　②　目的　③　敵
　　　3　排除　⓪　俳句　①　集配　②　背景　③　排気

基本　問二　直後の文で「お互いが状況を知っていて，お互いが使う言葉もだいたいわかっているから」と理由を述べている。

問三　付属語で活用がないので，④の助詞。

問四　傍線部Cの「ここ」は，直前の文の「読む相手を想定することが基本である」を指している。

問五　直前の「わかっている頭から出てきた言葉」と，直後の文の「言葉からわかろうとする」は何が「違う」のかを考える。「わかる」ことと「言葉」の順序が違うので，a にあてはまるのは①の「順序」。

問六　「初心者」にありがちなことは，どのようなことか。直前の文の「描いた直後には，なかなか上手く描けたと思っていても，何日か経ってから見てみると，デッサンが狂っているし，奇妙な顔になっていたりする」という例にふさわしいものを選ぶ。最初はうまく描けたと思っても，後で良くない点に気づくのは，漫画だけでなく文章にも言えるという筆者の考えも確認する。

問七　「客観」は第三者の立場から物事を考えるという意味なので，対義語はその人だけの立場から物事を考えるという意味になる。

やや難　問八　挿入文の冒頭に「これが」とあるので，「絵の上達」について具体的に述べた後に入れる。「絵の上達」について述べている部分を探すと，ウの前に「最初は何日もあとにならないとわからないが，そのうち翌日にはわかるようになり，ついには，描いてすぐに判別できる目になる」とあり，筆者はこのことを「絵の上達」と言っている。アの前の「デッサンが狂っているし，奇妙な顔になっていたりする」や，イの前の「変だということがわかる客観的な目を持っていない」は，「絵の上達」にふさわしくない。エの前の「自分が書いた絵を鏡に映して見ること」を筆者はすすめているが，「絵の上達」について具体的に述べているわけではない。オの前の「鏡で反転しても，まったく崩れない」は「上手い絵」について述べているが，「絵の上達」について述べているわけではない。

重要　問九　同じ文に，説明の意味を表す「つまりは」とあるので，その後の「自分の書いた文章を客観的に読み直せるかどうか」に着目する。「自分の書いた文章を客観的に読み直」すことで，どのようなことをチェックしようとしているのかを考える。最終段落の「不特定多数が読んでも分かる文章になっているかどうかをチェックする。それが，文章の最終的な目標だからだ」に着目し，「不特定多数が読んでも」を「誰が読んでも」と置き換えているものを選ぶ。

問十　「シフト」は，状態などが移行すること。直後の文の「自分以外の誰かになったつもりでそれが読める，架空の人物の視点で文章を読める」という説明から，考え方が移行するという意味だと判断できる。

やや難　問十一　「学生であれば……先生にわかってもらえる文章を書く，という訓練をすることになる」という前に対して，後で「先生は，自分の視点だけで見るのではない」と相反する内容を述べているので，逆接の意味を表す語句があてはまる。

重要　問十二　「文章が上手い」で始まる段落の「文章が上手いというのは，つまりは，自分の書いた文章を客観的に読み直せるかどうか」に①が適切。本文冒頭に「人は，普段は口から出る声でコミュニケーションを取っている」とあるが，「すべて」とは言っていないので⓪は適切ではない。

「最初は」で始まる段落に「最初は何日もあとにならないとわからないが」とあるが，②の「上手な絵」について述べているわけではない。最終段落の「不特定多数が読んでも分かる文章になっているか……が，文章の最終的な目標だからだ」に，「先生にわかってもらえる文章を書くことが文章の最終的な目標」とある③は合わない。

問題二 （小説一情景・心情，内容吟味，文脈把握，接続語の問題，脱文・脱語補充，漢字の読み書き）

問一 1 真剣 ⓪ 剣道 ① 実験 ② 冒険 ③ 検査
2 模様 ⓪ 太平洋 ① 異様 ② 曜日 ③ 陽性
3 焦燥 ⓪ 奨学金 ① 衝動 ② 焦点 ③ 詳細
4 愉快 ⓪ 解決 ① 視界 ② 回収 ③ 快晴

問二 a 「悦子と僕はしたしくなった」という前に対して，後で「彼女に惚れてしまうことになろうとは気が付かなかった」と相反する内容を述べているので，逆接の意味を表す語句があてはまる。 b 「悦子は自分を優等生だったと云った」という前から，後に「いかにも級長さんらしい所があった」と続けているので，思い当たるところがあるという意味を表す語句があてはまる。 c 「僕は云った。きょうも……やりきれなかった，と。」という前に続けて，後に「彼女は突然きいた」とあるので，続いて物事が起こる様子を表す語句があてはまる。 d 「嘘ばっかり」という前に対して，後で「あたし見たんですもの」と理由を述べているので，理由の意味を表す語句があてはまる。

問三 同じ段落にあるように，二人は「小学校の頃の夏休みのこと」を話している。［ I ］を含む文の直前の文「学校のはじまるのが厭だった」から，何が「終りに近付」くのが「憂鬱」だったのかを考える。「憂鬱」は，気持ちがふさいで晴れないことを意味する。

問四 同じ文の「番外の用だった」，「五月のはじめの暑い日」で，「途中クシャミばかり出」たことが「いやでたまらなかった」理由になる。②の「行きたくない家だった」とは言っていない。

問五 同じ文の「学校のはじまるのが厭だった」に着目する。優等生だった悦子が「学校のはじまるのが厭だった」ことが，「僕と同じだった」と言っている。

問六 「やりきれない」は，耐えられないこと。直前の「きょうもまた怠けて遊んでしまい，手のつけてない宿題帳の山をながめながら」から，「僕」が「やりきれなかった」理由を読み取る。

問七 前で，悦子が「あなた，ヒグラシの鳥って，見たことある？」と「僕」に聞いている。「僕」が「ヒグラシっていうのはね，鳥じゃないんだ」と答えたのに対して，悦子が「あたし見たんですもの」と言っていることから判断する。

問八 直前の「あなたのおっしゃることって，嘘ばっかり。」という会話から，悦子が泣いたのは，「僕」に嘘ばかりつかれたからだとわかる。

問九 最終場面で，「僕の肩によりかかって泣く」悦子に対して「僕」は「そうだね，軽井沢にはいるかもしれない。ほんとは，僕はまだヒグラシなんて見たことがないんだ」と言っている。この内容として，②が適切。

問題三 （古文一情景・心情，文脈把握，内容吟味，指示語の問題，品詞・用法，仮名遣い，口語訳，文学史）

基本 問一 語頭以外のハ行はワ行で発音する。aは「う」，bとdは「い」，cは「わ」と発音する。

やや難 問二 A 「宗」には，中心となる人という意味がある。 C 「驚く」には，目が覚めると言う意味がある。 D 「心も得で」は，心得ることができないで，納得できないで，という意味になる。「暮れぬ」の「ぬ」は，完了の意味を表す。

問三 「この法師ばらは……この由を申すなり」と言ったのは，「その里にとりて宗とある者の夢」

に現れた「頭をつかみなる法師ども」。

問四　ここでの「されば」は，前に述べた事柄を受けて当然の結果として起こることを表す。

やや難 問五　「平茸は食は［Ｉ］んに事欠くまじきもの」は，（現代語訳）から「平茸などは食わなくとも」という意味になる語句があてはまる。直後の「ん」に接続するのは，①の「ざら」。

問六　直前の「この法師どもは長い年月よく宮仕えをしてまいりましたが，この里にも縁がなくなり，今はよそへ移り去ろうと存じます……事の子細を申し上げないでは失礼とも思って，この話を申すのです」という夢に現れた法師たちの言葉に着目する。法師たちが別れの挨拶をしにきたことを指している。

基本 問七　直前の「不浄の身で人に説法する法師」を指している。「不浄の身」は汚れた身のこと。

問八　仲胤僧都のことばを聞いて，里村の人々は「これはなんと。不浄の身で人に説法する法師は，平茸に生まれ変わるということがあるのに」と言っている。山で茸の類が見あたらなくなったことから，里村の人々は，平茸になった僧たちが引っ越したのだと考え，その挨拶に来た夢だと捉えている。

重要 問九　直前の段落の「これはなんと。不浄の身で人に説法する法師は，平茸に生まれ変わるということがあるのに」を受けて，「平茸などは食わなくても，なにも不自由はすまいに」と言っている。平茸は法師の生まれ変わりかもしれないから，という理由を述べているものを選ぶ。

問十　『宇治拾遺物語』は鎌倉時代の作品で，同じ時代に成立したのは①。⓪と③は奈良時代，②は江戸時代，④は平安時代の作品。

★ワンポイントアドバイス★

試験時間が短く，問題数も多いので，丁寧に照らし合わせたり見返しをしたりすることは難しい。すばやく正確に解答する練習を重ねよう。

大切なことはメモしておこうネ！

T.G

2020年度

★★★★★★★★★★★★★★★★★★★★★★★★

入　試　問　題

2020年度

豊田大谷高等学校入試問題

【数　学】（40分）　＜満点：100点＞

解答上の注意

問題文中の$\boxed{1}$，$\boxed{2}\boxed{3}$，$\dfrac{\boxed{4}}{\boxed{5}}$などの□には，数字（０から９），または符号（－）のいずれか一つが入ります。それらを解答カードの１，２，３，…で示された解答欄にマークして答えなさい。ただし，（±）は使用しません。

【注意】 $\boxed{2}\boxed{3}$のような解答の場合，$\boxed{2}$には０は入りません。また，$4\sqrt{2}$と答えるところを，$2\sqrt{8}$のように答えてはいけません。

例１　$\boxed{1}$の答えを６，$\boxed{2}\boxed{3}$の答えを97とする場合，右のようにマークしなさい。

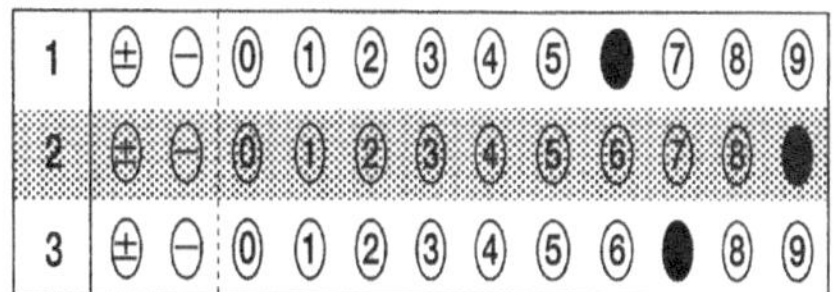

例２　$\dfrac{\boxed{4}\boxed{5}}{\boxed{6}}$の答えを$-\dfrac{3}{8}$とする場合，$\dfrac{-3}{8}$として右のようにマークしなさい。特に分数で答える場合，解答番号に注意し，マークしなさい。

4	±	●	0	1	2	3	4	5	6	7	8	9
5	±	−	0	1	2	●	4	5	6	7	8	9
6	±	−	0	1	2	3	4	5	6	7	●	9

〈練習問題〉

(1)　$7-10=\boxed{1}\boxed{2}$　　(2)　$\dfrac{1}{3}+\dfrac{4}{3}=\dfrac{\boxed{3}}{\boxed{4}}$

練習問題用解答欄

1	±	−	0	1	2	3	4	5	6	7	8	9
2	±	−	0	1	2	3	4	5	6	7	8	9
3	±	−	0	1	2	3	4	5	6	7	8	9
4	±	−	0	1	2	3	4	5	6	7	8	9

練習問題解答

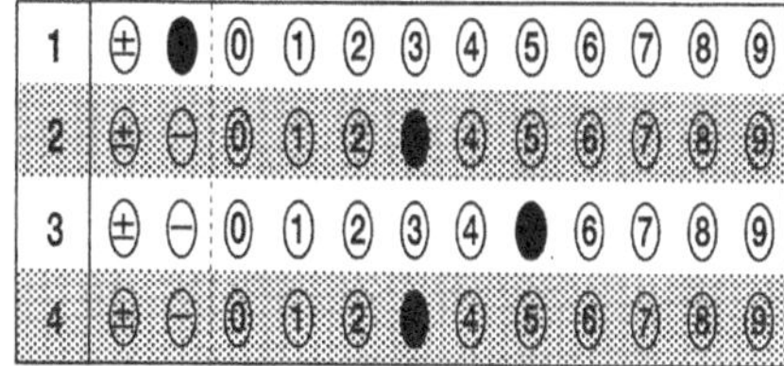

問題１　次の問いに答えなさい。

(1)　$3-(-5)\times 2$を計算すると，$\boxed{1}\boxed{2}$である。

(2)　$\left(\dfrac{4}{3}\right)^2\div(-2^2)$ を計算すると，$\dfrac{\boxed{3}\boxed{4}}{\boxed{5}}$である。

(3)　$\left(\dfrac{3}{2}-\dfrac{1}{3}\right)\times 6$ を計算すると，$\boxed{6}$である。

(4)　$x^4y\times(xy^3)^2\div x^3y^2$ を計算すると，$x^{\boxed{7}}y^{\boxed{8}}$ である。

(5)　$a=5$，$b=-2$ であるとき，$2(a+2b)-(a+3b)$ の値は，$\boxed{9}$である。

(6)　$\sqrt{35}\div\sqrt{5}+\sqrt{21}\times\sqrt{3}$ を計算すると，$\boxed{10}\sqrt{\boxed{11}}$ である。

(7)　$(x-5)(x+6)+24$ を因数分解すると，$(x-\boxed{12})(x+\boxed{13})$ である。

⑻　連立方程式 $\begin{cases} 4x+3y=7 \\ x+2y=8 \end{cases}$ を解くと，$x=$⑭⑮，$y=$⑯ である。

⑼　ある中学校では，全校生徒の30％がバス通学をしている。バス通学をしている生徒が273人であるとき，全校生徒の人数は⑰⑱⑲人である。

⑽　次の⓪～③の中で正しい文章は⑳である。

⓪偶数と奇数を足すと偶数になる。

①奇数と奇数を足すと奇数になる。

②偶数と奇数をかけると奇数になる。

③奇数と奇数をかけると奇数になる。

問題２　ある学校で，数学のテストを行なったところ，10人のテストの結果は〈資料１〉のようになった。このとき次の問いに答えなさい。

〈資料1〉

得点(点)	89	61	34	43	52	68	11	76	81	55

⑴　このデータの最大値は㉑㉒，中央値は㉓㉔，範囲は㉕㉖である。

⑵　テスト当日に休んだ生徒１人が同じテストをあとから受験した。この１人を加えた11人の平均点は，元の平均点より２点高くなった。このとき，この生徒の得点は㉗㉘点である。

問題３　0，1，2，3 の数字が書かれたカード４枚がある。この中から３枚のカードを選んで，３桁の整数を作るとき，次の問いに答えなさい。

⑴　３桁の整数は全部で㉙㉚通りできる。

⑵　偶数は全部で㉛㉜通りできる。

⑶　300より小さい数は㉝㉞通りできる。

⑷　この４枚のカードで作ることのできる３桁の整数の中で，203は最も大きい数から数えて㉟㊱番目の数である。

問題４　下の図のようなAD//BCの台形で，対角線AC，BDの交点をOとする。AD＝９㎝，BC＝15㎝，AC＝16㎝，BD＝12㎝のとき，次の問いに答えなさい。

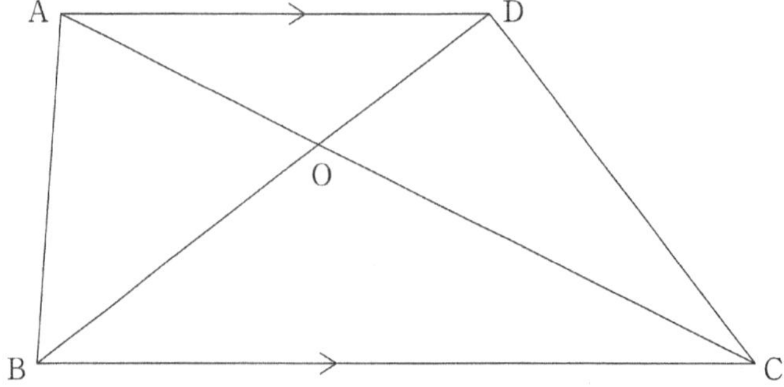

⑴　AOの長さは㊲㎝である。

⑵　△AODと△COBの面積比を最も簡単な整数比で表すと38：3940である。

⑶　△AOBと△CODの面積比を最も簡単な整数比で表すと41：42である。

問題 5　下の図のように，$y=2x^2$…①のグラフと $y=x^2$…②のグラフがある。①のグラフ上の x 座標が－1である点をA，②のグラフ上の x 座標が2である点をBとする。また，点Bを通り直線OAに平行な直線を ℓ とし，ℓ と x 軸の交点をPとする。このとき，次の問いに答えなさい。

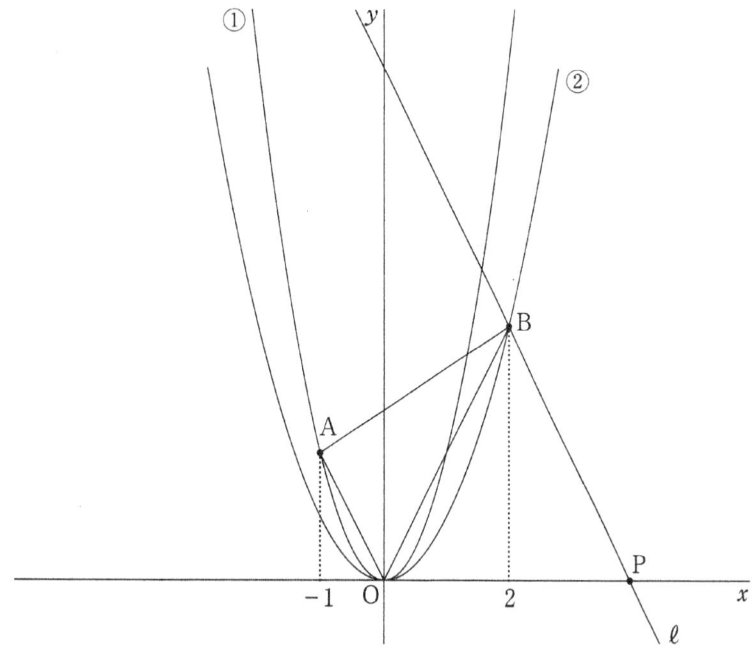

⑴　Aの座標は（－1，43），Bの座標は（2，44）である。

⑵　直線 ℓ の方程式は $y=$4546$x+$47である。

⑶　△OABの面積は48である。

⑷　△ABPの面積は49である。

【英　語】（40分）　<満点：100点>

問題１　次の文章を読んで，後の問いに答えなさい。

Paul White works as a cook in a top London hotel. He thinks about the British and food as following:

Visitors to Britain generally agree about one thing – British cooking.

"It's terrible!" they say. "You can cook vegetables in so many interesting ways. But the British cook vegetables for too long, so they lose their taste." These visitors eat in the wrong places. The best British cooking is in good restaurants and hotels, or at home.

British tastes have changed a lot over the past thirty years. In 1988 the national average for each person was 352 grams of "red" meat each week, but now（　ア　）. People prefer chicken and fresh fish. And more people are（　イ　）in healthy eating these days. In 1988 the national average was 905 grams of fruit and fruit juice each week, but now（　ウ　）.

The British have a "(エ)sweet tooth". They love cakes, chocolates and sweets. At my hotel we cook traditional British puddings and our customers love (オ)them. (カ)Can you imagine a pudding made mostly with bread and butter? It exists in British cooking – "Bread and Butter Pudding".（　キ　）

Today (ク)(want / food / many / be / quick / and / easy /people / to). When both parents are working, they cannot cook large meals in the evening. 'Ready-made' meals from（　ケ　）and Marks and Spencer and 'take-away' meals from（　コ　）are very popular. If you are feeling tired or lazy, you can even phone a local restaurant. (サ)They will bring the food to your house.

Twenty years ago, British people usually（　シ　）at home. They only went out for a meal at special times, like for somebody's birthday. But today, many people eat out at least once a week.

In the past, traditional steakhouses were very popular places, but now many people prefer foreign food. Every British town（　ス　）Indian and Chinese restaurants and large towns have restaurants from many other countries, too.

［注］as following：以下の通り　generally：一般的に　terrible：ひどい　wrong：間違っている　national average：国の平均　prefer：～の方を好む　healthy：健康的な　pudding：プリン　exist：存在する　meals：食事　Marks and Spencer：イギリスの雑貨店　lazy：怠けている　at least：少なくとも

問１　（ア）（ウ）にそれぞれ入る適切な文の組み合わせを⓪～③から１つ選び，その番号をマークしなさい。　1

⓪ア　it's more than 250 grams　　ウ　it's about 500 grams

①ア　it's less than 250 grams　　ウ　it's about 500 grams

②ア　it's as more 250 grams　　ウ　it's about 2,000 grams

③ア it's less than 250 grams　ウ it's about 2,000 grams

問２ （イ）（シ）（ス）に入る適切な語の組み合わせを⓪～③から１つ選び，その番号をマークしなさい。 2

⓪イ interested　シ ate　ス has

①イ interest　シ eat　ス has

②イ interests　シ eaten　ス had

③イ interested　シ ate　ス have

問３ 下線部（エ）の意味を⓪～③から１つ選び，その番号をマークしなさい。 3

⓪恋人　①虫歯　②甘党（甘いもの好き）　③きれいな歯

問４ 下線部（オ）が指すものを⓪～③から１つ選び，その番号をマークしなさい。 4

⓪ customers　① cakes and chocolates

② bread and butter　③ traditional British puddings

問５ 下線部（カ）の正しい日本語訳を⓪～③から１つ選び，その番号をマークしなさい。 5

⓪パンとバターからプリンが作られることをあなたは想像できますか。

①ほとんどパンとバターで作られるプリンをあなたは想像できますか。

②良質なパンとバターが入ったプリンをあなたは想像できますか。

③プリンから作られるパンとバターをあなたは想像できますか。

問６ （キ）に入る適切な文を⓪～③から１つ選び，その番号をマークしなさい。 6

⓪ It's terrible!　① It's great!　② It's a pudding!　③ It's big!

問７ （ク）の（ ）内の語を，「多くの人たちが早く，簡単に食べられる食べ物を欲しがっています。」という意味になるように並べかえたとき，二番目と五番目にくる語の組み合わせを⓪～③から１つ選び，その番号をマークしなさい。 7

⓪二番目：people　五番目：to　①二番目：people　五番目：food

②二番目：quick　五番目：want　③二番目：and　五番目：be

問８ （ケ）（コ）に入る適切な語句の組み合わせを⓪～③から１つ選び，その番号をマークしなさい。 8

⓪ケ fast food restaurants　コ supermarkets

①ケ hotel's restaurants　コ fast food restaurants

②ケ supermarkets　コ hotel's restaurants

③ケ supermarkets　コ fast food restaurants

問９ 下線部（サ）が指すものを⓪～③から１つ選び，その番号をマークしなさい。 9

⓪両親　①スーパーの人　②イギリス人　③レストランの人

問10 本文の内容と異なるものを⓪～③から１つ選び，その番号をマークしなさい。 10

⓪ Paul White cooks in a top London Hotel.

① Today more British people like chicken and fresh fish much better than meat.

② Twenty years ago British people went out for a meal only at special times, like Christmas or New Year's day.

③ When people in Britain are feeling tired or lazy, they order food from a local restaurant.

問題 2 次の単語で最も強く読まれる部分をそれぞれ⓪～③から１つ選び，その番号をマークしなさい。

問１ dic-tio-nar-y [11]
⓪ ① ② ③

問２ es-pe-cial-ly [12]
⓪ ① ② ③

問３ in-ter-na-tional [13]
⓪ ① ② ③

問４ res-ta-u-rant [14]
⓪ ① ② ③

問５ va-ca-ti-on [15]
⓪ ① ② ③

問題 3 次の各組の単語のうち，下線部の発音が他の３つと異なるものをそれぞれ⓪～③から１つ選び，その番号をマークしなさい。

	⓪	①	②	③	
問１	is	idea	nice	ice	[16]
問２	meter	meet	mean	men	[17]
問３	north	thousand	than	through	[18]
問４	son	sun	luck	program	[19]
問５	enough	eight	high	night	[20]

問題 4 次の会話の意味が通るように，（ ）内に入る適切なものをそれぞれ⓪～③から１つ選び，その番号をマークしなさい。

問１ A：（ [21] ）
B：I am 45 years old.
A：You look young. I thought you are 35 years old.
B：Really? Thank you very much. I am happy.
⓪ How's the weather today? ① What are you doing?
② What's the date today? ③ How old are you?

問２ A：Do you like English?
B：Yes, I do.
A：Then, （ [22] ）
B：Because I can talk with people from a lot of countries.
⓪ where are you now? ① which country do you want to visit?
② who are you? ③ why do you like English?

問３ A：Do you practice the guitar every day?
B：Yes, I do. I practice at home.
A：How long do you practice in a day?
B：（ [23] ）
⓪ On Sunday.
① At the living room.
② About 30 minutes.
③ For seven years.

問4 A：I have a question for you. How many days are there in a week?
B：7 days.
A：（ 24 ）
⓪I see. ①You are right.
②Let's go to the park. ③I don't agree with you.

問5 A：You look so tired. （ 25 ）
B：At 3:30 a.m.
A：Really? I can understand you look so tired.
⓪What time did you go to bed last night?
①What time did you have dinner?
②When is your birthday?
③Are you all right?

問6 A：How long are you going to stay in Japan?
B：For ten days.
A：Then, where are you going to stay?
B：（ 26 ）
⓪I am going to go to the famous zoo. ①At my sister's house.
②I am going to go to take the train. ③At 2 o'clock.

問7 A：Show me your passport, please.
B：Sure. Here you are.
A：What's the purpose of your visit?
B：（ 27 ）
⓪My favorite Japanese food is sushi. ①By airplane.
②Sightseeing. ③With my mother.

問8 A：What do you want to be in the future?
B：I want to be an English teacher.
A：Really? I can help you.
B：（ 28 ）
⓪I want to learn math. ①Say hello to your mother.
②Which university should I enter? ③It's Monday.

問題5 次の各文の意味が通るように，（ ）内に入る適切なものをそれぞれ⓪～③から1つ選び，その番号をマークしなさい。

問1 That is a book （ 29 ） by Natsume Soseki.
⓪writes ①writing ②written ③wrote

問2 He is the boy （ 30 ） came to see you.
⓪who ①which ②when ③how

問3 In case （ 31 ） an earthquake, cover your head first.
⓪at ①of ②with ③on

問4　Are you going (32) Yokohama tomorrow?
⓪ visit　① visiting　② to visit　③ visited

問5　I want (33) baseball today.
⓪ play　① plays　② to play　③ to plays

問6　This pencil is (34) than that one.
⓪ long　① more long　② the longest　③ longer

問7　I can run as fast (35) John.
⓪ as　① than　② in　③ of

問8　Our school has fun events, (36) a chorus contest.
⓪ for　① in　② at　③ like

問題6　２つの文がほぼ同じ意味を表すように，（ア）（イ）内に入る適切な語の組み合わせを，それぞれ⓪～③から１つ選び，その番号をマークしなさい。

問1　Please tell me the way to the station. 37
Please tell me (ア) (イ) get to the station.
⓪ア　way　イ　to　①ア　how　イ　to
②ア　why　イ　to　③ア　that　イ　way

問2　My father said to me, "Get up early." 38
My father (ア) me (イ) get up early.
⓪ア　told　イ　to　①ア　said　イ　to
②ア　call　イ　to　③ア　said　イ that

問3　Bill was too tired to read the book. 39
Bill was (ア) tired that he (イ) read the book.
⓪ア　very　イ　never　①ア　not　イ　could
②ア　too　イ　would　③ア　so　イ　couldn't

問4　Ms. Kato took pictures.　I want to see them. 40
I want to see the pictures (ア) (イ) Ms.Kato.
⓪ア　taken　イ　with　①ア　taking　イ　by
②ア　taken　イ　by　③ア　was　イ　taken

問5　Do you know the students playing soccer? 41
Do you know the students (ア) (イ) playing soccer?
⓪ア　who　イ　is　①ア　which　イ　are
②ア　can　イ　be　③ア　who　イ　are

問6　I've never seen such a tall building. 42
This is the tallest (ア) (イ) I've ever seen.
⓪ア　building　イ　that
①ア　such　イ　as
②ア　building　イ　than
③ア　build　イ　that

問題 7　次の日本語の意味になるように，【　】内の語句を並べ替えたとき，【　】内で４番目にくる語句を選び，その番号をマークしなさい。ただし，文頭にくる語も小文字になっている。

問１　20億人以上の人たちが，食べ物を温めるために，まきを使用します。　43

【 wood / food / more than / to / heat / two billion people / use 】.
⓪　①　②　③　④　⑤　⑥

問２　多くの人たちは，美しい自然を楽しむために，カナダへ行きます。　44

【 Canada / enjoy / go / a lot / people / to / to / of 】 its beautiful nature.
⓪　①　②　③　④　⑤　⑥　⑦

問３　それらは，日本からヨーロッパへもたらされました。　45

【 Japan / brought / they / from / to / were 】 Europe.
⓪　①　②　③　④　⑤

問４　彼らの一部は，学校へ行ったことがありません。　46

【 some / been / never / have / them / of / to 】 school.
⓪　①　②　③　④　⑤　⑥

問５　多くの人たちは，テレビで相撲を見て楽しみます。　47

【 on TV / sumo / people / watching / enjoy / many 】.
⓪　①　②　③　④　⑤

問６　私たちが災害のために準備することは必要です。　48

It's 【 disasters / prepare / necessary / us / for / for / to 】.
⓪　①　②　③　④　⑤　⑥

問７　私は，私たちの未来の世代の人たちに，バイオリンを弾いてほしいと思っています。　49

I 【 the violins / play / want / our future generations / to 】.
⓪　①　②　③　④

問８　高齢者の数が増加しています。　50

【 people / increasing / elderly / the / of / number / is 】.
⓪　①　②　③　④　⑤　⑥

問９　これは，去年彼女が書いた本です。　51

This 【 she / which / is / wrote / a book 】 last year.
⓪　①　②　③　④

問10　ステージに机が５つあります。　52

【 on / are / desks / the / five / there / stage 】.
⓪　①　②　③　④　⑤　⑥

【理　科】（40分）　＜満点：100点＞

問題１　図１は，鏡，うすい板，物体ａを置いた様子を，真上から見たものである。また，図２は，図１の物体ａを物体ｂに置き換えたものである。あとの問いに答えなさい。

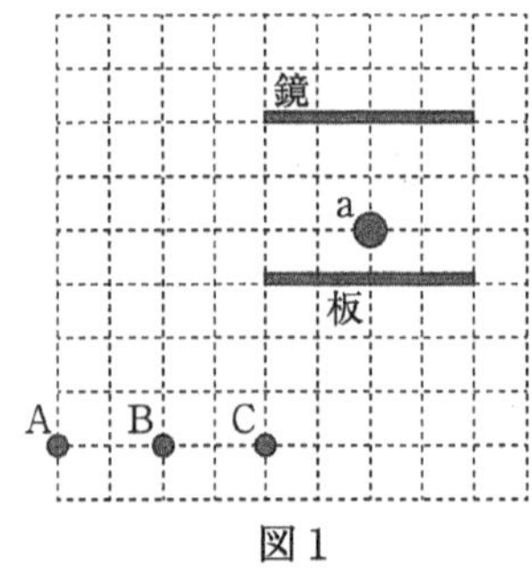

図１

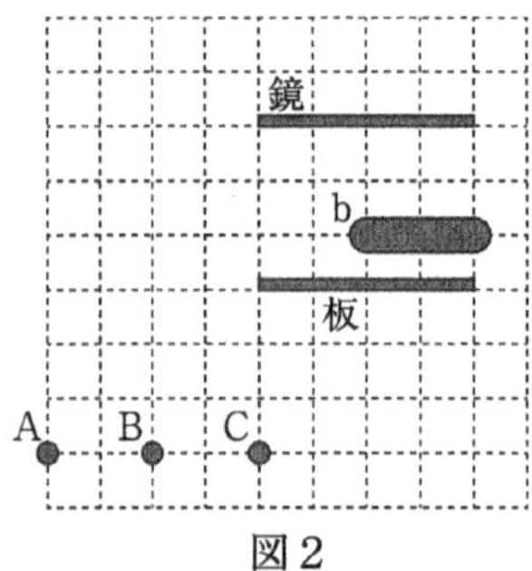

図２

1　図１において，地点Ａ，Ｂ，Ｃから見たとき，鏡越しに物体が見えるのはどの位置か。最も適当なものを⓪～⑥から１つ選び，1にマークしなさい。

⓪Ａのみ　①Ｂのみ　②Ｃのみ　③ＡとＢ
④ＢとＣ　⑤ＣとＡ　⑥すべての地点

2　図２において，地点Ａ，Ｂ，Ｃから見たとき，鏡越しに物体全体が見えるのはどの位置か。最も適当なものを⓪～⑥から１つ選び，2にマークしなさい。

⓪Ａのみ　①Ｂのみ　②Ｃのみ　③ＡとＢ
④ＢとＣ　⑤ＣとＡ　⑥すべての地点

3　図３において，Ａ～Ｄの穴があいた箱がある。箱の中はすべて鏡になっている。Ａの穴からやじるしの方向に入射させた光はどの穴から出てくるか。最も適当なものを⓪～⑦から１つ選び，3にマークしなさい。

⓪Ａ　①Ｂ　②Ｃ　③Ｄ
④ＡとＢ　⑤ＢとＣ　⑥ＣとＤ　⑦ＤとＡ

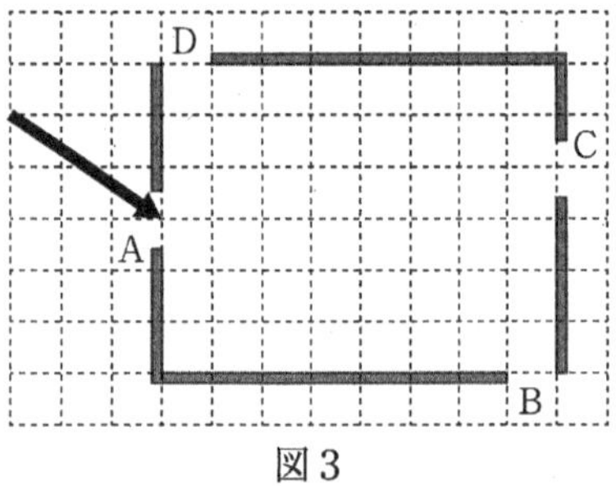

図３

図４のように記録用紙の上に置いた半円型レンズの中心Ｏにいろいろな方向から光を当てた。あとの問いに答えなさい。

4　ａの線に沿って光を入射させたとき，入射角はどこにあたるか。最も適当なものを⓪～⑦から１つ選び，4にマークしなさい。

⓪∠aOc　①∠aOb　②∠aOl
③∠aOk　④∠aOi　⑤∠kOl
⑥∠kOj　⑦∠kOi

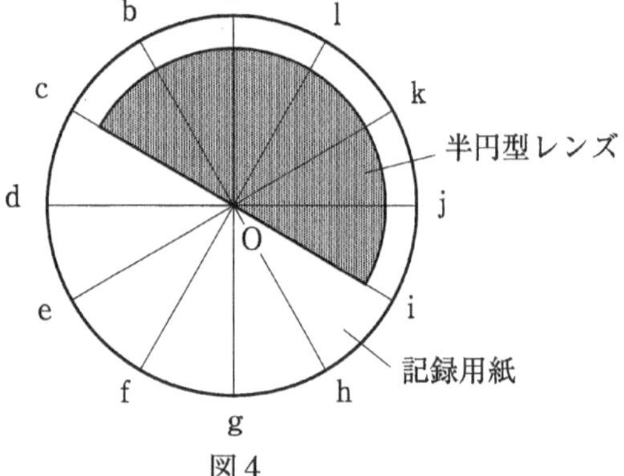

図４

5　eの線に沿って光を入射させたとき，レンズを通った光はａ～ｌの線と線の間を通った。最も適当なものを⓪～④から１つ選び，5にマークしなさい。

⓪ｃとｂの間　①ｂとａの間　②ａとｌの間　③ｌとｋの間　④ｋとｊの間

6　ｆに沿って入射させたとき，レンズを通った光はａ～ｌの線上を通った。最も適当なものを⓪～⑥から１つ選び，6にマークしなさい。

⓪ｉ　①ｊ　②ｋ　③ｌ　④ａ　⑤ｂ　⑥ｃ

7　ｊの線に沿って光を入射させたとき，レンズを通った光はすべてａ～ｌの線上を通った。最も適当なものを⓪～⑤から１つ選び，7にマークしなさい。

⓪ｉ　①ｋ　②ｌ　③ａ　④ｂ　⑤ｃ

問題２　表１はａ～ｆの家電製品について，器具の表示や１週間に使用した時間について表したものである。あとの問いに答えなさい。

表１

	表示	１週間に使用した時間
a	100V，250W	10時間
b	100V，750W	3時間
c	100V，1200W	2時間
d	100V，1000W	3時間
e	100V，60W	20時間
f	100V，1300W	1時間

8　ｃの家電製品の電流の大きさは何Ａか。最も適当なものを⓪～⑤から１つ選び，8にマークしなさい。

⓪６Ａ　①８Ａ　②12Ａ　③24Ａ　④100Ａ　⑤200Ａ

9　ａの家電製品の抵抗の大きさは何Ωか。最も適当なものを⓪～⑤から１つ選び，9にマークしなさい。

⓪0.25Ω　①2.5Ω　②40Ω　③250Ω　④400Ω　⑤500Ω

10　１週間の消費電力量が最も大きい家電製品の電力量は何kWhか。最も適当なものを⓪～⑤から１つ選び，10にマークしなさい。

⓪2.4kWh　①2.5kWh　②３kWh　③25kWh　④240kWh　⑤3000kWh

11　30Ａでブレーカーがはたらき，すべての電気が切れる部屋でａ～ｆの家電製品のいくつかを使用した。電気が切れる組み合わせとして最も適当なものを⓪～⑦から１つ選び，11にマークしなさい。

⓪ａ，ｂ，ｃ　①ａ，ｃ，ｄ　②ａ，ｅ，ｆ　③ｂ，ｃ，ｅ

④ｂ，ｃ，ｆ　⑤ｂ，ｄ，ｅ　⑥ｃ，ｄ，ｅ　⑦ｄ，ｅ，ｆ

12　ｂの家電製品は電気でお湯を沸かすものである。ｂに20℃，200ｇの水を入れ電流を流し，水の温度を83℃まで上昇させた。このとき必要な熱量は何calか。最も適当なものを⓪～④から１つ選び，12にマークしなさい。ただし，１ｇの水を１℃上昇させるのに必要な熱量を１calとする。

⓪10cal　①400cal　②6100cal　③12600cal　④16600cal

⑬ ⑫のときbの家電製品には何秒電気を流したか。最も適当なものを⓪～⑤から１つ選び，⑬にマークしなさい。ただし，１Wの電力で１秒間に0.42calの熱量が発生するものとし，すべての熱量が水に吸収されるものとする。

⓪２秒　①20秒　②30秒　③40秒　④53秒　⑤60秒

問題３　図１のような方法で気体を集めた。次に，図１で集めた気体を使用し，図２のような実験装置を組み立てた。あとの問いに答えなさい。

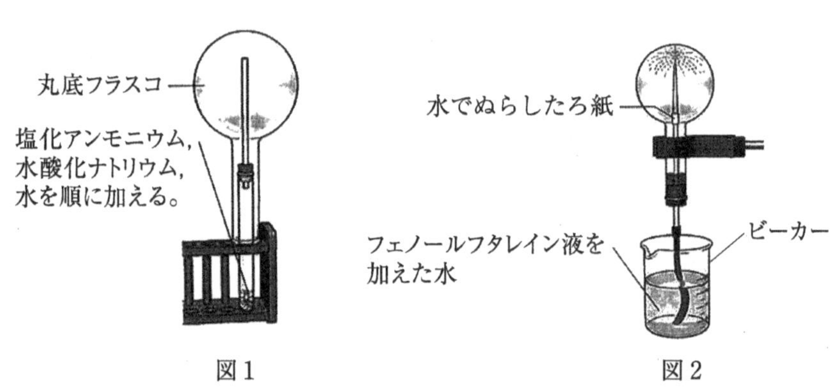

図１　　図２

⑭ 図１のような気体の集め方を何というか。最も適当なものを次の⓪～②から１つ選び，⑭にマークしなさい。

⓪水上置換法　①上方置換法　②下方置換法

⑮ 図１で発生した気体は何か。最も適当なものを次の⓪～⑤から１つ選び，⑮にマークしなさい。

⓪Cl_2　①O_2　②NH_3　③H_2　④CO_2　⑤NaCl

⑯⑰⑱⑲ 図１で発生した気体がもつ性質はどれか。適当なものを次の⓪～⑧から４つ選び，⑯⑰⑱⑲に１つずつマークしなさい（順不同）。

⓪火を近づけると燃焼が加速する。
①火を近づけると爆発する。
②水によく溶ける。
③赤色リトマス紙を近づけると青色になる。
④青色リトマス紙を近づけると赤色になる。
⑤石灰水を白く濁らせる。
⑥刺激臭がある。
⑦漂白作用がある。
⑧空気よりかるい。

⑳ 図２のように水が吹き上がるのはどの性質が関係しているか。最も適当なものを次の⓪～⑧から１つ選び，⑳にマークしなさい。

⓪火を近づけると燃焼が加速する。
①火を近づけると爆発する。
②水によく溶ける。
③赤色リトマス紙を近づけると青色になる。
④青色リトマス紙を近づけると赤色になる。
⑤石灰水を白く濁らせる。
⑥刺激臭がある。
⑦漂白作用がある。
⑧空気よりかるい。

㉑ 図２で，ビーカー内のフェノールフタレイン液を加えた水は何色か。最も適当なものを次の⓪～⑤から１つ選び，㉑にマークしなさい。

⓪無色　①赤色　②青色　③青紫色　④白濁色　⑤黄色

22　図２で，丸底フラスコ内にたまった水は何色か。最も適当なものを次の⓪～⑤から１つ選び，22にマークしなさい。

⓪無色　①赤色　②青色　③青紫色　④白濁色　⑤黄色

問題４　水溶液中の酸・アルカリの関係を調べるために，図１のように台紙（ろ紙）の上にリトマス紙Ａ～Ｄをおいた装置を作った。ただし，Ｅは電圧をかけるときに細いろ紙をおくためのスペースである。あとの問いに答えなさい。

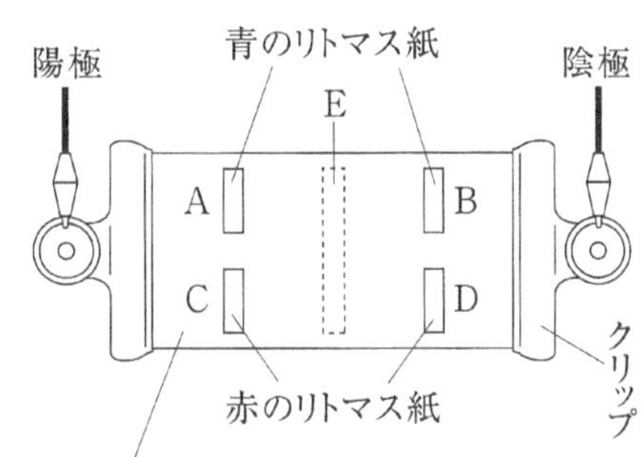

図１

23　台紙を水道水でしめらせた理由は何か。最も適当なものを⓪～③から１つ選び，23にマークしなさい。

⓪リトマス紙を反応しやすくするため。

①電圧をかけたときに電流が流れやすくするため。

②台紙を消毒するため。

③台紙の強度を上げるため。

24　うすい塩酸をしみこませた細いろ紙を台紙の中央Ｅにおいて電圧をかけたとき，色が変化するリトマス紙はどれか。最も適当なものを⓪～⑨から１つ選び，24にマークしなさい。

⓪Ａのみ　①Ｂのみ　②Ｃのみ　③Ｄのみ　④ＡとＢ

⑤ＡとＣ　⑥ＡとＤ　⑦ＢとＣ　⑧ＢとＤ　⑨ＣとＤ

25　24のような変化を起こさせるイオンは何か。最も適当なものを⓪～⑤から１つ選び，25にマークしなさい。

⓪H^+　①OH^-　②Cl^-　③K^+　④NO_3^-　⑤Na^+

26　水酸化ナトリウム水溶液をしみこませた細いろ紙を台紙の中央Ｅにおいて電圧をかけたとき，色が変化するリトマス紙はどれか。最も適当なものを⓪～⑨から１つ選び，26にマークしなさい。

⓪Ａのみ　①Ｂのみ　②Ｃのみ　③Ｄのみ　④ＡとＢ

⑤ＡとＣ　⑥ＡとＤ　⑦ＢとＣ　⑧ＢとＤ　⑨ＣとＤ

27　26のような変化を起こさせるイオンは何か。最も適当なものを⓪～⑤から１つ選び，27にマークしなさい。

⓪H^+　①OH^-　②Cl^-　③K^+　④NO_3^-　⑤Na^+

28 29　リトマス紙のように色の変化によって酸性・中性・アルカリ性を調べることができる薬品としてBTB液もあるが，BTB液はアルカリ性と酸性でそれぞれ何色に変化するか。最も適当なものを⓪～⑤から１つずつ選び，アルカリ性を28に，酸性を29にマークしなさい。

⓪赤色　①青色　②桃色　③緑色　④黄色　⑤白色

問題５

30 31　次の文章中のａ，ｂにあてはまる語句はどれか。最も適当なものを⓪～⑧から１つずつ選び，ａを30に，ｂを31にマークしなさい。

ヒトの消化液の多くは，消化酵素を含んでおり，そのはたらきで食物を消化するが，中には消化酵素を含まない消化液もある。肝臓でつくられる（　ａ　）は，消化酵素を含まない消化液であるが，食物に含まれる有機物の１つである（　ｂ　）の分解を助けるはたらきがある。

⓪カタラーゼ　①アミラーゼ　②すい液　③胆汁　④ペプシン

⑤デンプン　⑥脂肪　⑦核酸　⑧タンパク質

32 33　次の説明文Ⅰ～Ⅳおよび図１をもとに，器官ｃ～ｆのはたらきを説明したものとして誤っているものを，⓪～③から２つ選び，32，33にマークしなさい（順不同）。

Ⅰ　食物の通り道は消化管と呼ばれ，口から食道，胃，小腸，大腸，こう門までの長い管になっている。

Ⅱ　消化管には，だ液せん，肝臓，胆のう，すい臓などの器官がつながっている。

Ⅲ　ヒトの場合，ⅠとⅡの器官は，図１のように表すことができる。

Ⅳ　食物は，消化管を通っていく間に，消化液などのはたらきにより体内に吸収されやすい物質に変えられる。

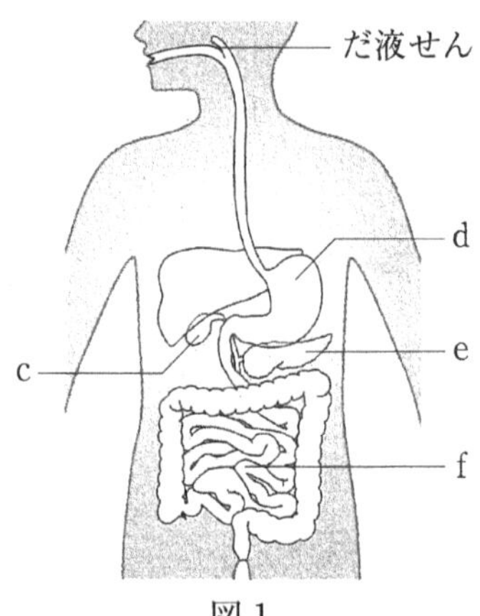

図１

⓪ｃは，消化酵素を含まないがタンパク質の分解を助ける液を出す。

①ｄは，デンプンにはたらく消化酵素とタンパク質にはたらく消化酵素を含む液を出す。

②ｅは，デンプンにはたらく消化酵素，タンパク質にはたらく消化酵素，脂肪にはたらく消化酵素を含む液を出す。

③ｆは，内壁の壁にある柔毛から，消化されてできた物質を吸収する。

だ液のはたらきを調べるために，次のような操作１～３の実験を行った。

【操作１】

図２のように水でうすめただ液を入れた試験管Ａと，デンプン溶液を入れた試験管Ｂを，37℃の水を入れたビーカー内にしばらく入れた。その後２つの液を混ぜ合わせ，一定時間置いた。

【操作２】

別の２本の試験管に操作１で得られた液をそれぞれ半分ずつとり，片方には試薬Ⅰを加えて色の変化を見た。もう一方の試験管には試薬Ⅱを加えた後加熱し，色の変化を見た。

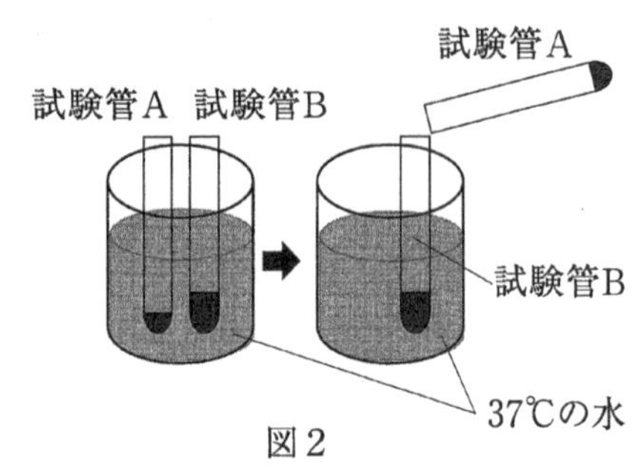

図２

【操作3】
ビーカー内の水の温度を5℃と80℃にして，同じような実験をくり返し行った。
【実験結果】

	プレパラートA	プレパラートB
視野の中に観察された細胞の数	150個	61個
細胞分裂の途中の細胞の数	13個	0個

[34][35] この実験で用いた試薬Ⅰ，Ⅱの名称はどれか。最も適当なものをそれぞれ⓪～③から1つずつ選び，試薬Ⅰを[34]に，試薬Ⅱを[35]にマークしなさい。
⓪ヨウ素液　①酢酸カーミン液　②メチレンブルー　③ベネジクト液

[36][37][38] 次の文章中のg～iにあてはまる語句はどれか。最も適当なものをそれぞれ⓪～⑤から1つずつ選び，gを[36]に，hを[37]に，iを[38]にマークしなさい。
この実験から，だ液には（　g　）を（　h　）に分解するはたらきがあると考えられる。このはたらきを確かめるためには，水でうすめただ液のかわりに同じ量の（　i　）を使った実験を行う必要がある。
⓪タンパク質　①デンプン　②エタノール　③水　④糖　⑤アミノ酸

[39] この実験結果から，だ液のはたらきについて考えられることは何か。最も適当なものを⓪～③から1つ選び，[39]にマークしなさい。
⓪だ液のはたらきには，溶液を酸性にする必要がある。
①だ液のはたらきには，溶液を中性に保つ必要がある。
②だ液のはたらきには，溶液をアルカリ性にする必要がある。
③だ液のはたらきには，適当な温度が必要である。

問題6　以下のような観察実験1，2を行った。あとの問いに答えなさい。

【観察実験1】
① 図1のように，タマネギの根からその先端の部分1cmを切りとり，細胞1つ1つをはなれやすくする処理を行った。
② 図2のように，①において切りとって処理をした根から，根もとに近い部分2mmと，根の先端の部分2mmをそれぞれ切りとった。

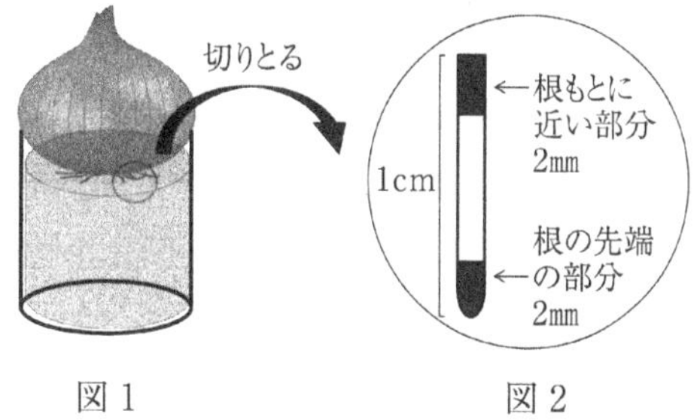

図1　図2

③ それぞれ別のスライドガラスにのせ，柄つき針でつぶし，酢酸カーミン液をたらした。

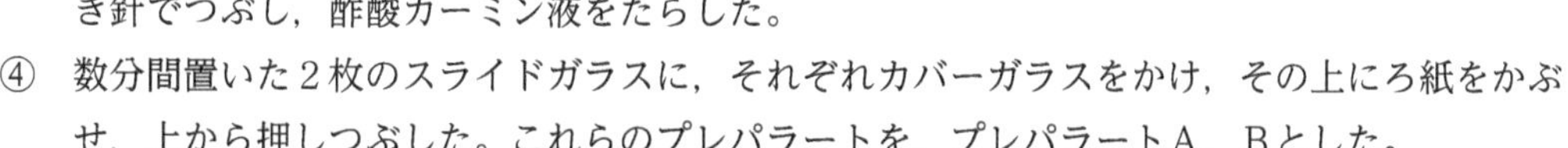

④ 数分間置いた2枚のスライドガラスに，それぞれカバーガラスをかけ，その上にろ紙をかぶせ，上から押しつぶした。これらのプレパラートを，プレパラートA，Bとした。
⑤ プレパラートA，Bについて，顕微鏡の視野の中に観察される細胞の数と，その中に含まれる細胞分裂の途中の細胞の数を調べた。

【実験結果】

	プレパラートA	プレパラートB
視野の中に観察された細胞の数	150個	61個
細胞分裂の途中の細胞の数	13個	0個

40 41 次の文章中のａ，ｂに当てはまる語句はどれか。最も適当なものを⓪～③から１つずつ選び，ａを40に，ｂを41にマークしなさい。

タマネギの根の細胞分裂において，細胞分裂の前に比べてあとでは，１個の細胞に含まれる染色体の数は（　ａ　）。動物の卵や精子がつくられるときの細胞分裂において，細胞分裂の前に比べてあとでは，１個の細胞に含まれる染色体の数は（　ｂ　）。

⓪1/2倍になる　①変わらない　②２倍になる　③４倍になる

42 前のページの図２で示した根の先端の部分２㎜を用いてつくったプレパラートはどちらか。適当なものを⓪，①から１つ選び，42にマークしなさい。

⓪プレパラートＡ　①プレパラートＢ

43 実験結果とともに，42を選んだ理由として最も適当なものを⓪～③から１つ選び，43にマークしなさい。

⓪視野の中に観察された細胞において，細胞分裂を完了している細胞が多く観察されたから。

①視野の中に観察された細胞において，数が少ないことから，１つ１つの細胞が大きく成長していると考えられるから。

②視野の中に観察された細胞において，数が多いことから，１つ１つの細胞が小さいと考えられるから。

③視野の中に観察された細胞において，酢酸カーミンで染まっていない細胞が多く観察されたから。

【観察実験２】

① タマネギの根を先端から５㎜ほど切りとり，60℃のうすい塩酸に入れて３分間あたためたあと，染色してプレパラートをつくった。

② 600倍で観察すると，細胞分裂の前や途中の細胞が見えたので，スケッチした。そのスケッチから図３のＡ～Ｆを抜き出した。

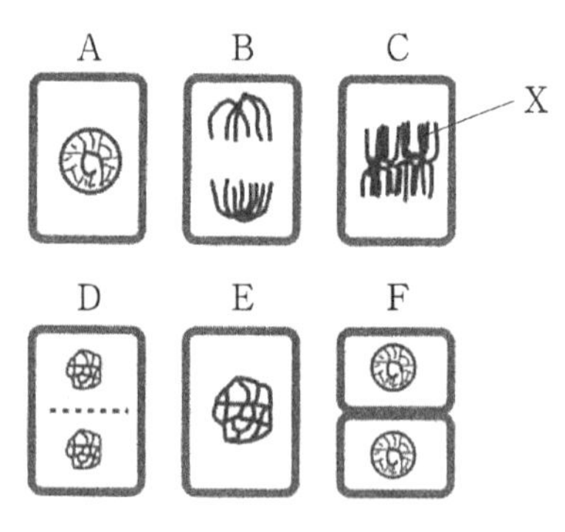

図３

44 45 図３の細胞が細胞分裂の順になるように，Ａを１番目にしてＢ～Ｆを並び替えたとき，３番目と５番目になる記号はどれか。最も適当なものをそれぞれ⓪～④から１つずつ選び，３番目を44に，５番目を45にマークしなさい。

⓪Ｂ　①Ｃ　②Ｄ　③Ｅ　④Ｆ

46 47 Ａの細胞に含まれる染色体の数をＰとしたとき，ＢとＦの細胞１個に含まれる染色体の数はいくつか。最も適当なものをそれぞれ⓪～④から１つずつ選び，Ｂの個数を㊻に，Ｆの個数を㊼にマークしなさい。ただし，Ａの細胞は，細胞分裂の準備が始まる前の細胞とする。

⓪$\frac{P}{4}$　①$\frac{P}{2}$　②Ｐ　③２Ｐ　④４Ｐ

問題７

図１はある日の日本付近の天気図の一部で，図２は乾湿計の模式図であり，図３は前線面のモデルである。表１は乾湿計用温度表，表２は気温と飽和水蒸気量の関係を示したものである。あとの問いに答えなさい。

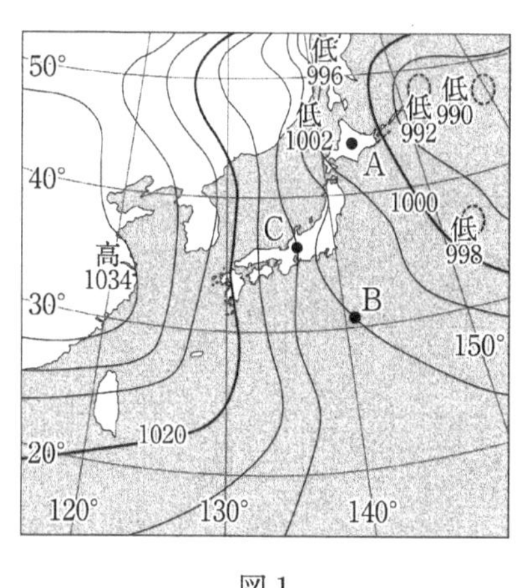

図１

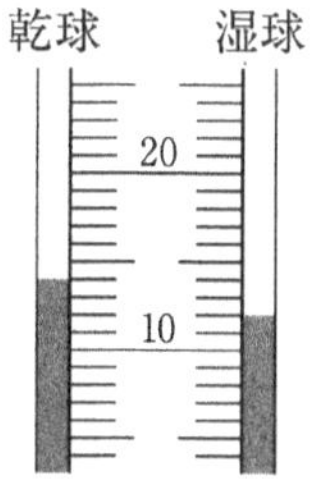

乾球　湿球
20
10

図２

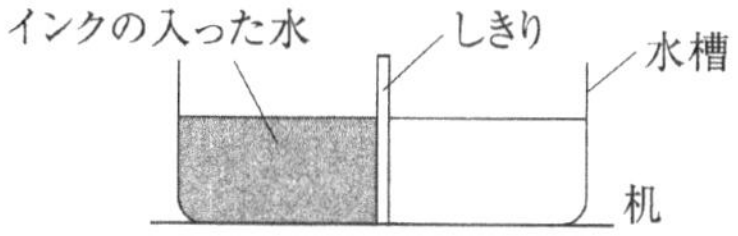

インクの入った水　しきり　水槽
机

図３

表１

乾球［℃］	乾湿球の差［℃］										
	0	0.5	1	1.5	2	2.5	3	3.5	4	4.5	5
10	100	93	87	80	74	68	62	56	50	44	38
11	100	94	87	81	75	69	63	57	52	46	40
12	100	94	88	82	76	70	65	59	53	48	43
13	100	94	88	82	77	71	66	60	55	50	45
14	100	94	89	83	78	72	67	62	57	51	46
15	100	94	89	84	78	73	68	63	58	53	48

表２

気温［℃］	飽和水蒸気量［g/m³］
8	8
16	14
21	18
26	24

㊽　この日のＡ地点における空のようすが，空全体の約20％が青空で，約80％が雲に覆われている。このときの天気は何か。最も適当なものを次の⓪～④の天気の記号の中から１つ選び，㊽にマークしなさい。

⓪ 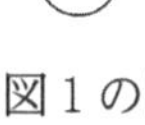　① 　② 　③ 　④

㊾　図１の時期と似た気圧配置が多く現れる季節はいつか。最も適当なものを次の⓪～③から１つ選び，㊾にマークしなさい。

⓪春　①夏　②秋　③冬

㊿　図１のＢ地点での気圧は何hPaか。最も適当なものを次の⓪～⑨から１つ選び，㊿にマークしなさい。

⓪1002hPa　①1004hPa　②1006hPa　③1008hPa　④1010hPa
⑤1012hPa　⑥1014hPa　⑦1016hPa　⑧1018hPa　⑨1020hPa

51 前のページの図２はこの日のＣ地点での乾湿計の示度を表している。Ｃ地点の気温として，最も適当なものを次の⓪～⑤から１つ選び，51にマークしなさい。

⓪10℃　①11℃　②12℃　③13℃　④14℃　⑤15℃

52 51のときの湿度は何％か。最も適当なものを⓪～⑤から１つ選び，52にマークしなさい。

⓪76％　①77％　②78％　③80％　④82％　⑤84％

53 前のページの図３は前線面のモデルをつくるための装置である。しきりの両側に温度差がある水を入れ，温度の低いほうの水にはインクが入れてあり， で表してある。この状態からしきりを静かに取り除いたときのようすを表したものはどれか。最も適当なものを次の⓪～③から１つ選び，53にマークしなさい。

⓪

①
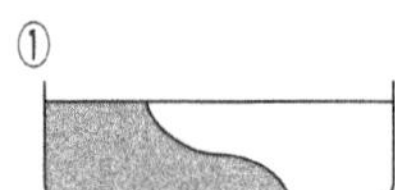
②
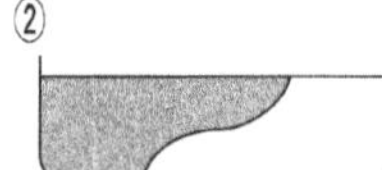
③
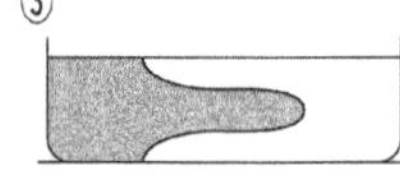

54 低気圧の地表付近における大気の流れのようすを模式的に表しているものはどれか。最も適当なものを次の⓪～③から１つ選び，54にマークしなさい。

⓪
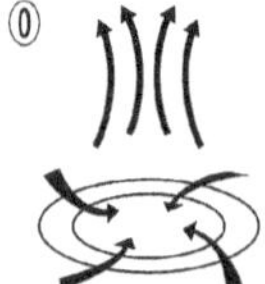
①
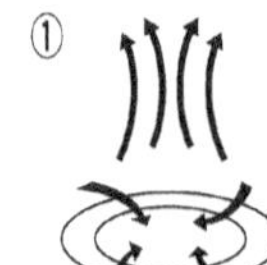
②
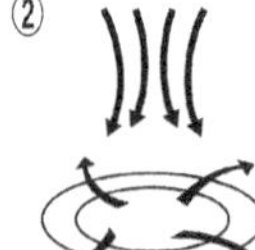
③
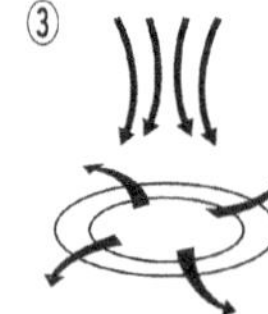

55 室内の気温が16℃のとき，金属容器にくみ置きの水と温度計を入れ，かき混ぜながら少しずつ氷水を加えていくと，水温が８℃になったとき，金属容器がくもり始めた。表２は，気温と飽和水蒸気量との関係を示したものである。この部屋の湿度は何％か。最も適当なものを次の⓪～④から１つ選び，55にマークしなさい。

⓪44.4％　①57.1％　②58.3％　③75.0％　④77.8％

【社　会】（40分）　＜満点：100点＞

問題１　次の年表を見て，あとの問いに答えなさい。

年代	出来事
3世紀後半	近畿地方に王や豪族の墓として大きな(ア)古墳が造られた。
	↕ ⓪
8世紀半ば	(イ)東大寺の大仏が造られた。
	↕ ①
9世紀初め	(ウ)最澄と空海が仏教の新しい教えを日本に伝えた。
	↕ ②
11世紀初め	(エ)「源氏物語」がつくられた。
	↕ ③
13世紀前半	(オ)承久の乱がおきた。
	↕ ④
16世紀後半	豊臣秀吉によって(カ)全国統一が完成された。
	↕ ⑤
17世紀前半	長崎に(キ)出島が築かれた。
	↕ ⑥
18世紀前半	江戸幕府第８代将軍に(ク)徳川吉宗がなった。
	↕ ⑦
18世紀後半	(ケ)喜多川歌麿が「婦女人相十品」を描いた。

1　下線部(ア)について，昨年，大山古墳（仁徳天皇陵古墳）を含む「百舌鳥・古市古墳群」（大阪府）が世界文化遺産に登録することが決定された。世界遺産の登録を行う国連機関を，次の⓪～③の中から１つ選び，その番号をマークしなさい。

⓪国連教育科学文化機関

①国連児童基金

②国連開発計画

③国連貿易開発会議

2　下線部(イ)について，これが建てられた頃の出来事として正しいものを，次の⓪～③の中から１つ選び，その番号をマークしなさい。

⓪藤原道長を中心に藤原氏が朝廷の高い地位を独占した。

①菅原道真の訴えで遣唐使が廃止された。

②聖武天皇が仏教の力にたよって，国ごとに国分寺と国分尼寺を建てた。

③聖徳太子が十七条の憲法を出した。

3　下線部(ウ)について，この人物が伝えた宗派，建てた寺，その寺のある現在の県の組み合わせとして正しいものを，次のページの⓪～⑦の中から１つ選び，その番号をマークしなさい。なお寺のある現在の県については次のページの地図中のア～イより選びなさい。

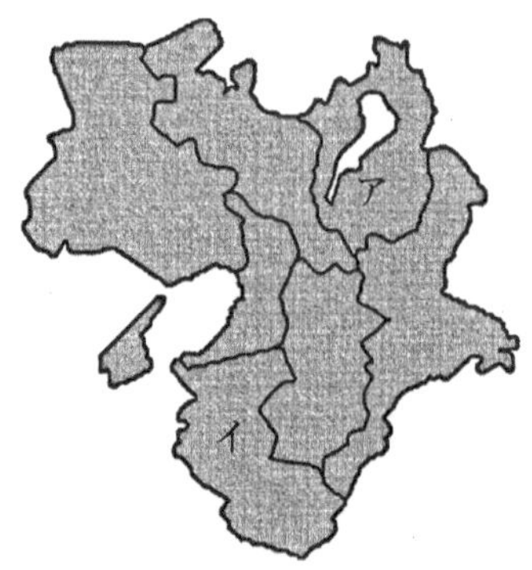

番号	宗派	建てた寺	寺のある県
⓪	天台宗	延暦寺	ア
①	天台宗	延暦寺	イ
②	天台宗	高野山	ア
③	天台宗	高野山	イ
④	真言宗	延暦寺	ア
⑤	真言宗	延暦寺	イ
⑥	真言宗	高野山	ア
⑦	真言宗	高野山	イ

4 下線部(エ)の作者を，次の⓪～③の中から１つ選び，その番号をマークしなさい。

⓪紀貫之　①清少納言　②兼好法師　③紫式部

5 下線部(オ)について，この出来事に関する説明として誤っているものを，次の⓪～③の中から１つ選び，その番号をマークしなさい。

⓪第３代将軍源実朝が殺害された事件の後に起きた。

①朝廷の勢力回復のため後鳥羽上皇が挙兵した。

②乱の後，京都に六波羅探題が置かれて幕府は朝廷を監視した。

③幕府に協力した武士には恩賞が与えられなかった。

6 下線部(カ)以前の出来事Ａ～Ｄを古いものから順に並べた時，３番目にくるものを，次の⓪～③の中から１つ選び，その番号をマークしなさい。

Ａ：織田信長が室町幕府第15代将軍足利義昭を京都から追放した。

Ｂ：伊東マンショなど四人の少年をキリシタン大名がローマ教皇のもとへと派遣した。

Ｃ：イエズス会の宣教師ザビエルがキリスト教を伝えるために日本に来た。

Ｄ：ポルトガル人を乗せた中国人の倭寇の船が種子島に流れ着き，鉄砲が伝わった。

⓪Ａ　①Ｂ　②Ｃ　③Ｄ

7 下線部(キ)について，1641年にある国の商館がこの地に移され，ヨーロッパの中では唯一貿易が許されることとなった。ある国を，次の⓪～③の中から１つ選び，その番号をマークしなさい。

⓪イギリス

①スペイン

②オランダ

③ポルトガル

8 下線部(ク)が行った改革の説明として誤っているものを，次の⓪～③の中から１つ選び，その番号をマークしなさい。

⓪武士に質素倹約を命じ，上げ米の制を定めた。

①新田開発を進めるため江戸に出稼ぎに来ている農民を故郷の村に帰らせた。

②公事方御定書という裁判の基準になる法律を定めた。

③庶民の意見を聞く目安箱を設置した。

9 下線部(ケ)に関連して，江戸時代の文化や学問についての人物名とその人物の説明の組み合わせとして正しいものを，次のページの⓪～③の中から１つ選び，その番号をマークしなさい。

番号	人物名	人物の説明
⓪	杉田玄白	全国の海岸線を測量し，正確な日本地図を作った。
①	葛飾北斎	ヨーロッパの解剖書を翻訳した。
②	井原西鶴	武士や町人の生活を基に浮世草子（小説）を書いた。
③	伊能忠敬	こっけい本「東海道中膝栗毛」を書いた。

⑩　コロンブスがカリブ海の島に到達した時期を19ページの年表中の⓪～⑦の中から１つ選び，その番号をマークしなさい。

問題２　2019年５月，新しい「令和」の時代を迎えるにあたり，あやかさんは「平成」の時代をふりかえってみた。年表を見てあとの問いに答えなさい。

年	おもなできごと	
１９８９	昭和天皇没 ………………	ア
	↕　Ａ	
１９９１	湾岸戦争	
１９９２	ＰＫＯ協力法成立 …………	イ
１９９３	非自民連立内閣成立 ………	ウ
	ＥＵ発足	
１９９５	地下鉄サリン事件 …………	エ
２００２	日朝首脳会談 ………………	オ
２００３	（　カ　）戦争	
２００４	自衛隊を（　カ　）に派遣	
２００８	世界金融危機おこる	
２００９	（　キ　）中心の連立内閣成立	
２０１１	東日本大震災	

⑪　年表中アに関連して，一人の天皇の在位中は年号を変えない「一世一元の制」がとられるようになったのはいつからか。次の⓪～③の中から１つ選び，その番号をマークしなさい。

⓪平安時代　①江戸時代　②明治時代　③昭和時代

⑫　年表中Ａの時期におきた出来事ではないものを次の⓪～③の中から１つ選び，その番号をマークしなさい。

⓪マルタ会談　①天安門事件　②ベルリンの壁崩壊　③香港が中国に返還される

⑬　年表中イに関連して，自衛隊の部隊が最初に派遣された地を次の⓪～③の中から１つ選び，その番号をマークしなさい。

⓪カンボジア　①モザンビーク　②東ティモール　③南スーダン

⑭　年表中ウのときに内閣総理大臣となった人物を次の⓪～③の中から１つ選び，その番号をマークしなさい。

⓪村山富市　①小沢一郎　②細川護熙　③橋本龍太郎

15 前のページの年表中エの出来事と同じ年に起きた出来事を次の⓪～③の中から１つ選び，その番号をマークしなさい。

⓪日韓共催サッカーワールドカップ　①長野オリンピック
②沖縄サミット　③阪神・淡路大震災

16 年表中オの出来事に関連する人物を次の⓪～③の中から１つ選び，その番号をマークしなさい。

⓪鳩山由紀夫　①小泉純一郎　②菅直人　③野田佳彦

17 年表中の（カ）にあてはまるものを次の⓪～③の中から１つ選び，その番号をマークしなさい。

⓪イラク　①サウジアラビア　②イラン　③アフガニスタン

18 年表中の（キ）にあてはまるものを次の⓪～③の中から１つ選び，その番号をマークしなさい。

⓪自民党　①社会党　②共産党　③民主党

問題３　次の各問いに答えなさい。

19 経度はロンドンを通る０度の経線を境に，東を東経，西を西経とよんで数えている。これをもとにして，日本では兵庫県の明石市を通る東経135度の経線で標準時を定めている。日本と，イラクのバグダッド（東経45度）の時差を次の⓪～③の中から１つ選び，その番号をマークしなさい。

⓪６時間　①９時間　②12時間　③14時間

20 世界三大宗教の一つであるイスラム教についてのべた⓪～③のうち，**誤っているもの**を１つ選び，その番号をマークしなさい。

⓪イスラム教は，アラビア半島に生まれたムハンマド（マホメット）によってひらかれた。
①イスラム教の経典である「コーラン」はアラビア語でまとめられている。
②イスラム教の信者はイスラム暦の９月（ラマダン）になると，約１か月の間，一切の食事をしないという宗教行事を行う。
③イスラム教の信者は豚肉を食べないばかりか，わずかでも豚のエキスが入ったものでも食べない。

21 海に囲まれた日本列島は，大小さまざまな島から成り立っており，これらの中にはとなりあう国との間で，領土をめぐる問題をかかえている島々がある。これらの島々と相手国の組み合わせとして**ふさわしくないもの**を次の⓪～②の中から１つ選び，その番号をマークしなさい。

⓪竹島－韓国　①尖閣諸島－フィリピン　②北方領土－ロシア

22 日本は夏と冬で風向きが逆になる季節風の影響を受ける地域である。この季節風のことを次の⓪～③の中から１つ選び，その番号をマークしなさい。

⓪サイクロン　①エルニーニョ　②ハリケーン　③モンスーン

23 日本の自然環境についてのべた⓪～③のうち，**誤っているもの**を１つ選び，その番号をマークしなさい。

⓪日本で地震が多いのは，日本列島が環太平洋造山帯の範囲に位置しているからである。
①日本アルプスからその東側に南北にのびる大陸棚までの地域を境にして，日本列島の地形は東西で大きく異なる。
②東日本の太平洋沖は日本海流と千島海流がぶつかる潮目になっており，豊かな漁場になっている。
③日本列島を流れる川は大陸に見られる川と比べて急流で，流域面積がせまいという特徴がある。

問題4　次の地図をみて，あとの問いに答えなさい。

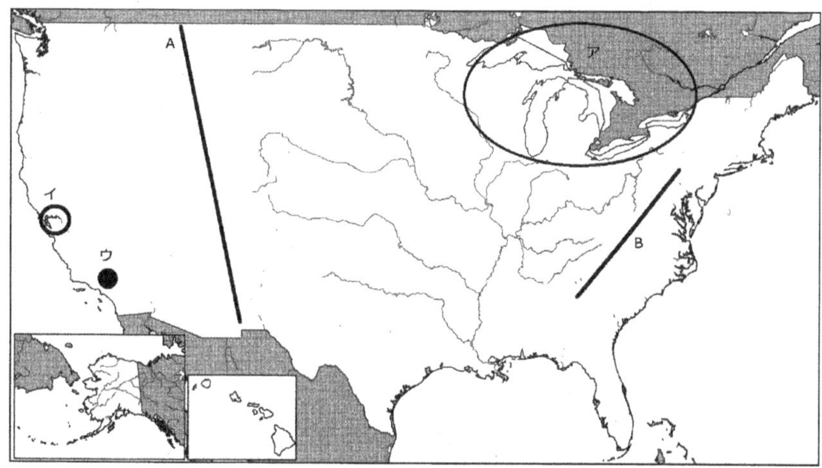

【地図1】

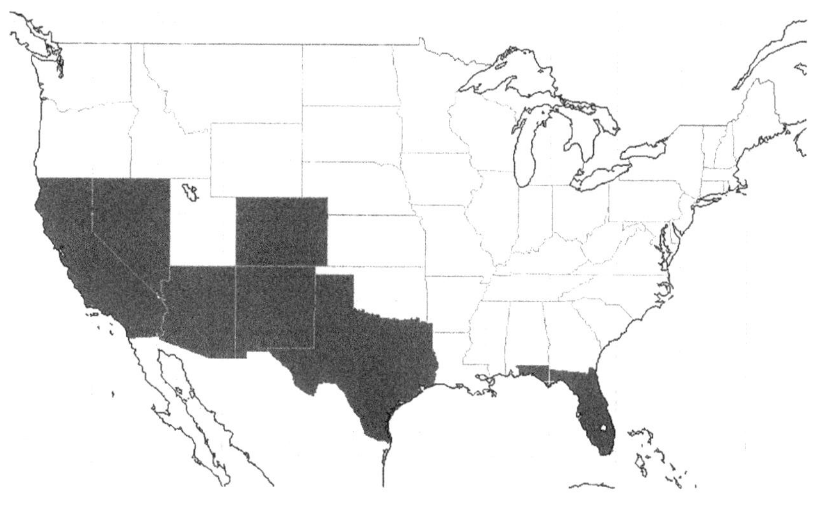

【地図2】

24　【地図1】のA，Bの山脈についてのべた次の⓪～③の文のうち，正しいものを1つ選び，その番号をマークしなさい。

⓪Aの山脈はけわしく，Bの山脈はなだらかである。

①Aの山脈はなだらかで，Bの山脈はけわしい。

②Aの山脈もBの山脈もけわしい。

③Aの山脈もBの山脈もなだらかである。

25　【地図1】のアの工業地域で発達していないものを次の⓪～②の中から1つ選び，その番号をマークしなさい。

⓪製鉄業　①自動車産業　②航空宇宙産業

26　【地図1】において，サンフランシスコの南に位置し，情報技術（ＩＴ）産業が発達しているイの地域のことを特に何というか。次のページの⓪～③の中から1つ選び，その番号をマークしなさい。

⓪プレーリー　①シリコンバレー　②フロストベルト　③プランテーション

27　前のページの【地図１】のウはロサンゼルスである。【雨温図】を参考にして，ロサンゼルスの気候の特徴をのべた説明として正しいものを，次の⓪～③の中から１つ選び，その番号をマークしなさい。

⓪日本と同じ気候の特徴をもつ。

①夏に気温が低く，冬に気温が高くなっている。

②夏はほとんど雨が降らないため乾燥している。

③まばらな樹木とたけの長い草原が広がっている。

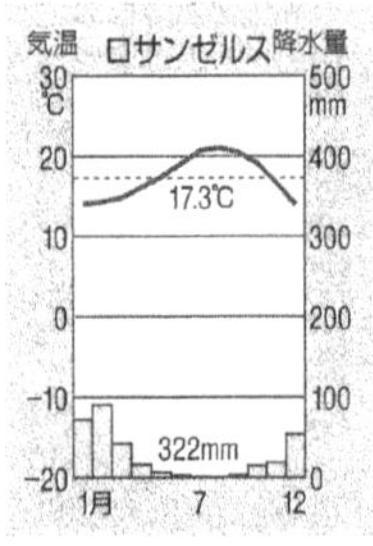

【雨温図】

（「理科年表」平成26年ほか）

28　前のページの【地図２】において着色されている州は，メキシコ・中央アメリカや西インド諸島の国々からやってきた，スペイン語を話す移民の人びとが20％以上の州を表している。このような移民の人びとを次の⓪～③の中から１つ選び，その番号をマークしなさい。

⓪アボリジニ　①メスチーソ　②ヒスパニック　③アパルトヘイト

問題５　次の資料を見て，あとの問いに答えなさい。

資料A　権利章典（イギリス　1689年）

> 第１条　議会の同意なしに，国王の権限によって法律とその効力を停止することは違法である。
>
> 第５条　国王に請願することは臣民の権利であり，この請願を理由に監禁したり裁判にかけたりすることは違法である。

資料B　アメリカ独立宣言（1776年）

> 我々は以下のことを自明の真理であると信じる。人間はみな平等に創られ，ゆずりわたすことのできない権利を神によってあたえられていること，その中には，生命，自由，幸福の追求がふくまれていること，である。

資料C　フランス人権宣言（1789年）

> 第１条　人は生まれながらに，自由で(ア)平等な権利を持つ。社会的な区分は，ただ公共の利益に関係のある場合にしか設けられてはならない。
>
> 第２条　政治的結合（国家）の全ての目的は，自然でおかすことのできない権利を守ることにある。この権利というのは，自由，財産，安全，および圧政への抵抗である。

資料D　ワイマール憲法（ドイツ　1919年）

> 第151条　経済生活の秩序は，すべての人に人間に値する生存を保障することを目指す，正義の諸原則にかなうものでなければならない。

資料E 日本国憲法

> 第41条 (イ)国会は，国権の最高機関であつて，国の唯一の立法機関である。
> 第76条 すべて(ウ)司法権は，最高裁判所及び法律の定めるところにより設置する下級裁判所に属する。

29 資料A が出された国の人物と，その人物の説明の組み合わせとして正しいものを，次の⓪～③の中から１つ選び，その番号をマークしなさい。

番号	人物名	説明
⓪	ロック	「政府二論」で抵抗権を唱えた。
①	ロック	「法の精神」で人民主権を唱えた。
②	モンテスキュー	「政府二論」で抵抗権を唱えた。
③	モンテスキュー	「法の精神」で人民主権を唱えた。

30 資料B が出された国の説明として正しいものを，次の⓪～③の中から１つ選び，その番号をマークしなさい。

⓪議院内閣制が採用されており国民は立法を行う議会の議員を選び，その議会が行政の中心となる首相を選ぶ。

①議院内閣制が採用されており国民は立法を行う議会の議員を選ぶとともに，行政の中心となる大統領も選んでいる。

②大統領制が採用されており，国民は立法の議会の議員と行政の長である大統領を別々に選挙する。

③大統領制が採用されているが名目上の地位で，実際のリーダーは首相である。

31 資料C 中の下線部(ア)に関連して，次に示す日本国憲法第14条の条文中の（X）と（Y）に入る語句の組み合わせとして正しいものを，次の⓪～③の中から１つ選び，その番号をマークしなさい。

> すべて国民は，法の下に平等であつて，人種，信条，（ X ），社会的身分又は門地により，政治的，経済的又は社会的関係において，差別されない。（ Y ）制度は，これを認めない。栄誉，勲章その他の栄典の授与は，いかなる特権も伴はない。栄典の授与は，現にこれを有し，又は将来これを受ける者の一代に限り，その効力を有する。

番号	（ X ）	（ Y ）
⓪	文化	華族その他の貴族の
①	文化	人を貶(おとし)める結果となる
②	性別	華族その他の貴族の
③	性別	人を貶(おとし)める結果となる

32 資料D では社会権が確立したが，日本における社会権に関する説明として誤っているものを，次のページの⓪～③の中から１つ選び，その番号をマークしなさい。

⓪教育を受ける権利として，すべての子が学校に行けるように，義務教育は無償とされている。

①すべての労働者に労働基本権が保障されているがストライキは認められていない。

②生活保護法があるが，近年では，国内の経済格差が広がり，生活保護を受ける世帯が増えている。

③日本国憲法第27条で勤労の権利について触れられている。

33 資料E 中の下線部(イ)について，日本の国会のしくみについての説明として**誤っているもの**を，次の⓪～③の中から１つ選び，その番号をマークしなさい。

⓪衆議院と参議院の二院制が採用されている。

①衆議院は解散があり任期は４年である。

②国会審議の中心は常会（通常国会）で毎年１月に召集される。

③予算の議決で参議院が衆議院と異なる議決をした場合，参議院の議決が優越される。

34 資料E 中の下線部(ウ)について，次の図表を見て，裁判員の説明と図表から読み取れることとして正しいものの組み合わせのものを，次の⓪～③の中から１つ選び，その番号をマークしなさい。

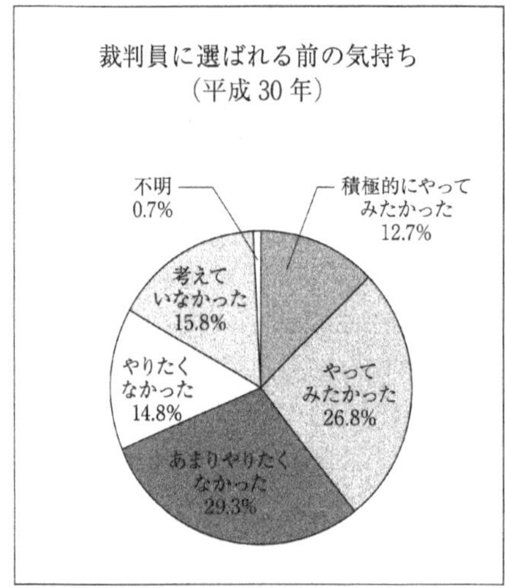

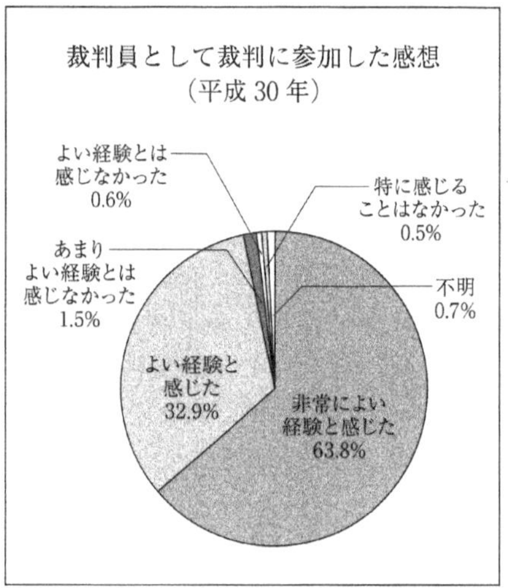

（最高裁判所「裁判員制度１０年の総括報告書」令和元年５月より）

番号	裁判員の説明	図表から読み取れること
⓪	刑事裁判の重大事件の第一審に参加	参加する前はやりたくないと思う人が多いが，参加することでよい経験と感じる人が多くなる
①	刑事裁判の重大事件の第一審に参加	参加する前は参加したいと思う人が多いが，参加することでよい経験と思う人が少なくなる
②	民事事件の重大事件の第一審に参加	参加する前はやりたくないと思う人が多いが，参加することでよい経験と感じる人が多くなる
③	民事事件の重大事件の第一審に参加	参加する前は参加したいと思う人が多いが，参加することでよい経験と思う人が少なくなる

問題６　次の資料を読み，あとの問いに答えなさい。

わたしは，気仙沼湾という三陸(ア)リアス式海岸(※)の入り江でカキの養殖をしています。平成元年（1989），気仙沼湾にそそぐ大川上流の室根山で，わたしたちカキ漁師による落葉広葉樹の植林活動が始まりました。汚れてしまった海をなんとか青い海にとりもどしたい――名づけて「森は海の恋人運動」です。森と海はまったく離れているようですが，わたしはカキの養殖をしていますので，そのつながりがよくわかります。（中略）日本の北の海・オホーツク海から三陸沖にかけては世界三大漁場のひとつですが，その魚はなぜとれるのか。最近わかったことは，ロシアと(イ)中国の国境を流れているアムール川流域の広大な森林で生まれた養分が，はるか三陸沖まで届いている，ということです。その中でとくに重要な成分は鉄分というものなのですが，海の中で，海藻やプランクトンが利用できるかたちの鉄は，じつは森林の中でつくられているのです。アマゾン川にしても，ナイル川にしても，世界じゅうの森と川と海は有機的に結びついているのです。

※注：リアス海岸ともいう

（出典：畠山重篤『人の心に木を植える－「森は海の恋人」30年－』講談社，2018年）

35　資料中の下線部(ア)のような地形がある場所であり真珠の生産量も全国上位に入る地域とし正しいものを，次の⓪～③の中から１つ選び，その番号をマークしなさい。

⓪志摩半島　①伊豆半島　②房総半島　③紀伊半島

36　資料中の下線部(イ)に関する次の出来事Ａ～Ｄを古いものから順に並べた時，3番目にくるものを，次の⓪～③の中から１つ選び，その番号をマークしなさい。

Ａ：秦の始皇帝が中国を統一する帝国を造り上げた。

Ｂ：春秋・戦国時代といわれ多くの国々が争う戦乱の時代だった。

Ｃ：漢の武帝が朝鮮半島に楽浪郡などを設けた。

Ｄ：隋が南北朝を統一して強大な帝国を造り上げた。

⓪Ａ　①Ｂ　②Ｃ　③Ｄ

37　この資料に関連して東北地方に関する出来事の説明として**誤っているもの**を，次の⓪～③の中から１つ選び，その番号をマークしなさい。

⓪坂上田村麻呂が征夷大将軍に任命されて，朝廷軍を率いて蝦夷と戦った。

①平泉を拠点に奥州藤原氏が力を持ち，中尊寺に金色堂をたてた。

②1590年に奥羽の大名が豊臣秀吉に従い，秀吉の全国統一が完成した。

③近松門左衛門は「奥の細道」で東北地方に関する俳句を残した。

38　この資料に関連して環境をよくするために行われている活動の説明として**誤っているもの**を，次の⓪～③の中から１つ選び，その番号をマークしなさい。

⓪多くの市町村ではリサイクルを促進するため，環境施設の場所をわかりやすく示すためのハザードマップがつくられている。

①北九州市には廃棄物をリサイクルする工場を集めたエコタウンが形成されている。

②琵琶湖はラムサール条約の登録湿地となり，環境保全活動が行われている。

③屋久島は世界自然遺産に登録され，島の自然に親しんだり，その価値を理解してもらったりするエコツーリズムが行われている。

39 この資料に出てくる気仙沼は東日本大震災で津波による甚大な被害が出た。津波に関連した次の文を読み，ここから読み取れることとして正しいものを，次の⓪～③の中から１つ選び，その番号をマークしなさい。

> 地震発生後，中学生は校庭に集合し全員で避難を開始しました。これを見て，校舎３階に避難していた小学生も続き，途中で遭遇した幼稚園児たちを助けながら学校で決めた避難場所に到着しました。しかし，裏の崖（がけ）が崩れていることなどから危険と判断し，より高い場所にある介護福祉施設に避難しました。その後，巨大な津波が校舎を越えて迫ってくるのが見えたので，さらに高台にある国道45号線沿いの石材店まで駆け上がって全員が難を逃れました。津波は介護福祉施設の近くまで到達していました。鵜住居（うのすまい）小学校と釜石東中学校は浸水予測図では，浸水域外となっていましたが，海岸に近く，津波被害を受ける可能性が高いという認識の下，防災教育と合わせて様々な訓練を実施してきた積み重ねが児童，生徒たちの命を救ったと言えます。
>
> （岩手県庁ホームページより引用）

⓪最終的には中学生，小学生，幼稚園児は別々に避難をした。

①あらゆる事態を想定して，防災教育と防災訓練を日ごろから行っていくことが大切である。

②この地域では事前に浸水が予測されていた場所しか津波による被害を受けなかった。

③この中学生たちは最終的には学校で決めた避難場所に避難した。

40 カキの養殖をはじめ様々な仕事が世の中にはある。日本国内における仕事及び労働をめぐる状況について次の資料は外国人労働者と愛知県内の有効求人倍率についてのものである。この資料から導き出せるグラフとして正しいものを，次のページの⓪～③の中から１つ選び，その番号をマークしなさい。なおグラフの棒線が外国人労働者の推移，折れ線が愛知県内の有効求人倍率を示している。

年度	愛知県の外国人労働者の推移	愛知県の有効求人倍率の推移
H20	60326	1.61
H21	67728	0.55
H22	78723	0.64
H23	84157	0.87
H24	80712	1.12
H25	78547	1.31
H26	84579	1.53
H27	94698	1.54
H28	110765	1.63
H29	129155	1.82

（愛知県庁ホームページの資料より）

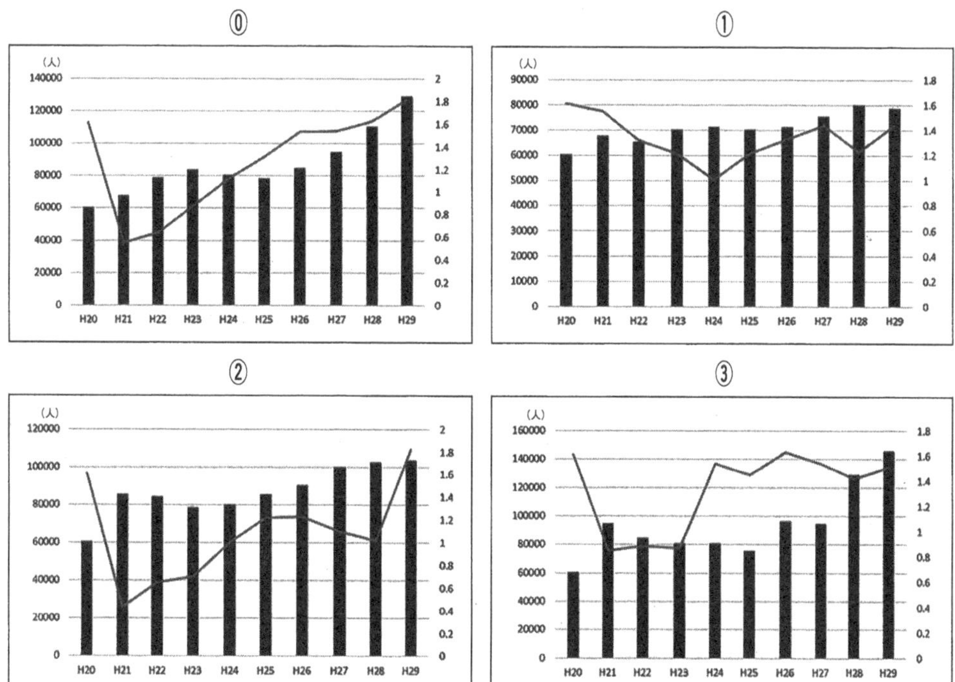
⓪
(人)
140000
120000
100000
80000
60000
40000
20000
0
2
1.8
1.6
1.4
1.2
1
0.8
0.6
0.4
0.2
0
H20 H21 H22 H23 H24 H25 H26 H27 H28 H29
①
(人)
90000
80000
70000
60000
50000
40000
30000
20000
10000
0
1.8
1.6
1.4
1.2
1
0.8
0.6
0.4
0.2
0
H20 H21 H22 H23 H24 H25 H26 H27 H28 H29
②
(人)
120000
100000
80000
60000
40000
20000
0
2
1.8
1.6
1.4
1.2
1
0.8
0.6
0.4
0.2
0
H20 H21 H22 H23 H24 H25 H26 H27 H28 H29
③
(人)
160000
140000
120000
100000
80000
60000
40000
20000
0
1.8
1.6
1.4
1.2
1
0.8
0.6
0.4
0.2
0
H20 H21 H22 H23 H24 H25 H26 H27 H28 H29

③侍が歌の情趣を解さずに、西行を追い返してしまったから

問七　この本文の内容と合致しないものを、次の⓪～③の中から一つ選び、その番号を解答欄にマークしなさい。解答欄は40。

⓪西行が伏見中納言を訪ねたとき、中納言は外出中であった

①失礼な態度を取った西行に激怒して、中納言は西行を追い返した

②西行は、家の中から聞こえてくる箏の琴の音に感動し、和歌を詠んだ

③中納言は無礼な行動を取った侍を情けなく思い、屋敷から追い出した

問八　この作品『今物語』は説話物語である。これと同じジャンルの作品を、次の⓪～④の中から一つ選び、その番号を解答欄にマークしなさい。解答欄は41。

⓪古事記　①源氏物語　②今昔物語　③万葉集　④竹取物語

申し上げたい」と言うので、にくにくしいと思いながらも近づいて、「何と言いたいのだ」と言うと、「御簾の中の方に申し上げさせて下さい」と言って、

[ ]

と詠みかけたので、「気にくわない法師の言い草であるなあ」と言って、横つらを張ってしまった。西行はほうほうのていで、逃げ去った。後で主人である中納言が帰宅した時に、「このような[ ]がございました。平手打ちをくらわせました」と賢しげに報告したところ、「それはきっと西行であるに違いない。とんでもないことをしたものだ」とつくづく情けながられた。

そして、この侍をすぐに追い出したということだ。

問一 波線部a～dの発音の組み合わせとして適切なものを、次の⓪～④の中から一つ選び、その番号を解答欄にマークしなさい。解答欄は31。

⓪a イ　b ウ　c ヒ　d エ
①a イ　b フ　c ヒ　d ヘ
②a ヒ　b ウ　c イ　d ヘ
③a イ　b ウ　c イ　d ヘ
④a イ　b ウ　c イ　d エ

問二 二重傍線部1・2の語句の意味として適切なものを、それぞれ次の⓪～③の中から一つ選び、その番号を解答欄にマークしなさい。解答欄は1は32、2は33。

1 けしき…⓪感情　①景色　②風情　③様子
2 しれ者…⓪素晴らしい者　①愚か者　②珍しい者　③情けない者

問三 傍線部A「『憎し』とは思いながら」とあるが、侍が「憎し」と思った理由として適切なものを、次の⓪～③の中から一つ選び、その番号を解答欄にマークしなさい。解答欄は34。

⓪無断で箏の琴を聞くという無礼な態度をとったから
①無断で簾の内側に入るという無礼な態度をとったから
②縁側にひざまづくという無礼な態度をとったから
③縁側に腰掛けるという無礼な態度をとったから

問四 傍線部B「言ふ」・D「言ひでたりければ」・E「語りければ」の主語として適切なものを、次の⓪～③の中からそれぞれ一つ選び、その番号を解答欄にマークしなさい。解答欄はBは35、Dは36、Eは37。

⓪中納言　①西行　②あるじ　③侍

問五 傍線部C「ことに身にしむ秋の風かな」の解釈として適切なものを、次の⓪～③の中から一つ選び、その番号を解答欄にマークしなさい。解答欄は38。

⓪ますます秋風が身にしみるのも、つらい言葉を聞かされたからです
①琴の音に心が和み、身にしみる秋風にも耐えて旅を続けられます
②格別に秋風が身にしみるのも、あなたの琴の音のせいでしょう
③優しい言葉をかけられて、かえって秋風が身にしみます

問六 傍線部F「心うがられけり」とあるが、中納言がこのように思った理由として適切なものを、次の⓪～③の中から一つ選び、その番号を解答欄にマークしなさい。解答欄は39。

⓪西行が来ることを忘れていて、うっかり外出してしまったから
①西行とはしらず、家人の下手な琴の音を聞かせてしまったから
②自分の留守に、侍が勝手に西行と歌を詠み交わしていたから

⓪理奈が誤解してしまうと困るから
①反射的に何も考えず言い返したから
②図星を突かれて動揺してしまったから
③春樹にうんざりしてしまったから

問九 ［g］にあてはまる文章として適切なものを、次の⓪～③の中から一つ選び、その番号を解答欄にマークしなさい。解答欄は㉙。

⓪あの頃は何も話していないだろう
①あの頃はなぜ話すことができなかったのだろう
②あの頃はどうやって話していたのだろう
③あの頃は絶対に話していたにちがいない

問十 本文の内容として適切なものを、次の⓪～③の中から選び、その番号を解答欄にマークしなさい。解答欄は㉚。

⓪理奈は土星の丸太に座り、過去の思い出を悲しそうになつかしんだ
①理奈は土星の丸太に座り、「僕」と『火星年代記』の話を楽しんだ
②理奈は火星の丸太に座り、旧友たち二人との再会を喜んでいた
③理奈は火星の丸太に座り、教養を使って春樹の軽口を駄目にした

問題三　次の文章を読んで、後の問いに答えなさい。

※1伏見中納言といaひける人のもとへ、※2西行法師、行きてたづねけるに、あるじはありきたがひたるほどに、侍の出でて、「何事いふ法師ぞ」と言bふに、縁に尻かけて居たるを、「※3けしかる法師の、かく※4しれがましきよ」と思cひたる1けしきにて、侍ども、にらみおこせたるに、簾（みす）の内に、※5箏（しやう）の琴にて※6秋風楽（しうふうらく）をひきすましたるを聞きて、西行、この侍に、「※7物申さん」と言ひければ、A「憎し」とは思ひながら、立ち寄りて、「何事ぞ」とB言ふに、「簾の内へ申させ給dへ」とて、

Cことに身にしむ秋の風かな

とD言ひでたりければ、「憎き法師の言ひ事かな」とて、※8かまちを張りてけり。西行、はうはう帰りてけり。

後に、中納言の帰りたるに、「かかる2しれ者こそ候ひつれ。張り伏せ候ひぬ」とかしこ顔にE語りければ、「西行にこそありつらめ。ふしぎの事なり」とて、F心うがられけり。

この侍をば、やがて追ひ出だしてけり。

（『今物語』）

※1　伏見中納言…源師仲
※2　西行法師…鳥羽上皇に武士として仕えたが、二十三歳で出家する
※3　けしかる…怪しい
※4　しれがましき…愚かだ
※5　箏の琴…十三弦の琴
※6　秋風楽…雅楽の曲名
※7　もの申さん…もしもし
※8　かまち…あごの骨

（現代語訳）

伏見中納言という人のところへ、西行法師が訪ねていったところ、その家の主人は出かけており行き違いになってしまった。侍が出てきて、「何を言う法師だ」と言ったのに、縁に腰をかけて座っていたので、怪しげな法師がこのように傍若無人なありさまでいることよと思っている［　　］で、侍たちはにらみつけていた。すると、御簾の中で箏の琴で秋風楽を見事に弾きすましているのを聞いて、西行がこの侍に「何か一言

いか分からない」

　g　。

（『星に願いを、そして手を。』青羽悠）

＊辟易…嫌気がさすこと

問一　波線部1・2・3のカタカナと同一の漢字を、それぞれ次の⓪〜③の中から一つ選び、その番号を解答欄にマークしなさい。解答欄は1は16、2は17、3は18。

1　カ学館
⓪カ熱して調理する　①高カなネックレスを買う
②状況がかなり変カする　③教カ書を忘れてしまった

2　ジュン惑星
⓪ジュン番を守って並ぶ　①単ジュンな話である
②ジュン備運動をする　③警察官がジュン回する

3　ビ生物
⓪ビ妙な力加減が必要だ　①教室のビ化を心がける
②車の整ビを行う　③犯人をビ行する

問二　a　、　b　、　d　、　f　にあてはまる語句として適切なものを、それぞれ次の⓪〜④の中から一つ選び、その番号を解答欄にマークしなさい。解答欄はaは19、bは20、dは21、fは22。
⓪確かに　①やはり　②まるで　③いつも　④随分と

問三　c　にあてはまる語句として適切なものを、次の⓪〜④の中から一つ選び、その番号を解答欄にマークしなさい。解答欄は23。
⓪地球人　①木星人　②火星人　③土星人　④水星人

問四　傍線部A「僕が笑っていると」とあるがその理由として適切なものを、次の⓪〜③の中から一つ選び、その番号を解答欄にマークしなさい。解答欄は24。
⓪「僕」が、土星には生物が住めないということを知っていたから
①「僕」が、何もない地面を指差していたことを恥ずかしく思ったから
②理奈が、「僕」と春樹の話題についていけなかったから
③理奈が、春樹の発言を利用して春樹を言い負かしていたから

問五　傍線部B「値踏みするように」の表現している様子として適切なものを、次の⓪〜③の中から一つ選び、その番号を解答欄にマークしなさい。解答欄は25。
⓪まるっきり無駄であったと嘆くように
①価値があるものだったと確かめるように
②失ってしまったのだと悲しむように
③これからは大切にしようと心に決めるように

問六　e　にあてはまる言葉として適切なものを、次の⓪〜③の中から一つ選び、その番号を解答欄にマークしなさい。解答欄は26。
⓪細かっただろうか　①やわらかかっただろうか
②太かっただろうか　③固かっただろか

問七　傍線部C「こんな表情」とあるが、ここで表現している感情として適切なものを、次の⓪〜③の中から一つ選び、その番号を解答欄にマークしなさい。解答欄は27。
⓪好意的　①悲観的　②楽観的　③感傷的

問八　傍線部D「慌てて否定する」とあるが、「僕」が慌てた理由として適切なものを、次の⓪〜③の中から一つ選び、その番号を解答欄にマークしなさい。解答欄は28。

し、そして再び滅んでいく歴史について書かれたＳＦだ。その最後では、地球の滅亡を悟った元州知事が家族を連れて荒廃した火星へ向かい、新たな文明を築こうとするシーンが綴られている。

「ああ、あれか。子供たちに［ c ］を見せるシーン」

「そうそう。父親は自分たちが映る水面を指差すんだ。もう自分たちが［ c ］なんだ、って」

僕は足元を指差す。ただ、僕たちの足元にあるのは、乾いた地面だけだ。

「私、全然分からないんだけど」

「要するに、軽口を叩くにも教養がいる、ってわけだ」

春樹が澄ました顔をして答える。

「言わせてもらうけど」理奈は言う。「土星みたいなガス惑星には、大気どころか地面すら存在しないから。人はもちろん3ビ生物も住めないだろうね。だから、何が土星人よって感じなんだけど」

「……無駄な教養は軽口を駄目にするんだ」

つまらなそうに春樹は言う。

A僕が笑っていると、同じく笑いながら髪を掻き上げる理奈と目が合った。真っすぐな黒い髪、色白な肌、僕より少し低い背丈、昔と変わらない。

理奈がゆっくり口を開いた。

「何年ぶり、かな」

「……多分、高校卒業以来だから、五、六年ぶりくらいかな」

「もうそんなに経つんだ」理奈は、過ぎ去った時間をB値踏みするように呟いた。「この公園って、こんなに狭かったっけ」

「［ d ］、昔はもっと広々としてて、カ学館も大きく見えた」

理奈が座っているこの丸太も、こんなに［ e ］。遠くに見えるプラネタリウムのドームも、あんなにこぢんまりとしていただろうか。

理奈は寂しそうな微笑みを浮かべた。いつの間にCこんな表情をするようになったんだろう。それは、昔と変わったことだった。

「待ってる間に喉渇いちゃったから、何か買ってくる」

理奈はそのまま立ち上がり、公園の外の自販機の方へと向かう。

僕は体重を金網の窪みに預けて、することもなく空を眺めていた。この窪んだ金網のフェンスはちょうど太陽系丸太の近くにあり、何故か背中のラインにフィットする。久々にここを訪れた僕の腰にも［ f ］馴染んだ。

「お前さ」

海王星の丸太に腰掛ける春樹が、太陽の向こうから僕に話しかけてくる。

「何だよ」

「理奈と、目合わせなさすぎ」

「そ、そんなことねえよ」

僕はD慌てて否定するが、春樹は「これが惑星間コミュニケーションか」と一人でケラケラ笑っている。

「もうちょい上手くやれよ。別れたって言っても、もう何年も前の話だ」

「そりゃそうなんだけどさ」

「だけど？」

「別れてから何年も顔を合わせてないから、逆にどんな顔して話せばい

問九　傍線部G「あんたはあんた」と正反対の意味を持つ四字熟語として適切なものを、次の⓪～④の中から一つ選び、その番号を解答欄にマークしなさい。解答欄は11。

⓪呉越同舟　①十人十色　②温故知新
③大同小異　④一心同体

問十　傍線部H「今の人達は『原始的だ』と思うことでしょう」とあるが、筆者の考え方の説明として適切なものを、次の⓪～③の中から一つ選び、その番号を解答欄にマークしなさい。解答欄は12。

⓪筆者も「熊送り」を行うアイヌの行為を原始的であると批判している
①筆者は生物の本質を捉えているのはアイヌの方であると考えている
②筆者はアイヌの方が原始的ではあるが見習うべきものも多いと考えている
③筆者は熊を神の化身と考えるアイヌの生き方にあこがれを持っている

問十一　傍線部I「その手の思考」の内容として適切なものを、次の⓪～③の中から一つ選び、その番号を解答欄にマークしなさい。解答欄は13。

⓪　経済効率よりも、自然に合わせる多様性を優先させる思考
①　経済効率が悪いことを理由にすれば、何でも許される思考
②　経済が成り立たないことで、全てが停止してはいけないという思考
③　経済効率と自然との調和を、どちらも両立させようとする思考

問十二　b　にあてはまる語句として適切なものを、次の⓪～④の中から一つ選び、その番号を解答欄にマークしなさい。解答欄は14。

⓪そして　①たとえば　②もし　③しかし　④けっきょく

問十三　本文の内容として適切なものを、次の⓪～③の中から一つ選び、その番号を解答欄にマークしなさい。解答欄は15。

⓪ブータンでは、日本が失ってしまった教えが根付いている
①自然界のバランスを重視するあまり、経済効率が悪くなってきた
②日本はもともと、自然を支配する文化を持ち合わせていた
③アイヌのような日本古来の伝統を、もっと大切にすべきである

問題二　次の文章を読んで、後の問いに答えなさい。

理奈は土星に座っていた。
「お久しぶり」
「俺に土星人の知り合いはいない」
「……春樹は相変わらずうるさいなあ」
理奈は＊辟易(へきえき)した表情を浮かべた。
1カ学館のある公園ということで、ここには宇宙に関する遊具が多く設置してある。「太陽系丸太」もその中の一つだった。十本の丸太が、太陽と水金地火木土天海、それに加えて現在は2ジュン惑星に格下げされた冥王星(めいおうせい)を模(も)した配置で並んでいる。
理奈はその土星の丸太に座り、僕らを待っていた。
土星に座っているから土星人、という春樹の言葉は　a　安直だが、僕はそれを聞いてふと思い出した。
「　b　『火星年代記』の最後だ」
レイ・ブラッドベリの『火星年代記』は、火星に人類が移住し、繁栄

b 、「経済が成り立たない」で思考停止してはいけないのです。

（『「自分」の壁』養老孟司）

＊『死の壁』…筆者の作品

問一　波線部1・2・3のカタカナと同一の漢字を、それぞれ次の⓪～③の中から一つ選び、その番号を解答欄にマークしなさい。解答欄は1は①、2は②、3は③。

1　紹カイ

⓪誕生日カイに招かれる　①彼はカイ活な性格だ
②会議の内容にカイ入する　③防犯対策のカイ善を求める

2　ヘイ害

⓪その言い方は語ヘイがある　①二つをヘイ用する
②ヘイ鎖的な社会はだめだ　③電池をヘイ列につなぐ

3　捕カク

⓪敷地をカク張する　①賞金をカク得する
②カク調高い調度品の数々　③カク悟して試合に臨む

問二　傍線部A「そういう考え方」の内容として適切なものを、次の⓪～③の中から一つ選び、その番号を解答欄にマークしなさい。解答欄は④。

⓪お互いの考えを尊重するべきだという考え方
①さまざまなものがつながりあっているという考え方
②先祖を大切にすることが必要だという考え方
③どんな生物にも尊い命が宿っているという考え方

問三　傍線部B「自然」の対義語として適切なものを、次の⓪～④の中から一つ選び、その番号を解答欄にマークしなさい。解答欄は⑤。

⓪破壊　①創造　②人工　③社会　④開発

問四　a にあてはまる言葉として適切なものを、次の⓪～③の中から一つ選び、その番号を解答欄にマークしなさい。解答欄は⑥。

⓪あの田んぼは生きている　①あの田んぼは生命の源だ
②あの田んぼは社会そのものだ　③あの田んぼはお前だろう

問五　傍線部C「ぽかんと」の表現している様子として適切なものを、次の⓪～④の中から一つ選び、その番号を解答欄にマークしなさい。解答欄は⑦。

⓪茫然と　①釈然と　②泰然と　③歴然と　④平然と

問六　傍線部D「何を言っているのだ、このじいさんは」に用いられている表現技法を、次の⓪～④の中から一つ選び、その番号を解答欄にマークしなさい。解答欄は⑧。

⓪擬人法　①対句法　②倒置法　③比喩法　④反復法

問七　傍線部E「おかしな」の品詞として適切なものを、次の⓪～④の中から一つ選び、その番号を解答欄にマークしなさい。解答欄は⑨。

⓪名詞　①動詞　②副詞　③連体詞　④助動詞

問八　傍線部F「こういうこと」の指す内容として適切なものを、次の⓪～③の中から一つ選び、その番号を解答欄にマークしなさい。解答欄は⑩。

⓪人間は魚がいないと、生きていくことができないということ
①人間にとって米は大切な主食であり、なくてはならないということ
②人間は自然から恵みをうけて、はじめて生きていけるということ
③人間にとって自然は支配すべきものであり、自在に扱えるということ

【国　語】（四〇分）〈満点：一〇〇点〉

問題一　次の文章を読んで、後の問いに答えなさい。

これまで私は、よくブータンに行った時の話を1紹カイしてきました。＊『死の壁』（新潮新書）にも書きました。食堂で、私の飲み物にハエが入ってきた。現地の人はそれをつまんで、助け出してやったあとに、こちらに向かって、「お前のじいさんだったかもしれないからな」と笑った。

ブータンには、お互いがつながりあっているという教えが生きているのです。

もちろん、本当にハエが私のじいさんのはずがありません。そういうことをあまり大真面目に本気で信じ込むと、それはそれで2ヘイ害があるかもしれません。

でも、Aそういう考え方を持っていることには意味があるのです。

変な社会を我々はつくってきてしまった。そう感じることが増えました。

本来、B自然と共生できる文化、「個人」なんてなくてもいい社会を私たちは持っていたはずでした。それが、どんどんおかしな方向に進んでしまいました。

かつては言わなくてもわかっていたことが、今では言っても伝わらないようになった。

学生を田んぼに連れて行った際に、

「［　a　］」

と私は言います。

すると、相手はCぽかんとしています。D何を言っているのだ、このじいさんは。

でも、田んぼは私たち自身だ、という考えはEおかしなものではありません。田んぼから米ができる。その米を体内に入れて、体をつくっていく。米は体の一部になる。その米を作っている田んぼの土や水、そこに降り注いでいる日光も全部、私になっていくわけです。

もちろん海でも同じことです。魚を食べるということは、海を体内に取り入れていく、ということでしょう。

でも、Fこういうことを子どもに教える大人があまりいません。「Gあんたはあんた。田んぼは田んぼ。海は海」としか教えないでしょう。

アイヌは「熊送り」という儀式をやります。自分たちが3捕カクして、食べたり毛皮を利用したりする熊を神様の化身と考えて、熊の頭蓋骨を掲げて、再び神の国へと送る儀式です。こういうものを、H今の人たちは「原始的だ」と思うことでしょう。

でも、そう思う人とアイヌとで、どちらがまともなのでしょうか。生物の本質を捉えているのはアイヌのほうではないでしょうか。

春先になると、スギ花粉のせいで私は花粉症の症状が出て苦しみます。全国どこの山もスギばかり植えたから、こうなってしまった。なぜ同じ木ばかり植えたのか、もっと自然に合わせたことができただろうに、と言えば、答えは決まっています。

「それでは経済効率が悪い」

おおよそこういうことを言ってくるわけです。多様性が大切だとか、そういう議論をすると、「それでは経済が成り立たない」となる。そういう言い方をしなくても、背景にあるのはIその手の思考です。

MEMO

大切なことはメモしておこうネ！

T.G

2020年度

解 答 と 解 説

《2020年度の配点は解答欄に掲載してあります。》

＜数学解答＞ 《学校からの正答の発表はありません。》

問題1 (1) [1] 1 [2] 3 (2) [3] − [4] 4 [5] 9 (3) [6] 7
(4) [7] 3 [8] 5 (5) [9] 3 (6) [10] 4 [11] 7 (7) [12] 2 [13] 3
(8) [14] − [15] 2 [16] 5 (9) [17] 9 [18] 1 [19] 0 (10) [20] 3

問題2 (1) [21] 8 [22] 9 [23] 5 [24] 8 [25] 7 [26] 8 (2) [27] 7 [28] 9

問題3 (1) [29] 1 [30] 8 (2) [31] 1 [32] 0 (3) [33] 1 [34] 2
(4) [35] 1 [36] 1

問題4 (1) [37] 6 (2) [38] 9 [39] 2 [40] 5 (3) [41] 1 [42] 1

問題5 (1) [43] 2 [44] 4 (2) [45] − [46] 2 [47] 8 (3) [48] 4
(4) [49] 8

○推定配点○

問題1 各4点×10 問題2 各4点×4 問題3 各4点×4 問題4 各4点×3
問題5 (1) 各2点×2 他 各4点×3 計100点

＜数学解説＞

問題1 (数・式の計算，式の値，平方根，因数分解，連立方程式，割合，数の性質)

(1) $3-(-5)\times2=3-(-10)=3+10=13$

(2) $\left(\frac{4}{3}\right)^2\div(-2^2)=\frac{16}{9}\div(-4)=-\frac{16}{9}\times\frac{1}{4}=-\frac{4}{9}$

(3) $\left(\frac{3}{2}-\frac{1}{3}\right)\times6=\frac{3}{2}\times6-\frac{1}{3}\times6=9-2=7$

(4) $x^4y\times(xy^3)^2\div x^3y^2=x^4y\times x^2y^6\div x^3y^2=\frac{x^4y\times x^2y^6}{x^3y^2}=x^3y^5$

(5) $a=5$，$b=-2$であるとき，$2(a+2b)-(a+3b)=2a+4b-a-3b=a+b=5+(-2)=3$

(6) $\sqrt{35}\div\sqrt{5}+\sqrt{21}\times\sqrt{3}=\sqrt{35\div5}+\sqrt{3\times7\times3}=\sqrt{7}+3\sqrt{7}=4\sqrt{7}$

(7) $(x-5)(x+6)+24=x^2+x-30+24=x^2+x-6=x^2+\{(-2)+3\}x+(-2)\times3=(x-2)(x+3)$

(8) $4x+3y=7$…①，$x+2y=8$…②とする。②×4−①より，$5y=25$ $y=5$ これを②に代入して，$x+2\times5=8$ $x=-2$

(9) (全校生徒の人数)＝(バス通学をしている生徒の人数)÷30％＝$273\div\frac{30}{100}=910$(人)

(10) m，nを整数とする。偶数$2m$と奇数$2n+1$を足すと，$2m+(2n+1)=2m+2n+1=2(m+n)+1$より，奇数になる。⓪は正しくない。奇数$2m+1$と奇数$2n+1$を足すと，$(2m+1)+(2n+1)=2m+1+2n+1=2m+2n+2=2(m+n+1)$より，偶数になる。①は正しくない。偶数$2m$と奇数$2n+1$をかけると，$2m\times(2n+1)=2m(2n+1)=2\{m(2n+1)\}$より，偶数になる。②は正しくない。奇数$2m+1$と奇数$2n+1$をかけると，$(2m+1)\times(2n+1)=(2m+1)(2n+1)=4mn+2m+2n+1=2(2mn+m+n)+1$より，奇数になる。③は正しい。

問題2 （統計・標本調査，方程式の応用）

基本 (1) 10人のテストの結果を点数の低い順に並べると，11，34，43，52，55，61，68，76，81，89。よって，最大値は89点。中央値は資料の値を大きさの順に並べたときの中央の値。生徒の人数は10人で偶数だから，点数の低い方から5番目と6番目の生徒の点数の平均値$\frac{55+61}{2}=58$(点)が中央値。資料の最大の値と最小の値の差が分布の範囲。最小値は11点だから，分布の範囲は$89-11=78$(点)

(2) 元の10人のテストの合計点は，$89+61+34+43+52+68+11+76+81+55=570$(点)だから，この平均点は，$570\div10=57$(点)　休んだ生徒1人を加えた11人の平均点が，元の平均点の57点より2点高くなったから，11人の平均点は$57+2=59$(点)。休んだ生徒の得点をx点とすると，点数の合計の関係から，$570+x=59\times11$　$x=79$　よって，休んだ生徒の得点は79点である。

問題3 （場合の数）

(1) 3桁の整数は右図に示す通り18通りできる。

(2) このうち，偶数は一の位の数字が0か2の数だから，右図の☆印を付けた10通りできる。

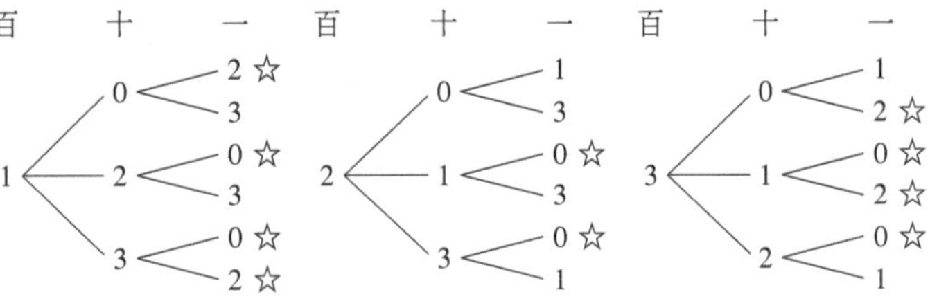

(3) 300より小さい数は，百の位の数字が3以外の数だから，$18-6=12$(通り)できる。

重要 (4) 百の位の数字が3の数が6通りあり，百の位の数字が2の数を大きい順に並べると，231，230，213，210，203だから，203は最も大きい数から数えて$6+5=11$(番目)の数である。

問題4 （相似の利用，線分の長さ，面積比）

基本 (1) AD//BCだから，AO：CO＝AD：BC＝9：15＝3：5　$AO=AC\times\frac{AO}{AC}=AC\times\frac{AC}{AO+CO}=16\times\frac{3}{3+5}=6$(cm)

重要 (2) △AODと△COBで，平行線の錯角は等しいから，∠OAD＝∠OCB…①　∠ODA＝∠OBC…②　①，②より，2組の角がそれぞれ等しいから，△AOD∽△COB　相似比は，AD：BC＝3：5　よって，△AOD：△COB＝3^2：5^2＝9：25

(3) AD//BCだから，△ABD＝△ACD…③　また，△AOB＝△ABD－△AOD…④　△COD＝△ACD－△AOD…⑤　③，④，⑤より，△AOB＝△COD　よって，△AOB：△COD＝1：1

問題5 （図形と関数・グラフ）

基本 (1) 点Aのy座標は，$y=2\times(-1)^2=2$　よって，A$(-1,\ 2)$　点Bのy座標は，$y=2^2=4$　よって，B$(2,\ 4)$

(2) 直線OAの傾きは$\frac{0-2}{0-(-1)}=-2$だから，直線OA//直線ℓより，直線ℓの傾きも-2である。直線ℓの式を$y=-2x+b$とおくと，点Bを通るから，$4=-2\times2+b$　$b=8$　よって，直線ℓの式は，$y=-2x+8$

重要 (3) 直線OA//直線ℓだから，△OAB＝△OAP　点Pのx座標は，直線ℓの式に$y=0$を代入して，$0=-2x+8$　$x=4$　P$(4,\ 0)$　よって，△OAB＝△OAP＝$\frac{1}{2}$×OP×(点Aのy座標)＝$\frac{1}{2}\times4\times2=4$

(4) 直線OA//直線ℓだから，△ABP＝△OBP　よって，△ABP＝△OBP＝$\frac{1}{2}$×OP×(点Bのy座標)＝$\frac{1}{2}\times4\times4=8$

★ワンポイントアドバイス★

問題4(2)は，相似な図形の相似比と面積比の関係に着目することがポイントである。問題5(3)は，直線OA//直線ℓより，平行線と面積の関係を利用することがポイントである。

＜英語解答＞ 《学校からの正答の発表はありません。》

問題1 問1 ③ 問2 ⓪ 問3 ② 問4 ③ 問5 ① 問6 ① 問7 ⓪ 問8 ③ 問9 ③ 問10 ②

問題2 問1 ⓪ 問2 ① 問3 ② 問4 ⓪ 問5 ①

問題3 問1 ⓪ 問2 ③ 問3 ② 問4 ③ 問5 ⓪

問題4 問1 ③ 問2 ③ 問3 ② 問4 ① 問5 ⓪ 問6 ① 問7 ② 問8 ②

問題5 問1 ② 問2 ⓪ 問3 ① 問4 ② 問5 ② 問6 ③ 問7 ⓪ 問8 ③

問題6 問1 ① 問2 ⓪ 問3 ③ 問4 ② 問5 ③ 問6 ⓪

問題7 問1 ⓪ 問2 ② 問3 ③ 問4 ③ 問5 ③ 問6 ⑥ 問7 ① 問8 ② 問9 ⓪ 問10 ②

○推定配点○

問題1 問10 3点 他 各2点×9 **問題2** 各1点×5 **問題3～問題7** 各2点×37
計100点

＜英語解説＞

問題1 （長文読解問題・物語文：語句補充，語句整序[不定詞]，英文和訳，指示語，語句補充，要旨把握，内容吟味）

（全訳） ポール・ホワイトはロンドンの一流ホテルで料理人として働いている。彼はイギリス人と食べ物について次のように考えている。

イギリスへの訪問者は，一般的に1つのことに同意する―イギリス料理だ。

「それはひどいです！」と彼らは言う。「野菜は非常に多くの面白い方法で調理できる。しかしイギリス人は野菜を調理する時間が長すぎるため，野菜は味を失う。」 これらの訪問者は間違った場所で食事をする。最高のイギリス料理は，良いレストランやホテル，または家での料理だ。

イギリス人の嗜好は過去30年間で大きく変化した。1988年の個人の全国平均は，週に352グラムの「赤」肉だったが，現在では$_{ア}$250グラム以下だ。人々は鶏肉と新鮮な魚の方を好む。そして，最近ではより多くの人が健康的な食事に$_{イ}$関心を持つ。1988年の全国平均は週に905グラムのフルーツとフルーツジュースだったが，現在は$_{ウ}$約2000グラムだ。

イギリス人は「$_{エ}$甘い歯」を持っている。彼らはケーキ，チョコレート，お菓子が大好きだ。私のホテルでは伝統的なイギリスのプリンを調理しており，お客様は$_{オ}$それらを愛している。$_{カ}$ほとんどパンとバターで作られるプリンをあなたは想像できるか？ それはイギリスの料理の「パンとバターのプリン」として存在する。$_{キ}$それは素晴らしい！

今日，ケ多くの人たちが早く，簡単に食べられる食べ物を欲しがっている。両親が働いているとき，夕方に大量の食事を作ることができない。ケスーパーマーケットやマークス・アンド・スペンサーからの「でき合い」の食事，コファストフードレストランからの「持ち帰り」の食事は非常に人気がある。もしあなたが疲れやだるさを感じているなら，地元のレストランに電話することもできる。サ彼らはあなたの家に食べ物を持ってくるだろう。

20年前，イギリス人は通常家でシ食事をした。彼らは誰かの誕生日のような特別なときにだけ食事に出かけた。しかし今日では，多くの人が少なくとも週に1回は外食をする。

以前は，伝統的なステーキハウスが人気の場所だったが，今では多くの人が外国料理の方を好んでいる。すべてのイギリスの町にインド料理と中華料理のレストランがスあり，大きな町には他の多くの国々からのレストランもある。

問1　(ア)　less than ～「～以下」　(ウ)　最近では健康的な食事に関心を持っているため，905gより多い。

問2　(イ)　be interested in ～「～に興味がある」　(シ)　過去の文なので，過去形にする。(ス)　現在の文であるため，現在形を用いる。

問3　イギリス人は「ケーキ，チョコレート，お菓子が大好き」とあることから判断できる。

問4　前に出てきた名詞を指している。客が好きなものは，「イギリスの伝統的なプリン」である。

問5　made mostly with bread and butter は前の名詞 a pudding を修飾している，分詞の形容詞的用法である。

問6　お客様が愛しているものであるという文脈なので，それは素晴らしいものなのだとわかる。

問7　(Today) many people want food to be quick and easy(.)　不定詞の形容詞的用法を用いている。

問8　(ケ)「でき合い」の料理はスーパーマーケットで手に入れられる。　(コ)「持ち帰り」の料理はファストフード店で手に入れられる。

問9　家に食べ物を持ってくるのはレストランの人である。

問10　第6段落第2文参照。20年前は，誕生日のような特別なときに外食をしたのである。

基本 問題2 （アクセント）

問1　第1音節にアクセントがある。

問2　第2音節にアクセントがある。

問3　第3音節にアクセントがある。

問4　第1音節にアクセントがある。

問5　第2音節にアクセントがある。

問題3 （発音）

問1　⓪は [i]，その他は [ai] と発音する。

問2　③は [e]，その他は [iː] と発音する。

問3　②は [ð]，その他は [θ] と発音する。

問4　③は [o]，その他は [ʌ] と発音する。

問5　⓪は [f]，その他は発音をしない。

基本 問題4 （会話文）

問1　年齢を答えているので，How old で尋ねる。

問2　because で答えているので，why を用いた疑問文にする。

問3　How long で尋ねられているので，時間の長さを答える。

問4　正しい答えを言っているため，You are right.「きみは正しいです」を選ぶ。

問5　時刻を答えているので，What time を用いて寝た時間を尋ねればよい。
問6　where を用いて場所を尋ねていることから判断できる。
問7　purpose「目的」だから，訪問の目的を答えればよい。
問8　「きみを手伝うよ」と言っているので，どの大学に入るべきかアドバイスを求めている。

重要 **問題5**（語句選択問題：分詞，関係代名詞，前置詞，不定詞，比較）
問1　written by Natsume Soseki は前の名詞を修飾する分詞の形容詞的用法である。
問2　後に動詞があるため，主格の関係代名詞を選ぶ。
問3　in case of ～「～の場合には」
問4　be going to で未来の表現になる。
問5　want は不定詞のみを目的語にとる。
問6　long の比較級は longer となる。
問7　as ～ as …「…と同じくらい～」
問8　like ～「～のような」

問題6（書き換え問題：不定詞，接続詞，分詞，関係代名詞）
やや難 問1　how to get to ～「～へ行く方法」
問2　〈tell ＋人＋ to ～〉「人に～するように言う」
問3　too ～ to … ＝〈so ～ that 人 can't …〉
問4　taken by Ms. Kato は分詞の形容詞的用法である。
問5　〈名詞＋ ～ing〉＝〈名詞＋ who ＋ be動詞＋ ～ing〉
問6　先行詞に最上級を含むため，関係代名詞は that を用いる。

重要 **問題7**（語句整序問題：不定詞，受動態，動名詞，現在完了，進行形，関係代名詞）
問1　More than two billion people use wood to heat food(.)
問2　A lot of people go to Canada to enjoy (its beautiful nature.)
問3　They were brought from Japan to (Europe.)
問4　Some of them have never been to (school.)
問5　Many people enjoy watching sumo on TV(.)
問6　(It's) necessary for us to prepare for disasters(.)
問7　(I) want our future generations to play the violins(.)
問8　The number of elderly people is increasing(.)
問9　(This) is a book which she wrote(.)
問10　There are five desks on the stage(.)

★ワンポイントアドバイス★
英文法の知識が多く問われている。比較的平易な問題が多いため，教科書に出てくる代表的な例文はぜひ暗記したい。

＜理科解答＞《学校からの正答の発表はありません。》

問題1　[1] ③　[2] ⓪　[3] ③　[4] ②　[5] ③　[6] ③　[7] ④
問題2　[8] ②　[9] ②　[10] ②　[11] ④　[12] ③　[13] ③

問題3	14 ①	15 ②	16 ②	17 ③	18 ⑥	19 ⑧	20 ②	21 ⓪
	22 ①							
問題4	23 ①	24 ①	25 ⓪	26 ②	27 ①	28 ①	29 ④	
問題5	30 ③	31 ⑥	32 ⓪	33 ①	34 ⓪	35 ③	36 ①	37 ④
	38 ③	39 ③						
問題6	40 ①	41 ⓪	42 ⓪	43 ②	44 ①	45 ②	46 ③	47 ②
問題7	48 ①	49 ③	50 ③	51 ④	52 ②	53 ①	54 ⓪	55 ①

○推定配点○

14，16～19，32，33，42，48，49　各1点×10　　他　各2点×45　　計100点

＜理科解説＞

問題1　（光と音の性質ー光の反射）

重要　1　物体aと鏡をはさんで対称な点とA，B，Cとを結んで，この直線が板を通らなければ，鏡越しに物体が見える。A，Bからは鏡に映った物体が見える。

2　物体bの両側と鏡をはさんで対称な点をそれぞれとり，これらとA，B，Cを結んだ線が両方とも板を通らなければ，鏡越しに物体bの全体が見える。

重要　3　Aから入った光はそれぞれの壁で反射される。入射角と反射角が等しくなるので，光の通る道筋を書き込むと，Dから出ていくことがわかる。

基本　4　入射角は，図の∠aOlの部分である。

5　図4の半円型レンズの下側から光が入るとき，レンズの中では入射角より角度が小さくなる。そのため，lとkの間を通る。

6　レンズの平たい面に垂直に光が入ると，光は直進してlから出る。

7　レンズへの入射角が大きくなると，すべての光が反射されbから出てくる。これを全反射という。

問題2　（電力と熱ー電力と熱量の関係）

基本　8　電力＝電圧×電流より，1200÷100＝12(A)である。

基本　9　電力＝(電圧)^2÷抵抗より，(100)^2÷250＝40(Ω)である。

重要　10　消費電力量(kWh)＝電力×時間より，最も電力量が大きいのはdであり，3kWhである。

11　aの電流は2.5A，bは7.5A，cは12A，dは10A，eは0.6A，fは13Aである。3つの家電製品の電流の大きさの和が30を超えると，ブレーカーが落ち電流が流れなくなる。その組み合わせは，④のみである。

重要　12　200gの水を20℃から83℃まで温度を上げるには，20×(83－20)＝12600(cal)の熱量が必要である。

重要　13　t秒間電気を流したとすると，750×t×0.42＝12600より，t＝40秒になる。

問題3　（気体の発生とその性質ーアンモニアの発生と性質）

基本　14　水によく溶け空気より軽い気体は，上方置換法で集める。

基本　15　塩化アンモニウムと水酸化ナトリウムが反応すると，アンモニアが生じる。

重要　16～19　アンモニアは水に非常によく溶ける。水溶液はアルカリ性で，赤色リトマス紙を青色に変える。刺激臭のある，空気より軽い気体である。

20　フラスコ内のアンモニアが水に非常によく溶けるので，水にぬらしたろ紙にアンモニアが溶け込む。するとフラスコ内の圧力が低下し，ビーカーの水が吸い上げられる。

21 ビーカーの中の水は中性で，フェノールフタレインを加えても無色である。

基本 22 丸底フラスコ内の水にはアンモニアが溶け込みアルカリ性になるので，フェノールフタレインは赤色になる。

問題4 （電気分解とイオン－イオンの性質）

23 乾燥した台紙では電流が流れないので，台紙を水で湿らせる。

24 塩酸は水素イオンと塩化物イオンに分かれる。水素イオンは陰極側に移動するので，Bの青色リトマス紙が赤色になる。

重要 25 酸とは，水に溶けて水素イオンを生じる物質である。塩酸から生じた水素イオンが青色リトマス紙の色を変える原因である。

26 水酸化ナトリウム水溶液は，水酸化物イオンとナトリウムイオンに電離する。水酸化物イオンは負の電気を持つので，陽極側にひかれて移動する。そのため，Cの赤色リトマス紙が青色に変わる。

27 水に溶けて水酸化物イオンを生じる物質をアルカリという。アルカリ性の原因となるのが，水酸化物イオンである。

28・29 BTB溶液は，アルカリ性で青色，酸性で黄色を示す。

問題5 （ヒトの体のしくみ－消化酵素）

30・31 肝臓で作られる胆汁は，消化酵素を含まないが脂肪の分解を助ける。

32・33 cは胆のうで，胆汁をためている場所である。胆汁は消化酵素を含まないが，脂肪の分解を助ける。dは胃で，タンパク質の分解酵素を出すが，デンプンの分解酵素は出さない。

重要 34・35 試薬Ⅰはデンプンを含む水溶液で青紫色を示すので，ヨウ素液である。試薬Ⅱはデンプンが分解した水溶液で赤褐色になるので，糖の検出試薬として用いるベネジクト液である。

36～38 だ液を入れた試験管とデンプンを混合し，37℃付近でしばらくおくとデンプンが分解される。これはだ液に含まれるデンプンの分解酵素の働きのためである。これを確かめるために，だ液の代わりに水を加えて実験をする。

39 実験結果より，5℃や80℃ではだ液の働きが弱かったり，働かなかったりするので，適当な温度が必要であることがわかる。消化酵素は生物の体内ではたらくので，体温付近で最もよくはたらく。

問題6 （植物の体のしくみ－細胞分裂）

重要 40・41 体の細胞の分裂を体細胞分裂という。体細胞分裂では，細胞分裂の前後で染色体の数は変わらない。生殖に関係する細胞の分裂を減数分裂という。減数分裂では，染色体数は分裂前の半分になる。生殖細胞同士が受精して，受精卵の染色体数は親と同じになる。

基本 42 根の先端の部分では活発に細胞分裂が行われているので，分裂途中の細胞の数が多くなる。

43 細胞分裂が活発に行われるので，細胞の数が多く，1つ1つの細胞は小さい。

44・45 細胞分裂の順序は，A→E→C→B→D→Fの順になる。3番目のCでは，染色体が中央付近に集まっているところで，この後染色体が2つに割れて両側に移動し，その後細胞が2つに分かれる。5番目はDで2つに分かれた染色体が別々の核になって，その後2つの細胞ができる。

46・47 Bでは染色体がそれぞれ2つに分かれるので，染色体数は2倍の2Pになる。その後，Fでは細胞が2つに増えるので，それぞれにPずつの染色体が含まれるようになる。こうして，分裂前と同じ数の染色体数になる。

問題7 （天気の変化－湿度，気圧）

48 空全体に対する雲の割合が9割以上のとき，曇りという。20％の青空があれば，天気は晴れで，晴れの天気記号は①である。

基本 49 図1は西高東低の気圧配置で，日本付近の冬の気圧配置の典型例である。

50 等圧線の間隔は，20hPaごとに太い実線で表し，4hPaごとに細い実線で示す。B点は1000hPaから細い線2本分の位置なので，1008hPaである。

51 乾湿計の目盛りの乾球の温度が，その日の気温を示す。図2より14℃である。

52 湿球の温度と乾球の温度の差が2℃なので，表1より湿度は78％である。

53 水の対流により，温度の低いほうのインクの入った水は水槽の下側に，温度の高いほうの水は上側にくる。

54 低気圧では反時計回りに風が流れ込み，中心付近では上昇気流が生じる。

55 水温が8℃で金属容器にくもりが出たので，室内の水蒸気量は8g/m³であった。室温が16℃でこの時の飽和水蒸気量が14g/m³なので，湿度は(8÷14)×100＝57.1(％)である。

★ワンポイントアドバイス★

理科全般の幅広い基本的な問題知識が求められる。標準レベルの問題集の演習を十分行うことが大切である。

＜社会解答＞《学校からの正答の発表はありません。》

問題1 1 ⓪ 2 ② 3 ⓪ 4 ③ 5 ③ 6 ⓪ 7 ② 8 ① 9 ② 10 ④

問題2 11 ② 12 ③ 13 ⓪ 14 ② 15 ③ 16 ① 17 ⓪ 18 ③

問題3 19 ⓪ 20 ② 21 ① 22 ③ 23 ①

問題4 24 ⓪ 25 ② 26 ① 27 ② 28 ②

問題5 29 ⓪ 30 ② 31 ② 32 ① 33 ③ 34 ⓪

問題6 35 ⓪ 36 ② 37 ③ 38 ⓪ 39 ① 40 ⓪

○推定配点○

問題1 1・2 各2点×2 他 各3点×8 問題2 11・12 各2点×2 他 各3点×6

問題3 各2点×5 問題4 各2点×5 問題5 各2点×6 問題6 各3点×6 計100点

＜社会解説＞

問題1 (歴史－日本の政治・外交史，文化史，各時代の特色，日本史と世界史の関連)

1 世界遺産を登録するのは国連教育科学文化機関(UNESCO)である。UNESCOは，諸国民の教育・科学・文化の協力と交流を通じて，国際平和と人類の福祉の促進を目的とした国際連合の専門機関である。

やや難 2 ⓪ 藤原道長を中心に摂関政治が展開され，藤原氏が朝廷の高い地位を独占したのは，11世紀前期のことである。 ① 菅原道真の訴えで，遣唐使が廃止されたのは9世紀末のことである。 ③ 聖徳太子が憲法十七条を発布したのは，7世紀初頭である。⓪・①・③のどれも時期が異なり，②が正しい。聖武天皇は，国家を守るという仏教の鎮護国家の働きに頼ろうとし，8世紀半ばに，都に東大寺を，諸国に国分寺・国分尼寺を建立させた。

3 平安時代初期，遣唐使とともに唐から帰国した最澄が日本に伝えたのが，天台宗である。最澄は，比叡山に延暦寺を開いた。延暦寺は，現在の滋賀県にあたる近江国に建立された。滋賀県の位置はアである。空海は，真言宗を開き，紀伊国に高野山金剛峯寺を建立した。

基本 4 平安時代中期に成立した，世界最古の長編小説である「源氏物語」の作者は，③の紫式部である。⓪の紀貫之は，古今和歌集の選者である。①の清少納言は，「枕草子」の筆者である。②の兼好法師は，「徒然草」の作者である。

5 承久の乱で上皇方についた公家・武士の多くの所領は没収され，幕府方についた御家人に恩賞として与えられた。幕府に協力した御家人に十分な恩賞が与えられなかったのは，元寇の際である。

6 A 織田信長が足利義昭を京都から追放したのは，1573年のことである。 B 伊藤マンショら4人の少年をローマ教皇のもとへと派遣した天正遣欧使節は，九州のキリシタン大名である大友宗麟・大村純忠・有馬晴信が，1582年に送ったものである。 C ザビエルがキリスト教を布教するために鹿児島に上陸したのは，1549年のことである。ポルトガル人を乗せた船が種子島に流れ着き，鉄砲が伝来したのは，1543年のことである。古いものから順に並べ，3番目にくるのは，Aである。

基本 7 平戸に開かれていたオランダの商館が長崎の出島に移され，ヨーロッパの国としては唯一日本との貿易が許されるようになった。それ以前に，イギリスは自主退去し，スペインとポルトガルは来航禁止になっている。

8 農民を故郷の村に帰らせたのは，寛政の改革を行った松平定信と，天保の改革を行った水野忠邦である。

9 ⓪ 全国の海岸線を測量し，「大日本沿海輿地全図」を作ったのは，伊能忠敬である。 ① オランダ語の解剖書を翻訳し，「解体新書」を著したのは，杉田玄白である。 ③ こっけい本「東海道中膝栗毛」を書いたのは，十返舎一九である。⓪・①・③のどれも誤りであり，②が正しい。浮世草子は，井原西鶴により代表される，元禄時代の上方を中心とした文芸である。井原西鶴の代表作は「好色一代男」「世間胸算用」などがある。

10 コロンブスがカリブ海の島に到達したのは，1492年である。略年表の④の時期である。

問題2 （歴史－日本の政治・外交史，世界の政治史，日本史と世界史の関連）

基本 11 天皇1代の元号を一つだけにする一世一元の制は，1868年の詔で定められた。それまでは，天皇の即位，吉兆，災害のあった年，甲子，辛酉の年など1代に数回改元されていた。

重要 12 ⓪ ブッシュ大統領とゴルバチョフ書記長の米ソ首脳がマルタ島で会談し，冷戦終結を宣言したのが，1989年のことである。 ① 中国の民主化を求めて，北京の天安門広場に集まった学生や市民らを，人民解放軍が武力で鎮圧した天安門事件は，1989年に起こった。 ② 1989年のマルタ会談によって，資本主義陣営と社会主義陣営の冷戦が終結し，1989年にベルリンの壁が崩壊して，1990年に東西ドイツが統一された。 ③ 英国が香港を中国に返還したのは，1997年のことである。

重要 13 ⓪ 1992年，日本は国連カンボジア暫定機構（UNTAC）に，停戦監視要員8名，陸上自衛隊施設部隊600名を派遣した。 ① モザンビークでのPKOは1993年から，②東ティモールでのPKOは2010年から，③南スーダンでのPKOは2008年から，それぞれ行われた。

14 ② 1993年に非自民8党派の連立政権の内閣総理大臣に指名されたのは，日本新党の細川護熙である。 ⓪ 村山富市は，1994年に内閣総理大臣に任命された。自民・社会・さきがけ連立政権の最初の内閣である。 ① 小沢一郎は，総理大臣になっていない。 ③ 橋本龍太郎は，村山富市退陣後，1996年に内閣総理大臣に指名された。自民・社会・さきがけ連立政権の内閣である。

15 ⓪ 日韓共催サッカーワールドカップが開催されたのは，2002年である。 ① 長野冬季オリンピックが開催されたのは，1998年である。 ② 沖縄サミットは，2000年に開催された。⓪・①・②のどれも別の時代のことであり，③が正しい。阪神淡路大震災は，1995年に発生した。

16 2002年，小泉純一郎首相が訪朝し，北朝鮮の金正日総書記と史上初の日朝首脳会談に臨んだ。金総書記は，自ら日本人拉致が北朝鮮の特殊機関の犯行と認めて，口頭で謝罪した。

17 イラク戦争とは，イラクが大量破壊兵器を保有していることを理由として，2003年に，アメリカを中心とした有志連合軍が，イラクへ軍事介入し，当時のサダム＝フセイン政権を倒した戦争である。政府はサマワ地域を「非戦闘地域」とし，復興支援活動に2003年から2009年まで自衛隊を派遣した。

やや難 18 2009年の衆議院議員選挙における民主党の圧勝を受け，民主党を中心とする，社会民主党，国民新党の3党連立内閣が成立した。

問題3 （地理ー世界の地形・人々の生活と環境，日本の気候・地形）

基本 19 地球は24時間で360度自転するので，15度で1時間の時差となる。日本の標準時子午線は，東経135度であるから，東経45度のバグダッドとの経度差は90度であり，時差は6時間となる。

20 イスラム教の信者は，ラマダンになると，約1か月の間，日の出から日没にかけて，一切の飲食を断つ。

21 日本が実効支配している尖閣諸島に対して，中国は古くからの中国の領土であると領有権を主張している。

22 ⓪ サイクロンはベンガル湾や北インド洋に存在する熱帯低気圧のことである。 ① エルニーニョとは，赤道付近の東太平洋で，クリスマスの頃，海面温度が上昇する現象のことである。 ③ ハリケーンとは，北大西洋，カリブ海，メキシコ湾および北太平洋東部の熱帯低気圧のことである。③のモンスーンが正しい。夏には海洋から大陸に向かって南東の季節風が吹き，冬には大陸にある気団から北西の季節風が吹く。

23 日本アルプスから東側に南北にのびる，フォッサマグナを境にして，日本の地形は東西で大きく異なるので，①が誤り。

問題4 （地理ー世界の地形・気候・産業，諸地域の特色）

24 Aの山脈は，北米西部を南北に縦走するロッキー山脈であり，その稜線はけわしい。Bの山脈は，カナダ南東部から南西に，アメリカ合衆国の南部までのびるアパラチア山脈であり，その稜線はなだらかである。

25 五大湖周辺では，鉄鉱石・石炭が豊富なことから鉄鋼業が発展し，それに伴って自動車産業が発展した。今では，鉄鋼や自動車などの主要産業が衰退したことから，ラストベルトと呼ばれている。この地域では，航空宇宙産業は発達していない。アメリカの航空宇宙産業は，主にワシントン州やカリフォルニア州に立地している。

基本 26 カリフォルニア州サンフランシスコ郊外の盆地帯であるサノゼ地区のことを，情報技術産業が多数集まっているため，シリコンバレーという。シリコンとは半導体の材料であるケイ素のことである。

27 ロサンゼルスの気候は，地中海性気候であり，冬には一定の降水量はあるが，夏は日差しが強くて乾燥するのが特徴である。

やや難 28 スペイン語を母国語とする，メキシコなど中南米・カリブ海地域の出身者やその子孫で，米国に居住する人々をヒスパニックといい，メキシコとの国境付近を中心に分布している。

問題5 （公民ー政治のしくみ・国際政治・憲法・その他）

基本 29 イギリスの思想家は，17世紀のロックである。ロックは，国家の存在の正当性を社会契約説や自然法思想から明らかにし,「政府二論(統治二論)」の中で,抵抗権を唱えた。

やや難 30 アメリカでは大統領制が採用されており,国民は,立法の議会の議員と,行政の長である大統領を別々に選挙する。大統領は国家元首であるが,その権力は厳格な三権分立の下に置かれている。

31 大日本帝国憲法下では性別による様々な差別があり,また華族その他の貴族が特別に扱われていたが,日本国憲法は,その第14条で性別による差別を禁止した。また華族その他の貴族は認めないとした。

重要 32 労働基本権または労働三権とは,団結権・団体交渉権・団体行動権のことをいい,労働者が労働組合を結成できる権利が団結権,使用者との団体交渉をできる権利が団体交渉権,ストライキなど労働争議に対する権利が団体行動権である。

33 日本国憲法60条では,「予算について,参議院で衆議院と異なつた議決をした場合に,法律の定めるところにより,両議院の協議会を開いても意見が一致しないとき,(中略)衆議院の議決を国会の議決とする。」と定めている。

34 殺人など,重大な刑事裁判の一審の裁判に,くじで選ばれた市民の裁判員が参加することが,2009年5月から実施されている裁判員制度である。民事裁判には,裁判員制度は取り入れられていない。グラフに見られるように,参加する前はやりたくないと思う人が多いが,参加した感想としては,よい経験と感じた人が多くなる。

問題6 (各分野総合問題)

基本 35 起伏の多い山地が,海面上昇や地盤沈下によって海に沈み形成された,海岸線が複雑に入り組んで,多数の島が見られる地形をリアス海岸という。三重県にある志摩半島は典型的なリアス海岸であり,波の衝撃を避けることができるため,真珠の養殖などに適した地形である。

やや難 36 A 紀元前3世紀に「秦」として中国統一を達成したのが,始皇帝である。 B 春秋戦国時代とは,紀元前8世紀から紀元前3世紀までのことである。 C 漢の武帝が朝鮮半島に楽浪郡などを設けたのは,紀元前2世紀のことである。 D 隋は,紀元6世紀末に南北朝を統一した。年代の古い順に並べた場合,3番目になるのはCである。

基本 37 「奥の細道」で東北地方に関する俳句を残したのは,近松門左衛門ではなく,松尾芭蕉なので,③が誤り。

38 ハザードマップとは,自然災害による被害の軽減や防災対策に使用する目的で,被災想定区域や避難場所・避難経路などの防災関係施設の位置などを表示した地図のことをいうので,⓪が誤り。

39 ⓪ 中学生の避難を見て,小学生がこれに続き,途中で遭遇した幼稚園児たちを助けながら避難し,その後は最後まで一緒に避難をしている。 ② この地域では,事前に浸水が予測されていた場所以外まで,津波の被害を受けている。 ③ 中学生たちは,学校で決めた避難場所が危険であると判断し,避難場所を移した。⓪・②・③とも誤りであり,①が正しい。

40 愛知県内の外国人労働者数は平成24年・平成25年には若干低下したものの,ほぼ数を伸ばし続けている。有効求人倍率は平成21年に3分の1まで落ち込んだが,その後は着実に倍率をあげている。このことを正確にグラフに表したものは,⓪である。

★ワンポイントアドバイス★

時差の問題は出題されやすい。「経度15度ごとに,1時間の時差」「本初子午線」「日本の標準子午線は,東経135度」「日付変更線」の4点が頭に入っていれば,解答できる。何題か練習してマスターしておこう。

＜国語解答＞《学校からの正答の発表はありません。》

問題一 問一 1 ② 2 ⓪ 3 ① 問二 ① 問三 ② 問四 ③
問五 ⓪ 問六 ② 問七 ③ 問八 ② 問九 ④ 問十 ①
問十一 ① 問十二 ③ 問十三 ⓪

問題二 問一 1 ③ 2 ② 3 ⓪ 問二 a ④ b ② d ⓪ f ①
問三 ② 問四 ③ 問五 ① 問六 ⓪ 問七 ③ 問八 ②
問九 ② 問十 ⓪

問題三 問一 ④ 問二 1 ③ 2 ① 問三 ③ 問四 B ③ D ①
E ③ 問五 ② 問六 ③ 問七 ① 問八 ②

○推定配点○
問題一 問一・問三・問五～問七・問十二 各2点×8 他 各3点×7
問題二 問一～問三 各2点×8 他 各3点×7
問題三 問一・問二・問四・問八 各2点×7 他 各3点×4 計100点

＜国語解説＞

問題一 （評論文―大意・要旨，内容吟味，文脈把握，指示語の問題，接続語の問題，脱文・脱語補充，漢字の読み書き，語句の意味，同義語・対義語，熟語，品詞・用法，表現技法）

問一 1は「紹介」と書く。⓪「誕生日会」，①「快活」，②「介入(入り込むこと)」，③「改善」。
2は「弊害」と書く。⓪「語弊」，①「併用」，②「閉鎖的」，③「並列」。
3は「捕獲」と書く。⓪「拡張」，①「獲得」，②「格調」，③「覚悟」。

基本 問二 傍線部A「そういう考え方」を持っているのはブータンであることをふまえると，「ブータンには，お互いがつながりあっているという教えが生きている」という記述がヒントになる。

問三 「自然」と「人工」は対義語。

問四 筆者が「田んぼは私たち自身だ，という考えはおかしなものではありません」と述べていることをふまえて選択肢を選ぶ。

問五 「ぽかんと」はあっけに取られたり，見とれたりする様子を表す。⓪「茫然と」は，意想外のことにどうしていいかわからなくてぼんやりしている様子。①「釈然と」は，心がさっぱりしている様子。②「泰然と」は，落ち着いていて動じない様子。③「歴然と」は，疑いなく明白な様子。④「平然と」は，慌てる様子もなく，何事もないかのように振る舞う様子。

問六 主部が「このじいさんは」で，それを受ける述部と順序が逆になっている。

問七 「おかしな」は名詞「もの」を修飾する連体詞。形容動詞の連体形も活用語尾は「～な」なので迷うが，言い切り「～だ」に直すことができないので，「おかしな」は活用のない連体詞である。

問八 前段落までに，筆者は米と魚を例に挙げて，自然の作物も土も水も光もすべてが人間の身体を作っていることを説明している。つまり，自然の恵みを受けているから人間は生きることができるのである。

問九 「あんたはあんた」というのは，自分と他者を区別する意味であり，その反対は自分と他者が一致することだから「一心同体」が適切だ。⓪「呉越同舟」は，仲の悪い者同士が事情により一緒にいること。①「十人十色」は，好みや考えは人それぞれに違うこと。②「温故知新」は，昔のことをよく調べ，新しい物事に適応すべき知識や方法を得ること。③「大同小異」は，細かな違いはあっても，ほぼ変わりがないこと。

問十　傍線部Hの後に「生物の本質を捉えているのはアイヌのほうではないでしょうか」と書かれていることをふまえて選択肢を選ぶ。

重要　問十一　多様性の大切さを説くと，「それでは経済効率が悪い」という反論が返ってくる。この回答は，経済効率の悪さが最も回避すべき事案として考えられていることを示しており，それを回避させる方法なら許されるという思考が存在することが読み取れる。

問十二　[b]の前までは経済効率を第一に考えるという世間一般にひろがった考え方が述べられているが，[b]の後は筆者が経済効率ばかり考えて思考を止めてしまうことを問題視している。したがって，逆接の接続詞が適切である。

やや難　問十三　筆者は，私たちに日本人は「本来，自然と共生できる文化」を持っていたが，誤った方向に進んでしまったことを危惧している。本文中では，自然との共生という日本人が忘れてしまった教えを今も残しているブータンを紹介しているので⓪が適切。①は本文の内容と逆。②「自然を支配する文化」という点が不適切。③アイヌを例に挙げたのは生物の本質を捉えた生活をしていることを示すためである。

問題二　（小説文－情景・心情，内容吟味，文脈把握，脱文・脱語補充，漢字の読み書き，語句の意味）

問一　1は「科学館」と書く。⓪「加熱」，①「高価」，②「変化」，③「教科書」。
2は「準惑星」と書く。⓪「順番」，①「単純」，②「準備」，③「巡回」。
3は「微生物」と書く。⓪「微妙」，①「美化」，②「整備」，③「尾行」。

問二　[a]は「安直だ」という形容動詞（用言）を修飾し，その度合いを説明する言葉であるので，「随分と」が入る。[b]は例えを示す語句を補う。[d]は「狭かったっけ」と疑問に思う理奈の言葉を受けて，昔を確認していることをふまえる。[f]は背中にフィットすることをふまえれば，腰に馴染むことも予想され，その期待を裏切らなかったのだから「やはり」が入る。

基本　問三　ここは「元州知事が家族を連れて荒廃した火星へ向かい，新たな文明を築こうとするシーン」であるから，目に入るのは火星人だ。

問四　春樹は，映画の知識がなくて軽口に加われない理奈を馬鹿にしたものの，理奈にガス惑星に生物が住めるわけがないという教養を以て言い負かされた。このやりとりをみて，僕は笑ったのだ。

問五　「値踏み」は，見積もりでおおよその値段をつけること。過ぎ去った時間に価値を見出していることをふまえて選択肢を選ぶ。

問六　高校生の頃は，今より公園が広々しているように感じ，科学館も大きく見えた。大人になった今は，すべてが小さく見えるのだ。それをふまえると，丸太は以前より細く感じることになる。

問七　傍線部C「こんな表情」とは，「寂しそうな微笑み」である。語句の意味と照らし合わせれば解答できる。⓪「好意的」は，愛情や親近感を覚える様子。①「悲観的」は，物事がうまく行かないものと思い，希望をなくす様子。②「楽観的」は，すべて物事がうまくいくと思い，心配などがない様子。③「感傷的」は，何かにつけてなんとなく寂しくなったり悲しくなったりする様子。

問八　僕は別れた理奈と「どんな顔して話せばいいか分からない」と考えていて，意識的に目を合わせていないのだ。黙っていたのにも関わらず，春樹にずばりと指摘されて慌てたのである。

重要　問九　今の気持ちは「どんな顔して話せばいいかわからない」ということだ。わからないから，どのように話せばいいかを考えることになる。その方法を探るヒントは，つきあっていた昔の頃にある。したがって「あの頃はどうやって話していたのだろう」と，話せていた昔にヒントを探しているとするのが適切だ。

やや難 問十　理奈は昔を寂しそうな微笑みと共に昔を懐かしんでいた。この描写は本文の内容と一致する。①『火星年代記』の話には参加していない。②二人との再会を懐かしんではいるが，無邪気に喜んでいる様子は描かれていない。③軽口を駄目にするほどひどく反論したわけではない。

問題三 （古文ー大意・要旨，文脈把握，仮名遣い，表現技法，文学史）

問一　語中・語尾の「は・ひ・ふ・へ・ほ」は，現代仮名遣いで「ワ・イ・ウ・エ・オ」と書く。

問二　1「けしき」は，目でとらえた様子のことで，様子・態度・表情などの意味がある。2「しれ者」は，漢字では「痴れ者」と書き，愚か者，馬鹿者ということ。

基本 問三　侍は，素性を訪ねた西行法師が「縁に尻かけて居たる」様子だったので，怒りを覚えたのである。

問四　B「言ふ」の動作主は，西行を憎く思って近づいてきた者と同じである。Dは，雅楽に対して感想を述べたのだから，西行である。Eは，中納言に対して，不在の間の出来事を話している者の動作だから動作主は侍である。

やや難 問五　「ことに」には，“格別に”と“琴のせいで”という二つの意味がかかっている。掛詞の用法。

重要 問六　中納言が侍を追い出したことから，侍に対して憤っていることが読み取れる。西行法師の情緒あふれる歌を正しく解釈できずに，無礼にも追い返した侍のことが情けなかったのである。

問七　西行法師を追い出したのは，中納言ではなく侍である。⓪中納言が外出中だったこと，②西行法師が琴の音に感動して和歌を詠んだこと，③中納言が情緒を解さない侍を追い出したことは適切だ。

問八　説話集は『今昔物語』。その他の『古事記』は歴史書，『源氏物語』『竹取物語』は物語，『万葉集』は和歌集である。

★ワンポイントアドバイス★

現代文では，読解だけでなく国語の知識を幅広く問う問題が多くある。国文法をマスターし、語彙を増やすように努めて学習しよう。古文は，主語を明確にしながら読み進めたい。登場人物の心情をふまえれば，主語を見極められるはずだ。

2019年度

★★★★★★★★★★★★★★★★★★★★★★★★

入　試　問　題

2019年度

豊田大谷高等学校入試問題

【数　学】（40分）　＜満点：100点＞

解答上の注意

問題文中の$\boxed{1}$，$\boxed{2}\boxed{3}$，$\dfrac{\boxed{4}}{\boxed{5}}$などの□には，数字（0から9），または符号（－）のいずれか一つが入ります。それらを解答カードの1，2，3，…で示された解答欄にマークして答えなさい。ただし，（±）は使用しません。

【注意】 $\boxed{2}\boxed{3}$のような解答の場合，$\boxed{2}$には0は入りません。また，$4\sqrt{2}$と答えるところを，$2\sqrt{8}$のように答えてはいけません。

例1　$\boxed{1}$の答えを6，$\boxed{2}\boxed{3}$の答えを97とする場合，右のようにマークしなさい。

	±	−	0	1	2	3	4	5	6	7	8	9
1	±	−	0	1	2	3	4	5	●	7	8	9
2	±	−	0	1	2	3	4	5	6	7	8	●
3	±	−	0	1	2	3	4	5	6	●	8	9

例2　$\dfrac{\boxed{4}\boxed{5}}{\boxed{6}}$の答えを$-\dfrac{3}{8}$とする場合，$\dfrac{-3}{8}$として右のようにマークしなさい。特に分数で答える場合，解答番号に注意し，マークしなさい。

	±	−	0	1	2	3	4	5	6	7	8	9
4	±	●	0	1	2	3	4	5	6	7	8	9
5	±	−	0	1	2	●	4	5	6	7	8	9
6	±	−	0	1	2	3	4	5	6	7	●	9

〈練習問題〉

(1)　$7-10=\boxed{1}\boxed{2}$　　(2)　$\dfrac{1}{3}+\dfrac{4}{3}=\dfrac{\boxed{3}}{\boxed{4}}$

練習問題用解答欄

	±	−	0	1	2	3	4	5	6	7	8	9
1	±	−	0	1	2	3	4	5	6	7	8	9
2	±	−	0	1	2	3	4	5	6	7	8	9
3	±	−	0	1	2	3	4	5	6	7	8	9
4	±	−	0	1	2	3	4	5	6	7	8	9

練習問題解答

	±	−	0	1	2	3	4	5	6	7	8	9
1	±	●	0	1	2	3	4	5	6	7	8	9
2	±	−	0	1	2	●	4	5	6	7	8	9
3	±	−	0	1	2	3	4	●	6	7	8	9
4	±	−	0	1	2	●	4	5	6	7	8	9

問題1　次の問いに答えなさい。

(1)　$(-3)^2-(-1)^3-5^2$ を計算すると，$\boxed{1}\boxed{2}\boxed{3}$ である。

(2)　$-\dfrac{8}{9}\div\dfrac{2}{3}+\dfrac{5}{6}$ を計算すると，$\dfrac{\boxed{4}\boxed{5}}{\boxed{6}}$ である。

(3)　$\dfrac{30}{\sqrt{5}}+\sqrt{20}$ を計算すると，$\boxed{7}\sqrt{\boxed{8}}$ である。

(4)　1次方程式 $1.3x-2=0.7x+1$ を解くと，$x=\boxed{9}$ である。

(5)　$3a^2\times6ab^2\div(-9ab)$ を計算すると，$\boxed{10}\boxed{11}a^{\boxed{12}}b$ である。

(6)　$(x+2)(x-6)-9$ を因数分解すると，$(x+\boxed{13})(x-\boxed{14})$ である。

(7)　2次方程式 $x^2+5x+1=0$ を解くと，$x=\dfrac{\boxed{15}\boxed{16}\pm\sqrt{\boxed{17}\boxed{18}}}{\boxed{19}}$ である。

(8) 連立方程式 $\begin{cases} 2x+3y=-2 \\ x-2y=6 \end{cases}$ を解くと，$x=$ 20，$y=$ 21 22 である。

(9) $x=2$，$y=-3$ のとき，$-2(x+2y)+3(x+y)$ の値は，23 である。

(10) 連続する2つの自然数があり，それぞれを2乗した数の和が113になるとき，小さい方の自然数は，24 である。

問題2 右の図のような円周上に4つの地点A，B，C，Dがある。健太郎くんは，2個のサイコロを同時に1回投げて，出た目の和の数だけ点Aをスタートして，円周上の点を時計回りに進むこととする。このとき，次の問いに答えなさい。ただし，サイコロの目の出方は同様に確からしいとする。

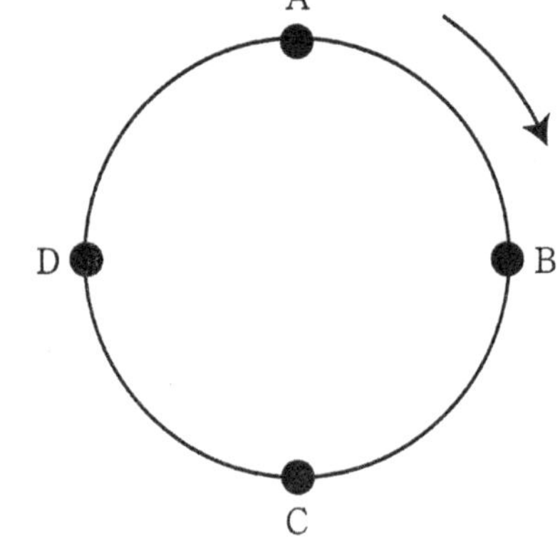

(1) 健太郎くんが地点Bで止まるのは，2個のサイコロの目の和が 25 の場合と 26 の場合の2通りである。

(2) 健太郎くんが地点Cで止まる確率は，$\dfrac{27}{28}$ である。

(3) 健太郎くんが止まる確率の最も高い地点は，地点 29 で，その確率は $\dfrac{30}{31\,32}$ である。
ただし，29 は次の選択肢の中から選び，①～④の数字をマークすること。
選択肢 ①A ②B ③C ④D

問題3 次の問いに答えなさい。

(1) 右の図は点Oを中心とする円であり，点A，B，Cはこの円周上の点である。このとき，x の角度は，33 34° である。

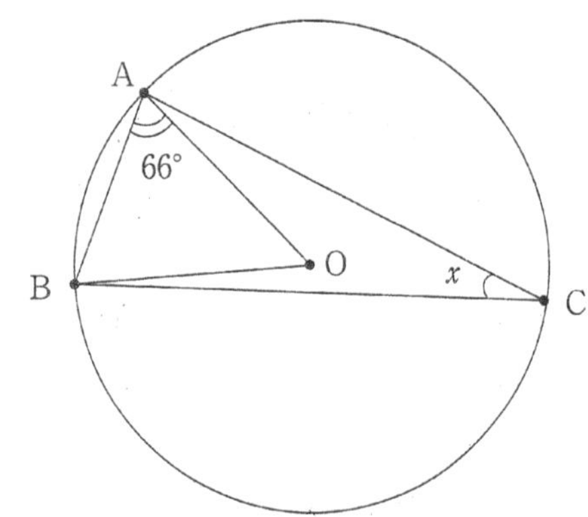

(2) 右の図のような，AD∥BCである台形ABCDで辺ABの中点と辺CDの中点をそれぞれM，Nとする。また，対角線BDと線分MNの交点をP，対角線ACと線分MNの交点をQとする。AD=4，BC=10であるとき，線分PQの長さは 35 であり，△ADCと△BPMの面積比を最も簡単な整数比で表すと，36 : 37 である。

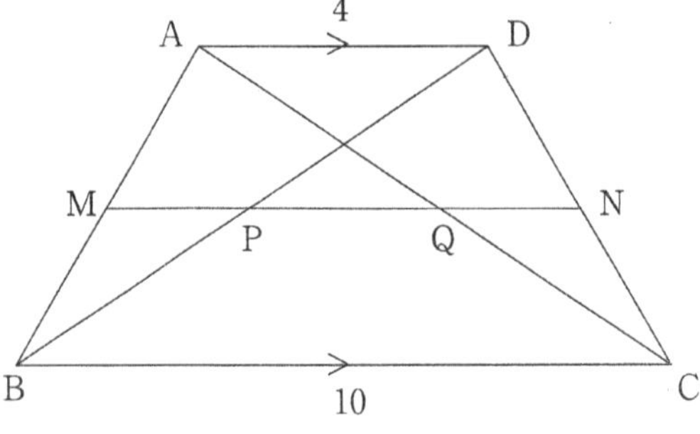

問題 4　下の図のように直線 $y=-2x$…①と，直線 $y=-\frac{1}{2}x+6$…②がある。2直線の交点をA，y 軸と②の交点をB，x 軸と②の交点をCとする。
このとき，次の問いに答えなさい。

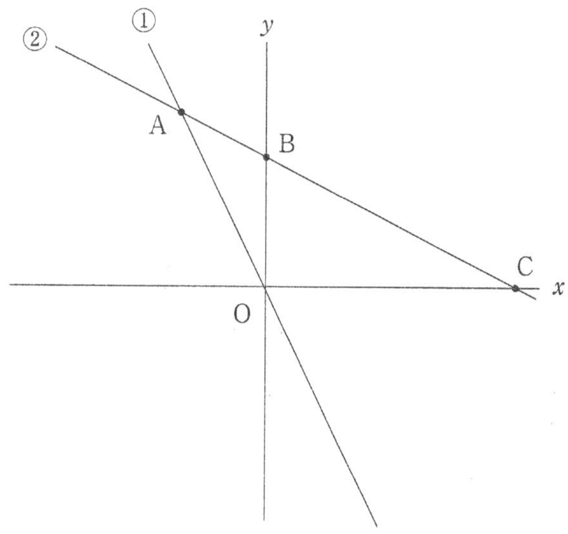

⑴　点Aの座標は（38 39，40）である。

⑵　△ACOの面積は，41 42である。

⑶　点Aを通り，△ABOの面積を2等分する直線の式は $y=\frac{43\,44}{45}x+46$ である。

問題 5　下の図のように関数 $y=\frac{1}{4}x^2$ のグラフ上に x 座標が2である点Aと，x 座標が負であり，y 座標が4である点Bをとる。このとき，次の問いに答えなさい。

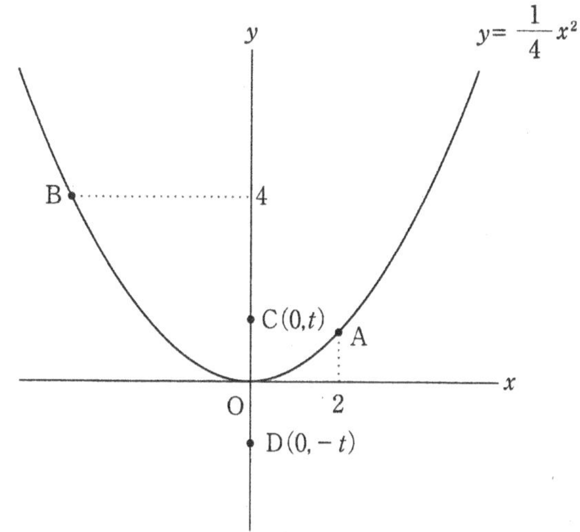

⑴　x の変域が $-3 \leqq x \leqq 1$ であるとき，y の変域は $47 \leqq y \leqq \frac{48}{49}$ である。

⑵　点Aを通り，直線BOに平行な直線の式は $y=50\,x+51$ である。

⑶　y 軸上に点C $(0,\ t)$ と点D $(0,\ -t)$ をとる。△BCDの面積が△OABの面積と等しくなるとき，t の値は$\frac{52}{53}$である。ただし，$t>0$ とする。

【英　語】（40分）　<満点：100点>

問題１　次の文章を読んで，後の問いに答えなさい。

When I was a child, everyone ate soft, white bread. "Brown" or whole grain bread was unpopular. In fact, I remember getting a sandwich with half white and half brown bread on a plane. Then, I threw away the brown part.

But in the late 60's and 70's whole grains became popular, and people began to say that white bread was not only （　ア　）, but also unhealthy. (イ)<u>The dark bran is taken out of bread to make it soft and white is good for us</u>. In fact, bran is often added to breads now because it keeps the body working well. You can still get white bread in America, but these days supermarkets have a lot of dark breads because many customers want (ウ)<u>them</u>. And not just because they're healthier; most people think they taste better too.

In Tokyo, finding whole wheat bread in the supermarket is no problem, but friends tell me it is only "healthy," not tasty. Almost everybody eats white bread. (エ)<u>To me, there's nothing better than homemade whole wheat bread</u>. The other day I wanted to make some but couldn't find any whole wheat flour. Usually I go to the international market for it, but this time I tried a few department stores : no whole wheat flour. In fact, the Japanese friend I was shopping with didn't even (オ)("whole wheat" / to / in Japanese / how / say / know).

Rice is a similar story. Healthy Americans think brown rice (*gen-mai*) healthier and more delicious than white rice. Like whole wheat bread, the bran is not taken out. And like whole wheat flour, you can buy brown rice in supermarkets, large or small, in America. But (カ)<u>brown rice seems to have a bad image in Japan</u>. I was told that it was eaten during war time when there wasn't white rice, and most people still eat it only if they have to. Of course Japanese white rice is best with Japanese style cooking. But brown rice really is tasty too.

［注］ bread：パン　grain：穀物　bran：穀物を精白する時に出るもの　supermarket：スーパー
wheat：小麦　homemade：自家製の　flour：粉　similar：よく似た　image：イメージ

問１　（ア）内に入れるのに最も適切なものを次の⓪～③から１つ選び，その番号をマークしなさい。　[1]

⓪ tasty　① tasteless　② healthy　③ popular

問２　下線部(イ)の英文は，"which" が１か所抜けた，不十分な英文である。"which" はどの位置が適切か。次の⓪～③から１つ選び，その番号をマークしなさい。　[2]

⓪ dark と bran の間　① bran と is の間　② bread と to の間　③ it と soft の間

問３　下線部(ウ)が具体的に示すものを次の⓪～③から１つ選び，その番号をマークしなさい。　[3]

⓪ dark breads　① white breads　② many customers　③ supermarkets

問４　下線部(エ)の日本語訳として，最も適切なものを次の⓪～③から１つ選び，その番号をマークしなさい。　[4]

⓪私にとって，それらは自家製のホールホイートブレッドより良いものではない。
①私にとって，それらは自家製のホールホイートブレッドと同じくらい良いものである。
②私にとって，自家製のホールホイートブレッドと同じくらい良いものがある。
③私にとって，自家製のホールホイートブレッドが一番である。

問5　(オ)の中の語句を適切な順番に並べ替えるとき，2番目と4番目にくる語句の組み合わせが正しいものを次の⓪～③から1つ選び，その番号をマークしなさい。 5

⓪ 2番目："whole wheat"　4番目：to
① 2番目：to　4番目："whole wheat"
② 2番目：how　4番目：say
③ 2番目：to　4番目：how

問6　下線部(カ)は，「玄米は，日本では悪いイメージがあるようだ。」という意味であるが，その理由として，最も適切なものを次の⓪～③から1つ選び，その番号をマークしなさい。 6

⓪玄米は見た目が悪いから　①玄米は値段が高いから
②玄米は入手するのが困難だから　③玄米は戦時中に食べられていたから

問7　本文の内容に一致するものを次の⓪～③から1つ選び，その番号をマークしなさい。 7

⓪私は子供のころ，"white bread" より "brown bread" が好きだった。
①最近アメリカ人の多くは，"dark bread" を，おいしいとは思わないが，健康に良いから買っている。
②私の東京の友達は，"whole wheat bread" は健康的だが，おいしくはないと思っている。
③"brown rice" は日本料理には最適な食材である。

問題2　次の単語で最も強く読まれる部分をそれぞれ⓪～②から1つ選び，その番号をマークしなさい。

問1　de・ci・sion（⓪ ① ②） 8　問2　rec・og・nize（⓪ ① ②） 9　問3　cel・e・brate（⓪ ① ②） 10

問4　im・pres・sive（⓪ ① ②） 11　問5　pre・fec・ture（⓪ ① ②） 12

問題3　次の各組の単語のうち，下線部の発音が他の3つと異なるものをそれぞれ⓪～③から1つ選び，その番号をマークしなさい。

	⓪	①	②	③	
問1	question	tradition	population	station	13
問2	size	side	since	kind	14
問3	baby	map	safe	cake	15
問4	southwest	cloudy	downstairs	touch	16
問5	cushion	push	rule	wood	17

問題4　次の会話の意味が通るように，（　）内に入る適切なものをそれぞれ⓪～③から1つ選び，その番号をマークしなさい。

問1　A：Have a nice weekend. 18

B：(　　　) See you next week.

⓪ That's perfect.　　① You, too.

② I got it.　　③ Maybe some other time.

問 2　A：Excuse me. How can I get to Ohtani Museum?　19

B：(　　　), and get off at the second stop.

⓪ Turn right at the corner　　① Go straight

② Take the bus for City Hall　　③ Sorry, I'm not from here

問 3　A：May I borrow your pen?　20

B：(　　　) I'm using it now.

⓪ Just a minute.　　① That's true.

② Take care.　　③ You're welcome.

問 4　A：Excuse me. How long does it take to walk to the post office?　21

B：(　　　)

A：Thank you.

⓪ About three days ago.　　① About two thousand yen.

② About fifteen minutes.　　③ About one kilometer.

問 5　A：I'd like a beef hamburger and apple juice, please.　22

B：(　　　)

A：No, that's all.

⓪ Could you pass me the salt?　　① Anything else?

② May I have seconds?　　③ What is it called?

問題 5　次の各文の意味が通るように，(　) 内に入る適切なものをそれぞれ⓪～③から 1 つ選び，その番号をマークしなさい。

問 1　(　　　) was warm last week.　23

⓪ That　① It　② This　③ They

問 2　I'm looking forward to (　　　) you.　24

⓪ see　① saw　② seen　③ seeing

問 3　Mr. Suzuki went to Australia last year, (　　　)?　25

⓪ does he　① doesn't he　② wasn't he　③ didn't he

問 4　This movie is (　　　).　26

⓪ most popular　① the most popular　② popularer　③ popularest

問 5　My father has a friend (　　　) brother is a famous football player.　27

⓪ which　① whose　② that　③ who

問 6　This idea (　　　) me happy.　28

⓪ makes　① does　② gets　③ has

問 7　Thank you for (　　　) me.　29

⓪ help　① helped　② helping　③ to help

問 8　I don't know what (　　　) next.　30

⓪ do ① to do ② doing ③ is doing

問9 Mr. Ito has been in Canada (　　) 2001. 31

⓪ for ① from ② since ③ in

問10 Which do you like (　　), coffee or tea? 32

⓪ good ① well ② much ③ better

問題6 次の日本語の意味になるように，【　】内の語句を並べ替えたとき，4番目に来る語句を選び，その番号をマークしなさい。ただし，文頭にくる語も小文字になっている。

問1 あなたはいくつの街を知っていますか。 33

【 how / you / cities / do / know / many 】?
⓪ ① ② ③ ④ ⑤

問2 彼女は友達と話すために立ち止まりました。 34

【 to / she / her friend / talk / with / stopped 】.
⓪ ① ② ③ ④ ⑤

問3 あなたたちは本を読むことが大切です。 35

【 for / books / is / read / important / you / it / to 】.
⓪ ① ② ③ ④ ⑤ ⑥ ⑦

問4 英語を話すことはそれほど簡単ではありません。 36

【 easy / is / English / not / speaking / so 】.
⓪ ① ② ③ ④ ⑤

問5 あなたは学校生活に満足していますか。 37

【 school / your / with / are / you / satisfied / life 】?
⓪ ① ② ③ ④ ⑤ ⑥

問6 ケンはその知らせを聞いて悲しかったです。 38

【 was / hear / Ken / the news / sad / to 】.
⓪ ① ② ③ ④ ⑤

問7 私はみんなにこの問題の解き方を教えました。 39

【 everyone / this question / I / how / taught / answer / to 】.
⓪ ① ② ③ ④ ⑤ ⑥

問8 私は疲れすぎて歩けませんでした。 40

【 too / I / walk / was / to / tired 】.
⓪ ① ② ③ ④ ⑤

問9 あなたは彼が今どこにいるか知っていますか。 41

【 he / do / is / where / now / know / you 】?
⓪ ① ② ③ ④ ⑤ ⑥

問10 彼らは子供をナンシーと名付けるつもりです。 42

【 will / Nancy / name / their / they / baby 】.
⓪ ① ② ③ ④ ⑤

【理　科】（40分）　＜満点：100点＞

問題１　図１のように2400ｇの直方体の物体ａがある。100ｇを１Ｎとして考えるとき，あとの問いに答えなさい。

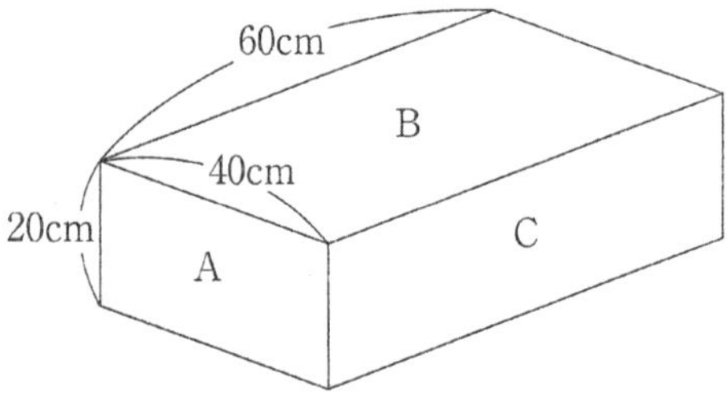

図１- 物体ａ

[1]　物体ａは何kgか。次の⓪～④から１つ選び，[1]にマークしなさい。

⓪0.024kg　①0.24kg　②2.4kg
③24kg　④240kg

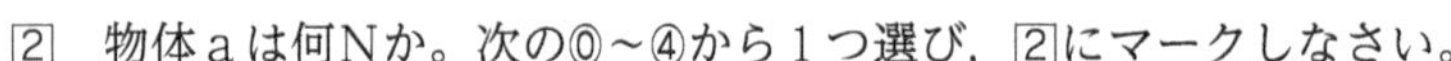

[2]　物体ａは何Ｎか。次の⓪～④から１つ選び，[2]にマークしなさい。

⓪0.024N　①0.24N　②2.4N　③24N　④240N

[3][4]　この物体のＡ～Ｃ面をそれぞれスポンジに接するように置いたとき，スポンジがへこんだ。へこみの深さについて説明した文章として適切なものはどれか。次の⓪～⑤から２つ選び，[3]，[4]にマークしなさい（順不同）。

⓪Ａが最も浅い。　①Ｃが最も深い。　②Ｂが最も浅い。
③ＢよりもＣのほうが深い。　④ＣよりもＡのほうが浅い。　⑤ＢとＡの深さに変化はない。

[5]　スポンジに接する面がＡのときの圧力は，スポンジに接する面がＢのときの圧力の何倍か。次の⓪～⑦から１つ選び，[5]にマークしなさい。

⓪0.5倍　①２倍　②1.5倍　③３倍　④3.5倍　⑤５倍　⑥10倍　⑦15倍

[6]　スポンジに接する面がＣのときの圧力は何Paか。次の⓪～⑧から１つ選び，[6]にマークしなさい。

⓪0.01Pa　①0.02Pa　②0.03Pa　③１Pa　④２Pa
⑤３Pa　⑥100Pa　⑦200Pa　⑧300Pa

次に，図２のような立方体の物体ｂを先ほどのスポンジに乗せたところ，物体ａのＣの面をスポンジに置いたときと同じ深さまでへこんだ。

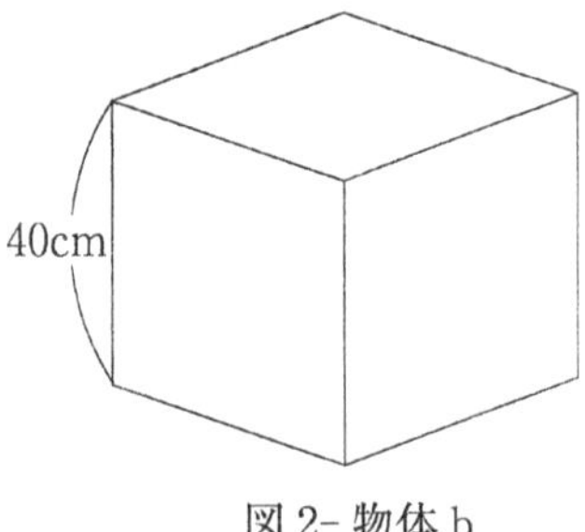

図２- 物体ｂ

[7]　物体ｂは何ｇか。次の⓪～⑨から１つ選び，[7]にマークしなさい。

⓪1200ｇ　①1600ｇ　②2000ｇ　③2400ｇ　④2800ｇ
⑤3200ｇ　⑥3600ｇ　⑦4000ｇ　⑧4400ｇ　⑨4800ｇ

問題２　次のページの図１のように斜面を下って水平な床を進む台車の運動のようすを，１秒間で50打点を打つ記録タイマーを使って調べたところ，次のページの図２のようになった。

[8]　この記録タイマーの５打点は何秒か。次の⓪～⑤から１つ選び，[8]にマークしなさい。

⓪0.1秒　①0.2秒　②0.3秒　③0.4秒　④0.5秒　⑤１秒

[9]　AB間は10打点だった。AB間の台車の平均の速さは何㎝／秒か。次の⓪～⑤から１つ選び，[9]にマークしなさい。

⓪7.8㎝／秒　①15.6㎝／秒　②19.5㎝／秒　③36㎝／秒　④78㎝／秒　⑤156㎝／秒

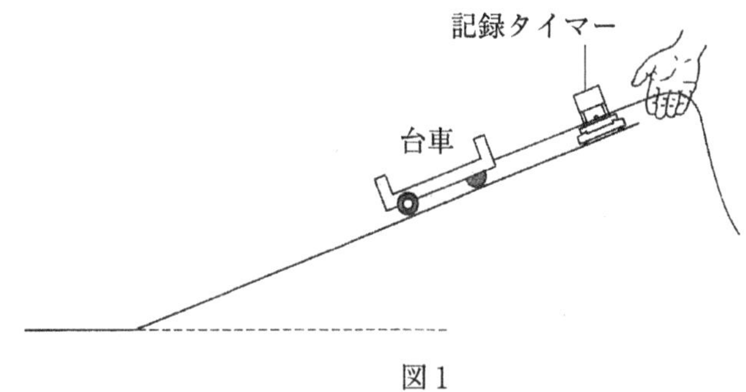

図1

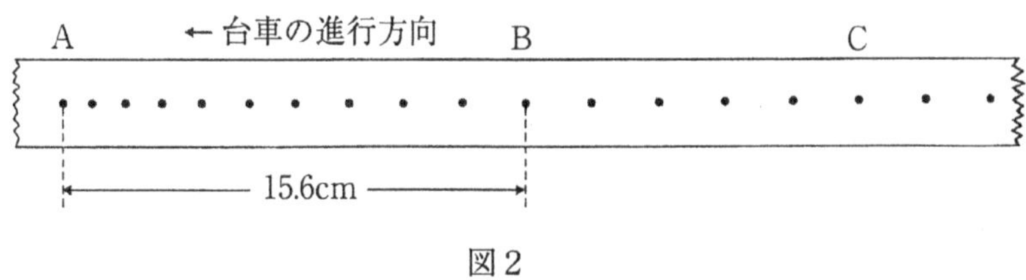

図2

[10]　ＢＣ間の打点と打点の間隔は3.0㎝で一定であった。台車の速度は何㎝／秒か。次の⓪～④から１つ選び，[10]にマークしなさい。

⓪15㎝／秒　①30㎝／秒　②60㎝／秒　③100㎝／秒　④150㎝／秒

[11]　AC間の台車の移動距離と時間との関係を表しているグラフはどれか。適切なものを⓪～⑤から１つ選び，[11]にマークしなさい。

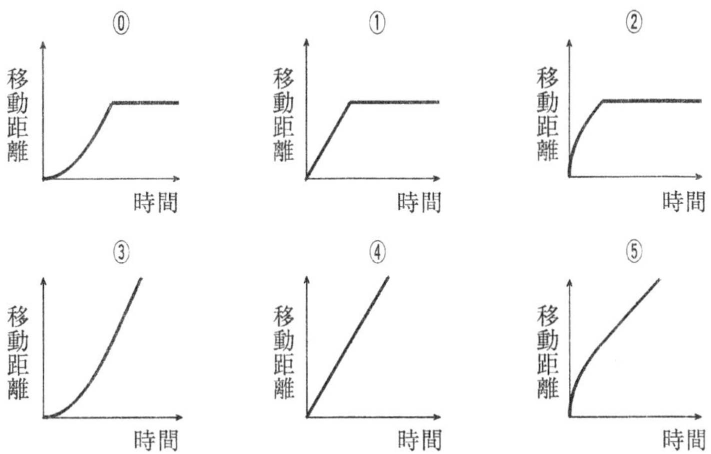

[12]　AC間の台車の速さと時間の関係を表しているグラフはどれか。適切なものを⓪～⑤から１つ選び，[12]にマークしなさい。

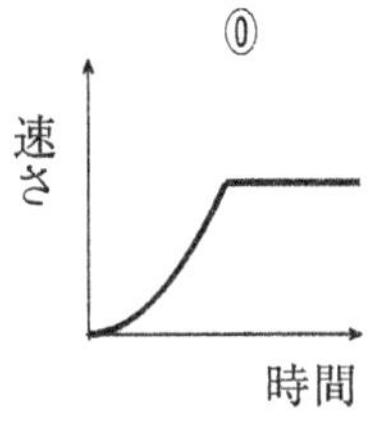

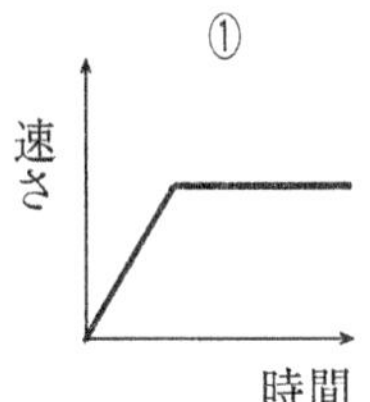

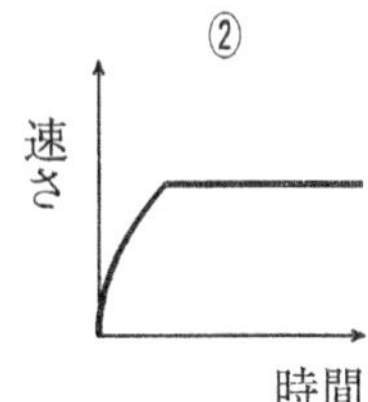

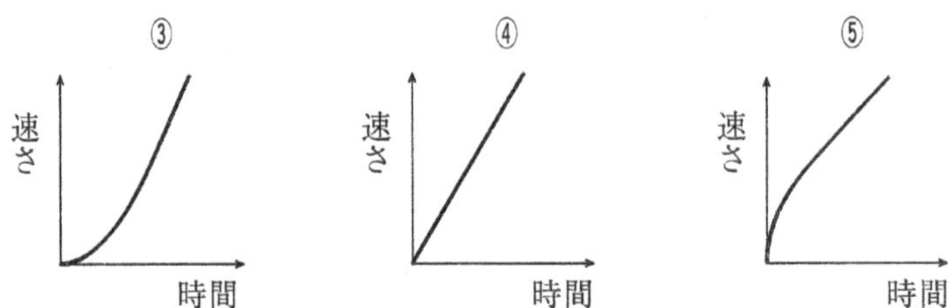

⑬　同じ実験を１秒間で60打点を打つ記録タイマーを使って調べると，BC間の打点と打点の間隔は何㎝になるか。⓪～⑦から１つ選び，⑬にマークしなさい。

⓪2.0㎝　①2.4㎝　②2.5㎝　③3.0㎝　④3.5㎝　⑤3.6㎝　⑥4.0㎝　⑦4.2㎝

問題３　図１は水の変化を示している。また，図２はビーカーに氷を入れ加熱したときの結果をグラフにあらわしたものである。あとの問いに答えなさい。

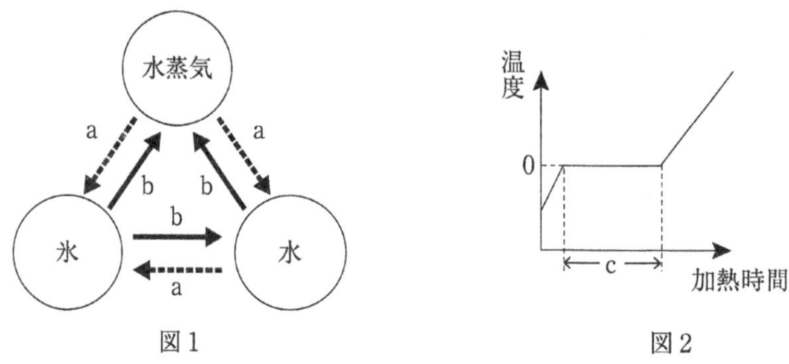

図１　　図２

⑭⑮　水以外の多くの物質は，液体から固体，液体から気体へと変化するとき，体積はどうなるか。適切なものを次の⓪～②からそれぞれ１つずつ選び，液体から固体の変化を⑭に，液体から気体の変化を⑮にマークしなさい。

⓪大きくなる　①小さくなる　②変わらない

⑯　図１のａやｂの状態変化で変化しないものの組み合わせとして，適切なものはどれか。次の⓪～⑥から１つ選び，⑯にマークしなさい。

⓪質量，密度，物質の粒子の運動
①質量，密度，物質の粒子の数
②密度，物質の粒子の数，物質の粒子の運動
③密度，物質の粒子の大きさ，物質の粒子の運動
④質量，物質の粒子の数，物質の粒子の運動
⑤質量，物質の粒子の数，物質の粒子の大きさ
⑥物質の粒子の数，物質の粒子の大きさ，物質の粒子の運動

⑰　次の文章のア～ウに当てはまる語句の組み合わせとして，適切なものはどれか。次のページの⓪～⑤から１つ選び，⑰にマークしなさい。

> 図２の区間ｃでは物質が（　ア　）から（　イ　）へ変化しており，この温度を（　ウ　）という。

⓪ア：固体　イ：液体　ウ：融点　　①ア：固体　イ：液体　ウ：沸点
②ア：液体　イ：気体　ウ：融点　　③ア：液体　イ：気体　ウ：沸点
④ア：固体　イ：気体　ウ：融点　　⑤ア：固体　イ：気体　ウ：沸点

18 前のページの図2で，氷の量を2倍にした場合，区間cはどのように変化するか。適切なものを⓪～⑤から1つ選び，18にマークしなさい。
⓪温度が上がり，加熱時間も増える。　　①温度が上がり，加熱時間は変わらない。
②温度は変わらず，加熱時間が増える。　　③温度は変わらず，加熱時間も変わらない。
④温度が下がり，加熱時間が増える。　　⑤温度が下がり，加熱時間は変わらない。

図3のような実験器具を使い，水の電気分解を行った。あとの問いに答えなさい。

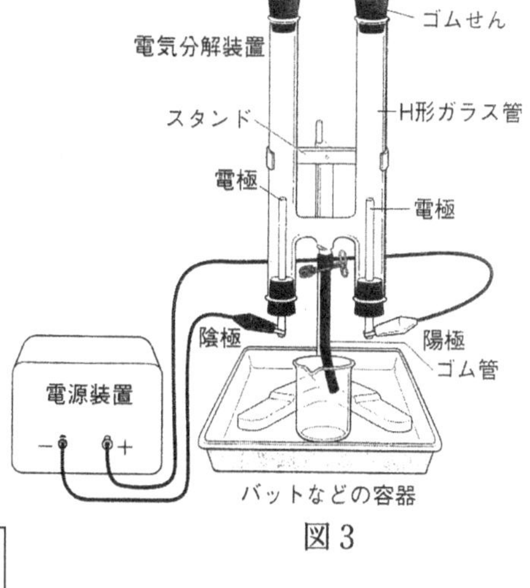

図3

19 H形ガラス管内に入れる液体は何か。適切なものを⓪～③から1つ選び，19にマークしなさい。
⓪食塩を溶かした水
①ミョウバンを溶かした水
②水酸化ナトリウムを溶かした水
③精製水

20 次の文章のア～ウに当てはまる語句の組み合わせとして，適切なものはどれか。次の⓪～⑤から1つ選び，20にマークしなさい。

> 陰極側に集まった気体に（　ア　）を近づけると（　イ　）ため，この気体は（　ウ　）である。

⓪ア：火のついた線香　　イ：音を立てて燃えた　　ウ：酸素
①ア：火のついた線香　　イ：激しく燃えた　　ウ：水素
②ア：火のついた線香　　イ：激しく燃えた　　ウ：酸素
③ア：火のついたマッチ　　イ：音を立てて燃えた　　ウ：水素
④ア：火のついたマッチ　　イ：音を立てて燃えた　　ウ：酸素
⑤ア：火のついたマッチ　　イ：激しく燃えた　　ウ：水素

21 陽極側に集まった気体の分子数を30個だとすると，陰極側に集まった分子数は何個だと考えられるか。適切なものを⓪～⑥から1つ選び，21にマークしなさい。
⓪10個　①15個　②20個　③30個　④45個　⑤60個　⑥90個

問題4 ガスバーナーを使う実験を行った。あとの問いに答えなさい。

<実験1> 図1のようにして，酸化銅の粉末と十分な量の炭素の粉末との混合物を加熱した。

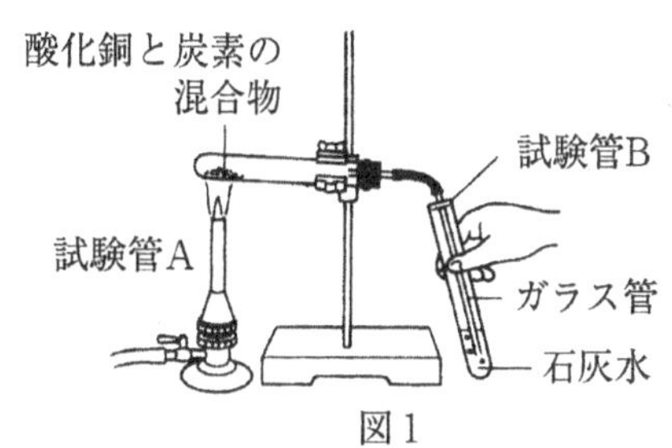

図1

22　次の文章のア～ウに当てはまる語句の組み合わせとして，適切なものはどれか。次の⓪～⑤から1つ選び，22にマークしなさい。

酸化銅は（　ア　）が取りのぞかれ（　イ　）となった。この化学反応を（　ウ　）という。

⓪ア：銅　イ：二酸化炭素　ウ：還元
①ア：銅　イ：酸素　ウ：酸化
②ア：酸素　イ：銅　ウ：還元
③ア：酸素　イ：銅　ウ：酸化
④ア：二酸化炭素　イ：銅　ウ：還元
⑤ア：二酸化炭素　イ：銅　ウ：酸化

23 24　次の化学反応式は実験1で観察されたものである。ア，イに当てはまる化学式として，適切なものはどれか。次の⓪～③からそれぞれ1つずつ選び，アの答えを23に，イの答えを24にマークしなさい。

2（　ア　）＋　C　→　2Cu　＋（　イ　）

⓪CuO　①C　②CO_2　③Cu

＜実験2＞　鉄粉2.1gと硫黄2.1gの混合物を2本の試験管A，Bにそれぞれ入れ，試験管Aのみ図2のように加熱したところ，黒っぽい物質ができた。次に，試験管Aと試験管Bにそれぞれうすい塩酸を加えたところ，ともに気体が発生した。

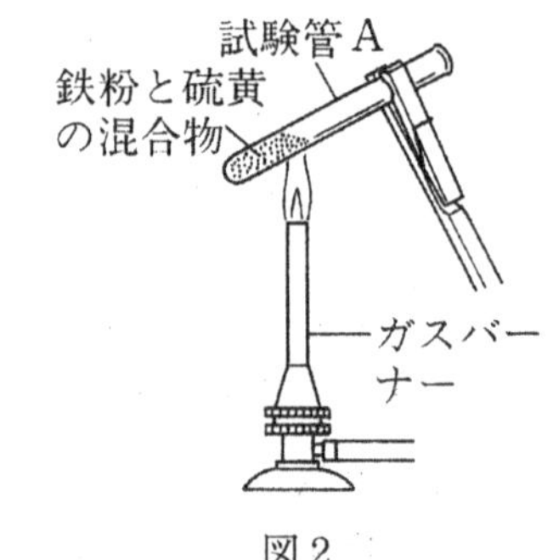

図2

25 26　次の化学反応式は実験で観察されたものである。ア，イに当てはまる化学式として，適切なものはどれか。次の⓪～③からそれぞれ1つずつ選び，アの答えを25に，イの答えを26にマークしなさい。

Fe　＋（　ア　）→（　イ　）

⓪S　①C　②FeC　③FeS

27　加熱後の試験管Aと加熱していない試験管Bに磁石を近づけるとどうなるか。適切なものを⓪～③から1つ選び，27にマークしなさい。

⓪A，Bともに磁石に引き寄せられた。
①Aのみ磁石に引き寄せられた。
②Bのみ磁石に引き寄せられた。
③A，Bともに磁石に引き寄せられなかった。

28　次の文章のア，イ，ウに当てはまる語句の組み合わせとして，適切なものはどれか。次のページの⓪～⑦から1つ選び，28にマークしなさい。

試験管A，Bに発生した気体は，ともに（　ア　）であったが，（　イ　）で発生した気体は，強いにおいがした。発生した気体は（　ウ　）である。

⓪ア：黄緑　イ：試験管A　ウ：硫黄　①ア：黄緑　イ：試験管A　ウ：硫化水素
②ア：黄緑　イ：試験管B　ウ：硫黄　③ア：黄緑　イ：試験管B　ウ：硫化水素
④ア：無色　イ：試験管A　ウ：硫黄　⑤ア：無色　イ：試験管A　ウ：硫化水素
⑥ア：無色　イ：試験管B　ウ：硫黄　⑦ア：無色　イ：試験管B　ウ：硫化水素

㉙　試験管Bに発生した気体は何か。適切なものを次の⓪～④から1つ選び，㉙にマークしなさい。
⓪O_2　①H_2　②HCl　③NaOH　④He

㉚　鉄粉と硫黄が反応するとき，それぞれの物質の質量比は一定で 7：4 であるとわかっている。試験管Aの混合物が完全に反応しているとき，黒っぽい物質は何gできたか。適切なものを次の⓪～⑦から1つ選び，㉚にマークしなさい。
⓪0.3 g　①0.9 g　②1.1 g　③1.2 g　④2.1 g　⑤2.2 g　⑥3.3 g　⑦4.2 g

問題5　表1，2を見て次の問いに答えなさい。

	魚類	両生類	ハチュウ類	鳥類	ホニュウ類
Ⅰ.背骨がある	○				○
Ⅱ.肺で呼吸する	×	A			○
Ⅲ.子は陸上で生まれる	×		B		○
Ⅳ.恒温動物である	×		C		○
Ⅴ.胎生である	×			D	○

表1

	魚類	両生類	ハチュウ類	鳥類
ホニュウ類	1			
鳥類		2.5		
ハチュウ類	3			
両生類	4.5			

表2

㉛　表1は，以下の条件をもとにセキツイ動物の特徴Ⅰ～Ⅴについてまとめたものである。表中のA～Dにあてはまる記号の組合せとして適当なものはどれか。次の⓪～④から1つ選び，㉛にマークしなさい。

[条件]

1. その特徴をもつ場合は○，もたない場合は×を記入する。
2. 特徴をもつが，あてはまらない時期がある場合は△を記入する。

⓪A：○　B：×　C：×　D：×　①A：△　B：○　C：×　D：×

②A：△　B：×　C：○　D：○　③A：×　B：○　C：○　D：×
④A：×　B：×　C：×　D：○

32 33 34 35　前のページの表2は，前のページの表1の結果を比べて，グループの特徴が同じだった数を数字で記入したものである。ただし，どちらかが△の場合は0.5を記入したものである。たとえば魚類は，両生類の関係が4.5，ハチュウ類との関係が3となり，両生類のほうがなかまとして近いと考えられる。この考え方をもとに，次のア～ウにあてはまる生物のグループとして最適なものを次の⓪～④からそれぞれ選び，アを32に，イを33に，ウを34，35にマークしなさい。

ア：ハチュウ類ともっとも近い関係にある生物のグループを1つ。

イ：鳥類ともっとも遠い関係にある生物のグループを1つ。

ウ：ハチュウ類と魚類と同様の関係性をもつ生物のグループを2つ（順不同）。

⓪魚類　①両生類　②ハチュウ類　③鳥類　④ホニュウ類

36　コウモリのつばさやクジラの胸びれのように，もとは同じ器官であったと考えられる部分を何というか。次の⓪～④から適切なものを1つ選び，36にマークしなさい。

⓪消化器官　①相同器官　②相似器官　③三半規管　④痕跡器官

37　「種の起源」という書物を発表した人物は誰か。次の⓪～④から適切な人物を1人選び，37にマークしなさい。

⓪ダーウィン　①コロンブス　②ジュール　③アンペール　④メンデル

問題6　次の図1は，ある地域に生息する動物どうしの関係をあらわしたものである。あとの問いに答えなさい。

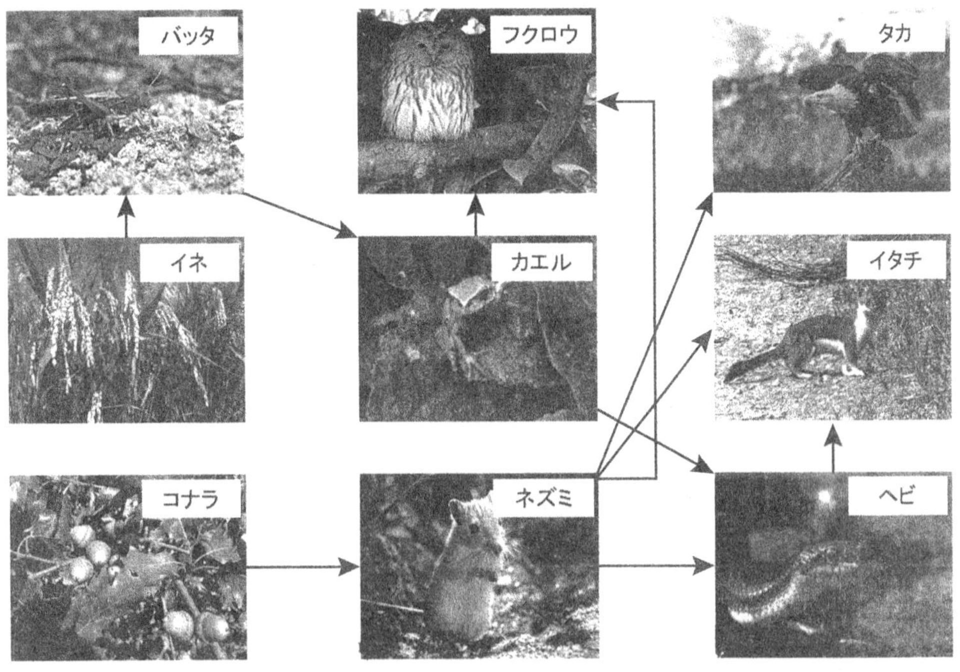

図1

38 ある環境で生きている生物において，生物どうし，あるいはまわりの環境との間に関連性があり，これをひとつのまとまりと見たものを何というか。適切なものを次の⓪～③から１つ選び，38にマークしなさい。

⓪変態系　①擬態系　②生態系　③様態系

39 40 次の文章は，前のページの図１の生物について説明したものであるが，内容として適切なものはどれか。次の⓪～⑥から２つ選び，39，40にマークしなさい（順不同）。

⓪コナラは植物プランクトンの１種であり，生産者である。

①イネは光エネルギーを利用し，有機物から無機物をつくりだすことができる。

②バッタは草食動物である。

③ネズミは肉食動物である。

④イタチは肉食動物であり，消費者である。

⑤フクロウはネズミによって食べられる。

⑥ヘビはカエルによって食べられる。

41 ケイソウ，フナ，ミジンコ，カワセミを，図１にならって「食べる・食べられる」の関係を生産者からならべたとき，どのような順になるか。適切なものを次の⓪～⑦から１つ選び，41にマークしなさい。

⓪ケイソウ → フナ → ミジンコ → カワセミ

①ケイソウ → ミジンコ → フナ → カワセミ

②ケイソウ → ミジンコ → カワセミ → フナ

③ケイソウ → カワセミ → ミジンコ → フナ

④ミジンコ → ケイソウ → フナ → カワセミ

⑤ミジンコ → ケイソウ → カワセミ → フナ

⑥ミジンコ → フナ → ケイソウ → カワセミ

⑦ミジンコ → カワセミ → ケイソウ → フナ

42 生物どうしを「食べる・食べられる」という関係でとらえた場合，いくつかの生物が鎖のようにつながって見えてくることを何というか。適切なものを次の⓪～④から１つ選び，42にマークしなさい。

⓪食物連動　①食物鎖状　②食物連鎖　③食物連携　④食物連絡

43 44 45 図１のフクロウ，ネズミ，コナラの数量的関係を説明した文章として適切なものはどれか。次の⓪～⑦から３つ選び，43，44，45にマークしなさい（順不同）。

⓪ネズミが増えた後，コナラも増える。

①コナラが増えた後，ネズミが増える。

②ネズミが増えた後，フクロウが減る。

③コナラが減った後，ネズミも減る。

④フクロウが増えた後，ネズミも増える。

⑤コナラが減った後，ネズミも減り，その後フクロウが増える。

⑥ネズミが減った後，コナラが増え，フクロウが減る。

⑦フクロウが増えた後，ネズミが減り，その後コナラも減る。

問題７　図１は，火成岩を２種類，堆積岩を２種類，合計４種類の岩石Ａ～Ｄを観察してスケッチしたものである。観察結果と図１をもとに，あとの問いに答えなさい。

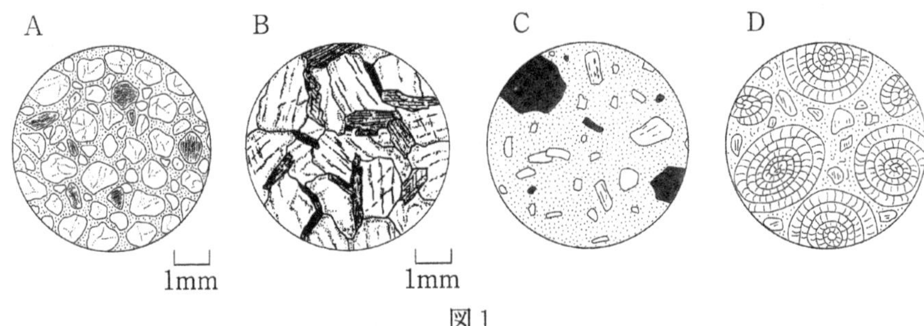

図１

<観察結果>

Ａ：同じくらいの大きさの粒がぎっしりつまっていた。

Ｂ：岩石全体は白っぽく，同じくらいの大きさだった。

Ｃ：岩石全体は白っぽく，大きな粒が肉眼では確認できない粒の間に散らばっていた。

Ｄ：ある薬品をかけると，泡が出た。

46　Ａの岩石を火成岩か堆積岩か見分けるためには，どのような点で判断すればよいか。適切なものを次の⓪～③から１つ選び，46にマークしなさい。

⓪粒の色　①粒の大きさ　②粒の形　③粒のかたさ

47　46からさらにＡの岩石を特定する基準はどのような点か。適切なものを次の⓪～③から１つ選び，47にマークしなさい。

⓪粒の色　①粒の大きさ　②粒の形　③粒のかたさ

48　次の文章のア，イに当てはまる語句の組み合わせとして，適切なものはどれか。次の⓪～③から１つ選び，48にマークしなさい。

Ｂは（　ア　）組織なので，（　イ　）である。

⓪ア：斑状　イ：火山岩
①ア：等粒状　イ：火山岩
②ア：斑状　イ：深成岩
③ア：等粒状　イ：深成岩

49　Ｃの岩石にふくまれる白色の粒は，決まった方向に割れる性質を持っていた。白色の粒は何か。適切なものを次の⓪～③から１つ選び，49にマークしなさい。

⓪長石　①石英　②黒雲母　③角閃石

50　Ｄの岩石にかけた薬品と，発生した泡の成分は何か。適切な組み合わせのものを，次の⓪～⑤から１つ選び，50にマークしなさい。

⓪薬品：水酸化ナトリウム水溶液　泡：酸素
①薬品：塩酸　泡：二酸化炭素
②薬品：水酸化ナトリウム水溶液　泡：水素
③薬品：塩酸　泡：酸素

④薬品：水酸化ナトリウム水溶液　　泡：二酸化炭素

⑤薬品：塩酸　　泡：水素

51 52 53 54　A～Dの岩石はそれぞれ何か。適切なものを次の⓪～⑦より１つずつ選び，Aの答えを 51 に，Bの答えを 52 に，Cの答えを 53 に，Dの答えを 54 にマークしなさい。

⓪流紋岩　①玄武岩　②花こう岩　③斑れい岩

④れき岩　⑤砂岩　⑥石灰岩　⑦チャート

【社　会】（40分）　＜満点：100点＞

問題１　次のA，B，C，Dの史料を見て，あとの問いに答えなさい。

A

B

C

D

1　Aの史料は，源氏物語絵巻である。『源氏物語』の作者とこの時代の文化の名称の組み合わせとして正しいものを，次の⓪～③の中から１つ選び，その番号をマークしなさい。

⓪紫式部・天平文化　①清少納言・天平文化　②紫式部・国風文化　③清少納言・国風文化

2　次の文は，Bの史料が描かれた時代について述べた文である。文中の（ア）（イ）にあてはまる語句の組み合わせとして正しいものを，下の⓪～③の中から１つ選び，その番号をマークしなさい。

（　ア　）は高麗を従え，さらに日本を従えようと，使者を送ってきた。執権の（　イ　）がこれを無視したため，元は高麗の軍勢をあわせて攻めてきた。

⓪ア：チンギス・ハン　イ：北条時宗　①ア：チンギス・ハン　イ：北条泰時
②ア：フビライ・ハン　イ：北条時宗　③ア：フビライ・ハン　イ：北条泰時

3　Cの史料に描かれているのは，馬借である。この馬借が活動した室町時代について述べた文として誤っているものを，次の⓪～③の中から１つ選び，その番号をマークしなさい。

⓪農村では，有力な農民を中心に村ごとにまとまり，惣と呼ばれる自治組織がつくられた。
①定期市が各地に生まれ，その取り引きに宋銭や明銭などが使用されることが多くなった。
②日明貿易や日朝貿易で栄えた博多や堺では自治が行われた。
③「農業全書」が出版され，近畿地方の進んだ農業技術が各地に伝わった。

4　Dの史料に描かれているのは，祇園祭である。この祭りは現在も行われているが，室町時代に起きたある出来事のために中断されたことがあった。（ア）その出来事の名称，（イ）祭りを復興させた者たちの名称の組み合わせとして正しいものを，次の⓪～③の中から１つ選び，その番号をマークしなさい。

⓪（ア）：応仁の乱　（イ）：地頭　　①（ア）：応仁の乱　（イ）：町衆
②（ア）：承久の乱　（イ）：地頭　　③（ア）：承久の乱　（イ）：町衆

問題２　次のＡ，Ｂ，Ｃの資料は，大谷さんが16世紀以降の関東地方について授業で発表したときに用いたものの一部である。Ａは16世紀以降の関東地方の出来事に関する年表，Ｂは横浜での貿易の推移を示したグラフ，Ｃは関東大震災直後の東京の様子を示した写真である。あとの問いに答えなさい。

Ａ　16世紀以降の関東地方の出来事に関する年表

世紀	できごと
16	・豊臣秀吉が小田原を拠点とする（　ア　）を滅ぼした。
17	・江戸に（　イ　）が幕府を開いた。 ↕　Ⅰ
18	・昌平坂学問所が創られた。 ↕　Ⅱ
19	・桜田門外の変で大老の（　ウ　）が暗殺された。 ↕　Ⅲ ・新橋と横浜間に鉄道が開通した。
20	↕　Ⅳ ・東京大空襲において焼夷弾による無差別爆撃があった。

Ｂ　横浜での貿易のグラフ

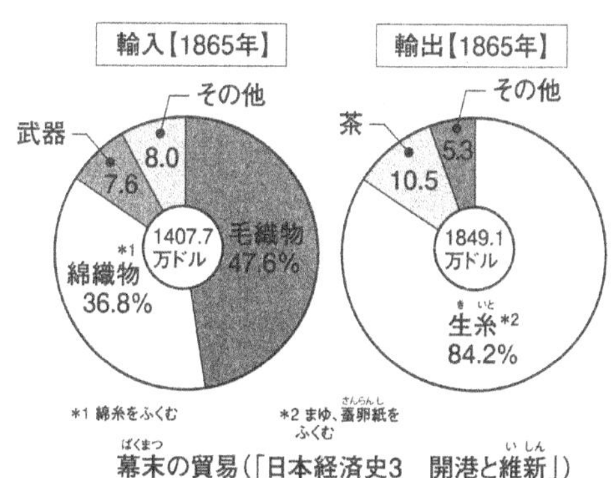

幕末の貿易（「日本経済史３　開港と維新」）

貿易の相手国（「近代日本経済史要覧」）

Ｃ　関東大震災直後の東京

5 前のページのAの年表中の（ア）～（ウ）にあてはまる語句の組み合わせとして正しいものを，次の⓪～⑤の中から１つ選び，その番号をマークしなさい。

⓪ア：北条氏　イ：徳川家康　ウ：井伊直弼
①ア：北条氏　イ：徳川家光　ウ：井伊直弼
②ア：北条氏　イ：徳川家康　ウ：阿部正弘
③ア：伊達氏　イ：徳川家康　ウ：井伊直弼
④ア：伊達氏　イ：徳川家光　ウ：井伊直弼
⑤ア：伊達氏　イ：徳川家康　ウ：阿部正弘

6 Aの年表中の下線部の昌平坂学問所が創られた頃の出来事について説明した文として正しいものを，次の⓪～③の中から１つ選び，その番号をマークしなさい。

⓪公事方御定書という裁判の基準になる法律が定められた。
①長崎での貿易を活発にするため，輸出品である銅の専売制を実施したほか，印旛沼の干拓を始めた。
②凶作やききんにそなえるため，各地に倉が設けられ米をたくわえさせた。
③江戸や大坂周辺の農村を幕領にしようとしたが，強い反対にあった。

7 Aの年表中のⅠ～Ⅳの各時期に起きた出来事の説明として**誤っているもの**を，次の⓪～③の中から１つ選び，その番号をマークしなさい。

⓪Ⅰの時期に，松尾芭蕉が全国を歩いて「奥の細道」を執筆した。
①Ⅱの時期に，滝沢馬琴が「南総里見八犬伝」を執筆した。
②Ⅲの時期に，「ええじゃないか」という，人々が熱狂するさわぎが各地で発生した。
③Ⅳの時期に，三井高利が越後屋呉服店を開いた。

8 前のページのBのグラフから読み取れることとして**誤っているもの**を，次の⓪～③の中から１つ選び，その番号をマークしなさい。

⓪アメリカとの貿易の割合は次第に減っていった。
①開国当初は輸出額の方が多かった。
②貿易相手国の割合はイギリスが多かった。
③日本は毛織物を多く輸出していた。

9 前のページのCの関東大震災があった大正時代の出来事の説明として**誤っているもの**を，次の⓪～③の中から１つ選び，その番号をマークしなさい。

⓪シベリア出兵による米の買い占めにより，米騒動が起きた。
①与謝野晶子が，「君死にたまふことなかれ」という詩を発表した。
②女性解放を唱える平塚らいてうが，青鞜社を結成した。
③部落差別からの解放をめざし，全国水平社が結成された。

10 関東地方で起きた出来事についての説明として**誤っているもの**を，次の⓪～③の中から１つ選び，その番号をマークしなさい。

⓪日清戦争で得た賠償金をもとに，京浜工業地帯に八幡製鉄所が建設された。
①ポーツマス条約で賠償金が得られず，国民による暴動である日比谷焼き打ち事件が起きた。
②陸軍の青年将校が大臣などを殺傷し，東京の中心部を占拠する二・二六事件が起きた。
③日中共同声明により中国と国交が正常化し，上野動物園にパンダが贈られた。

問題3 次の文章を読んで，あとの問いに答えなさい。

アフリカでは，(ア)エジプト文明が栄えるなど，古代より長い歴史があります。(イ)16世紀以降，ヨーロッパ人が千数百万人ともいわれる多くの人々を，奴隷としてアメリカ大陸に連れ去りました。その後，(ウ)19世紀末までに，(エ)や(オ)などを除くアフリカのほぼ全域が，ヨーロッパ諸国の植民地になりました。現在でも植民地時代の本国の言語を(カ)公用語としている国が多くあります。(キ)第二次世界大戦後の1950年代以降，これらの植民地は次々に独立しましたが，(ク)南アフリカ共和国を除いた多くの国々では工業の発達が遅れています。しかし，21世紀に入り，(ケ)豊富な資源の輸出を背景に高い経済成長率を達成している国もあります。

[11] 下線部（ア）について，次のⅠ・Ⅱの史料のうち，エジプト文明に関するものはどちらか。また，エジプト文明で発明された文字は何か。その組み合わせとして正しいものを，次の⓪～③の中から1つ選び，その番号をマークしなさい。

Ⅰ

Ⅱ

⓪Ⅰ・象形文字　①Ⅰ・楔形文字　②Ⅱ・象形文字　③Ⅱ・楔形文字

[12] 下線部（イ）について，下の図はアフリカからの奴隷貿易を含めた，当時の大西洋三角貿易を示したものである。図中のA・Bにあてはまる語句の組み合わせとして正しいものを，下の⓪～⑤の中から1つ選び，その番号をマークしなさい。

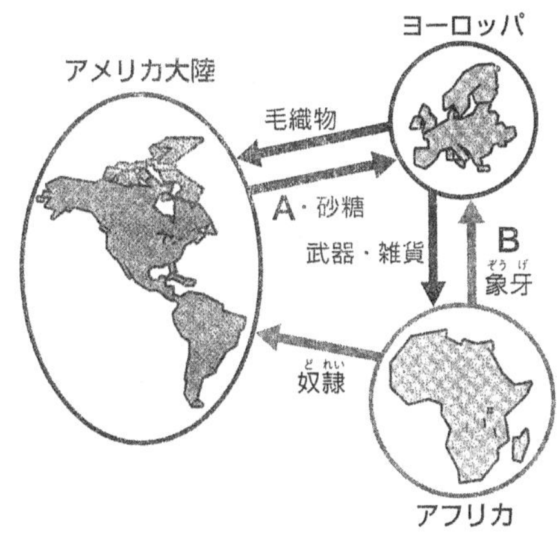

⓪A 金　B 銀　①A 金　B 銅　②A 銀　B 金
③A 銀　B 銅　④A 銅　B 金　⑤A 銅　B 銀

[13] 下線部（ウ）について，19世紀末から20世紀初頭の出来事・社会に関する史料として正しいものを，次のページの⓪～③の中から1つ選び，その番号をマークしなさい。

⓪ ヨーロッパの火薬庫

① バスティーユ牢獄の襲撃

② アメリカ同時多発テロ

③ 札束で遊ぶ子どもたち

⑭ 文中（エ）と（オ）に入る国名の組み合わせとして正しいものを，次の⓪～③の中から１つ選び，その番号をマークしなさい。

⓪（エ）エチオピア （オ）リベリア　　①（エ）エチオピア （オ）リビア

②（エ）エジプト （オ）リベリア　　③（エ）エジプト （オ）リビア

⑮ 下線部（カ）について，次の表は世界の主な言語人口とその言語を公用語としている主な国を示したものである。表中の（A）と（B）に入る言語と国名の組み合わせとして正しいものを，あとの⓪～③の中から１つ選び，その番号をマークしなさい。

言語	百万人	公用語としている主な国
中国語	1,302	中国
（A）	427	メキシコ・アルゼンチン・ペルー
英語	339	イギリス・オーストラリア・フィリピン
アラビア語	267	サウジアラビア・イラク・アラブ首長国連邦・エジプト
ヒンディー語	260	（B）

（『2018データブック　オブ・ザ・ワールド』より作成）

⓪（A）ポルトガル語　（B）インドネシア　①（A）ポルトガル語　（B）インド
②（A）スペイン語　（B）インドネシア　③（A）スペイン語　（B）インド

⑯ 下線部（キ）について，第二次世界大戦に関する文として正しいものを，次の⓪～③の中から1つ選び，その番号をマークしなさい。

⓪この大戦は，ドイツによるポーランド侵攻に対し，イギリスとフランスが宣戦布告することで始まった。

①この大戦は，ドイツ，オーストリアなどの同盟国と，イギリス，フランス，ロシアなどの連合国とに分かれて戦われ，日本は連合国側として参戦した。

②大戦後，パリ講和会議が開かれ，アメリカのルーズベルト大統領の提案によりベルサイユ条約が結ばれた。

③大戦後に創られた国際連合では，世界の平和と安全を維持する機関として安全保障理事会が設けられ，アメリカ，イギリス，フランス，ドイツ，ソ連が常任理事国となった。

⑰ 下線部（ク）について，次の表は南アフリカ共和国・エジプト・ナイジェリア・コートジボワールの輸出品上位3品目の輸出額に占める割合を示したものである。表中の⓪～③の中から，南アフリカ共和国を示したものを選び，その番号をマークしなさい。

	輸出品上位3品目の輸出額に占める割合（%）
⓪	金（11.8）・野菜と果実（11.3）・原油（8.0）
①	カカオ豆（30.0）・石油製品（10.8）・カシューナッツ（6.5）
②	原油（72.9）・液化天然ガス（8.5）・石油製品（6.1）
③	自動車（12.3）・機械類（9.5）・白金（8.1）

（『2018データブック　オブ・ザ・ワールド』より作成）

⑱ 下線部（ケ）について，右の図はアフリカ大陸におけるある鉱産資源の産出地を示したものである。この鉱産資源として正しいものを，下の⓪～③の中から1つ選び，その番号をマークしなさい。

⓪石油　①金
②銅　③ダイヤモンド

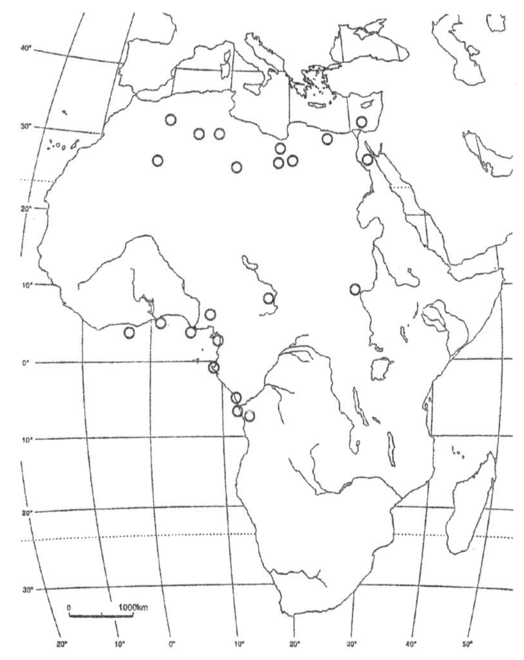

問題４　次の地図中のＡ～Ｆは，それぞれの道府県における道府県庁所在地である。あとの問いに答えなさい。

⑲　地図中Ａのある北海道は，稲作，畑作，畜産などの盛んな地域である。次の表は，北海道・東北・北陸・東海の４つの地域における農業産出額の割合（2016年）を示したものである。北海道を示したものを，表中の⓪～③の中から１つ選び，その番号をマークしなさい。

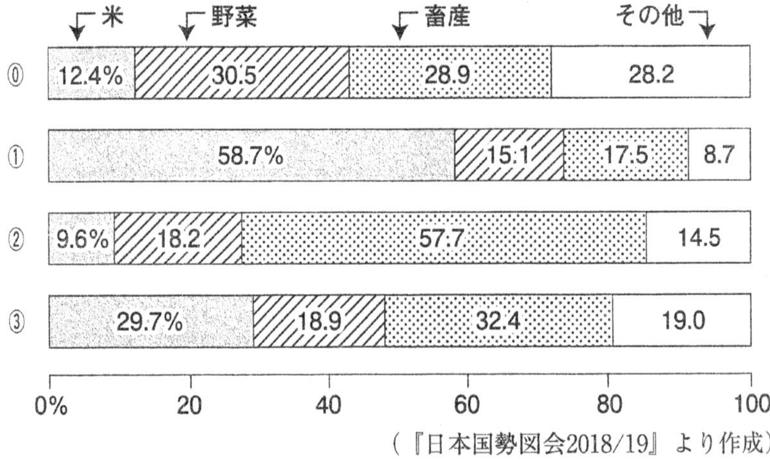

（『日本国勢図会2018/19』より作成）

⑳　地図中Ｂを含む地域は中央高地といわれ，夏の冷涼な気候を利用して高原野菜を栽培している。このような栽培方法を何というか。また，この地域で栽培されている高原野菜にはどんなものがあるか。その組み合わせとして正しいものを，次の⓪～③の中から１つ選び，その番号をマークしなさい。

⓪促成栽培・レタス　　①抑制栽培・レタス　　②促成栽培・ピーマン　　③抑制栽培・ピーマン

21 前のページの地図中Cの周辺は，果実の栽培が盛んな地域である。次の表はぶどう，もも，りんごの都道府県別生産量の割合（%）上位3位を示したものである。表中のアに入る県として正しいものを，下の⓪～③の中から1つ選び，その番号をマークしなさい。

ぶどう	山梨	23.7	ア	16.1	山形	10.4
もも	山梨	31.3	福島	23.0	ア	12.6
りんご	青森	58.5	ア	18.6	山形	6.0

（『日本国勢図会2018/19』より作成）

⓪岡山　①長野　②愛媛　③静岡

22 地図中Dの近くには，千里ニュータウンがある。ニュータウンについて述べた次の文A・Bの正誤の組み合わせとして正しいものを，下の⓪～③の中から1つ選び，その番号をマークしなさい。

A　ニュータウンは，1960年代から70年代にかけての経済成長を背景に，近畿地方の都市中心部の過密を解消するために建設されたもので，近畿地方以外で建設されることはなかった。

B　ニュータウンでは，現在住民の高齢化が新たな問題となっており，近年では高齢者向けの医療や介護サービスの充実を図るとともに，若い世帯の新しい住民を増やすため，緑地の整備や子育て支援などにも力を入れている。

⓪A 正　B 正　①A 正　B 誤　②A 誤　B 正　③A 誤　B 誤

23 次の文は地図中Eを含む瀬戸内地方について述べたものである。文中の下線部⓪～③の中から，**誤っているもの**を1つ選び，その番号をマークしなさい。

瀬戸内地方は，⓪険しい中国山地となだらかな四国山地にはさまれ，太平洋や日本海からの水蒸気が山地で雨や雪として降るため，ほかの地域とくらべて年間を通じて降水量が少ない地域です。①夏に干ばつが起こりやすく，雨の特に少ない年は渇水などの問題が起こります。このため，稲作などに使う水を確保するために，古くから②ため池が造られてきました。坂出や鳴門などの沿岸には，雨の少ない気候と潮の干満を生かして③塩田が造られてきました。

24 地図中Fは，中国地方の政治や経済，文化の中心的な役割を果たす地方中枢都市である。東北地方における地方中枢都市として正しいものを，次の⓪～③の中から1つ選び，その番号をマークしなさい。

⓪新潟市　①福島市　②盛岡市　③仙台市

25 次のⅠ，Ⅱの写真は，地図中のCもしくはFの近くで撮影されたものである。Fの近くで撮影されたものはⅠ，Ⅱのどちらか。また，その地形を何というか。その組み合わせとして正しいものを，次のページの⓪～③の中から1つ選び，その番号をマークしなさい。

Ⅰ

Ⅱ

⓪Ⅰ・扇状地　①Ⅰ・三角州　②Ⅱ・扇状地　③Ⅱ・三角州

26 次の表は24ページの地図中のA～Fの都市を，人口の多い順に並べたものである。表中のア～ウに入る都市名の組み合わせとして正しいものを，右の⓪～⑦の中から１つ選び，その番号をマークしなさい。

⓪ア　岡山市　イ　高松市　ウ　前橋市
①ア　岡山市　イ　高松市　ウ　甲府市
②ア　岡山市　イ　松山市　ウ　前橋市
③ア　岡山市　イ　松山市　ウ　甲府市
④ア　広島市　イ　高松市　ウ　前橋市
⑤ア　広島市　イ　高松市　ウ　甲府市
⑥ア　広島市　イ　松山市　ウ　前橋市
⑦ア　広島市　イ　松山市　ウ　甲府市

都市名	人口（千人）
大阪市	2,691
札幌市	1,947
ア	1,194
イ	429
長野市	382
ウ	192

（『日本国勢図会2018/19』より作成）

問題５　昨年，ロシアで開催されたサッカーのワールドカップで，日本代表チームはコロンビア，セネガル，ポーランドの３カ国と予選リーグを戦い，決勝トーナメントに進出したが，決勝トーナメント１回戦でベルギーに惜しくも敗れた。日本の対戦相手国に関するあとの問いに答えなさい。

27 コロンビアは西経75度線を標準時子午線としている。コロンビアと日本との時差は何時間あるか。正しいものを次の⓪～③の中から１つ選び，その番号をマークしなさい。

⓪４時間　①８時間　②10時間　③14時間

28 セネガルではイスラム教が広く信仰されている。イスラム教について述べた次のA～Cの文の正誤の組み合わせとして正しいものを，下の⓪～⑦の中から１つ選び，その番号をマークしなさい。

A　イスラム教は，アラビア半島でムハンマドによって７世紀前半に開かれた宗教で，聖典を「コーラン」という。

B　イスラム教では，牛を神の使いとしているため，牛肉を食べることは禁じられている。

C　イスラム教は北アフリカ，西アジア，中央アジア，東南アジアに主に広がっているが，ヨーロッパではイスラム教を信仰する人はほとんどいない。

⓪A　正　B　正　C　正　①A　正　B　正　C　誤
②A　正　B　誤　C　正　③A　正　B　誤　C　誤
④A　誤　B　正　C　正　⑤A　誤　B　正　C　誤
⑥A　誤　B　誤　C　正　⑦A　誤　B　誤　C　誤

29 ヨーロッパの言語は，大きくゲルマン系言語，ラテン系言語，スラブ系言語の３つに分けることができ，ポーランド語はこのうちスラブ系言語に属する。ポーランド語と同じくスラブ系言語に属する言語を次の⓪～③の中から１つ選び，その番号をマークしなさい。

⓪イタリア語　①ロシア語　②ドイツ語　③スウェーデン語

30 ベルギーの首都ブリュッセルは，EU（ヨーロッパ連合）の本部が置かれている都市である。EUについて述べた文として**誤っているもの**を，次の⓪～③の中から１つ選び，その番号をマークしなさい。

⓪1990年代以降，地価や賃金の安い西ヨーロッパへの工場の移転が多く見られるようになった。

①多くのEU加盟国の間では，国境の検問所でのパスポート検査がなく，自由に通過することができる。

②1993年のEU発足以降，加盟国は徐々に増えてきたが，イギリスは2016年の国民投票でＥＵからの離脱を決定している。

③ＥＵ加盟国の増加とともに，加盟国間の経済格差の拡大が課題となっており，その格差解消に向けて，ＥＵは所得の低い国に対して，多くの補助金を支給している。

問題６ 豊田さんは2017年に「天皇の退位等に関する皇室典範特例法」が制定されたことをうけ，天皇制や平成についてのレポートをまとめた。Ａが日本国憲法第３条の条文，Ｂが「平成」の年表である。あとの問いに答えなさい。

Ａ　日本国憲法第3条

> 天皇の(ア)国事に関するすべての行為には，(イ)内閣の助言と承認を必要とし，内閣が，その責任を負ふ。

Ｂ　「平成」年表

1992年	(ウ)国際平和協力法（ＰＫＯ協力法）成立
2002年	日朝首脳会談
2008年	(エ)アイヌ民族を先住民とすることを求める国会決議
2011年	東日本大震災
2016年	選挙権年齢を(オ)満十八歳以上に引き下げる法律が施行

31　Ａ中の下線部（ア）として**誤っているもの**を，次の⓪～⑤の中から１つ選び，その番号をマークしなさい。

⓪内閣総理大臣の指名

①法律の公布

②衆議院の召集

③栄典の授与

④外国の大使の接受

⑤総選挙施行の公示

32　Ａ中の下線部（イ）について述べた文として**誤っているもの**を，次の⓪～③の中から１つ選び，その番号をマークしなさい。

⓪衆議院で内閣不信任の決議が可決されたら，10日以内に衆議院の解散をするか，総辞職しないといけない。

①内閣総理大臣と国務大臣で組織され，国務大臣の過半数は国会議員から選ばれる。

②内閣総理大臣は必ず衆議院から選ばれないといけない。

③法律案や予算を国会に提出することができる。

33　Ｂ中の下線部（ウ）で自衛隊がはじめて派遣された国を次のページの地図中の⓪～③の中から１つ選び，その番号をマークしなさい。

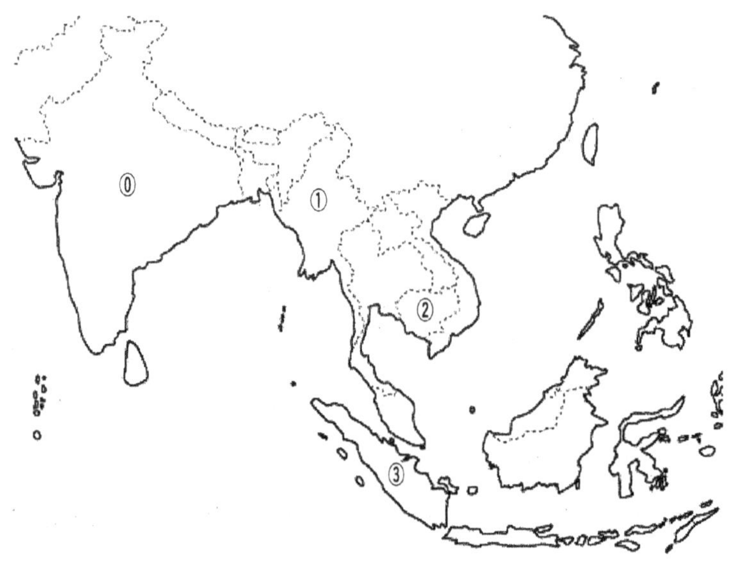

㉞　B中の下線部（エ）についての説明として**誤っているもの**を，次の⓪～③の中から１つ選び，その番号をマークしなさい。

⓪アイヌの人々は独自の言語，宗教や文化の独自性を有する先住民族として認めた。

①アイヌの人々が法的に等しい国民でありながら差別されてきた歴史的事実が記されている。

②この決議を受けてアイヌ文化振興法が制定された。

③「先住民族の権利に関する国際連合宣言」が採択されたことを受け，この決議が可決された。

㉟　B中の下線部（オ）が対象であるものを，次の⓪～⑥の中から１つ選び，その番号をマークしなさい。

⓪裁判員　①国民投票の投票権　②衆議院議員の被選挙権

③市町村長の被選挙権　④参議院議員の被選挙権　⑤都道府県知事の被選挙権

⑥市町村議会議員の被選挙権

問題７　次の文は大谷さんと豊田さんが会話したときのものである。これを読んで，あとの問いに答えなさい。

大谷さん：さっきのお店でどんなものを買ったの？
豊田さん：タオルを買ったよ。このタオルをみていたら（ア）エコマークがあったよ。
大谷さん：エコマークって何なの？
豊田さん：環境への負荷が少なく，環境保全に役立つと認められた商品につけられるマークのこと。
大谷さん：どこのブランドのものなの？
豊田さん：（イ）株式会社って書いてあるけど。
大谷さん：それは会社の種類のことだね。ちょっとタオルを見せてくれる？　なるほど。この会社はテレビで聞いたことがある，活発な（ウ）中小企業だ。
豊田さん：輸入のタオルが多い中で国産のタオルを生産している会社もがんばっているようだね。
大谷さん：（エ）グローバル化のなかで（オ）中国などからの輸入も多いからね。

36　下線部（ア）を次の⓪～③の中から１つ選び，その番号をマークしなさい。

⓪

①
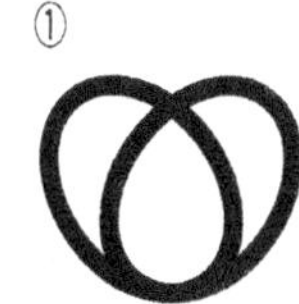
②

③

37　下線部（イ）について説明した文として**誤っているもの**を，次の⓪～③の中から１つ選び，その番号をマークしなさい。

⓪株主は，利潤の一部を配当として受け取ることができる。

①株主は，株主総会に出席し，経営方針などについて議決することができる。

②一人ひとりが平等であることが憲法で規定されており，株主総会においての議決は一人一票で行われる。

③事業がうまくいかずに倒産しても，株主は出資した金額以上の負担を負わない。

38　下線部（ウ）について説明した文として**誤っているもの**を，次の⓪～⑤の中から１つ選び，その番号をマークしなさい。

⓪日本の企業数全体の約50％を占めている。

①日本の全出荷額の50％近くを占めている。

②日本の全従業員数の70％以上を占めている。

③独自の技術などをもとに新たに事業を起こすベンチャー企業もある。

④東京や大阪などの諸都市には，金属加工などを行う中小企業が多く集まる地域がある。

⑤大企業の仕事を下請けし，協力して技術を磨く企業もある。

39　下線部（エ）の進展について説明した文として**誤っているもの**を，次の⓪～③の中から１つ選び，その番号をマークしなさい。

⓪国境を超える経済活動が盛んになるだけでなく，情報も世界中を瞬時に移動するようになった。

①国境を超えて人や物が移動することで，多様な文化が生み出されてきて，多文化共生の必要性が高まった。

②平和，環境，資源，食料，感染症など様々な課題を，一国だけではなく多国間で協力して解決していくことが必要である。

③多文化共生のため，自分の文化を基準に，ほかの文化を否定的に判断していくことが必要である。

40　下線部（オ）に関する次の出来事Ａ～Ｄを古いものから順に並べた時，２番目にくるものを，次の⓪～③の中から１つ選び，その番号をマークしなさい。

Ａ：中華人民共和国が成立した。

Ｂ：ＧＤＰが世界第２位となった。

Ｃ：天安門事件が起きた。

Ｄ：鄧小平が実権を握り，国内改革と対外開放を開始した。

⓪Ａ　①Ｂ　②Ｃ　③Ｄ

問六　傍線部5「申されければ」とは誰に向かって「申され」たのか、適切なものを、次の⓪～④の中から一つ選び、その番号をマークしなさい。解答欄は37。

⓪時頼　①義景　②禅尼　③なにがし男　④その他の人々

問七　傍線部A・B・Cの語句の意味として適切なものを、それぞれ次の⓪～④の中から一つずつ選び、その番号を解答欄にマークしなさい。解答欄はAは38、Bは39、Cは40。

A　⓪それほど　①たぶん　②まして　③まさか　④まったく

B　⓪なおさら　①やはり　②ただし　③もっと　④あらためて

C　⓪ありがたい　①恐れ多い　②意外だ　③まじめだ　④立派だ

問八　傍線部6「かくて」が指す障子の状態として適切なものを、次の⓪～④の中から一つ選び、その番号をマークしなさい。解答欄は41。

⓪破れたところに古い紙を張った状態
①破れたところに新しい紙を張った状態
②すべてを新しい紙に張り替えた状態
③破れたところをいくつか残した状態
④破れたところをそのままにした状態

問九　傍線部7「若き人」が指す人物として適切なものを、次の⓪～④の中から一つ選び、その番号をマークしなさい。解答欄は42。

⓪時頼　①義景　②禅尼　③なにがし男　④その他の人々

問十　傍線部8「見ならはせて」とは、何を見習わせようとしているのか。適切なものを、次の⓪～③の中から一つ選び、その番号をマークしなさい。解答欄は43。

⓪見栄よりも倹約を大切にすること
①見栄えも倹約も大切にすること
②見栄えを倹約よりも大切にすること
③見栄えや倹約にふり回されないこと

問十一　傍線部9「ただ人にはあらざりける」の指す人物として適切なものを、次の⓪～④の中から一つ選び、その番号をマークしなさい。解答欄は44。

⓪時頼　①義景　②禅尼　③なにがし男　④その他の人々

問十二　本文において、筆者は松下禅尼のどのような点をほめているのか。適切なものを、次の⓪～④の中から一つ選び、その番号をマークしなさい。解答欄は45。

⓪のちに治世を築き上げるほどの人物を、子としてもっていた点
①女性でありながら、政治をする者に必要な素養をすべて備えている点
②聖人と同じように、政治の根本である倹約を重んじていた点
③義景を戒めるために、わざと部分張り替えしかしなかった点
④人に頼ることなく、自分の手で障子を張り替えようとした点

問十三　『徒然草』と関係のあるものとして適切なものを、次のA群・B群の⓪～③の中から一つずつ選び、その番号をマークしなさい。解答欄はAは46、Bは47。

A　⓪兼好法師　①鴨長明　②紀貫之　③松尾芭蕉

B　⓪日記　①随筆　②紀行　③物語

次の⓪～③の中から一つ選び、その番号をマークしなさい。　解答欄は31。

⓪ミケと山中新太　①ゆきちゃんと山中新太
②トカゲとミケ　③ゆきちゃんとトカゲ

問題三　次の文章を読んで、後の問いに答えなさい。

※1 1相模守時頼の母は、※2松下禅尼（まつしたのぜんに）とぞ申し［2］。守を※3入れ申さるる事ありけるに、すすけたる明り障子のやぶればかりを、禅尼手づから、3小刀して切りまはしつつ張られければ、兄の※4城介義景（じやうのすけよしかげ）、その日の※5けいめいして候ひけるが、「給はりて、なにがし男に張らせ候はん。4さやうの事に心得たる者に候ふ」と5申されければ、「その男、尼が※6細工（さいく）にAよもまさり侍らじ」とて、Bなほ※7一間づつ張られけるを、義景、「皆を張りかへ候はんは、はるかにたやすく候ふべし、まだらに候ふも見苦しくや」とかさねて申されければ、「尼も、後は※8さはさはと張りかへんと思へども、今日ばかりは、わざと6かくてあるべきなり。物は破れたる所ばかりを修理して用ゐる事ぞと、7若き人に8見ならはせて、※9心づけんためなり」と申されける、いとCありがたかりけり。

世を治むる道、倹約を本とす。女性なれども聖人の心にかよへり。※10天下を保つ程の人を、子にて持たれける、誠に、※11 9ただ人にはあらざりけるとぞ。

（『徒然草』第百八十四段）

※1　相模守時頼…北条時頼、鎌倉幕府第五代の執権
※2　松下禅尼…秋田城介義盛の娘、北条時頼の母
※3　入れ申さるる…招き入れる　※4　城介義景…秋田城介
※5　けいめい…準備　※6　細工…細かい手仕事
※7　一間…障子のさんの一こま　※8　さはさは…さっぱりと
※9　心づけんためなり…気づかせる（注意させる）ためである
※10　天下を保つ程の人を、…日本全国を治めるほどの人を、
※11　ただ人にはあらざりける…なみなみの人ではなかった

問一　傍線部1「相模」の読みとして適切なものを、次の⓪～⑤の中から一つ選び、その番号をマークしなさい。解答欄は32。

⓪すもう　①そうもう　②あいそう
③あいもう　④さがみ　⑤さもう

問二　［2］にあてはまる語句として適切なものを、次の⓪～③の中から一つ選び、その番号をマークしなさい。解答欄は33。

⓪けら　①ける　②けれ　③けり

問三　傍線部3「小刀して切りまはしつつ張られければ」の主語として適切なものを、次の⓪～④の中から一つ選び、その番号をマークしなさい。解答欄は34。

⓪時頼　①義景　②禅尼　③なにがし男　④その他の人々

問四　傍線部4「さやうの事」の指す内容として適切なものを、次の⓪～⑤の中から一つ選び、その番号をマークしなさい。解答欄は35。

⓪障子に板を張ること　①障子に紙を張ること
②ふすまに紙を張ること　③ふすまに板を張ること
④納戸に紙を張ること　⑤納戸に板を張ること

問五　傍線部5「申されければ」の主語として適切なものを、次の⓪～④の中から一つ選び、その番号をマークしなさい。解答欄は36。

⓪時頼　①義景　②禅尼　③なにがし男　④その他の人々

問二　Ⅰ　に入る言葉として適切なものを、次の⓪～③の中から一つ選び、その番号をマークしなさい。解答欄は20。

⓪おこらなくて　①かなしまなくて
②こわがらなくて　③よろこばなくて

問三　Ⅱ・Ⅳ・Ⅴ　に入る語句として適切なものを、それぞれ次の⓪～⑤の中から一つずつ選び、その番号をマークしなさい。解答欄はⅡは21、Ⅳは22、Ⅴは23。

⓪ぱっと　①そわそわと　②そうっと
③がくりと　④きりっと　⑤じっと

問四　傍線部1「いろんなもの」が指すものとして適切なものを、次の⓪～③の中から一つ選び、その番号をマークしなさい。解答欄は24。

⓪生きているものも生きていないものも含めたすべてのもの
①生きているものの一部と、生きていないすべてのもの
②生きているすべてのものと、生きていないものの一部
③生きているものの一部と、生きていないものの一部

問五　傍線部2「抽象的」の対義語として適切なものを、次の⓪～⑤の中から一つ選び、その番号をマークしなさい。解答欄は25。

⓪相対的　①具体的　②対極的
③感動的　④絶対的　⑤受動的

問六　傍線部3「戸惑っていた」の内容として適切なものを、次の⓪～③の中から一つ選び、その番号をマークしなさい。解答欄は26。

⓪何が話しかけてきてだれの言葉が理解できないか予想がつかないこと
①本当は違うのに、親や先生からおとなしい生徒だと思われていること
②いろんなものの声が聞こえることをほかの人には知られてはいけないこと
③小学校にあがってからなかなか友だちができなかったこと

問七　Ⅲ　に入る言葉として適切なものを、次の⓪～⑤の中から一つ選び、その番号をマークしなさい。解答欄は27。

⓪丁寧　①安心　②痛手　③失礼　④重要　⑤心配

問八　傍線部4「騒々しい」を言いかえた言葉として適切なものを、次の⓪～③の中から一つ選び、その番号をマークしなさい。解答欄は28。

⓪おそろしい　①うるさい　②すばらしい　③みすぼらしい

問九　Ⅵ　に入る言葉として適切なものを、次の⓪～③の中から一つ選び、その番号をマークしなさい。解答欄は29。

⓪「騒々しいところだわよ」
①「枝を放ってくれなあい」
②「学校は悪いところじゃない」
③「学校は毎日大勢が来るみたい」

問十　傍線部5「そう思っている」の内容として適切なものを、次の⓪～③の中から一つ選び、その番号をマークしなさい。解答欄は30。

⓪ゆきちゃんのおかげでほかの友だちができた
①友だちができると、学校は不安なところではない
②コダマちゃんが小学校で最初にできた友だちだ
③入学式を抜け出したおかげでゆきちゃんと友だちになれた

問十一　「わたし」が話をできるものの組み合わせとして適切なものを、

舎が。鳥は赤や紫や黄色で色鮮やかだった。見とれていると、そのなかの一羽が、照れくさそうに「あんま、見んな」と言った。あとの鳥はギョンギョンと低い声で鳴いているだけだった。うさぎたちは黒い濡れたような目を見開いて、一心に草を食べていて、だれも声を発さなかったから、言葉がわかるかどうかわからなかった。

「あたし、ゆき」山羊が言って、

「雉田成子です」わたしは山羊をまねて名乗った。人から名乗られたら、そのように自分も名乗るように、でないとたいへん［Ⅲ］になると、父と母にくりかえし言われていた。

「ナリちゃんさあ、そこにある枝を放ってくれなあい」

ゆきちゃんは言い、わたしは足元に落ちていた枝を、鉄の柵の隙間から放った。ゆきちゃんはそれを前脚で押さえ、かじった。

「歯がかゆくってー」と、照れたように言いわけしながら。

わたしはしゃがんでゆきちゃんの顔を［Ⅳ］見た。目のなかに横棒があった。

「学校ってどんなところ」と訊いてみると、

「[4]騒々しいところだわよ」と、枝を噛みながら答えた。「でもまあ、悪いところじゃあないと思う。だって、毎日毎日、ずいぶん大勢がくるみたいだもの」

頭上で、キンコンカンコンと音[d]テイのついた鐘の音が鳴り響き、わたしは［Ⅴ］立ち上がった。何かの合図だ、戻らなくてはと思ったのだった。

「ねえ、またきてよねえー」

枝をくわえて振りまわしながら、ゆきちゃんは言った。

入学式の日のうちに、わたしには友だちができた。おなじ二組のコダマちゃんと、ミミちゃんと、ミミちゃんと双子のモモくん。友だちができると学校は不安なところではなくなって、翌日には、わたしは校門をひとりでくぐることができたし、大勢の子どもたちが動きまわる校庭を、コダマちゃんたちと走りまわることだってできた。

でも、最初にできた友だちは、ゆきちゃんだ。ゆきちゃんがあのとき、「［Ⅵ］」と言ってくれたから、わたしにはコダマちゃんや双子の友だちができたのだと思ったし、今も、[5]そう思っている。

（『なくしたものたちの国』角田光代・松尾たいこ　著より）

問一　傍線部a～dのカタカナを漢字に直す場合、その漢字と同一の漢字を、それぞれ次の⓪～③の中から一つずつ選び、その番号をマークしなさい。解答欄はaは[16]、bは[17]、cは[18]、dは[19]。

a　慎チョウ
⓪チョウ子を整える　①胃チョウが痛む
②チョウ期的な計画　③丁チョウにお断りする

b　理カイ
⓪カイ説を行う　①練習をカイ始する
②友人を紹カイする　③失敗を後カイする

c　数十バイ
⓪バイ店をめぐる　①野菜を栽バイする
②損害をバイ償する　③確率がバイ増する

d　音テイ
⓪条件をテイ示する　①テイ期券を買う
②日テイを確認する　③機能がテイ止する

答欄は14。

絆は必ずしも嬉しいことでも、こころ強いことでも、あたたかい言葉でもない。

⓪【6】　①【7】　②【8】　③【9】

問十　この文章の内容と合致しているものを、次の⓪～③の中から一つ選び、その番号をマークしなさい。解答欄は15。

⓪人は孤独から逃れるために連帯を求めるが、強い結びつきを持つと逃れようとする

①人は孤独から逃れるために連帯を求めるが、本心では孤独の方が良いと感じている

②人は孤独から逃れるために連帯を求め、絆をどこまでも深めようとする

③人は孤独から逃れるために連帯を求め、そのつながりなしでは生活していけない

問題二　次の文章を読んで、後の問いに答えなさい。

うそだと言われると思うけれど、わたしは八歳まで、[1]いろんなものと話ができた。すべて、ではない、言葉がわかるものと、わからないものがあった。飼っていた猫のミケの言葉はわからなかったのに、毎朝庭にくるトカゲの言葉はわかった。学校で飼っていた山羊のゆきちゃんの言葉はわかったけれど、となりの席の山中新太の言葉は三分の一、わからなかった。[2]抽象的な話じゃない。ほんとうに、山中新太は「てれらんりの？　それはまちがっているまきみつらま」などと言い、トカゲは、つぶれたような甲高い声で「かさ持ってきな、雨降っから、かさ」などと、言うのだった。

はたから見たら、わたしはびくびくした子どもだったと思う。ナリちゃん、そんなに[I]大丈夫よ、といつも母親に言われたし、ナリコはおれに似て慎[a]チョウだから、と父親もよく言っていた。保育園の先生も、学校の先生も、雉田さんはもっとおてんばでもいい、というような意味のことを言った。大人たちの言葉は、あまやかにやさしかったけれど、でも、ときどき苛立っていた。そのことをわたしはちゃんとわかっていた。

こわがっていたのでもないし、慎チョウだったのでもない。おとなしかったのとも、違う。何が話しかけてきてだれの言葉が理[b]カイできないか、まったく予測がつかない、そのことに[3]戸惑っていたのだ。[II]ドアノブをまわさないと、そのノブが「いてえな！」と叫ぶかもしれず、よく注意して聞かないとバスの運転手が言っていることがわからないかもしれないのだった。そう言いかえしたかったが、しなかった。ほかの人にはないことなのだろうと思ったし、ほかの人と違うということを知られてはいけないと思っていた。絶対に。

そんなわけで、小学校にあがったわたしに、いちばん最初にできた友だちは山羊のゆきちゃんだった。

わたしは学校がどんなところかわからなくて、不安だった。おなじ保育園からその学校に進んだ子どもはいなかった。入学式の日、父と母に連れられて校門をくぐって、でも校庭に、保育園の数十[c]バイの子どもたちがいるのを見てこわくなって、父と母がカメラの調子を確認している隙に逃げだし、逃げだしたもののどこにいっていいかわからず、迷いこんだ校舎裏に、動物舎があったのだった。鳥舎と、うさぎ

d　同ギ

⓪ギ務を果たす　①伝統的なギ式だ

②会ギに出席する　③ギ問を持つ

問二　Ⅰ・Ⅱ・Ⅴに入る接続詞として適切なものを、それぞれ次の⓪～⑤の中から一つずつ選び、その番号をマークしなさい。

解答欄はⅠは5、Ⅱは6、Ⅴは7。

⓪むしろ　①また　②たとえば　③つまり　④しかし

⑤あるいは

問三　傍線部1「ネットワークに費やす時間がものすごく多い」の理由として適切なものを、次の⓪～③の中から一つ選び、その番号をマークしなさい。解答欄は8。

⓪ネットワークをつなげておかないと、情報が入ってこないから

①現代人は雑誌とか文庫本を読まなくなったから

②子どもから大人まで人と人とのつながりを求めているから

③時代と共に、文庫本が社会から消えていったから

問四　傍線部2「この電車の中の光景」の説明として適切なものを、次の⓪～③の中から一つ選び、その番号をマークしなさい。

解答欄は9。

⓪八人のうち六人が文庫本を読んでいる光景

①八人のうち六人が携帯電話を見ている光景

②八人のうち二人が文庫本を読んでいる光景

③八人のうち一人が何かを読んでいる光景

問五　傍線部3「一目瞭然」の意味として適切なものを、次の⓪～③の中から一つ選び、その番号をマークしなさい。解答欄は10。

⓪言うことは簡単だが、それを実際に行動にすることは難しいということ

①ひと目見ただけで、はっきりとわかるさま

②言っていることと、行動が一致しているということ

③互いの呼吸や調子などがぴたりと合うこと

問六　傍線部4「その」が指す内容として適切なものを、次の⓪～③の中から一つ選び、その番号をマークしなさい。解答欄は11。

⓪本よりもSNSの方が面白いと思う気持ち

①SNSを通して常に誰かと繋がりたいと思う気持ち

②相手の「既読スルー」を許さないと思う気持ち

③SNSと無縁な存在でいたいと思う気持ち

問七　Ⅲ・Ⅳに入る語句の組み合わせとして適切なものを、次の⓪～③の中から一つ選び、その番号をマークしなさい。解答欄は12。

⓪Ⅲ　関係　・Ⅳ　孤立　①Ⅲ　関係　・Ⅳ　絶望

②Ⅲ　孤立　・Ⅳ　孤独　③Ⅲ　孤立　・Ⅳ　満足

問八　傍線部5「天の邪鬼的に応じ」るの意味として適切なものを、次の⓪～③の中から一つ選び、その番号をマークしなさい。

解答欄は13。

⓪他人への思いやりが強い人のように対応する

①あえて強気な人のように対応する

②自分に自信がない人のように対応する

③わざと人に逆らう言動をする人のように対応する

問九　次の一文は本文中の【6】～【9】のいずれかに入る。適切な箇所を、次の⓪～③の中から一つ選び、その番号をマークしなさい。解

仲間と腕を組み合って、体温が感じられるような接aショクの仕方は望まないけれども、といって、みんなにシカトされるというか、孤立するのは困る。つかず離れずのような【Ⅲ】性をつねに維持したい。

そういう願望が現代人の中に、子供から大人まで、急bゲキに広がっているのではないかなという気がする。

そうした、孤独でありたくないという※2希求(ききゅう)の中に刷りこまれているものは、「孤独はよくない」、「孤独は間違っている」という考え方だろう。

先に書いたように、孤独であるということは、みすぼらしいことであり、情けないことであり、cハイ者の生き方なのだというような先入観。それが私たちのこころの中に刷りこまれているから、クラスや会社の中で孤立することはいじめと同dギとなってしまう。

二〇〇八年の秋葉原の通り魔事件の容疑者が、自分が携帯サイトの掲示板に書きこんだのに反応がほとんどなかったことへの苛立ちとみじめな思いが、犯行の大きな動機となったということも、ありうるような気がするのだ。

いま私たちは否でも応でもメールやツイッターの中で【Ⅳ】感を深めている。

東日本大震災の後、一時期、「絆」を大事にするということがよく言われた。

それに対して、私はしばしば5天の邪鬼的に応じてきた。

「もともと絆という言葉は、家畜とか動物とかを逃げないように拘束して縛っておく綱から始まっている。【 6 】ある意味では、とても厳しい言葉なのだ」というようなことをあちこちで書いたり喋ったりしてきた。

考えてみれば、私たちの少年時代、青年時代には、あえて求めなくとも絆というのはじつに多かった。【 7 】

「地域の絆」というものがある。「親族の絆」というものがある。「家の絆」というものがある。「肉親の絆」というものもある。【 8 】

そんな鎖のような重さを持った絆から解放されるということが、一つの夢だった時代があったのだ。【Ⅴ】、私は九州生まれだが、地方の人間が上京するという気持ちの中には、単なる旅立ちではなくて、絆から脱出したいという脱出願望があったのである。【 9 】

（『孤独の力』五木寛之　著より）

※1　澎湃(ほうはい)……物事が盛んな勢いでわき起こるさま。
※2　希求(ききゅう)……強く願い求めること。

問一　傍線部a～dのカタカナを漢字に直す場合、その漢字と同一の漢字を、それぞれ次の⓪～③の中から一つずつ選び、その番号をマークしなさい。解答欄はaは1、bは2、cは3、dは4。

a　接ショク
⓪自分に合うショク業を考える　①ショク育は大切だ
②友人の成功にショク発される　③ショク物の世話をする

b　急ゲキ
⓪押し売りをゲキ退する　①全国一のゲキ戦区
②趣味は観ゲキすることだ　③ゲキ的な生涯を送る

c　ハイ者
⓪ハイ品回収の業者　①警備員をハイ備する
②人気のハイ優を見かけた　③ハイ色濃厚な戦いだ

【国　語】（四〇分）〈満点：一〇〇点〉

問題一　次の文章を読んで、後の問いに答えなさい。

先日、私鉄の電車に乗った。

私が立っている前の席が八人がけで、そのうちの六人が携帯電話を見ていて、他の二人は何か読んでいた。一人はコミックで、もう一人が読んでいるのは文庫本だった。いまどき文庫本を読んでいる人がいるのは本当に珍しいので、ほーう、と思って、何を読んでいるのだろうと思ったがわからない。

そうか、自分の若い頃は、八人坐っていれば六人ぐらいは雑誌とか文庫本とかを読んでいた時代もあったのにな、と思った。

現在は、小・中学生から始まり、高校生や大学生、社会人すべて、いわゆるSNSと呼ばれる、ラインとかフェイスブックとかツイッターなどの[1]ネットワークに費やす時間がものすごく多いのだそうである。

みな、人と人との「つながり」を求めている。それは一刻の空白もゆるされない。もっとも恐怖なのは、相手が「既読」しているマークがあるのに無視される、「既読スルー」であるという。

その状況は[2]この電車の中の光景を見れば[3]一目瞭然である。若者は、いまやSNSと無縁の人のほうが変わりものだとみなされるだろう。

その気持ちは、わかるような気がするのだ。[4]その背景にあるのは、孤独であるということに対する不安と恐れのようなものではないかと思う。

いま、絆を求める声は※1澎湃（ほうはい）として起こっていて、人びとがつながりや連帯というものを強く求めているのは事実だろう。

しかし、あるとき私が、若い女性に、

「最近はデモに行く人も少なくなったね」と言ったら、

「デモというのは、知らない人と腕を組むんですか」と聞かれた。

「いやそれは、知らない人とも腕を組むよ」と言うと、

「そんなのイヤだ。気持ちが悪い」

と、一蹴（いっしゅう）された。

そんな時代なんだな、と思った。［Ⅰ］、人と肌を接して腕を組んで、ともに歩くようなことは嫌だ。そういう連帯の仕方は嫌なのだ。といって、孤独というのも恐ろしい。

このように、人と人とがつながるということが、あまり濃密に、脂のような濃い関係であることはうっとうしい。だけど、まったく孤独でいることには耐えがたい。

あいだに何かワンクッションを置いて、さらっと付き合いたい。そんな気持ちで、みなが孤独から逃れる道を携帯に求めている。「孤独からの逃避」であろうか。

対面して話すには、プレッシャーがある。言いにくいことを言わなければならないこともある。

［Ⅱ］、メールだと、ふだん言いにくいことでも、ちょいと書いたりできるような気がする。「つぶやく」（ツイート）ことはさらに気楽だろう。

手紙にして文章を書くとなるとまた、自分の存在感が出すぎてきつい、ということらしい。そんな中で、だれもが孤独から逃れる道を探している。

大切なことはメモしておこうネ！

T.G

2019年度

解　答　と　解　説

《2019年度の配点は解答欄に掲載してあります。》

＜数学解答＞

問題1　(1)　1　−　2　1　3　5　(2)　4　−　5　1　6　2
(3)　7　8　8　5　(4)　9　5　(5)　10　−　11　2　12　2
(6)　13　3　14　7　(7)　15　−　16　5　17　2　18　1　19　2
(8)　20　2　21　−　22　2　(9)　23　5　(10)　24　7

問題2　(1)　25　5　26　9　(2)　27　1　28　4
(3)　29　4　30　5　31　1　32　8

問題3　(1)　33　2　34　4　(2)　35　3　36　4　37　1

問題4　(1)　38　−　39　4　40　8　(2)　41　4　42　8
(3)　43　−　44　5　45　4　46　3

問題5　(1)　47　0　48　9　49　4　(2)　50　−　51　3　(3)　52　3　53　2

○推定配点○

問題1　各4点×10　問題2　各5点×3　問題3　(1)　5点　(2)　10点　問題4　各5点×3
問題5　各5点×3　計100点

＜数学解説＞

基本　**問題1**　(正負の数の加減乗除，平方根，単項式の乗除，1次方程式，因数分解，2次方程式，連立方程式，式の値，方程式の応用)

(1)　$(-3)^2-(-1)^3-5^2=9-(-1)-25=9+1-25=-15$

(2)　$-\frac{8}{9}\div\frac{2}{3}+\frac{5}{6}=-\frac{8}{9}\times\frac{3}{2}+\frac{5}{6}=-\frac{4}{3}+\frac{5}{6}=-\frac{8}{6}+\frac{5}{6}=-\frac{3}{6}=-\frac{1}{2}$

(3)　$\frac{30}{\sqrt{5}}+\sqrt{20}=\frac{30\sqrt{5}}{5}+2\sqrt{5}=6\sqrt{5}+2\sqrt{5}=8\sqrt{5}$

(4)　$1.3x-2=0.7x+1$　両辺を10倍して$13x-20=7x+10$　$6x=30$　$x=5$

(5)　$3a^2\times6ab^2\div(-9ab)=-3a^2\times6ab^2\times\frac{1}{9ab}=-\frac{18a^3b^2}{9ab}=-2a^2b$

(6)　$(x+2)(x-6)-9=x^2-4x-12-9=x^2-4x-21=(x+3)(x-7)$

(7)　$x^2+5x+1=0$　解の公式より$x=\frac{-5\pm\sqrt{5^2-4\times1\times1}}{2\times1}=\frac{-5\pm\sqrt{21}}{2}$

(8)　$x-2y=6$より$x=2y+6$…①を$2x+3y=-2$に代入すると，$2(2y+6)+3y=-2$　$4y+12+3y=-2$　$7y=-14$　$y=-2$　ここで$y=-2$を①に代入して$x=2\times(-2)+6=-4+6=2$　よって，$x=2$，$y=-2$

(9)　$-2(x+2y)+3(x+y)=-2x-4y+3x+3y=x-y$　ここで，$x=2$，$y=-3$を代入して$x-y=2-(-3)=2+3=5$

(10)　連続する2つの自然数のうち，小さい方をxとすると，大きい方は$x+1$と表せる。それぞれを2乗した数の和が113になるので，$x^2+(x+1)^2=113$　$x^2+x^2+2x+1-113=0$　$2x^2+2x-$

$112=0$　両辺を2でわって$x^2+x-56=0$　$(x+8)(x-7)=0$　$x=7,\ -8$　ここでxは自然数なので$x=7$　よって，小さい方の自然数は7

問題2 （場合の数，確率）

基本 (1) 2個のサイコロの目の和は最小で2，最大で12となる。健太郎くんが地点Bで止まるのは，2個のサイコロの目の和が5，9のとき。

重要 (2) 健太郎くんが地点Cで止まるのは，2個のサイコロの目の和が2，6，10のとき。ここで，2個のサイコロの目の出方を$(a,\ b)$のように表すと，目の和が2となるのは(1，1)の1通り。目の和が6となるのは(1，5)，(2，4)，(3，3)，(4，2)，(5，1)の5通り。目の和が10となるのは(4，6)，(5，5)，(6，4)の3通り。よって，健太郎くんが地点Cで止まるサイコロの目の出方は$1+5+3=9$(通り)あり，2つのサイコロの目の出方は全部で$6\times6=36$(通り)なので，健太郎くんが地点Cで止まる確率は$\dfrac{9}{36}=\dfrac{1}{4}$

やや難 (3) 健太郎くんが地点Aで止まるのは，2個のサイコロの目の和が4，8，12のときで，目の和が4となるのは(1，3)，(2，2)，(3，1)の3通り，8となるのは(2，6)，(3，5)，(4，4)，(5，3)，(6，2)の5通り，12となるのは(6，6)の1通りなので，健太郎くんが地点Aに止まるサイコロの目の出方は全部で$3+5+1=9$(通り)　次に，健太郎くんが地点Bで止まるのは，2個のサイコロの目の和が5，9のときで，目の和が5となるのは(1，4)，(2，3)，(3，2)，(4，1)の4通り，9となるのは(3，6)，(4，5)，(5，4)，(6，3)の4通りなので，健太郎くんが地点Bに止まるサイコロの目の出方は全部で$4+4=8$(通り)　そして，健太郎くんが地点Cで止まるのは，2個のサイコロの目の和が2，6，10のときで，目の和が2となるのは(1，1)の1通り，6となるのは(1，5)，(2，4)，(3，3)，(4，2)，(5，1)の5通り，10となるのは(4，6)，(5，5)，(6，4)の3通りなので，健太郎くんが地点Cに止まるサイコロの目の出方は全部で$1+5+3=9$(通り)　さらに，健太郎くんが地点Dで止まるのは，2個のサイコロの目の和が3，7，11のときで，目の和が3となるのは(1，2)，(2，1)の2通り，7となるのは(1，6)，(2，5)，(3，4)，(4，3)，(5，2)，(6，1)の6通り，11となるのは(5，6)，(6，5)の2通りなので，健太郎くんが地点Dに止まるサイコロの目の出方は全部で$2+6+2=10$(通り)　よって，健太郎くんが止まる確率の最も高い地点は地点Dであり，その確率は$\dfrac{10}{36}=\dfrac{5}{18}$

問題3 （円と角，台形と相似）

基本 (1) OAとOBは同じ円の半径なので，△OABはOA＝OBの二等辺三角形となる。このとき，二等辺三角形の底角は等しいので，$\angle OBA=\angle OAB=66^\circ$となり，$\angle AOB=180^\circ-\angle OAB-\angle OBA=180^\circ-66^\circ-66^\circ=48^\circ$　ここで円周角の定理より，$\angle ACB=\angle AOB\div2$となるので，$x=\angle ACB=\angle AOB\div2=48^\circ\div2=24^\circ$

重要 (2) AD//BCかつAM：BM＝DN：CN＝1：1より，平行線で区切られた線分の比は等しいので，AD//BC//MNとなる。このとき，AM：BM＝DN：CN＝DP：PB＝AQ：QC＝1：1となるので，点P，Qはそれぞれ辺DB，ACの中点となる。ここで，△ABCにおいて中点連結定理により$MQ=BC\times\dfrac{1}{2}=10\times\dfrac{1}{2}=5$　△ABDにおいて中点連結定理により$MP=AD\times\dfrac{1}{2}=4\times\dfrac{1}{2}=2$　よって，$PQ=MQ-MP=5-2=3$　また，△ADCと△ADBは底辺と高さが同じ三角形なので，面積が等しい。さらに，AD//MNすなわちAD//MPより，平行線の同位角は等しいので$\angle BAD=\angle BMP$，$\angle BDA=\angle BPM$となり，△BDAと△BPMにおいて2組の角がそれぞれ等しいので，△BDA∽△BPM　このとき，AD：MP＝4：2＝2：1であるので，△BDAと△BPMの面積比は$2^2:1^2=4:1$　よって，△ADCと△BPMの面積比は4：1

問題4 （1次関数と図形の融合問題）

基本 (1)　点Aは直線$y=-2x$…①と直線$y=-\frac{1}{2}x+6$…②の交点なので，①，②からyを消去して$-2x=-\frac{1}{2}x+6$　両辺を2倍して$-4x=-x+12$　これを解いて$x=-4$　さらに$x=-4$を①に代入して$y=-2\times(-4)=8$　よって，点Aの座標はA$(-4,\ 8)$

重要 (2)　点Cは直線$y=-\frac{1}{2}x+6$…②とx軸の交点なので，②に$y=0$を代入して$0=-\frac{1}{2}x+6$　これを解いて$x=12$より，点Cの座標はC$(12,\ 0)$　ここで，△ACOを辺OCが底辺の三角形とみると，底辺の長さは点Cのx座標に等しく12，高さは点Aのy座標に等しく8となるので，△ACOの面積は$12\times8\times\frac{1}{2}=48$

重要 (3)　点Aを通り，△ABOの面積を2等分する直線は，辺BOの中点を通る。点Bの座標はB$(0,\ 6)$であるので，辺BOの中点の座標は$(0,\ 3)$となる。この点を通る直線の式を$y=ax+3$（aは定数）とすると，この直線はA$(-4,\ 8)$を通るので，$y=ax+3$に$x=-4$，$y=8$を代入して$8=a\times(-4)+3$　$4a=-5$　$a=-\frac{5}{4}$　よって，点Aを通り，△ABOの面積を2等分する直線の式は$y=-\frac{5}{4}x+3$

問題5 （2次関数と図形の融合問題）

基本 (1)　xの変域が$-3\leqq x\leqq1$のとき，yの値は$x=0$で最小，$x=-3$で最大となる。$y=\frac{1}{4}x^2$に$x=-3$を代入して$y=\frac{1}{4}\times(-3)^2=\frac{9}{4}$より，$y$の変域は$0\leqq y\leqq\frac{9}{4}$

重要 (2)　点Bのy座標が4なので，$y=\frac{1}{4}x^2$に$y=4$を代入して$4=\frac{1}{4}x^2$　$x^2=16$　$x=\pm4$　ここで点Bのx座標は負の値なので，点Bの座標はB$(-4,\ 4)$　このとき，直線BOの傾きは$-4\div4=-1$となるので，直線BOに平行な直線の式は$y=-x+b$（bは定数）と表せる。ここで，点Aのx座標が2なので，$y=\frac{1}{4}x^2$に$x=2$を代入して$y=\frac{1}{4}\times2^2=\frac{1}{4}\times4=1$より点Aの座標はA$(2,\ 1)$　さらに，$y=-x+b$に$x=2$，$y=1$を代入して$1=-2+b$より$b=3$より点Aを通り，直線BOに平行な直線の式は$y=-x+3$

やや難 (3)　△BCDを辺CDが底辺の三角形とみると，底辺の長さは辺CDの長さに等しく$t-(-t)=t+t=2t$，高さは点Bのx座標の絶対値に等しく$-(-4)=4$となるので，△BCDの面積は$2t\times4\times\frac{1}{2}=4t$と表せる。また，直線ABの式を$y=ax+b$（$a$，$b$は定数）とすると，A$(2,\ 1)$を通るので$x=2$，$y=1$を代入して$1=2a+b$…①　B$(-4,\ 4)$を通るので$x=-4$，$y=4$を代入して$4=-4a+b$…②　①の両辺から②の両辺をひいて$-3=6a$より$a=-\frac{1}{2}$　さらに①に$a=-\frac{1}{2}$を代入して$1=2\times\left(-\frac{1}{2}\right)+b$より$b=2$となり，直線ABの式は$y=-\frac{1}{2}x+2$　このとき，直線ABとy軸の交点を点Dとすると，D$(0,\ 2)$となる。ここで，△OAD，△OBDをそれぞれ辺ODが底辺の三角形とみると，底辺の長さは辺ODの長さに等しく4，△OADの高さは点Aのx座標に等しく2，△OBDの高さは点Bのx座標の絶対値に等しく4となるので，△OADの面積は$2\times2\times\frac{1}{2}=2$，△OBDの面積は$2\times4\times\frac{1}{2}=4$　△OABの面積は△OADの面積と△OBDの面積の和となるので，$2+4=6$　よって，△BCDの面積が△OABの面積と等しくなるとき$4t=6$より$t=\frac{6}{4}=\frac{3}{2}$

★ワンポイントアドバイス★

基本から標準レベルの数多く並ぶ問題を40分で解きこなすには，解法の取捨選択を素早く行い，計算も速く正確に行うことが必要。解答時間を意識した問題練習を積み重ねることで，十分な技量を身につけておくようにしよう。

＜英語解答＞

問題1 問1 ① 問2 ① 問3 ⓪ 問4 ③ 問5 ② 問6 ③ 問7 ②
問題2 問1 ① 問2 ⓪ 問3 ⓪ 問4 ① 問5 ⓪
問題3 問1 ⓪ 問2 ② 問3 ① 問4 ③ 問5 ②
問題4 問1 ① 問2 ② 問3 ⓪ 問4 ② 問5 ①
問題5 問1 ① 問2 ③ 問3 ③ 問4 ① 問5 ① 問6 ⓪ 問7 ② 問8 ① 問9 ② 問10 ③
問題6 問1 ③ 問2 ③ 問3 ⓪ 問4 ③ 問5 ② 問6 ⑤ 問7 ③ 問8 ⑤ 問9 ③ 問10 ③

○推定配点○

問題1 問1・問3～問7，**問題6**　各3点×16　　**問題1** 問2，**問題2**～**問題5**　各2点×26　　計100点

＜英語解説＞

重要 **問題1** （長文読解問題・物語文：英文和訳，指示語，語句補充，要旨把握，内容吟味）

（全訳）　私が子供の頃，みんな柔らかい白いパンを食べた。「ブラウン」や全粒パンは不人気だった。実際，飛行機の中で半分白と半分茶色のパンを入れたサンドイッチを手に入れたのを覚えている。そのとき茶色の部分を捨てた。

しかし，60年代後半から70年代にかけては，白いパンは(ア)おいしいだけでなく不健康だと言われ始めた。(イ)パンをやわらかく白くするために取り出された濃いぬかは私たちにとって良いです。実際，ぬかは体をよく動かすので，今ではパンに加えることが多い。アメリカでは白いパンを買うことができるが，最近ではスーパーにおいて多くの顧客が(ウ)それらを欲しがっているので，茶色いパンがたくさんある。そして，それらが健康だからというだけではない。ほとんどの人は，それらが良い味だとも思っている。

東京では，スーパーで全粒小麦パンを見つけるのは問題ありませんが，友達は「健康的」で美味しくないと言う。ほとんど誰もが白いパンを食べる。(エ)私にとって，自家製の全粒小麦パンより良いものはない。先日，私はいくつかを作りたかったが，小麦粉を見つけることができなかった。普段は国際市場に行くが，今回は小麦粉を一部のデパートで試してみた。実際，私が一緒に買い物をしていた日本人の友達は日本語で全粒小麦を何というかわからなかった。

米も同様の話だ。健康なアメリカ人は，玄米が白米より健康で美味しいと考えている。全粒小麦パンと同様に，ぬかは取り出されない。そして，全粒小麦粉のように，アメリカの大小のスーパーマーケットで玄米を購入することができる。しかし，(カ)玄米は日本ではイメージが悪いようだ。白米がなかった戦時中に食べられると言われたが，たいていの人は今でも食べなければならなくなったら食べる。もちろん日本の白米は和風の炊き方に最適だ。玄米も本当に美味しい。

問1　not only A but also B「Aだけでなく Bもまた」
問2　The dark bran ～ soft and white がこの文の主語となる。
問3　指示語は直前の名詞を指している。
問4　nothing better than ～「～より良いものはない」=「～が一番良い」
問5　(the Japanese friend I was shopping with didn't even know) how to say "whole wheat" in Japanese (.)　how to ～「～する方法」
問6　白米がない戦時中に食べられていたのでイメージが悪いのである。
問7　第3段落第1文参照。友だちは私に,「健康的だがおいしそうではない」と言っている。

基本 **問題2**（アクセント）

問1　第2音節にアクセントがある。
問2　第1音節にアクセントがある。
問3　第1音節にアクセントがある。
問4　第2音節にアクセントがある。
問5　第1音節にアクセントがある。

問題3（発音）

問1　⓪は [tʃ], その他は [ʃ] と発音する。
問2　②は [i], その他は [ai] と発音する。
問3　①は [æ], その他は [ei] と発音する。
問4　③は [ʌ], その他は [au] と発音する。
問5　②は [uː], その他は [u] と発音する。

重要 **問題4**（会話文）

問1　Have a nice weekend.「いい週末を」に対する返答を選択する。
問2　How ～ ? 交通手段を尋ねている。
問3　Just a minute.「ちょっと待ってください」
問4　How long does it take to ～ ?「～するのにどのくらい時間がかかりますか」
問5　Anything else ?「他に何かありますか」

問題5（語句選択問題：動名詞, 付加疑問文, 比較, 関係代名詞, 不定詞）

問1　天気や寒暖を言うときは, it を用いる。
やや難 問2　look forward to ～ing「～するのを楽しみに待つ」
問3　前が肯定なので, 付加疑問は否定疑問の形にする。
問4　popular の最上級は most をつけて作る。
問5　後ろが名詞なので, 所有格の関係代名詞 whose を用いる。
問6　〈make ＋人＋形容詞〉「人を～にする」
問7　Thank you for ～ing「～してくれてありがとう」
問8　what to ～「何を～すべきか」
問9　since ～「～以来, から」と起点を表すときに用いる。
問10　コーヒーと紅茶の比較なので, better を用いる。

重要 **問題6**（語句整序問題：不定詞, 動名詞, 受動態, 間接疑問文）

問1　How many cities <u>do</u> you know (?)　〈How many ＋ 複数名詞〉で数を尋ねる。
問2　She stopped to <u>talk</u> with her friend (.)　stop to ～「～するために立ち止まる」
問3　It is important <u>for</u> you to read books (.)　形式主語 it を用いた文になる。
問4　Speaking English is <u>not</u> so easy (.)　speaking English が主語となる。

問5　Are you satisfied with your school life (?)　be satisfied with ～「～に満足する」
問6　Ken was sad to hear the news (.)　be sad to ～「～して悲しい」
問7　I taught everyone how to answer this question (.)　how to ～「～する方法」
問8　I was too tired to walk (.)　too ～ to …「～すぎて…できない」
問9　Do you know where he is now (?)　間接疑問文は〈疑問詞＋主語＋動詞〉の語順になる。
問10　They will name their baby Nancy (.)　name「名づける」という動詞として用いる。

★ワンポイントアドバイス★
英文法の知識が多く問われている。過去問や問題集を解いたり，教科書に出てくる表現を覚えたりして基礎をしっかり固めたい。

＜理科解答＞

問題1　1 ②　2 ③　3 ②　4 ③　5 ③　6 ⑦　7 ⑤
問題2　8 ⓪　9 ④　10 ④　11 ③　12 ①　13 ②
問題3　14 ①　15 ⓪　16 ⑤　17 ⓪　18 ②　19 ②　20 ③　21 ⑤
問題4　22 ②　23 ⓪　24 ②　25 ⓪　26 ③　27 ②　28 ⑤　29 ①　30 ⑥
問題5　31 ①　32 ③　33 ⓪　34 ②　35 ④　36 ①　37 ⓪
問題6　38 ②　39 ②　40 ④　41 ①　42 ②　43 ①　44 ③　45 ⑥
問題7　46 ②　47 ①　48 ③　49 ⓪　50 ①　51 ⑤　52 ②　53 ⓪　54 ⑥

○推定配点○
23～26，32～35　各1点×8　　他　各2点×46　　　計100点

＜理科解説＞

問題1　(力と圧力ー圧力)

基本　1　2400gは2.4kgである。。

基本　2　100gが1Nなので，2400gは24Nになる。

重要　3・4　圧力は，力の大きさを力がかかる面積で割ったものである。圧力が大きいほど，スポンジのへこみは深い。物体の重さは同じなので，底面積の小さいものほどへこみが深くなる。よって，Aが最も深く，次にC，もっとも浅いものがBである。

5　Aの底面積はBの3分の1なので，圧力は3倍になる。

重要　6　圧力(Pa)は，力の大きさ(N)を力がかかる面積(m^2)で割ると求まる。Cの面積は0.2×0.6＝0.12(m^2)なので，圧力は24÷0.12＝200Paである。

7　圧力が200Paになるので，物体をx(N)とすると物体bの底面積が0.4×0.4＝0.16(m^2)より，x÷0.16＝200　x＝32(N)　これは3200gになる。

問題2 （運動とエネルギー一斜面の運動）

基本 [8] 1秒間で50打点を打つので，1打点の時間は$\frac{1}{50}$秒であり5打点では$5\times\frac{1}{50}=0.1$(秒)である。

重要 [9] 10打点は0.2秒なので，台車の平均の速さは$15.6\div0.2=78$(cm/秒)である。

[10] BC間の打点の間隔が3.0cmなので，BC間の距離は5打点分の15.0cmである。これを0.1秒かかって移動するので，台車の速度は$15.0\div0.1=150$(cm/秒)である。

[11] AB間では打点の間隔が徐々に広がってグラフは放物線を描くが，BC間では等間隔になり直線になる。③のグラフになる。

[12] AB間では速度が直線的に増加する等加速度運動をしており，BC間では速度が一定の等速直線運動をする。①のグラフになる。

[13] 打点と打点の間隔をx(cm)とすると，1打点の時間は$\frac{1}{60}$秒でありBC間の速度は150cm/秒なので，$x\div\left(\frac{1}{60}\right)=150$　$x=2.5$cmになる。

問題3 （化学総合問題一状態変化・電気分解・気体の性質）

基本 [14]・[15] 一般に，物質の体積は固体＜液体＜気体の順に大きくなる。しかし，水の場合，固体の方が液体より体積は大きい。

[16] 状態変化が起きても，物質の質量，物質の粒子の大きさ，物質の粒子の数は変わらない。密度は体積が変化するので変化し，粒子の運動の激しさは温度が高くなるほど活発になる。

基本 [17] cの区間では，固体から液体への変化が起きている。固体がすべて液体になるまで温度は一定で，このときの温度を融点という。

[18] 氷の量を変えても融点は変化しない。しかし，氷の量が増えるのですべての氷を溶かすのに必要な熱量は多くなり，加熱時間は増加する。

[19] 電流が流れやすくするために，水に水酸化ナトリウムを溶かす。水酸化ナトリウムの方が，ミョウバンより電流を流しやすい。

基本 [20] 陰極では水素が発生する。水素は火を近づけると音をたてて燃える。

[21] 発生する水素と酸素の体積比は2：1である。同じ温度と同じ圧力の下では，気体の体積の比は気体の分子の数の比に等しくなる。酸素分子が30個なので，水素分子は60個である。

問題4 （物質とその変化一物質の変化）

基本 [22] 酸化銅と炭素の混合物を加熱すると，銅と二酸化炭素が発生する。炭素が酸化銅から酸素原子を奪い取った。このとき酸素を失った酸化銅は還元されたという。

基本 [23]・[24] 酸化銅の化学式はCuOであり，二酸化炭素の化学式はCO_2である。

基本 [25]・[26] 鉄と硫黄が反応して硫化鉄という物質ができた。硫黄の化学式はSであり，硫化鉄はFeSである

[27] 硫化鉄は磁石を引き寄せない。混合物中の鉄は磁石に引き寄せられる。

[28] 硫化鉄に塩酸を加えると，硫化水素が発生する。鉄は塩酸と反応すると水素を発生する。硫化水素も水素も共に無色であるが，硫化水素は卵の腐ったような臭いがする。水素は無臭である。

[29] 混合物B中の鉄が塩酸と反応して水素が発生する。

[30] 2.1gの鉄と反応する硫黄の質量は，$2.1\times4\div7=1.2$(g)である。硫化鉄だけができるので，生じる硫化鉄の質量は$2.1+1.2=3.3$(g)である。

問題5 （生物の類縁関係と進化一セキツイ動物の関係性）

基本 [31] A　両生類はこどもの頃はえら呼吸をし，おとなになってから肺呼吸をする。　B　ハ虫類は陸上に卵を産む。　C　ハ虫類は変温動物である。　D　鳥類は卵生である。

32・33・34・35　表2は右のようになる。　ア　ハ虫類と鳥類の数値が4で最も大きいため，この両者の関係性が強い。　イ　鳥類と魚類の数値がもっとも小さく，最も遠い関係にある。　ウ　ハ虫類と魚類の数値は3であり，ハ虫類とホニュウ類の数値も3である。

表2

	魚類	両生類	ハチュウ類	鳥類
ホニュウ類	1	1.5	3	4
鳥類	2	2.5	4	
ハチュウ類	3	3.5		
両生類	4.5			

36　形や働きは違うが，基本的な構造や発生の起源が同じ器官を相同器官といい，形や働きが似ていても，基本的な構造や発生の起源が異なる器官を相似器官という。

37　「種の起源」を書いたのはチャールズ・ダーウィンで，1859年に出版された。

問題6　(生物どうしのつながり－生態系)

38　生物どうしの関係や，周りの環境との関連性をまとめて生態系という。

重要　39・40　コナラは樹木であり，イネは無機物から有機物を作り出す。バッタは草食動物である。イタチは消費者である。ネズミがフクロウに食べられ，カエルがヘビに食べられる。

41　ケイソウは植物プランクトンであり，ミジンコはこれをエサとする動物プランクトンである。ミジンコはフナに食べられ，フナはカワセミに食べられる。

基本　42　生態系内の食う食われるの関係を，食物連鎖という。

43・44・45　コナラが増えるとコナラをエサとするネズミも増える。ネズミが増えるとネズミをエサとするフクロウが増える。逆にコナラが減るとエサが少なくなるのでネズミが減る。ネズミが減るとフクロウが減る。ネズミが減るとコナラが食べられなくなるのでコナラが増える。

問題7　(地層と岩石－堆積岩と火成岩)

基本　46　堆積岩は水で運ばれる途中で削られ，丸みを帯びた粒でできている。

基本　47　堆積岩は粒の大きさで，レキ岩，砂岩，泥岩などに分類される。

基本　48　Bは粒の大きさが同じくらいの等粒状組織であり，深成岩である。

49　Cは斑状組織をもつ火山岩である。この中に含まれる白色の鉱物は長石であり，決まった方向に割れる性質がある。

50　Dはフズリナを含む石灰石で，塩酸を加えると二酸化炭素が発生する。

51・52・53・54　粒の大きさが2mm以上の堆積岩をレキ岩，2mm～$\frac{1}{16}$mmのものを砂岩，それ以下のものを泥岩に区別する。Aは砂岩である。Bは深成岩で，全体が白っぽいので花こう岩である。Cは火山岩で，白っぽいので流紋岩である。Dは石灰岩である。

★ワンポイントアドバイス★

理科全般の幅広い基本的な問題知識が求められる。標準レベルの問題集の演習を十分行うことが大切である。

<社会解答>

問題1　1 ②　2 ②　3 ③　4 ①

問題2　5 ⓪　6 ②　7 ③　8 ③　9 ①　10 ⓪

問題3　11 ②　12 ②　13 ⓪　14 ⓪　15 ③　16 ⓪　17 ③　18 ⓪

問題4　19 ②　20 ①　21 ①　22 ②　23 ⓪　24 ③　25 ①　26 ⑤

問題5 27 ③　28 ③　29 ①　30 ⓪
問題6 31 ⓪　32 ②　33 ②　34 ②　35 ①
問題7 36 ⓪　37 ②　38 ⓪　39 ③　40 ③

○推定配点○

問題1　各3点×4　問題2　各3点×6　問題3　各2点×8　問題4　各2点×8
問題5　各2点×4　問題6　各3点×5　問題7　各3点×5　計100点

＜社会解説＞

問題1　(日本と世界の歴史ー資料活用，各時代の特色)

1　紫式部の『源氏物語』など，女性による文学作品が生まれたことは，国風文化の特色の一つである。

2　フビライは朝鮮半島の高麗を従え，さらに，日本を従えようと，たびたび使者を送ってきた。これを執権北条時宗が退けたため，元は高麗の軍勢も合わせて攻めてきた。

3　『農業全書』は江戸時代に書かれている。

重要　4　祇園祭は応仁の乱以後，中断されたが，有力な町衆によって復活した。

問題2　(日本の歴史ー政治・外交史)

基本　5　秀吉は小田原の北条氏を滅ぼして全国統一を実現した。徳川家康が江戸幕府をつくった。桜田門外の変で井伊直弼は暗殺された。

6　昌平坂学問所は，寛政の改革で松平定信がつくった。選択肢の中で，同じ時期について書かれた文章は②である。

7　三井高利は江戸時代の商人であるから，③が誤りである。

8　グラフを見ると，当時の日本の主な輸出品は生糸であるので，③が誤りである。

9　与謝野晶子の詩は，日露戦争当時のもので，明治時代である。

10　八幡製鉄所は北九州につくられている。

問題3　(世界の歴史ー政治・社会・経済史，地理と歴史の総合問題)

重要　11　Ⅰはインダス文明のインダス文字，Ⅱはエジプト文明の象形文字である。

12　当時，ヨーロッパ人は，大西洋三角貿易で，アメリカ大陸から銀を，アフリカ大陸からは金をヨーロッパに持ち去っていた。

やや難　13　⓪の第一次世界大戦直前のバルカン問題の資料が，19世紀から20世紀初頭に該当する。①はフランス革命の資料で18世紀末，②はアメリカ同時多発テロの画像で21世紀初頭，③は第一次世界大戦後のドイツのインフレーションの資料で20世紀半ば，それぞれのものである。

14　当時，アフリカでは，エチオピアとリベリア以外は植民地になっていた。

15　世界で2番目に多く話されている公用語は，スペイン語である。

16　第二次世界大戦は，ドイツのポーランド侵攻からはじまった。

17　③は，白金があることから，南アフリカ共和国の輸出品であることが分かる。

18　この鉱産資源は石油である。

問題4　(日本の地理ー諸地域の特色，地形，産業)

19　北海道は畜産が多い。

20　中央高地で行われている高原野菜の栽培は，抑制栽培のレタスである。

21　アはぶどう，もも，りんご，いずれの生産も行われている長野県である。

22　ニュータウンは，近畿地方以外でも建設されているので，Aは誤りとなる。

23 中国山地はなだらかで，四国山地は険しい。

基本 24 東北地方における地方中枢都市は仙台市である。

25 FはⅠの三角州，CはⅡの扇状地である。

26 アは広島市，イは高松市，ウは甲府市である。

問題5 （地理－世界の諸地域の特色，人々の生活と環境）

やや難 27 日本は東経135度，コロンビアは西経75度であるから，経度差は135＋75＝210度である。経度差15度で1時間の時差があるから，日本とコロンビアの時差は，210÷15＝14となり，14時間である。

28 Bは牛肉が，豚肉の誤り，Cはヨーロッパというところが誤りである。

29 選択肢の中で，スラブ系言語に当たるのはロシア語である。

30 ⓪は西ヨーロッパというところが誤りである。

問題6 （公民－政治のしくみ）

31 ⓪の内閣総理大臣の指名は国会の仕事である。

32 内閣総理大臣は国会議員（衆議院・参議院）から選ばれる。

33 自衛隊が国連平和協力法（PKO協力法）によって初めて派遣されたのは，カンボジアである。したがって，②が答えとなる。

34 アイヌ民族を先住民とすることを求める国会決議（平成20年6月6日）とアイヌ文化振興法（平成9年5月8日）は同時期ではない。したがって，②が誤りとなる。

35 選挙権満18歳以上が対象となるのは，選択肢の中では①の国民投票の投票権である。

問題7 （公民－経済生活，国際政治，公民と歴史の総合問題）

36 エコマークは⓪である。

37 株主総会の議決は，普通決議，特別決議，特殊決議という3つに大きく分けられ，必ずしも，一人一票ではない。

38 中小企業は，日本の企業の約99％である。

39 多文化共生においては，自国の文化と他の文化を両方を尊重しなければ，成り立たない。

40 A中華人民共和国成立（1949年）→D鄧小平の国内改革と対外開放（1978年～）→C天安門事件（1989年）→GDPが世界第2位（2010年～）である。

★ワンポイントアドバイス★

問題2 6 公事方御定書は享保の改革での政策，長崎貿易の拡大や印旛沼の干拓は田沼意次の政策，江戸や大坂周辺の農村を幕領にするのは天保の改革での政策である。 問題3 16 ドイツはポーランド侵攻の前にソ連と不可侵条約を結んでいた。

＜国語解答＞

問題一 問一 a ② b ① c ③ d ⓪ 問二 Ⅰ ③ Ⅱ ④ Ⅴ ②
問三 ② 問四 ① 問五 ① 問六 ① 問七 ⓪ 問八 ③
問九 ⓪ 問十 ⓪

問題二 問一 a ③ b ⓪ c ③ d ② 問二 ② 問三 Ⅱ ② Ⅳ ⑤

Ⅴ ⓪ 問四 ③ 問五 ① 問六 ⓪ 問七 ③ 問八 ①
問九 ② 問十 ⓪ 問十一 ③

問題三 問一 ④ 問二 ① 問三 ② 問四 ① 問五 ① 問六 ②
問七 A ③ B ① C ④ 問八 ① 問九 ⓪ 問十 ⓪
問十一 ② 問十二 ② 問十三 A ⓪ B ①

○推定配点○

問題一 問九・問十 各3点×2 他 各2点×13
問題二 問六・問十 各3点×2 他 各2点×14
問題三 問十・問十二 各3点×2 他 各2点×14 計100点

<国語解説>

問題一 （論説文－漢字，空欄補充，接続語，内容理解，指示語，語句の意味，要旨）

問一 a 「接触」が正解。⓪「職業」，①「食育」，②「触発」，③「植物」。
b 「急激」が正解。⓪「撃退」，①「激戦区」，②「観劇」，③「劇的」。
c 「敗者」が正解。⓪「廃品」，①「配備」，②「俳優」，③「敗色」。
d 「同義」が正解。⓪「義務」，①「儀式」，②「会議」，③「疑問」。

基本 問二 Ⅰ 空欄の前の事柄の説明を，空欄のあとでしているので，説明・補足の接続語が入る。
Ⅱ 空欄の前後が逆の内容なので，逆接の接続語が入る。 Ⅴ 空欄の前の事柄の具体例を，空欄のあとで挙げているので，「たとえば」が入る。

問三 直後の一文の内容が②に合致している。

問四 「私が立っている前の席が八人がけで，そのうちの六人が……」という文に注目。

問五 「一目」は，ひとめ，という意味。「瞭然」は，あきらかで疑うところのない様子のこと。

重要 問六 直後の「孤独であるということに対する不安と恐れのようなもの」が，何の「背後」にあるのかを，傍線部4の前からとらえる。

問七 Ⅲ 現代人がSNSなどを通して「維持したい」ものは何か，をとらえる。 Ⅳ 直前の文の「……書きこんだのに反応がほとんどなかった」という状態は「孤独感」につながる。

問八 「天の邪鬼」は，わざと人の言に逆らって，片意地を通す者のこと。

問九 「絆」という言葉の「もともと」の意味に注意する。

やや難 問十 「みな，人と人との『つながり』を求めている」「人と肌を接して腕を組んで，ともに歩くようなことは嫌だ。そういう連帯の仕方は嫌なのだ。といって，孤独というのも恐ろしい」などの内容をふまえると，⓪が正しい。

問題二 （小説－漢字，空欄補充，内容理解，対義語，心情理解，語句の意味）

問一 a 「慎重」が正解。⓪「調子」，①「胃腸」，②「長期的」，③「丁重」。
b 「理解」が正解。⓪「解説」，①「開始」，②「紹介」，③「後悔」。
c 「数十倍」が正解。⓪「売店」，①「栽培」，②「賠償」，③「倍増」。
d 「音程」が正解。⓪「提示」，①「定期券」，②「日程」，③「停止」。

問二 「びくびくした子ども」に対して母親が何と言ったのかをとらえる。

基本 問三 Ⅱ 「そうっと」は，静かに行動する様子。 Ⅳ 「じっと」は，目を凝らす様子。
Ⅴ 「ぱっと」は，動作や変化などが瞬間的に起こる様子。

問四 「わたし」が「話ができた」ものは何かを，あとからとらえる。

問五 「抽象的」は，頭の中だけで考えていて，物に即していない様子。「具体的」は，形を備えており，個々の事実によっている様子。

やや難 問六　直前の「何が話しかけてきてだれの言葉が理解できないか，まったく予測がつかない」という内容に合うのは，⓪である。

問七　「人から名乗られた」のに，「自分も名乗る」ということをしないのは，相手に対する「失礼」にあたると，「わたし」は「父と母にくりかえし言われていた」ということ。

問八　「騒々しい」は，さわがしかったりうるさかったりする様子を表す。

重要 問九　「校舎裏」での「ゆきちゃん」との会話の場面に注目。

問十　直前の内容が⓪に合致している。

問十一　「わたし」は「校舎裏」で「ゆきちゃん」と会話を交わしている。また，トカゲは「『かさ持ってきな，雨降ったから，かさ』などと，言う」とある。よって，③が正解。

問題三　（古文ー古典知識，係り結び，動作主，指示語，内容理解，古語の意味，文学史）

〈現代語訳〉 相模守時頼の母は，松下禅尼と申しました。相模守を家に招き入れることがあったとき，すすけた障子の破れた所だけを，禅尼がみずから，小刀であちこち切ってはお張りになっていたので，兄の城介義景が，その日の準備をしてそばにひかえていたが，「(そのお仕事をこちらに)いただいて，だれそれという男に張らせましょう。そのような事に心得のある者でございます」と申し上げなさったところ，「その男が，この尼の細かい手仕事よりもまさか優れはしないでしょう」といって，やはり(障子のさんの)一こまずつお張りになるのを，義景は，「全部張り替えますほうが，はるかに容易でございましょう，(新しく張り替えたところと，古いところが)まだらになりますのも，見苦しくはございませんか」と重ねて申し上げたところ，「尼も，後にはさっぱりと張り替えようと思うけれど，今日だけは，わざとこのようにしておくのがよいのです。物は破れたところだけを修理して使うものだと，若い人に見習わせて，気づかせるためです」と申されたのは，たいそう立派なことであった。

世を治める道は，倹約が根本である。女性であるけれども聖人の心に通じている。日本全国を治めるほどの人を，息子としてお持ちになったのは，まことに，なみなみの人ではなかったということである。

問一　「相模」は，今の神奈川県の大部分。

問二　空欄の前に係助詞「ぞ」があることに注目。係り結びでは，係助詞「ぞ」「なむ」「や」「か」が用いられるときは，文末を連体形で結ぶ。係助詞「こそ」が用いられるときは，文末を已然形で結ぶ。

問三　直前に「禅尼手づから」とあることに注目。

問四　傍線部4は，禅尼が障子を張り替えるのを見て義景が言った言葉である。

問五　直前の「　」の前に「兄の城介義景」とあることに注目。

問六　問四とセットで内容をとらえる。

問七　A　まさか・いくらなんでも，という意味。　B　現代語の「なお」とは違う意味があるので注意。　C　「ありがたし」は，珍しい・めったにない，という意味だが，感心だ・立派だ，の意味で用いられる。

問八　「かくて」は，直前の義景の言葉の「まだらに候ふも見苦しくや」を指している。

問九　「物は破れたる所ばかりを修理して用ゐる事ぞと，若き人に見ならはせて」が，禅尼のねらいである。「若き人」は時頼のことである。

重要 問十　“物は破れたところだけを修理して使うものだ”というのは，「倹約」の精神である。

問十一　文章の第二段落は，第一段落の禅尼のエピソードを受けている。

問十二　文章の第二段落の最初の二文の内容が，②に合致している。

問十三　『徒然草』は鎌倉時代の随筆。作者は兼好法師である。

★ワンポイントアドバイス★

論説文はキーワードに注目して，論理の展開をとらえよう。小説は場面に注目して話の展開や人物の考えをとらえることが必要。古文は情景を思い浮かべながら，話題をとらえよう。いろいろな問題にあたり，基礎力を保持しておこう！

MEMO

大切なことはメモしておこうネ！

解答用紙集

○月×日 △曜日　天気(合格日和)

◆ご利用のみなさまへ

＊解答用紙の公表を行っていない学校につきましては、弊社の責任において、解答用紙を制作いたしました。

＊編集上の理由により一部縮小掲載した解答用紙がございます。

＊編集上の理由により一部実物と異なる形式の解答用紙がございます。

人間の最も偉大な力とは、その一番の弱点を克服したところから生まれてくるものである。 ——カール・ヒルティ——

※データのダウンロードは 2024 年 3 月末日まで。

東京学参株式会社

豊田大谷高等学校　2023年度

◇数学◇

※ 123％に拡大していただくと，解答欄は実物大になります。

解答番号	解答記入欄	解答番号	解答記入欄	解答番号	解答記入欄	解答番号	解答記入欄
1	⊕ ⊖ ⓪ ① ② ③ ④ ⑤ ⑥ ⑦ ⑧ ⑨	26	⊕ ⊖ ⓪ ① ② ③ ④ ⑤ ⑥ ⑦ ⑧ ⑨	51	⊕ ⊖ ⓪ ① ② ③ ④ ⑤ ⑥ ⑦ ⑧ ⑨	76	⊕ ⊖ ⓪ ① ② ③ ④ ⑤ ⑥ ⑦ ⑧ ⑨
2	⊕ ⊖ ⓪ ① ② ③ ④ ⑤ ⑥ ⑦ ⑧ ⑨	27	⊕ ⊖ ⓪ ① ② ③ ④ ⑤ ⑥ ⑦ ⑧ ⑨	52	⊕ ⊖ ⓪ ① ② ③ ④ ⑤ ⑥ ⑦ ⑧ ⑨	77	⊕ ⊖ ⓪ ① ② ③ ④ ⑤ ⑥ ⑦ ⑧ ⑨
3	⊕ ⊖ ⓪ ① ② ③ ④ ⑤ ⑥ ⑦ ⑧ ⑨	28	⊕ ⊖ ⓪ ① ② ③ ④ ⑤ ⑥ ⑦ ⑧ ⑨	53	⊕ ⊖ ⓪ ① ② ③ ④ ⑤ ⑥ ⑦ ⑧ ⑨	78	⊕ ⊖ ⓪ ① ② ③ ④ ⑤ ⑥ ⑦ ⑧ ⑨
4	⊕ ⊖ ⓪ ① ② ③ ④ ⑤ ⑥ ⑦ ⑧ ⑨	29	⊕ ⊖ ⓪ ① ② ③ ④ ⑤ ⑥ ⑦ ⑧ ⑨	54	⊕ ⊖ ⓪ ① ② ③ ④ ⑤ ⑥ ⑦ ⑧ ⑨	79	⊕ ⊖ ⓪ ① ② ③ ④ ⑤ ⑥ ⑦ ⑧ ⑨
5	⊕ ⊖ ⓪ ① ② ③ ④ ⑤ ⑥ ⑦ ⑧ ⑨	30	⊕ ⊖ ⓪ ① ② ③ ④ ⑤ ⑥ ⑦ ⑧ ⑨	55	⊕ ⊖ ⓪ ① ② ③ ④ ⑤ ⑥ ⑦ ⑧ ⑨	80	⊕ ⊖ ⓪ ① ② ③ ④ ⑤ ⑥ ⑦ ⑧ ⑨
6	⊕ ⊖ ⓪ ① ② ③ ④ ⑤ ⑥ ⑦ ⑧ ⑨	31	⊕ ⊖ ⓪ ① ② ③ ④ ⑤ ⑥ ⑦ ⑧ ⑨	56	⊕ ⊖ ⓪ ① ② ③ ④ ⑤ ⑥ ⑦ ⑧ ⑨	81	⊕ ⊖ ⓪ ① ② ③ ④ ⑤ ⑥ ⑦ ⑧ ⑨
7	⊕ ⊖ ⓪ ① ② ③ ④ ⑤ ⑥ ⑦ ⑧ ⑨	32	⊕ ⊖ ⓪ ① ② ③ ④ ⑤ ⑥ ⑦ ⑧ ⑨	57	⊕ ⊖ ⓪ ① ② ③ ④ ⑤ ⑥ ⑦ ⑧ ⑨	82	⊕ ⊖ ⓪ ① ② ③ ④ ⑤ ⑥ ⑦ ⑧ ⑨
8	⊕ ⊖ ⓪ ① ② ③ ④ ⑤ ⑥ ⑦ ⑧ ⑨	33	⊕ ⊖ ⓪ ① ② ③ ④ ⑤ ⑥ ⑦ ⑧ ⑨	58	⊕ ⊖ ⓪ ① ② ③ ④ ⑤ ⑥ ⑦ ⑧ ⑨	83	⊕ ⊖ ⓪ ① ② ③ ④ ⑤ ⑥ ⑦ ⑧ ⑨
9	⊕ ⊖ ⓪ ① ② ③ ④ ⑤ ⑥ ⑦ ⑧ ⑨	34	⊕ ⊖ ⓪ ① ② ③ ④ ⑤ ⑥ ⑦ ⑧ ⑨	59	⊕ ⊖ ⓪ ① ② ③ ④ ⑤ ⑥ ⑦ ⑧ ⑨	84	⊕ ⊖ ⓪ ① ② ③ ④ ⑤ ⑥ ⑦ ⑧ ⑨
10	⊕ ⊖ ⓪ ① ② ③ ④ ⑤ ⑥ ⑦ ⑧ ⑨	35	⊕ ⊖ ⓪ ① ② ③ ④ ⑤ ⑥ ⑦ ⑧ ⑨	60	⊕ ⊖ ⓪ ① ② ③ ④ ⑤ ⑥ ⑦ ⑧ ⑨	85	⊕ ⊖ ⓪ ① ② ③ ④ ⑤ ⑥ ⑦ ⑧ ⑨
11	⊕ ⊖ ⓪ ① ② ③ ④ ⑤ ⑥ ⑦ ⑧ ⑨	36	⊕ ⊖ ⓪ ① ② ③ ④ ⑤ ⑥ ⑦ ⑧ ⑨	61	⊕ ⊖ ⓪ ① ② ③ ④ ⑤ ⑥ ⑦ ⑧ ⑨	86	⊕ ⊖ ⓪ ① ② ③ ④ ⑤ ⑥ ⑦ ⑧ ⑨
12	⊕ ⊖ ⓪ ① ② ③ ④ ⑤ ⑥ ⑦ ⑧ ⑨	37	⊕ ⊖ ⓪ ① ② ③ ④ ⑤ ⑥ ⑦ ⑧ ⑨	62	⊕ ⊖ ⓪ ① ② ③ ④ ⑤ ⑥ ⑦ ⑧ ⑨	87	⊕ ⊖ ⓪ ① ② ③ ④ ⑤ ⑥ ⑦ ⑧ ⑨
13	⊕ ⊖ ⓪ ① ② ③ ④ ⑤ ⑥ ⑦ ⑧ ⑨	38	⊕ ⊖ ⓪ ① ② ③ ④ ⑤ ⑥ ⑦ ⑧ ⑨	63	⊕ ⊖ ⓪ ① ② ③ ④ ⑤ ⑥ ⑦ ⑧ ⑨	88	⊕ ⊖ ⓪ ① ② ③ ④ ⑤ ⑥ ⑦ ⑧ ⑨
14	⊕ ⊖ ⓪ ① ② ③ ④ ⑤ ⑥ ⑦ ⑧ ⑨	39	⊕ ⊖ ⓪ ① ② ③ ④ ⑤ ⑥ ⑦ ⑧ ⑨	64	⊕ ⊖ ⓪ ① ② ③ ④ ⑤ ⑥ ⑦ ⑧ ⑨	89	⊕ ⊖ ⓪ ① ② ③ ④ ⑤ ⑥ ⑦ ⑧ ⑨
15	⊕ ⊖ ⓪ ① ② ③ ④ ⑤ ⑥ ⑦ ⑧ ⑨	40	⊕ ⊖ ⓪ ① ② ③ ④ ⑤ ⑥ ⑦ ⑧ ⑨	65	⊕ ⊖ ⓪ ① ② ③ ④ ⑤ ⑥ ⑦ ⑧ ⑨	90	⊕ ⊖ ⓪ ① ② ③ ④ ⑤ ⑥ ⑦ ⑧ ⑨
16	⊕ ⊖ ⓪ ① ② ③ ④ ⑤ ⑥ ⑦ ⑧ ⑨	41	⊕ ⊖ ⓪ ① ② ③ ④ ⑤ ⑥ ⑦ ⑧ ⑨	66	⊕ ⊖ ⓪ ① ② ③ ④ ⑤ ⑥ ⑦ ⑧ ⑨	91	⊕ ⊖ ⓪ ① ② ③ ④ ⑤ ⑥ ⑦ ⑧ ⑨
17	⊕ ⊖ ⓪ ① ② ③ ④ ⑤ ⑥ ⑦ ⑧ ⑨	42	⊕ ⊖ ⓪ ① ② ③ ④ ⑤ ⑥ ⑦ ⑧ ⑨	67	⊕ ⊖ ⓪ ① ② ③ ④ ⑤ ⑥ ⑦ ⑧ ⑨	92	⊕ ⊖ ⓪ ① ② ③ ④ ⑤ ⑥ ⑦ ⑧ ⑨
18	⊕ ⊖ ⓪ ① ② ③ ④ ⑤ ⑥ ⑦ ⑧ ⑨	43	⊕ ⊖ ⓪ ① ② ③ ④ ⑤ ⑥ ⑦ ⑧ ⑨	68	⊕ ⊖ ⓪ ① ② ③ ④ ⑤ ⑥ ⑦ ⑧ ⑨	93	⊕ ⊖ ⓪ ① ② ③ ④ ⑤ ⑥ ⑦ ⑧ ⑨
19	⊕ ⊖ ⓪ ① ② ③ ④ ⑤ ⑥ ⑦ ⑧ ⑨	44	⊕ ⊖ ⓪ ① ② ③ ④ ⑤ ⑥ ⑦ ⑧ ⑨	69	⊕ ⊖ ⓪ ① ② ③ ④ ⑤ ⑥ ⑦ ⑧ ⑨	94	⊕ ⊖ ⓪ ① ② ③ ④ ⑤ ⑥ ⑦ ⑧ ⑨
20	⊕ ⊖ ⓪ ① ② ③ ④ ⑤ ⑥ ⑦ ⑧ ⑨	45	⊕ ⊖ ⓪ ① ② ③ ④ ⑤ ⑥ ⑦ ⑧ ⑨	70	⊕ ⊖ ⓪ ① ② ③ ④ ⑤ ⑥ ⑦ ⑧ ⑨	95	⊕ ⊖ ⓪ ① ② ③ ④ ⑤ ⑥ ⑦ ⑧ ⑨
21	⊕ ⊖ ⓪ ① ② ③ ④ ⑤ ⑥ ⑦ ⑧ ⑨	46	⊕ ⊖ ⓪ ① ② ③ ④ ⑤ ⑥ ⑦ ⑧ ⑨	71	⊕ ⊖ ⓪ ① ② ③ ④ ⑤ ⑥ ⑦ ⑧ ⑨	96	⊕ ⊖ ⓪ ① ② ③ ④ ⑤ ⑥ ⑦ ⑧ ⑨
22	⊕ ⊖ ⓪ ① ② ③ ④ ⑤ ⑥ ⑦ ⑧ ⑨	47	⊕ ⊖ ⓪ ① ② ③ ④ ⑤ ⑥ ⑦ ⑧ ⑨	72	⊕ ⊖ ⓪ ① ② ③ ④ ⑤ ⑥ ⑦ ⑧ ⑨	97	⊕ ⊖ ⓪ ① ② ③ ④ ⑤ ⑥ ⑦ ⑧ ⑨
23	⊕ ⊖ ⓪ ① ② ③ ④ ⑤ ⑥ ⑦ ⑧ ⑨	48	⊕ ⊖ ⓪ ① ② ③ ④ ⑤ ⑥ ⑦ ⑧ ⑨	73	⊕ ⊖ ⓪ ① ② ③ ④ ⑤ ⑥ ⑦ ⑧ ⑨	98	⊕ ⊖ ⓪ ① ② ③ ④ ⑤ ⑥ ⑦ ⑧ ⑨
24	⊕ ⊖ ⓪ ① ② ③ ④ ⑤ ⑥ ⑦ ⑧ ⑨	49	⊕ ⊖ ⓪ ① ② ③ ④ ⑤ ⑥ ⑦ ⑧ ⑨	74	⊕ ⊖ ⓪ ① ② ③ ④ ⑤ ⑥ ⑦ ⑧ ⑨	99	⊕ ⊖ ⓪ ① ② ③ ④ ⑤ ⑥ ⑦ ⑧ ⑨
25	⊕ ⊖ ⓪ ① ② ③ ④ ⑤ ⑥ ⑦ ⑧ ⑨	50	⊕ ⊖ ⓪ ① ② ③ ④ ⑤ ⑥ ⑦ ⑧ ⑨	75	⊕ ⊖ ⓪ ① ② ③ ④ ⑤ ⑥ ⑦ ⑧ ⑨	100	⊕ ⊖ ⓪ ① ② ③ ④ ⑤ ⑥ ⑦ ⑧ ⑨

豊田大谷高等学校　　2023年度

◇英語◇

※ 123%に拡大していただくと，解答欄は実物大になります。

解答番号	解答記入欄												解答番号	解答記入欄												解答番号	解答記入欄												解答番号	解答記入欄											
1	⊕	⊖	⓪	①	②	③	④	⑤	⑥	⑦	⑧	⑨	26	⊕	⊖	⓪	①	②	③	④	⑤	⑥	⑦	⑧	⑨	51	⊕	⊖	⓪	①	②	③	④	⑤	⑥	⑦	⑧	⑨	76	⊕	⊖	⓪	①	②	③	④	⑤	⑥	⑦	⑧	⑨
2	⊕	⊖	⓪	①	②	③	④	⑤	⑥	⑦	⑧	⑨	27	⊕	⊖	⓪	①	②	③	④	⑤	⑥	⑦	⑧	⑨	52	⊕	⊖	⓪	①	②	③	④	⑤	⑥	⑦	⑧	⑨	77	⊕	⊖	⓪	①	②	③	④	⑤	⑥	⑦	⑧	⑨
3	⊕	⊖	⓪	①	②	③	④	⑤	⑥	⑦	⑧	⑨	28	⊕	⊖	⓪	①	②	③	④	⑤	⑥	⑦	⑧	⑨	53	⊕	⊖	⓪	①	②	③	④	⑤	⑥	⑦	⑧	⑨	78	⊕	⊖	⓪	①	②	③	④	⑤	⑥	⑦	⑧	⑨
4	⊕	⊖	⓪	①	②	③	④	⑤	⑥	⑦	⑧	⑨	29	⊕	⊖	⓪	①	②	③	④	⑤	⑥	⑦	⑧	⑨	54	⊕	⊖	⓪	①	②	③	④	⑤	⑥	⑦	⑧	⑨	79	⊕	⊖	⓪	①	②	③	④	⑤	⑥	⑦	⑧	⑨
5	⊕	⊖	⓪	①	②	③	④	⑤	⑥	⑦	⑧	⑨	30	⊕	⊖	⓪	①	②	③	④	⑤	⑥	⑦	⑧	⑨	55	⊕	⊖	⓪	①	②	③	④	⑤	⑥	⑦	⑧	⑨	80	⊕	⊖	⓪	①	②	③	④	⑤	⑥	⑦	⑧	⑨
6	⊕	⊖	⓪	①	②	③	④	⑤	⑥	⑦	⑧	⑨	31	⊕	⊖	⓪	①	②	③	④	⑤	⑥	⑦	⑧	⑨	56	⊕	⊖	⓪	①	②	③	④	⑤	⑥	⑦	⑧	⑨	81	⊕	⊖	⓪	①	②	③	④	⑤	⑥	⑦	⑧	⑨
7	⊕	⊖	⓪	①	②	③	④	⑤	⑥	⑦	⑧	⑨	32	⊕	⊖	⓪	①	②	③	④	⑤	⑥	⑦	⑧	⑨	57	⊕	⊖	⓪	①	②	③	④	⑤	⑥	⑦	⑧	⑨	82	⊕	⊖	⓪	①	②	③	④	⑤	⑥	⑦	⑧	⑨
8	⊕	⊖	⓪	①	②	③	④	⑤	⑥	⑦	⑧	⑨	33	⊕	⊖	⓪	①	②	③	④	⑤	⑥	⑦	⑧	⑨	58	⊕	⊖	⓪	①	②	③	④	⑤	⑥	⑦	⑧	⑨	83	⊕	⊖	⓪	①	②	③	④	⑤	⑥	⑦	⑧	⑨
9	⊕	⊖	⓪	①	②	③	④	⑤	⑥	⑦	⑧	⑨	34	⊕	⊖	⓪	①	②	③	④	⑤	⑥	⑦	⑧	⑨	59	⊕	⊖	⓪	①	②	③	④	⑤	⑥	⑦	⑧	⑨	84	⊕	⊖	⓪	①	②	③	④	⑤	⑥	⑦	⑧	⑨
10	⊕	⊖	⓪	①	②	③	④	⑤	⑥	⑦	⑧	⑨	35	⊕	⊖	⓪	①	②	③	④	⑤	⑥	⑦	⑧	⑨	60	⊕	⊖	⓪	①	②	③	④	⑤	⑥	⑦	⑧	⑨	85	⊕	⊖	⓪	①	②	③	④	⑤	⑥	⑦	⑧	⑨
11	⊕	⊖	⓪	①	②	③	④	⑤	⑥	⑦	⑧	⑨	36	⊕	⊖	⓪	①	②	③	④	⑤	⑥	⑦	⑧	⑨	61	⊕	⊖	⓪	①	②	③	④	⑤	⑥	⑦	⑧	⑨	86	⊕	⊖	⓪	①	②	③	④	⑤	⑥	⑦	⑧	⑨
12	⊕	⊖	⓪	①	②	③	④	⑤	⑥	⑦	⑧	⑨	37	⊕	⊖	⓪	①	②	③	④	⑤	⑥	⑦	⑧	⑨	62	⊕	⊖	⓪	①	②	③	④	⑤	⑥	⑦	⑧	⑨	87	⊕	⊖	⓪	①	②	③	④	⑤	⑥	⑦	⑧	⑨
13	⊕	⊖	⓪	①	②	③	④	⑤	⑥	⑦	⑧	⑨	38	⊕	⊖	⓪	①	②	③	④	⑤	⑥	⑦	⑧	⑨	63	⊕	⊖	⓪	①	②	③	④	⑤	⑥	⑦	⑧	⑨	88	⊕	⊖	⓪	①	②	③	④	⑤	⑥	⑦	⑧	⑨
14	⊕	⊖	⓪	①	②	③	④	⑤	⑥	⑦	⑧	⑨	39	⊕	⊖	⓪	①	②	③	④	⑤	⑥	⑦	⑧	⑨	64	⊕	⊖	⓪	①	②	③	④	⑤	⑥	⑦	⑧	⑨	89	⊕	⊖	⓪	①	②	③	④	⑤	⑥	⑦	⑧	⑨
15	⊕	⊖	⓪	①	②	③	④	⑤	⑥	⑦	⑧	⑨	40	⊕	⊖	⓪	①	②	③	④	⑤	⑥	⑦	⑧	⑨	65	⊕	⊖	⓪	①	②	③	④	⑤	⑥	⑦	⑧	⑨	90	⊕	⊖	⓪	①	②	③	④	⑤	⑥	⑦	⑧	⑨
16	⊕	⊖	⓪	①	②	③	④	⑤	⑥	⑦	⑧	⑨	41	⊕	⊖	⓪	①	②	③	④	⑤	⑥	⑦	⑧	⑨	66	⊕	⊖	⓪	①	②	③	④	⑤	⑥	⑦	⑧	⑨	91	⊕	⊖	⓪	①	②	③	④	⑤	⑥	⑦	⑧	⑨
17	⊕	⊖	⓪	①	②	③	④	⑤	⑥	⑦	⑧	⑨	42	⊕	⊖	⓪	①	②	③	④	⑤	⑥	⑦	⑧	⑨	67	⊕	⊖	⓪	①	②	③	④	⑤	⑥	⑦	⑧	⑨	92	⊕	⊖	⓪	①	②	③	④	⑤	⑥	⑦	⑧	⑨
18	⊕	⊖	⓪	①	②	③	④	⑤	⑥	⑦	⑧	⑨	43	⊕	⊖	⓪	①	②	③	④	⑤	⑥	⑦	⑧	⑨	68	⊕	⊖	⓪	①	②	③	④	⑤	⑥	⑦	⑧	⑨	93	⊕	⊖	⓪	①	②	③	④	⑤	⑥	⑦	⑧	⑨
19	⊕	⊖	⓪	①	②	③	④	⑤	⑥	⑦	⑧	⑨	44	⊕	⊖	⓪	①	②	③	④	⑤	⑥	⑦	⑧	⑨	69	⊕	⊖	⓪	①	②	③	④	⑤	⑥	⑦	⑧	⑨	94	⊕	⊖	⓪	①	②	③	④	⑤	⑥	⑦	⑧	⑨
20	⊕	⊖	⓪	①	②	③	④	⑤	⑥	⑦	⑧	⑨	45	⊕	⊖	⓪	①	②	③	④	⑤	⑥	⑦	⑧	⑨	70	⊕	⊖	⓪	①	②	③	④	⑤	⑥	⑦	⑧	⑨	95	⊕	⊖	⓪	①	②	③	④	⑤	⑥	⑦	⑧	⑨
21	⊕	⊖	⓪	①	②	③	④	⑤	⑥	⑦	⑧	⑨	46	⊕	⊖	⓪	①	②	③	④	⑤	⑥	⑦	⑧	⑨	71	⊕	⊖	⓪	①	②	③	④	⑤	⑥	⑦	⑧	⑨	96	⊕	⊖	⓪	①	②	③	④	⑤	⑥	⑦	⑧	⑨
22	⊕	⊖	⓪	①	②	③	④	⑤	⑥	⑦	⑧	⑨	47	⊕	⊖	⓪	①	②	③	④	⑤	⑥	⑦	⑧	⑨	72	⊕	⊖	⓪	①	②	③	④	⑤	⑥	⑦	⑧	⑨	97	⊕	⊖	⓪	①	②	③	④	⑤	⑥	⑦	⑧	⑨
23	⊕	⊖	⓪	①	②	③	④	⑤	⑥	⑦	⑧	⑨	48	⊕	⊖	⓪	①	②	③	④	⑤	⑥	⑦	⑧	⑨	73	⊕	⊖	⓪	①	②	③	④	⑤	⑥	⑦	⑧	⑨	98	⊕	⊖	⓪	①	②	③	④	⑤	⑥	⑦	⑧	⑨
24	⊕	⊖	⓪	①	②	③	④	⑤	⑥	⑦	⑧	⑨	49	⊕	⊖	⓪	①	②	③	④	⑤	⑥	⑦	⑧	⑨	74	⊕	⊖	⓪	①	②	③	④	⑤	⑥	⑦	⑧	⑨	99	⊕	⊖	⓪	①	②	③	④	⑤	⑥	⑦	⑧	⑨
25	⊕	⊖	⓪	①	②	③	④	⑤	⑥	⑦	⑧	⑨	50	⊕	⊖	⓪	①	②	③	④	⑤	⑥	⑦	⑧	⑨	75	⊕	⊖	⓪	①	②	③	④	⑤	⑥	⑦	⑧	⑨	100	⊕	⊖	⓪	①	②	③	④	⑤	⑥	⑦	⑧	⑨

豊田大谷高等学校　2023年度

◇理科◇

※ 123%に拡大していただくと，解答欄は実物大になります。

解答番号	解答記入欄	解答番号	解答記入欄	解答番号	解答記入欄	解答番号	解答記入欄
1	⊕ ⊖ ⓪ ① ② ③ ④ ⑤ ⑥ ⑦ ⑧ ⑨	26	⊕ ⊖ ⓪ ① ② ③ ④ ⑤ ⑥ ⑦ ⑧ ⑨	51	⊕ ⊖ ⓪ ① ② ③ ④ ⑤ ⑥ ⑦ ⑧ ⑨	76	⊕ ⊖ ⓪ ① ② ③ ④ ⑤ ⑥ ⑦ ⑧ ⑨
2	⊕ ⊖ ⓪ ① ② ③ ④ ⑤ ⑥ ⑦ ⑧ ⑨	27	⊕ ⊖ ⓪ ① ② ③ ④ ⑤ ⑥ ⑦ ⑧ ⑨	52	⊕ ⊖ ⓪ ① ② ③ ④ ⑤ ⑥ ⑦ ⑧ ⑨	77	⊕ ⊖ ⓪ ① ② ③ ④ ⑤ ⑥ ⑦ ⑧ ⑨
3	⊕ ⊖ ⓪ ① ② ③ ④ ⑤ ⑥ ⑦ ⑧ ⑨	28	⊕ ⊖ ⓪ ① ② ③ ④ ⑤ ⑥ ⑦ ⑧ ⑨	53	⊕ ⊖ ⓪ ① ② ③ ④ ⑤ ⑥ ⑦ ⑧ ⑨	78	⊕ ⊖ ⓪ ① ② ③ ④ ⑤ ⑥ ⑦ ⑧ ⑨
4	⊕ ⊖ ⓪ ① ② ③ ④ ⑤ ⑥ ⑦ ⑧ ⑨	29	⊕ ⊖ ⓪ ① ② ③ ④ ⑤ ⑥ ⑦ ⑧ ⑨	54	⊕ ⊖ ⓪ ① ② ③ ④ ⑤ ⑥ ⑦ ⑧ ⑨	79	⊕ ⊖ ⓪ ① ② ③ ④ ⑤ ⑥ ⑦ ⑧ ⑨
5	⊕ ⊖ ⓪ ① ② ③ ④ ⑤ ⑥ ⑦ ⑧ ⑨	30	⊕ ⊖ ⓪ ① ② ③ ④ ⑤ ⑥ ⑦ ⑧ ⑨	55	⊕ ⊖ ⓪ ① ② ③ ④ ⑤ ⑥ ⑦ ⑧ ⑨	80	⊕ ⊖ ⓪ ① ② ③ ④ ⑤ ⑥ ⑦ ⑧ ⑨
6	⊕ ⊖ ⓪ ① ② ③ ④ ⑤ ⑥ ⑦ ⑧ ⑨	31	⊕ ⊖ ⓪ ① ② ③ ④ ⑤ ⑥ ⑦ ⑧ ⑨	56	⊕ ⊖ ⓪ ① ② ③ ④ ⑤ ⑥ ⑦ ⑧ ⑨	81	⊕ ⊖ ⓪ ① ② ③ ④ ⑤ ⑥ ⑦ ⑧ ⑨
7	⊕ ⊖ ⓪ ① ② ③ ④ ⑤ ⑥ ⑦ ⑧ ⑨	32	⊕ ⊖ ⓪ ① ② ③ ④ ⑤ ⑥ ⑦ ⑧ ⑨	57	⊕ ⊖ ⓪ ① ② ③ ④ ⑤ ⑥ ⑦ ⑧ ⑨	82	⊕ ⊖ ⓪ ① ② ③ ④ ⑤ ⑥ ⑦ ⑧ ⑨
8	⊕ ⊖ ⓪ ① ② ③ ④ ⑤ ⑥ ⑦ ⑧ ⑨	33	⊕ ⊖ ⓪ ① ② ③ ④ ⑤ ⑥ ⑦ ⑧ ⑨	58	⊕ ⊖ ⓪ ① ② ③ ④ ⑤ ⑥ ⑦ ⑧ ⑨	83	⊕ ⊖ ⓪ ① ② ③ ④ ⑤ ⑥ ⑦ ⑧ ⑨
9	⊕ ⊖ ⓪ ① ② ③ ④ ⑤ ⑥ ⑦ ⑧ ⑨	34	⊕ ⊖ ⓪ ① ② ③ ④ ⑤ ⑥ ⑦ ⑧ ⑨	59	⊕ ⊖ ⓪ ① ② ③ ④ ⑤ ⑥ ⑦ ⑧ ⑨	84	⊕ ⊖ ⓪ ① ② ③ ④ ⑤ ⑥ ⑦ ⑧ ⑨
10	⊕ ⊖ ⓪ ① ② ③ ④ ⑤ ⑥ ⑦ ⑧ ⑨	35	⊕ ⊖ ⓪ ① ② ③ ④ ⑤ ⑥ ⑦ ⑧ ⑨	60	⊕ ⊖ ⓪ ① ② ③ ④ ⑤ ⑥ ⑦ ⑧ ⑨	85	⊕ ⊖ ⓪ ① ② ③ ④ ⑤ ⑥ ⑦ ⑧ ⑨
11	⊕ ⊖ ⓪ ① ② ③ ④ ⑤ ⑥ ⑦ ⑧ ⑨	36	⊕ ⊖ ⓪ ① ② ③ ④ ⑤ ⑥ ⑦ ⑧ ⑨	61	⊕ ⊖ ⓪ ① ② ③ ④ ⑤ ⑥ ⑦ ⑧ ⑨	86	⊕ ⊖ ⓪ ① ② ③ ④ ⑤ ⑥ ⑦ ⑧ ⑨
12	⊕ ⊖ ⓪ ① ② ③ ④ ⑤ ⑥ ⑦ ⑧ ⑨	37	⊕ ⊖ ⓪ ① ② ③ ④ ⑤ ⑥ ⑦ ⑧ ⑨	62	⊕ ⊖ ⓪ ① ② ③ ④ ⑤ ⑥ ⑦ ⑧ ⑨	87	⊕ ⊖ ⓪ ① ② ③ ④ ⑤ ⑥ ⑦ ⑧ ⑨
13	⊕ ⊖ ⓪ ① ② ③ ④ ⑤ ⑥ ⑦ ⑧ ⑨	38	⊕ ⊖ ⓪ ① ② ③ ④ ⑤ ⑥ ⑦ ⑧ ⑨	63	⊕ ⊖ ⓪ ① ② ③ ④ ⑤ ⑥ ⑦ ⑧ ⑨	88	⊕ ⊖ ⓪ ① ② ③ ④ ⑤ ⑥ ⑦ ⑧ ⑨
14	⊕ ⊖ ⓪ ① ② ③ ④ ⑤ ⑥ ⑦ ⑧ ⑨	39	⊕ ⊖ ⓪ ① ② ③ ④ ⑤ ⑥ ⑦ ⑧ ⑨	64	⊕ ⊖ ⓪ ① ② ③ ④ ⑤ ⑥ ⑦ ⑧ ⑨	89	⊕ ⊖ ⓪ ① ② ③ ④ ⑤ ⑥ ⑦ ⑧ ⑨
15	⊕ ⊖ ⓪ ① ② ③ ④ ⑤ ⑥ ⑦ ⑧ ⑨	40	⊕ ⊖ ⓪ ① ② ③ ④ ⑤ ⑥ ⑦ ⑧ ⑨	65	⊕ ⊖ ⓪ ① ② ③ ④ ⑤ ⑥ ⑦ ⑧ ⑨	90	⊕ ⊖ ⓪ ① ② ③ ④ ⑤ ⑥ ⑦ ⑧ ⑨
16	⊕ ⊖ ⓪ ① ② ③ ④ ⑤ ⑥ ⑦ ⑧ ⑨	41	⊕ ⊖ ⓪ ① ② ③ ④ ⑤ ⑥ ⑦ ⑧ ⑨	66	⊕ ⊖ ⓪ ① ② ③ ④ ⑤ ⑥ ⑦ ⑧ ⑨	91	⊕ ⊖ ⓪ ① ② ③ ④ ⑤ ⑥ ⑦ ⑧ ⑨
17	⊕ ⊖ ⓪ ① ② ③ ④ ⑤ ⑥ ⑦ ⑧ ⑨	42	⊕ ⊖ ⓪ ① ② ③ ④ ⑤ ⑥ ⑦ ⑧ ⑨	67	⊕ ⊖ ⓪ ① ② ③ ④ ⑤ ⑥ ⑦ ⑧ ⑨	92	⊕ ⊖ ⓪ ① ② ③ ④ ⑤ ⑥ ⑦ ⑧ ⑨
18	⊕ ⊖ ⓪ ① ② ③ ④ ⑤ ⑥ ⑦ ⑧ ⑨	43	⊕ ⊖ ⓪ ① ② ③ ④ ⑤ ⑥ ⑦ ⑧ ⑨	68	⊕ ⊖ ⓪ ① ② ③ ④ ⑤ ⑥ ⑦ ⑧ ⑨	93	⊕ ⊖ ⓪ ① ② ③ ④ ⑤ ⑥ ⑦ ⑧ ⑨
19	⊕ ⊖ ⓪ ① ② ③ ④ ⑤ ⑥ ⑦ ⑧ ⑨	44	⊕ ⊖ ⓪ ① ② ③ ④ ⑤ ⑥ ⑦ ⑧ ⑨	69	⊕ ⊖ ⓪ ① ② ③ ④ ⑤ ⑥ ⑦ ⑧ ⑨	94	⊕ ⊖ ⓪ ① ② ③ ④ ⑤ ⑥ ⑦ ⑧ ⑨
20	⊕ ⊖ ⓪ ① ② ③ ④ ⑤ ⑥ ⑦ ⑧ ⑨	45	⊕ ⊖ ⓪ ① ② ③ ④ ⑤ ⑥ ⑦ ⑧ ⑨	70	⊕ ⊖ ⓪ ① ② ③ ④ ⑤ ⑥ ⑦ ⑧ ⑨	95	⊕ ⊖ ⓪ ① ② ③ ④ ⑤ ⑥ ⑦ ⑧ ⑨
21	⊕ ⊖ ⓪ ① ② ③ ④ ⑤ ⑥ ⑦ ⑧ ⑨	46	⊕ ⊖ ⓪ ① ② ③ ④ ⑤ ⑥ ⑦ ⑧ ⑨	71	⊕ ⊖ ⓪ ① ② ③ ④ ⑤ ⑥ ⑦ ⑧ ⑨	96	⊕ ⊖ ⓪ ① ② ③ ④ ⑤ ⑥ ⑦ ⑧ ⑨
22	⊕ ⊖ ⓪ ① ② ③ ④ ⑤ ⑥ ⑦ ⑧ ⑨	47	⊕ ⊖ ⓪ ① ② ③ ④ ⑤ ⑥ ⑦ ⑧ ⑨	72	⊕ ⊖ ⓪ ① ② ③ ④ ⑤ ⑥ ⑦ ⑧ ⑨	97	⊕ ⊖ ⓪ ① ② ③ ④ ⑤ ⑥ ⑦ ⑧ ⑨
23	⊕ ⊖ ⓪ ① ② ③ ④ ⑤ ⑥ ⑦ ⑧ ⑨	48	⊕ ⊖ ⓪ ① ② ③ ④ ⑤ ⑥ ⑦ ⑧ ⑨	73	⊕ ⊖ ⓪ ① ② ③ ④ ⑤ ⑥ ⑦ ⑧ ⑨	98	⊕ ⊖ ⓪ ① ② ③ ④ ⑤ ⑥ ⑦ ⑧ ⑨
24	⊕ ⊖ ⓪ ① ② ③ ④ ⑤ ⑥ ⑦ ⑧ ⑨	49	⊕ ⊖ ⓪ ① ② ③ ④ ⑤ ⑥ ⑦ ⑧ ⑨	74	⊕ ⊖ ⓪ ① ② ③ ④ ⑤ ⑥ ⑦ ⑧ ⑨	99	⊕ ⊖ ⓪ ① ② ③ ④ ⑤ ⑥ ⑦ ⑧ ⑨
25	⊕ ⊖ ⓪ ① ② ③ ④ ⑤ ⑥ ⑦ ⑧ ⑨	50	⊕ ⊖ ⓪ ① ② ③ ④ ⑤ ⑥ ⑦ ⑧ ⑨	75	⊕ ⊖ ⓪ ① ② ③ ④ ⑤ ⑥ ⑦ ⑧ ⑨	100	⊕ ⊖ ⓪ ① ② ③ ④ ⑤ ⑥ ⑦ ⑧ ⑨

豊田大谷高等学校　2023年度

◇社会◇

※ 123％に拡大していただくと，解答欄は実物大になります。

解答番号	解答記入欄	解答番号	解答記入欄	解答番号	解答記入欄	解答番号	解答記入欄
1	⊕ ⊖ ⓪ ① ② ③ ④ ⑤ ⑥ ⑦ ⑧ ⑨	26	⊕ ⊖ ⓪ ① ② ③ ④ ⑤ ⑥ ⑦ ⑧ ⑨	51	⊕ ⊖ ⓪ ① ② ③ ④ ⑤ ⑥ ⑦ ⑧ ⑨	76	⊕ ⊖ ⓪ ① ② ③ ④ ⑤ ⑥ ⑦ ⑧ ⑨
2	⊕ ⊖ ⓪ ① ② ③ ④ ⑤ ⑥ ⑦ ⑧ ⑨	27	⊕ ⊖ ⓪ ① ② ③ ④ ⑤ ⑥ ⑦ ⑧ ⑨	52	⊕ ⊖ ⓪ ① ② ③ ④ ⑤ ⑥ ⑦ ⑧ ⑨	77	⊕ ⊖ ⓪ ① ② ③ ④ ⑤ ⑥ ⑦ ⑧ ⑨
3	⊕ ⊖ ⓪ ① ② ③ ④ ⑤ ⑥ ⑦ ⑧ ⑨	28	⊕ ⊖ ⓪ ① ② ③ ④ ⑤ ⑥ ⑦ ⑧ ⑨	53	⊕ ⊖ ⓪ ① ② ③ ④ ⑤ ⑥ ⑦ ⑧ ⑨	78	⊕ ⊖ ⓪ ① ② ③ ④ ⑤ ⑥ ⑦ ⑧ ⑨
4	⊕ ⊖ ⓪ ① ② ③ ④ ⑤ ⑥ ⑦ ⑧ ⑨	29	⊕ ⊖ ⓪ ① ② ③ ④ ⑤ ⑥ ⑦ ⑧ ⑨	54	⊕ ⊖ ⓪ ① ② ③ ④ ⑤ ⑥ ⑦ ⑧ ⑨	79	⊕ ⊖ ⓪ ① ② ③ ④ ⑤ ⑥ ⑦ ⑧ ⑨
5	⊕ ⊖ ⓪ ① ② ③ ④ ⑤ ⑥ ⑦ ⑧ ⑨	30	⊕ ⊖ ⓪ ① ② ③ ④ ⑤ ⑥ ⑦ ⑧ ⑨	55	⊕ ⊖ ⓪ ① ② ③ ④ ⑤ ⑥ ⑦ ⑧ ⑨	80	⊕ ⊖ ⓪ ① ② ③ ④ ⑤ ⑥ ⑦ ⑧ ⑨
6	⊕ ⊖ ⓪ ① ② ③ ④ ⑤ ⑥ ⑦ ⑧ ⑨	31	⊕ ⊖ ⓪ ① ② ③ ④ ⑤ ⑥ ⑦ ⑧ ⑨	56	⊕ ⊖ ⓪ ① ② ③ ④ ⑤ ⑥ ⑦ ⑧ ⑨	81	⊕ ⊖ ⓪ ① ② ③ ④ ⑤ ⑥ ⑦ ⑧ ⑨
7	⊕ ⊖ ⓪ ① ② ③ ④ ⑤ ⑥ ⑦ ⑧ ⑨	32	⊕ ⊖ ⓪ ① ② ③ ④ ⑤ ⑥ ⑦ ⑧ ⑨	57	⊕ ⊖ ⓪ ① ② ③ ④ ⑤ ⑥ ⑦ ⑧ ⑨	82	⊕ ⊖ ⓪ ① ② ③ ④ ⑤ ⑥ ⑦ ⑧ ⑨
8	⊕ ⊖ ⓪ ① ② ③ ④ ⑤ ⑥ ⑦ ⑧ ⑨	33	⊕ ⊖ ⓪ ① ② ③ ④ ⑤ ⑥ ⑦ ⑧ ⑨	58	⊕ ⊖ ⓪ ① ② ③ ④ ⑤ ⑥ ⑦ ⑧ ⑨	83	⊕ ⊖ ⓪ ① ② ③ ④ ⑤ ⑥ ⑦ ⑧ ⑨
9	⊕ ⊖ ⓪ ① ② ③ ④ ⑤ ⑥ ⑦ ⑧ ⑨	34	⊕ ⊖ ⓪ ① ② ③ ④ ⑤ ⑥ ⑦ ⑧ ⑨	59	⊕ ⊖ ⓪ ① ② ③ ④ ⑤ ⑥ ⑦ ⑧ ⑨	84	⊕ ⊖ ⓪ ① ② ③ ④ ⑤ ⑥ ⑦ ⑧ ⑨
10	⊕ ⊖ ⓪ ① ② ③ ④ ⑤ ⑥ ⑦ ⑧ ⑨	35	⊕ ⊖ ⓪ ① ② ③ ④ ⑤ ⑥ ⑦ ⑧ ⑨	60	⊕ ⊖ ⓪ ① ② ③ ④ ⑤ ⑥ ⑦ ⑧ ⑨	85	⊕ ⊖ ⓪ ① ② ③ ④ ⑤ ⑥ ⑦ ⑧ ⑨
11	⊕ ⊖ ⓪ ① ② ③ ④ ⑤ ⑥ ⑦ ⑧ ⑨	36	⊕ ⊖ ⓪ ① ② ③ ④ ⑤ ⑥ ⑦ ⑧ ⑨	61	⊕ ⊖ ⓪ ① ② ③ ④ ⑤ ⑥ ⑦ ⑧ ⑨	86	⊕ ⊖ ⓪ ① ② ③ ④ ⑤ ⑥ ⑦ ⑧ ⑨
12	⊕ ⊖ ⓪ ① ② ③ ④ ⑤ ⑥ ⑦ ⑧ ⑨	37	⊕ ⊖ ⓪ ① ② ③ ④ ⑤ ⑥ ⑦ ⑧ ⑨	62	⊕ ⊖ ⓪ ① ② ③ ④ ⑤ ⑥ ⑦ ⑧ ⑨	87	⊕ ⊖ ⓪ ① ② ③ ④ ⑤ ⑥ ⑦ ⑧ ⑨
13	⊕ ⊖ ⓪ ① ② ③ ④ ⑤ ⑥ ⑦ ⑧ ⑨	38	⊕ ⊖ ⓪ ① ② ③ ④ ⑤ ⑥ ⑦ ⑧ ⑨	63	⊕ ⊖ ⓪ ① ② ③ ④ ⑤ ⑥ ⑦ ⑧ ⑨	88	⊕ ⊖ ⓪ ① ② ③ ④ ⑤ ⑥ ⑦ ⑧ ⑨
14	⊕ ⊖ ⓪ ① ② ③ ④ ⑤ ⑥ ⑦ ⑧ ⑨	39	⊕ ⊖ ⓪ ① ② ③ ④ ⑤ ⑥ ⑦ ⑧ ⑨	64	⊕ ⊖ ⓪ ① ② ③ ④ ⑤ ⑥ ⑦ ⑧ ⑨	89	⊕ ⊖ ⓪ ① ② ③ ④ ⑤ ⑥ ⑦ ⑧ ⑨
15	⊕ ⊖ ⓪ ① ② ③ ④ ⑤ ⑥ ⑦ ⑧ ⑨	40	⊕ ⊖ ⓪ ① ② ③ ④ ⑤ ⑥ ⑦ ⑧ ⑨	65	⊕ ⊖ ⓪ ① ② ③ ④ ⑤ ⑥ ⑦ ⑧ ⑨	90	⊕ ⊖ ⓪ ① ② ③ ④ ⑤ ⑥ ⑦ ⑧ ⑨
16	⊕ ⊖ ⓪ ① ② ③ ④ ⑤ ⑥ ⑦ ⑧ ⑨	41	⊕ ⊖ ⓪ ① ② ③ ④ ⑤ ⑥ ⑦ ⑧ ⑨	66	⊕ ⊖ ⓪ ① ② ③ ④ ⑤ ⑥ ⑦ ⑧ ⑨	91	⊕ ⊖ ⓪ ① ② ③ ④ ⑤ ⑥ ⑦ ⑧ ⑨
17	⊕ ⊖ ⓪ ① ② ③ ④ ⑤ ⑥ ⑦ ⑧ ⑨	42	⊕ ⊖ ⓪ ① ② ③ ④ ⑤ ⑥ ⑦ ⑧ ⑨	67	⊕ ⊖ ⓪ ① ② ③ ④ ⑤ ⑥ ⑦ ⑧ ⑨	92	⊕ ⊖ ⓪ ① ② ③ ④ ⑤ ⑥ ⑦ ⑧ ⑨
18	⊕ ⊖ ⓪ ① ② ③ ④ ⑤ ⑥ ⑦ ⑧ ⑨	43	⊕ ⊖ ⓪ ① ② ③ ④ ⑤ ⑥ ⑦ ⑧ ⑨	68	⊕ ⊖ ⓪ ① ② ③ ④ ⑤ ⑥ ⑦ ⑧ ⑨	93	⊕ ⊖ ⓪ ① ② ③ ④ ⑤ ⑥ ⑦ ⑧ ⑨
19	⊕ ⊖ ⓪ ① ② ③ ④ ⑤ ⑥ ⑦ ⑧ ⑨	44	⊕ ⊖ ⓪ ① ② ③ ④ ⑤ ⑥ ⑦ ⑧ ⑨	69	⊕ ⊖ ⓪ ① ② ③ ④ ⑤ ⑥ ⑦ ⑧ ⑨	94	⊕ ⊖ ⓪ ① ② ③ ④ ⑤ ⑥ ⑦ ⑧ ⑨
20	⊕ ⊖ ⓪ ① ② ③ ④ ⑤ ⑥ ⑦ ⑧ ⑨	45	⊕ ⊖ ⓪ ① ② ③ ④ ⑤ ⑥ ⑦ ⑧ ⑨	70	⊕ ⊖ ⓪ ① ② ③ ④ ⑤ ⑥ ⑦ ⑧ ⑨	95	⊕ ⊖ ⓪ ① ② ③ ④ ⑤ ⑥ ⑦ ⑧ ⑨
21	⊕ ⊖ ⓪ ① ② ③ ④ ⑤ ⑥ ⑦ ⑧ ⑨	46	⊕ ⊖ ⓪ ① ② ③ ④ ⑤ ⑥ ⑦ ⑧ ⑨	71	⊕ ⊖ ⓪ ① ② ③ ④ ⑤ ⑥ ⑦ ⑧ ⑨	96	⊕ ⊖ ⓪ ① ② ③ ④ ⑤ ⑥ ⑦ ⑧ ⑨
22	⊕ ⊖ ⓪ ① ② ③ ④ ⑤ ⑥ ⑦ ⑧ ⑨	47	⊕ ⊖ ⓪ ① ② ③ ④ ⑤ ⑥ ⑦ ⑧ ⑨	72	⊕ ⊖ ⓪ ① ② ③ ④ ⑤ ⑥ ⑦ ⑧ ⑨	97	⊕ ⊖ ⓪ ① ② ③ ④ ⑤ ⑥ ⑦ ⑧ ⑨
23	⊕ ⊖ ⓪ ① ② ③ ④ ⑤ ⑥ ⑦ ⑧ ⑨	48	⊕ ⊖ ⓪ ① ② ③ ④ ⑤ ⑥ ⑦ ⑧ ⑨	73	⊕ ⊖ ⓪ ① ② ③ ④ ⑤ ⑥ ⑦ ⑧ ⑨	98	⊕ ⊖ ⓪ ① ② ③ ④ ⑤ ⑥ ⑦ ⑧ ⑨
24	⊕ ⊖ ⓪ ① ② ③ ④ ⑤ ⑥ ⑦ ⑧ ⑨	49	⊕ ⊖ ⓪ ① ② ③ ④ ⑤ ⑥ ⑦ ⑧ ⑨	74	⊕ ⊖ ⓪ ① ② ③ ④ ⑤ ⑥ ⑦ ⑧ ⑨	99	⊕ ⊖ ⓪ ① ② ③ ④ ⑤ ⑥ ⑦ ⑧ ⑨
25	⊕ ⊖ ⓪ ① ② ③ ④ ⑤ ⑥ ⑦ ⑧ ⑨	50	⊕ ⊖ ⓪ ① ② ③ ④ ⑤ ⑥ ⑦ ⑧ ⑨	75	⊕ ⊖ ⓪ ① ② ③ ④ ⑤ ⑥ ⑦ ⑧ ⑨	100	⊕ ⊖ ⓪ ① ② ③ ④ ⑤ ⑥ ⑦ ⑧ ⑨

豊田大谷高等学校　2023年度

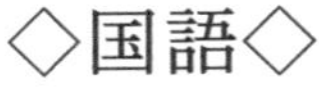

◇国語◇

※ 123%に拡大していただくと，解答欄は実物大になります。

解答番号	解答記入欄	解答番号	解答記入欄	解答番号	解答記入欄	解答番号	解答記入欄
1	⊕ ⊖ ⓪ ① ② ③ ④ ⑤ ⑥ ⑦ ⑧ ⑨	26	⊕ ⊖ ⓪ ① ② ③ ④ ⑤ ⑥ ⑦ ⑧ ⑨	51	⊕ ⊖ ⓪ ① ② ③ ④ ⑤ ⑥ ⑦ ⑧ ⑨	76	⊕ ⊖ ⓪ ① ② ③ ④ ⑤ ⑥ ⑦ ⑧ ⑨
2	⊕ ⊖ ⓪ ① ② ③ ④ ⑤ ⑥ ⑦ ⑧ ⑨	27	⊕ ⊖ ⓪ ① ② ③ ④ ⑤ ⑥ ⑦ ⑧ ⑨	52	⊕ ⊖ ⓪ ① ② ③ ④ ⑤ ⑥ ⑦ ⑧ ⑨	77	⊕ ⊖ ⓪ ① ② ③ ④ ⑤ ⑥ ⑦ ⑧ ⑨
3	⊕ ⊖ ⓪ ① ② ③ ④ ⑤ ⑥ ⑦ ⑧ ⑨	28	⊕ ⊖ ⓪ ① ② ③ ④ ⑤ ⑥ ⑦ ⑧ ⑨	53	⊕ ⊖ ⓪ ① ② ③ ④ ⑤ ⑥ ⑦ ⑧ ⑨	78	⊕ ⊖ ⓪ ① ② ③ ④ ⑤ ⑥ ⑦ ⑧ ⑨
4	⊕ ⊖ ⓪ ① ② ③ ④ ⑤ ⑥ ⑦ ⑧ ⑨	29	⊕ ⊖ ⓪ ① ② ③ ④ ⑤ ⑥ ⑦ ⑧ ⑨	54	⊕ ⊖ ⓪ ① ② ③ ④ ⑤ ⑥ ⑦ ⑧ ⑨	79	⊕ ⊖ ⓪ ① ② ③ ④ ⑤ ⑥ ⑦ ⑧ ⑨
5	⊕ ⊖ ⓪ ① ② ③ ④ ⑤ ⑥ ⑦ ⑧ ⑨	30	⊕ ⊖ ⓪ ① ② ③ ④ ⑤ ⑥ ⑦ ⑧ ⑨	55	⊕ ⊖ ⓪ ① ② ③ ④ ⑤ ⑥ ⑦ ⑧ ⑨	80	⊕ ⊖ ⓪ ① ② ③ ④ ⑤ ⑥ ⑦ ⑧ ⑨
6	⊕ ⊖ ⓪ ① ② ③ ④ ⑤ ⑥ ⑦ ⑧ ⑨	31	⊕ ⊖ ⓪ ① ② ③ ④ ⑤ ⑥ ⑦ ⑧ ⑨	56	⊕ ⊖ ⓪ ① ② ③ ④ ⑤ ⑥ ⑦ ⑧ ⑨	81	⊕ ⊖ ⓪ ① ② ③ ④ ⑤ ⑥ ⑦ ⑧ ⑨
7	⊕ ⊖ ⓪ ① ② ③ ④ ⑤ ⑥ ⑦ ⑧ ⑨	32	⊕ ⊖ ⓪ ① ② ③ ④ ⑤ ⑥ ⑦ ⑧ ⑨	57	⊕ ⊖ ⓪ ① ② ③ ④ ⑤ ⑥ ⑦ ⑧ ⑨	82	⊕ ⊖ ⓪ ① ② ③ ④ ⑤ ⑥ ⑦ ⑧ ⑨
8	⊕ ⊖ ⓪ ① ② ③ ④ ⑤ ⑥ ⑦ ⑧ ⑨	33	⊕ ⊖ ⓪ ① ② ③ ④ ⑤ ⑥ ⑦ ⑧ ⑨	58	⊕ ⊖ ⓪ ① ② ③ ④ ⑤ ⑥ ⑦ ⑧ ⑨	83	⊕ ⊖ ⓪ ① ② ③ ④ ⑤ ⑥ ⑦ ⑧ ⑨
9	⊕ ⊖ ⓪ ① ② ③ ④ ⑤ ⑥ ⑦ ⑧ ⑨	34	⊕ ⊖ ⓪ ① ② ③ ④ ⑤ ⑥ ⑦ ⑧ ⑨	59	⊕ ⊖ ⓪ ① ② ③ ④ ⑤ ⑥ ⑦ ⑧ ⑨	84	⊕ ⊖ ⓪ ① ② ③ ④ ⑤ ⑥ ⑦ ⑧ ⑨
10	⊕ ⊖ ⓪ ① ② ③ ④ ⑤ ⑥ ⑦ ⑧ ⑨	35	⊕ ⊖ ⓪ ① ② ③ ④ ⑤ ⑥ ⑦ ⑧ ⑨	60	⊕ ⊖ ⓪ ① ② ③ ④ ⑤ ⑥ ⑦ ⑧ ⑨	85	⊕ ⊖ ⓪ ① ② ③ ④ ⑤ ⑥ ⑦ ⑧ ⑨
11	⊕ ⊖ ⓪ ① ② ③ ④ ⑤ ⑥ ⑦ ⑧ ⑨	36	⊕ ⊖ ⓪ ① ② ③ ④ ⑤ ⑥ ⑦ ⑧ ⑨	61	⊕ ⊖ ⓪ ① ② ③ ④ ⑤ ⑥ ⑦ ⑧ ⑨	86	⊕ ⊖ ⓪ ① ② ③ ④ ⑤ ⑥ ⑦ ⑧ ⑨
12	⊕ ⊖ ⓪ ① ② ③ ④ ⑤ ⑥ ⑦ ⑧ ⑨	37	⊕ ⊖ ⓪ ① ② ③ ④ ⑤ ⑥ ⑦ ⑧ ⑨	62	⊕ ⊖ ⓪ ① ② ③ ④ ⑤ ⑥ ⑦ ⑧ ⑨	87	⊕ ⊖ ⓪ ① ② ③ ④ ⑤ ⑥ ⑦ ⑧ ⑨
13	⊕ ⊖ ⓪ ① ② ③ ④ ⑤ ⑥ ⑦ ⑧ ⑨	38	⊕ ⊖ ⓪ ① ② ③ ④ ⑤ ⑥ ⑦ ⑧ ⑨	63	⊕ ⊖ ⓪ ① ② ③ ④ ⑤ ⑥ ⑦ ⑧ ⑨	88	⊕ ⊖ ⓪ ① ② ③ ④ ⑤ ⑥ ⑦ ⑧ ⑨
14	⊕ ⊖ ⓪ ① ② ③ ④ ⑤ ⑥ ⑦ ⑧ ⑨	39	⊕ ⊖ ⓪ ① ② ③ ④ ⑤ ⑥ ⑦ ⑧ ⑨	64	⊕ ⊖ ⓪ ① ② ③ ④ ⑤ ⑥ ⑦ ⑧ ⑨	89	⊕ ⊖ ⓪ ① ② ③ ④ ⑤ ⑥ ⑦ ⑧ ⑨
15	⊕ ⊖ ⓪ ① ② ③ ④ ⑤ ⑥ ⑦ ⑧ ⑨	40	⊕ ⊖ ⓪ ① ② ③ ④ ⑤ ⑥ ⑦ ⑧ ⑨	65	⊕ ⊖ ⓪ ① ② ③ ④ ⑤ ⑥ ⑦ ⑧ ⑨	90	⊕ ⊖ ⓪ ① ② ③ ④ ⑤ ⑥ ⑦ ⑧ ⑨
16	⊕ ⊖ ⓪ ① ② ③ ④ ⑤ ⑥ ⑦ ⑧ ⑨	41	⊕ ⊖ ⓪ ① ② ③ ④ ⑤ ⑥ ⑦ ⑧ ⑨	66	⊕ ⊖ ⓪ ① ② ③ ④ ⑤ ⑥ ⑦ ⑧ ⑨	91	⊕ ⊖ ⓪ ① ② ③ ④ ⑤ ⑥ ⑦ ⑧ ⑨
17	⊕ ⊖ ⓪ ① ② ③ ④ ⑤ ⑥ ⑦ ⑧ ⑨	42	⊕ ⊖ ⓪ ① ② ③ ④ ⑤ ⑥ ⑦ ⑧ ⑨	67	⊕ ⊖ ⓪ ① ② ③ ④ ⑤ ⑥ ⑦ ⑧ ⑨	92	⊕ ⊖ ⓪ ① ② ③ ④ ⑤ ⑥ ⑦ ⑧ ⑨
18	⊕ ⊖ ⓪ ① ② ③ ④ ⑤ ⑥ ⑦ ⑧ ⑨	43	⊕ ⊖ ⓪ ① ② ③ ④ ⑤ ⑥ ⑦ ⑧ ⑨	68	⊕ ⊖ ⓪ ① ② ③ ④ ⑤ ⑥ ⑦ ⑧ ⑨	93	⊕ ⊖ ⓪ ① ② ③ ④ ⑤ ⑥ ⑦ ⑧ ⑨
19	⊕ ⊖ ⓪ ① ② ③ ④ ⑤ ⑥ ⑦ ⑧ ⑨	44	⊕ ⊖ ⓪ ① ② ③ ④ ⑤ ⑥ ⑦ ⑧ ⑨	69	⊕ ⊖ ⓪ ① ② ③ ④ ⑤ ⑥ ⑦ ⑧ ⑨	94	⊕ ⊖ ⓪ ① ② ③ ④ ⑤ ⑥ ⑦ ⑧ ⑨
20	⊕ ⊖ ⓪ ① ② ③ ④ ⑤ ⑥ ⑦ ⑧ ⑨	45	⊕ ⊖ ⓪ ① ② ③ ④ ⑤ ⑥ ⑦ ⑧ ⑨	70	⊕ ⊖ ⓪ ① ② ③ ④ ⑤ ⑥ ⑦ ⑧ ⑨	95	⊕ ⊖ ⓪ ① ② ③ ④ ⑤ ⑥ ⑦ ⑧ ⑨
21	⊕ ⊖ ⓪ ① ② ③ ④ ⑤ ⑥ ⑦ ⑧ ⑨	46	⊕ ⊖ ⓪ ① ② ③ ④ ⑤ ⑥ ⑦ ⑧ ⑨	71	⊕ ⊖ ⓪ ① ② ③ ④ ⑤ ⑥ ⑦ ⑧ ⑨	96	⊕ ⊖ ⓪ ① ② ③ ④ ⑤ ⑥ ⑦ ⑧ ⑨
22	⊕ ⊖ ⓪ ① ② ③ ④ ⑤ ⑥ ⑦ ⑧ ⑨	47	⊕ ⊖ ⓪ ① ② ③ ④ ⑤ ⑥ ⑦ ⑧ ⑨	72	⊕ ⊖ ⓪ ① ② ③ ④ ⑤ ⑥ ⑦ ⑧ ⑨	97	⊕ ⊖ ⓪ ① ② ③ ④ ⑤ ⑥ ⑦ ⑧ ⑨
23	⊕ ⊖ ⓪ ① ② ③ ④ ⑤ ⑥ ⑦ ⑧ ⑨	48	⊕ ⊖ ⓪ ① ② ③ ④ ⑤ ⑥ ⑦ ⑧ ⑨	73	⊕ ⊖ ⓪ ① ② ③ ④ ⑤ ⑥ ⑦ ⑧ ⑨	98	⊕ ⊖ ⓪ ① ② ③ ④ ⑤ ⑥ ⑦ ⑧ ⑨
24	⊕ ⊖ ⓪ ① ② ③ ④ ⑤ ⑥ ⑦ ⑧ ⑨	49	⊕ ⊖ ⓪ ① ② ③ ④ ⑤ ⑥ ⑦ ⑧ ⑨	74	⊕ ⊖ ⓪ ① ② ③ ④ ⑤ ⑥ ⑦ ⑧ ⑨	99	⊕ ⊖ ⓪ ① ② ③ ④ ⑤ ⑥ ⑦ ⑧ ⑨
25	⊕ ⊖ ⓪ ① ② ③ ④ ⑤ ⑥ ⑦ ⑧ ⑨	50	⊕ ⊖ ⓪ ① ② ③ ④ ⑤ ⑥ ⑦ ⑧ ⑨	75	⊕ ⊖ ⓪ ① ② ③ ④ ⑤ ⑥ ⑦ ⑧ ⑨	100	⊕ ⊖ ⓪ ① ② ③ ④ ⑤ ⑥ ⑦ ⑧ ⑨

豊田大谷高等学校　2022年度

◇数学◇

※ 123%に拡大していただくと，解答欄は実物大になります。

解答番号	解答記入欄	解答番号	解答記入欄	解答番号	解答記入欄	解答番号	解答記入欄
1	⊕ ⊖ ⓪ ① ② ③ ④ ⑤ ⑥ ⑦ ⑧ ⑨	26	⊕ ⊖ ⓪ ① ② ③ ④ ⑤ ⑥ ⑦ ⑧ ⑨	51	⊕ ⊖ ⓪ ① ② ③ ④ ⑤ ⑥ ⑦ ⑧ ⑨	76	⊕ ⊖ ⓪ ① ② ③ ④ ⑤ ⑥ ⑦ ⑧ ⑨
2	⊕ ⊖ ⓪ ① ② ③ ④ ⑤ ⑥ ⑦ ⑧ ⑨	27	⊕ ⊖ ⓪ ① ② ③ ④ ⑤ ⑥ ⑦ ⑧ ⑨	52	⊕ ⊖ ⓪ ① ② ③ ④ ⑤ ⑥ ⑦ ⑧ ⑨	77	⊕ ⊖ ⓪ ① ② ③ ④ ⑤ ⑥ ⑦ ⑧ ⑨
3	⊕ ⊖ ⓪ ① ② ③ ④ ⑤ ⑥ ⑦ ⑧ ⑨	28	⊕ ⊖ ⓪ ① ② ③ ④ ⑤ ⑥ ⑦ ⑧ ⑨	53	⊕ ⊖ ⓪ ① ② ③ ④ ⑤ ⑥ ⑦ ⑧ ⑨	78	⊕ ⊖ ⓪ ① ② ③ ④ ⑤ ⑥ ⑦ ⑧ ⑨
4	⊕ ⊖ ⓪ ① ② ③ ④ ⑤ ⑥ ⑦ ⑧ ⑨	29	⊕ ⊖ ⓪ ① ② ③ ④ ⑤ ⑥ ⑦ ⑧ ⑨	54	⊕ ⊖ ⓪ ① ② ③ ④ ⑤ ⑥ ⑦ ⑧ ⑨	79	⊕ ⊖ ⓪ ① ② ③ ④ ⑤ ⑥ ⑦ ⑧ ⑨
5	⊕ ⊖ ⓪ ① ② ③ ④ ⑤ ⑥ ⑦ ⑧ ⑨	30	⊕ ⊖ ⓪ ① ② ③ ④ ⑤ ⑥ ⑦ ⑧ ⑨	55	⊕ ⊖ ⓪ ① ② ③ ④ ⑤ ⑥ ⑦ ⑧ ⑨	80	⊕ ⊖ ⓪ ① ② ③ ④ ⑤ ⑥ ⑦ ⑧ ⑨
6	⊕ ⊖ ⓪ ① ② ③ ④ ⑤ ⑥ ⑦ ⑧ ⑨	31	⊕ ⊖ ⓪ ① ② ③ ④ ⑤ ⑥ ⑦ ⑧ ⑨	56	⊕ ⊖ ⓪ ① ② ③ ④ ⑤ ⑥ ⑦ ⑧ ⑨	81	⊕ ⊖ ⓪ ① ② ③ ④ ⑤ ⑥ ⑦ ⑧ ⑨
7	⊕ ⊖ ⓪ ① ② ③ ④ ⑤ ⑥ ⑦ ⑧ ⑨	32	⊕ ⊖ ⓪ ① ② ③ ④ ⑤ ⑥ ⑦ ⑧ ⑨	57	⊕ ⊖ ⓪ ① ② ③ ④ ⑤ ⑥ ⑦ ⑧ ⑨	82	⊕ ⊖ ⓪ ① ② ③ ④ ⑤ ⑥ ⑦ ⑧ ⑨
8	⊕ ⊖ ⓪ ① ② ③ ④ ⑤ ⑥ ⑦ ⑧ ⑨	33	⊕ ⊖ ⓪ ① ② ③ ④ ⑤ ⑥ ⑦ ⑧ ⑨	58	⊕ ⊖ ⓪ ① ② ③ ④ ⑤ ⑥ ⑦ ⑧ ⑨	83	⊕ ⊖ ⓪ ① ② ③ ④ ⑤ ⑥ ⑦ ⑧ ⑨
9	⊕ ⊖ ⓪ ① ② ③ ④ ⑤ ⑥ ⑦ ⑧ ⑨	34	⊕ ⊖ ⓪ ① ② ③ ④ ⑤ ⑥ ⑦ ⑧ ⑨	59	⊕ ⊖ ⓪ ① ② ③ ④ ⑤ ⑥ ⑦ ⑧ ⑨	84	⊕ ⊖ ⓪ ① ② ③ ④ ⑤ ⑥ ⑦ ⑧ ⑨
10	⊕ ⊖ ⓪ ① ② ③ ④ ⑤ ⑥ ⑦ ⑧ ⑨	35	⊕ ⊖ ⓪ ① ② ③ ④ ⑤ ⑥ ⑦ ⑧ ⑨	60	⊕ ⊖ ⓪ ① ② ③ ④ ⑤ ⑥ ⑦ ⑧ ⑨	85	⊕ ⊖ ⓪ ① ② ③ ④ ⑤ ⑥ ⑦ ⑧ ⑨
11	⊕ ⊖ ⓪ ① ② ③ ④ ⑤ ⑥ ⑦ ⑧ ⑨	36	⊕ ⊖ ⓪ ① ② ③ ④ ⑤ ⑥ ⑦ ⑧ ⑨	61	⊕ ⊖ ⓪ ① ② ③ ④ ⑤ ⑥ ⑦ ⑧ ⑨	86	⊕ ⊖ ⓪ ① ② ③ ④ ⑤ ⑥ ⑦ ⑧ ⑨
12	⊕ ⊖ ⓪ ① ② ③ ④ ⑤ ⑥ ⑦ ⑧ ⑨	37	⊕ ⊖ ⓪ ① ② ③ ④ ⑤ ⑥ ⑦ ⑧ ⑨	62	⊕ ⊖ ⓪ ① ② ③ ④ ⑤ ⑥ ⑦ ⑧ ⑨	87	⊕ ⊖ ⓪ ① ② ③ ④ ⑤ ⑥ ⑦ ⑧ ⑨
13	⊕ ⊖ ⓪ ① ② ③ ④ ⑤ ⑥ ⑦ ⑧ ⑨	38	⊕ ⊖ ⓪ ① ② ③ ④ ⑤ ⑥ ⑦ ⑧ ⑨	63	⊕ ⊖ ⓪ ① ② ③ ④ ⑤ ⑥ ⑦ ⑧ ⑨	88	⊕ ⊖ ⓪ ① ② ③ ④ ⑤ ⑥ ⑦ ⑧ ⑨
14	⊕ ⊖ ⓪ ① ② ③ ④ ⑤ ⑥ ⑦ ⑧ ⑨	39	⊕ ⊖ ⓪ ① ② ③ ④ ⑤ ⑥ ⑦ ⑧ ⑨	64	⊕ ⊖ ⓪ ① ② ③ ④ ⑤ ⑥ ⑦ ⑧ ⑨	89	⊕ ⊖ ⓪ ① ② ③ ④ ⑤ ⑥ ⑦ ⑧ ⑨
15	⊕ ⊖ ⓪ ① ② ③ ④ ⑤ ⑥ ⑦ ⑧ ⑨	40	⊕ ⊖ ⓪ ① ② ③ ④ ⑤ ⑥ ⑦ ⑧ ⑨	65	⊕ ⊖ ⓪ ① ② ③ ④ ⑤ ⑥ ⑦ ⑧ ⑨	90	⊕ ⊖ ⓪ ① ② ③ ④ ⑤ ⑥ ⑦ ⑧ ⑨
16	⊕ ⊖ ⓪ ① ② ③ ④ ⑤ ⑥ ⑦ ⑧ ⑨	41	⊕ ⊖ ⓪ ① ② ③ ④ ⑤ ⑥ ⑦ ⑧ ⑨	66	⊕ ⊖ ⓪ ① ② ③ ④ ⑤ ⑥ ⑦ ⑧ ⑨	91	⊕ ⊖ ⓪ ① ② ③ ④ ⑤ ⑥ ⑦ ⑧ ⑨
17	⊕ ⊖ ⓪ ① ② ③ ④ ⑤ ⑥ ⑦ ⑧ ⑨	42	⊕ ⊖ ⓪ ① ② ③ ④ ⑤ ⑥ ⑦ ⑧ ⑨	67	⊕ ⊖ ⓪ ① ② ③ ④ ⑤ ⑥ ⑦ ⑧ ⑨	92	⊕ ⊖ ⓪ ① ② ③ ④ ⑤ ⑥ ⑦ ⑧ ⑨
18	⊕ ⊖ ⓪ ① ② ③ ④ ⑤ ⑥ ⑦ ⑧ ⑨	43	⊕ ⊖ ⓪ ① ② ③ ④ ⑤ ⑥ ⑦ ⑧ ⑨	68	⊕ ⊖ ⓪ ① ② ③ ④ ⑤ ⑥ ⑦ ⑧ ⑨	93	⊕ ⊖ ⓪ ① ② ③ ④ ⑤ ⑥ ⑦ ⑧ ⑨
19	⊕ ⊖ ⓪ ① ② ③ ④ ⑤ ⑥ ⑦ ⑧ ⑨	44	⊕ ⊖ ⓪ ① ② ③ ④ ⑤ ⑥ ⑦ ⑧ ⑨	69	⊕ ⊖ ⓪ ① ② ③ ④ ⑤ ⑥ ⑦ ⑧ ⑨	94	⊕ ⊖ ⓪ ① ② ③ ④ ⑤ ⑥ ⑦ ⑧ ⑨
20	⊕ ⊖ ⓪ ① ② ③ ④ ⑤ ⑥ ⑦ ⑧ ⑨	45	⊕ ⊖ ⓪ ① ② ③ ④ ⑤ ⑥ ⑦ ⑧ ⑨	70	⊕ ⊖ ⓪ ① ② ③ ④ ⑤ ⑥ ⑦ ⑧ ⑨	95	⊕ ⊖ ⓪ ① ② ③ ④ ⑤ ⑥ ⑦ ⑧ ⑨
21	⊕ ⊖ ⓪ ① ② ③ ④ ⑤ ⑥ ⑦ ⑧ ⑨	46	⊕ ⊖ ⓪ ① ② ③ ④ ⑤ ⑥ ⑦ ⑧ ⑨	71	⊕ ⊖ ⓪ ① ② ③ ④ ⑤ ⑥ ⑦ ⑧ ⑨	96	⊕ ⊖ ⓪ ① ② ③ ④ ⑤ ⑥ ⑦ ⑧ ⑨
22	⊕ ⊖ ⓪ ① ② ③ ④ ⑤ ⑥ ⑦ ⑧ ⑨	47	⊕ ⊖ ⓪ ① ② ③ ④ ⑤ ⑥ ⑦ ⑧ ⑨	72	⊕ ⊖ ⓪ ① ② ③ ④ ⑤ ⑥ ⑦ ⑧ ⑨	97	⊕ ⊖ ⓪ ① ② ③ ④ ⑤ ⑥ ⑦ ⑧ ⑨
23	⊕ ⊖ ⓪ ① ② ③ ④ ⑤ ⑥ ⑦ ⑧ ⑨	48	⊕ ⊖ ⓪ ① ② ③ ④ ⑤ ⑥ ⑦ ⑧ ⑨	73	⊕ ⊖ ⓪ ① ② ③ ④ ⑤ ⑥ ⑦ ⑧ ⑨	98	⊕ ⊖ ⓪ ① ② ③ ④ ⑤ ⑥ ⑦ ⑧ ⑨
24	⊕ ⊖ ⓪ ① ② ③ ④ ⑤ ⑥ ⑦ ⑧ ⑨	49	⊕ ⊖ ⓪ ① ② ③ ④ ⑤ ⑥ ⑦ ⑧ ⑨	74	⊕ ⊖ ⓪ ① ② ③ ④ ⑤ ⑥ ⑦ ⑧ ⑨	99	⊕ ⊖ ⓪ ① ② ③ ④ ⑤ ⑥ ⑦ ⑧ ⑨
25	⊕ ⊖ ⓪ ① ② ③ ④ ⑤ ⑥ ⑦ ⑧ ⑨	50	⊕ ⊖ ⓪ ① ② ③ ④ ⑤ ⑥ ⑦ ⑧ ⑨	75	⊕ ⊖ ⓪ ① ② ③ ④ ⑤ ⑥ ⑦ ⑧ ⑨	100	⊕ ⊖ ⓪ ① ② ③ ④ ⑤ ⑥ ⑦ ⑧ ⑨

豊田大谷高等学校　2022年度

◇英語◇

※ 123％に拡大していただくと，解答欄は実物大になります。

解答番号	解答記入欄	解答番号	解答記入欄	解答番号	解答記入欄	解答番号	解答記入欄
1	⊕ ⊖ ⓪ ① ② ③ ④ ⑤ ⑥ ⑦ ⑧ ⑨	26	⊕ ⊖ ⓪ ① ② ③ ④ ⑤ ⑥ ⑦ ⑧ ⑨	51	⊕ ⊖ ⓪ ① ② ③ ④ ⑤ ⑥ ⑦ ⑧ ⑨	76	⊕ ⊖ ⓪ ① ② ③ ④ ⑤ ⑥ ⑦ ⑧ ⑨
2	⊕ ⊖ ⓪ ① ② ③ ④ ⑤ ⑥ ⑦ ⑧ ⑨	27	⊕ ⊖ ⓪ ① ② ③ ④ ⑤ ⑥ ⑦ ⑧ ⑨	52	⊕ ⊖ ⓪ ① ② ③ ④ ⑤ ⑥ ⑦ ⑧ ⑨	77	⊕ ⊖ ⓪ ① ② ③ ④ ⑤ ⑥ ⑦ ⑧ ⑨
3	⊕ ⊖ ⓪ ① ② ③ ④ ⑤ ⑥ ⑦ ⑧ ⑨	28	⊕ ⊖ ⓪ ① ② ③ ④ ⑤ ⑥ ⑦ ⑧ ⑨	53	⊕ ⊖ ⓪ ① ② ③ ④ ⑤ ⑥ ⑦ ⑧ ⑨	78	⊕ ⊖ ⓪ ① ② ③ ④ ⑤ ⑥ ⑦ ⑧ ⑨
4	⊕ ⊖ ⓪ ① ② ③ ④ ⑤ ⑥ ⑦ ⑧ ⑨	29	⊕ ⊖ ⓪ ① ② ③ ④ ⑤ ⑥ ⑦ ⑧ ⑨	54	⊕ ⊖ ⓪ ① ② ③ ④ ⑤ ⑥ ⑦ ⑧ ⑨	79	⊕ ⊖ ⓪ ① ② ③ ④ ⑤ ⑥ ⑦ ⑧ ⑨
5	⊕ ⊖ ⓪ ① ② ③ ④ ⑤ ⑥ ⑦ ⑧ ⑨	30	⊕ ⊖ ⓪ ① ② ③ ④ ⑤ ⑥ ⑦ ⑧ ⑨	55	⊕ ⊖ ⓪ ① ② ③ ④ ⑤ ⑥ ⑦ ⑧ ⑨	80	⊕ ⊖ ⓪ ① ② ③ ④ ⑤ ⑥ ⑦ ⑧ ⑨
6	⊕ ⊖ ⓪ ① ② ③ ④ ⑤ ⑥ ⑦ ⑧ ⑨	31	⊕ ⊖ ⓪ ① ② ③ ④ ⑤ ⑥ ⑦ ⑧ ⑨	56	⊕ ⊖ ⓪ ① ② ③ ④ ⑤ ⑥ ⑦ ⑧ ⑨	81	⊕ ⊖ ⓪ ① ② ③ ④ ⑤ ⑥ ⑦ ⑧ ⑨
7	⊕ ⊖ ⓪ ① ② ③ ④ ⑤ ⑥ ⑦ ⑧ ⑨	32	⊕ ⊖ ⓪ ① ② ③ ④ ⑤ ⑥ ⑦ ⑧ ⑨	57	⊕ ⊖ ⓪ ① ② ③ ④ ⑤ ⑥ ⑦ ⑧ ⑨	82	⊕ ⊖ ⓪ ① ② ③ ④ ⑤ ⑥ ⑦ ⑧ ⑨
8	⊕ ⊖ ⓪ ① ② ③ ④ ⑤ ⑥ ⑦ ⑧ ⑨	33	⊕ ⊖ ⓪ ① ② ③ ④ ⑤ ⑥ ⑦ ⑧ ⑨	58	⊕ ⊖ ⓪ ① ② ③ ④ ⑤ ⑥ ⑦ ⑧ ⑨	83	⊕ ⊖ ⓪ ① ② ③ ④ ⑤ ⑥ ⑦ ⑧ ⑨
9	⊕ ⊖ ⓪ ① ② ③ ④ ⑤ ⑥ ⑦ ⑧ ⑨	34	⊕ ⊖ ⓪ ① ② ③ ④ ⑤ ⑥ ⑦ ⑧ ⑨	59	⊕ ⊖ ⓪ ① ② ③ ④ ⑤ ⑥ ⑦ ⑧ ⑨	84	⊕ ⊖ ⓪ ① ② ③ ④ ⑤ ⑥ ⑦ ⑧ ⑨
10	⊕ ⊖ ⓪ ① ② ③ ④ ⑤ ⑥ ⑦ ⑧ ⑨	35	⊕ ⊖ ⓪ ① ② ③ ④ ⑤ ⑥ ⑦ ⑧ ⑨	60	⊕ ⊖ ⓪ ① ② ③ ④ ⑤ ⑥ ⑦ ⑧ ⑨	85	⊕ ⊖ ⓪ ① ② ③ ④ ⑤ ⑥ ⑦ ⑧ ⑨
11	⊕ ⊖ ⓪ ① ② ③ ④ ⑤ ⑥ ⑦ ⑧ ⑨	36	⊕ ⊖ ⓪ ① ② ③ ④ ⑤ ⑥ ⑦ ⑧ ⑨	61	⊕ ⊖ ⓪ ① ② ③ ④ ⑤ ⑥ ⑦ ⑧ ⑨	86	⊕ ⊖ ⓪ ① ② ③ ④ ⑤ ⑥ ⑦ ⑧ ⑨
12	⊕ ⊖ ⓪ ① ② ③ ④ ⑤ ⑥ ⑦ ⑧ ⑨	37	⊕ ⊖ ⓪ ① ② ③ ④ ⑤ ⑥ ⑦ ⑧ ⑨	62	⊕ ⊖ ⓪ ① ② ③ ④ ⑤ ⑥ ⑦ ⑧ ⑨	87	⊕ ⊖ ⓪ ① ② ③ ④ ⑤ ⑥ ⑦ ⑧ ⑨
13	⊕ ⊖ ⓪ ① ② ③ ④ ⑤ ⑥ ⑦ ⑧ ⑨	38	⊕ ⊖ ⓪ ① ② ③ ④ ⑤ ⑥ ⑦ ⑧ ⑨	63	⊕ ⊖ ⓪ ① ② ③ ④ ⑤ ⑥ ⑦ ⑧ ⑨	88	⊕ ⊖ ⓪ ① ② ③ ④ ⑤ ⑥ ⑦ ⑧ ⑨
14	⊕ ⊖ ⓪ ① ② ③ ④ ⑤ ⑥ ⑦ ⑧ ⑨	39	⊕ ⊖ ⓪ ① ② ③ ④ ⑤ ⑥ ⑦ ⑧ ⑨	64	⊕ ⊖ ⓪ ① ② ③ ④ ⑤ ⑥ ⑦ ⑧ ⑨	89	⊕ ⊖ ⓪ ① ② ③ ④ ⑤ ⑥ ⑦ ⑧ ⑨
15	⊕ ⊖ ⓪ ① ② ③ ④ ⑤ ⑥ ⑦ ⑧ ⑨	40	⊕ ⊖ ⓪ ① ② ③ ④ ⑤ ⑥ ⑦ ⑧ ⑨	65	⊕ ⊖ ⓪ ① ② ③ ④ ⑤ ⑥ ⑦ ⑧ ⑨	90	⊕ ⊖ ⓪ ① ② ③ ④ ⑤ ⑥ ⑦ ⑧ ⑨
16	⊕ ⊖ ⓪ ① ② ③ ④ ⑤ ⑥ ⑦ ⑧ ⑨	41	⊕ ⊖ ⓪ ① ② ③ ④ ⑤ ⑥ ⑦ ⑧ ⑨	66	⊕ ⊖ ⓪ ① ② ③ ④ ⑤ ⑥ ⑦ ⑧ ⑨	91	⊕ ⊖ ⓪ ① ② ③ ④ ⑤ ⑥ ⑦ ⑧ ⑨
17	⊕ ⊖ ⓪ ① ② ③ ④ ⑤ ⑥ ⑦ ⑧ ⑨	42	⊕ ⊖ ⓪ ① ② ③ ④ ⑤ ⑥ ⑦ ⑧ ⑨	67	⊕ ⊖ ⓪ ① ② ③ ④ ⑤ ⑥ ⑦ ⑧ ⑨	92	⊕ ⊖ ⓪ ① ② ③ ④ ⑤ ⑥ ⑦ ⑧ ⑨
18	⊕ ⊖ ⓪ ① ② ③ ④ ⑤ ⑥ ⑦ ⑧ ⑨	43	⊕ ⊖ ⓪ ① ② ③ ④ ⑤ ⑥ ⑦ ⑧ ⑨	68	⊕ ⊖ ⓪ ① ② ③ ④ ⑤ ⑥ ⑦ ⑧ ⑨	93	⊕ ⊖ ⓪ ① ② ③ ④ ⑤ ⑥ ⑦ ⑧ ⑨
19	⊕ ⊖ ⓪ ① ② ③ ④ ⑤ ⑥ ⑦ ⑧ ⑨	44	⊕ ⊖ ⓪ ① ② ③ ④ ⑤ ⑥ ⑦ ⑧ ⑨	69	⊕ ⊖ ⓪ ① ② ③ ④ ⑤ ⑥ ⑦ ⑧ ⑨	94	⊕ ⊖ ⓪ ① ② ③ ④ ⑤ ⑥ ⑦ ⑧ ⑨
20	⊕ ⊖ ⓪ ① ② ③ ④ ⑤ ⑥ ⑦ ⑧ ⑨	45	⊕ ⊖ ⓪ ① ② ③ ④ ⑤ ⑥ ⑦ ⑧ ⑨	70	⊕ ⊖ ⓪ ① ② ③ ④ ⑤ ⑥ ⑦ ⑧ ⑨	95	⊕ ⊖ ⓪ ① ② ③ ④ ⑤ ⑥ ⑦ ⑧ ⑨
21	⊕ ⊖ ⓪ ① ② ③ ④ ⑤ ⑥ ⑦ ⑧ ⑨	46	⊕ ⊖ ⓪ ① ② ③ ④ ⑤ ⑥ ⑦ ⑧ ⑨	71	⊕ ⊖ ⓪ ① ② ③ ④ ⑤ ⑥ ⑦ ⑧ ⑨	96	⊕ ⊖ ⓪ ① ② ③ ④ ⑤ ⑥ ⑦ ⑧ ⑨
22	⊕ ⊖ ⓪ ① ② ③ ④ ⑤ ⑥ ⑦ ⑧ ⑨	47	⊕ ⊖ ⓪ ① ② ③ ④ ⑤ ⑥ ⑦ ⑧ ⑨	72	⊕ ⊖ ⓪ ① ② ③ ④ ⑤ ⑥ ⑦ ⑧ ⑨	97	⊕ ⊖ ⓪ ① ② ③ ④ ⑤ ⑥ ⑦ ⑧ ⑨
23	⊕ ⊖ ⓪ ① ② ③ ④ ⑤ ⑥ ⑦ ⑧ ⑨	48	⊕ ⊖ ⓪ ① ② ③ ④ ⑤ ⑥ ⑦ ⑧ ⑨	73	⊕ ⊖ ⓪ ① ② ③ ④ ⑤ ⑥ ⑦ ⑧ ⑨	98	⊕ ⊖ ⓪ ① ② ③ ④ ⑤ ⑥ ⑦ ⑧ ⑨
24	⊕ ⊖ ⓪ ① ② ③ ④ ⑤ ⑥ ⑦ ⑧ ⑨	49	⊕ ⊖ ⓪ ① ② ③ ④ ⑤ ⑥ ⑦ ⑧ ⑨	74	⊕ ⊖ ⓪ ① ② ③ ④ ⑤ ⑥ ⑦ ⑧ ⑨	99	⊕ ⊖ ⓪ ① ② ③ ④ ⑤ ⑥ ⑦ ⑧ ⑨
25	⊕ ⊖ ⓪ ① ② ③ ④ ⑤ ⑥ ⑦ ⑧ ⑨	50	⊕ ⊖ ⓪ ① ② ③ ④ ⑤ ⑥ ⑦ ⑧ ⑨	75	⊕ ⊖ ⓪ ① ② ③ ④ ⑤ ⑥ ⑦ ⑧ ⑨	100	⊕ ⊖ ⓪ ① ② ③ ④ ⑤ ⑥ ⑦ ⑧ ⑨

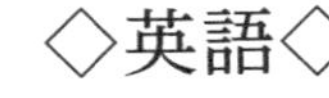

豊田大谷高等学校　　2022年度

◇理科◇

※ 123％に拡大していただくと，解答欄は実物大になります。

解答番号	解答記入欄	解答番号	解答記入欄	解答番号	解答記入欄	解答番号	解答記入欄
1	⊕ ⊖ ⓪ ① ② ③ ④ ⑤ ⑥ ⑦ ⑧ ⑨	26	⊕ ⊖ ⓪ ① ② ③ ④ ⑤ ⑥ ⑦ ⑧ ⑨	51	⊕ ⊖ ⓪ ① ② ③ ④ ⑤ ⑥ ⑦ ⑧ ⑨	76	⊕ ⊖ ⓪ ① ② ③ ④ ⑤ ⑥ ⑦ ⑧ ⑨
2	⊕ ⊖ ⓪ ① ② ③ ④ ⑤ ⑥ ⑦ ⑧ ⑨	27	⊕ ⊖ ⓪ ① ② ③ ④ ⑤ ⑥ ⑦ ⑧ ⑨	52	⊕ ⊖ ⓪ ① ② ③ ④ ⑤ ⑥ ⑦ ⑧ ⑨	77	⊕ ⊖ ⓪ ① ② ③ ④ ⑤ ⑥ ⑦ ⑧ ⑨
3	⊕ ⊖ ⓪ ① ② ③ ④ ⑤ ⑥ ⑦ ⑧ ⑨	28	⊕ ⊖ ⓪ ① ② ③ ④ ⑤ ⑥ ⑦ ⑧ ⑨	53	⊕ ⊖ ⓪ ① ② ③ ④ ⑤ ⑥ ⑦ ⑧ ⑨	78	⊕ ⊖ ⓪ ① ② ③ ④ ⑤ ⑥ ⑦ ⑧ ⑨
4	⊕ ⊖ ⓪ ① ② ③ ④ ⑤ ⑥ ⑦ ⑧ ⑨	29	⊕ ⊖ ⓪ ① ② ③ ④ ⑤ ⑥ ⑦ ⑧ ⑨	54	⊕ ⊖ ⓪ ① ② ③ ④ ⑤ ⑥ ⑦ ⑧ ⑨	79	⊕ ⊖ ⓪ ① ② ③ ④ ⑤ ⑥ ⑦ ⑧ ⑨
5	⊕ ⊖ ⓪ ① ② ③ ④ ⑤ ⑥ ⑦ ⑧ ⑨	30	⊕ ⊖ ⓪ ① ② ③ ④ ⑤ ⑥ ⑦ ⑧ ⑨	55	⊕ ⊖ ⓪ ① ② ③ ④ ⑤ ⑥ ⑦ ⑧ ⑨	80	⊕ ⊖ ⓪ ① ② ③ ④ ⑤ ⑥ ⑦ ⑧ ⑨
6	⊕ ⊖ ⓪ ① ② ③ ④ ⑤ ⑥ ⑦ ⑧ ⑨	31	⊕ ⊖ ⓪ ① ② ③ ④ ⑤ ⑥ ⑦ ⑧ ⑨	56	⊕ ⊖ ⓪ ① ② ③ ④ ⑤ ⑥ ⑦ ⑧ ⑨	81	⊕ ⊖ ⓪ ① ② ③ ④ ⑤ ⑥ ⑦ ⑧ ⑨
7	⊕ ⊖ ⓪ ① ② ③ ④ ⑤ ⑥ ⑦ ⑧ ⑨	32	⊕ ⊖ ⓪ ① ② ③ ④ ⑤ ⑥ ⑦ ⑧ ⑨	57	⊕ ⊖ ⓪ ① ② ③ ④ ⑤ ⑥ ⑦ ⑧ ⑨	82	⊕ ⊖ ⓪ ① ② ③ ④ ⑤ ⑥ ⑦ ⑧ ⑨
8	⊕ ⊖ ⓪ ① ② ③ ④ ⑤ ⑥ ⑦ ⑧ ⑨	33	⊕ ⊖ ⓪ ① ② ③ ④ ⑤ ⑥ ⑦ ⑧ ⑨	58	⊕ ⊖ ⓪ ① ② ③ ④ ⑤ ⑥ ⑦ ⑧ ⑨	83	⊕ ⊖ ⓪ ① ② ③ ④ ⑤ ⑥ ⑦ ⑧ ⑨
9	⊕ ⊖ ⓪ ① ② ③ ④ ⑤ ⑥ ⑦ ⑧ ⑨	34	⊕ ⊖ ⓪ ① ② ③ ④ ⑤ ⑥ ⑦ ⑧ ⑨	59	⊕ ⊖ ⓪ ① ② ③ ④ ⑤ ⑥ ⑦ ⑧ ⑨	84	⊕ ⊖ ⓪ ① ② ③ ④ ⑤ ⑥ ⑦ ⑧ ⑨
10	⊕ ⊖ ⓪ ① ② ③ ④ ⑤ ⑥ ⑦ ⑧ ⑨	35	⊕ ⊖ ⓪ ① ② ③ ④ ⑤ ⑥ ⑦ ⑧ ⑨	60	⊕ ⊖ ⓪ ① ② ③ ④ ⑤ ⑥ ⑦ ⑧ ⑨	85	⊕ ⊖ ⓪ ① ② ③ ④ ⑤ ⑥ ⑦ ⑧ ⑨
11	⊕ ⊖ ⓪ ① ② ③ ④ ⑤ ⑥ ⑦ ⑧ ⑨	36	⊕ ⊖ ⓪ ① ② ③ ④ ⑤ ⑥ ⑦ ⑧ ⑨	61	⊕ ⊖ ⓪ ① ② ③ ④ ⑤ ⑥ ⑦ ⑧ ⑨	86	⊕ ⊖ ⓪ ① ② ③ ④ ⑤ ⑥ ⑦ ⑧ ⑨
12	⊕ ⊖ ⓪ ① ② ③ ④ ⑤ ⑥ ⑦ ⑧ ⑨	37	⊕ ⊖ ⓪ ① ② ③ ④ ⑤ ⑥ ⑦ ⑧ ⑨	62	⊕ ⊖ ⓪ ① ② ③ ④ ⑤ ⑥ ⑦ ⑧ ⑨	87	⊕ ⊖ ⓪ ① ② ③ ④ ⑤ ⑥ ⑦ ⑧ ⑨
13	⊕ ⊖ ⓪ ① ② ③ ④ ⑤ ⑥ ⑦ ⑧ ⑨	38	⊕ ⊖ ⓪ ① ② ③ ④ ⑤ ⑥ ⑦ ⑧ ⑨	63	⊕ ⊖ ⓪ ① ② ③ ④ ⑤ ⑥ ⑦ ⑧ ⑨	88	⊕ ⊖ ⓪ ① ② ③ ④ ⑤ ⑥ ⑦ ⑧ ⑨
14	⊕ ⊖ ⓪ ① ② ③ ④ ⑤ ⑥ ⑦ ⑧ ⑨	39	⊕ ⊖ ⓪ ① ② ③ ④ ⑤ ⑥ ⑦ ⑧ ⑨	64	⊕ ⊖ ⓪ ① ② ③ ④ ⑤ ⑥ ⑦ ⑧ ⑨	89	⊕ ⊖ ⓪ ① ② ③ ④ ⑤ ⑥ ⑦ ⑧ ⑨
15	⊕ ⊖ ⓪ ① ② ③ ④ ⑤ ⑥ ⑦ ⑧ ⑨	40	⊕ ⊖ ⓪ ① ② ③ ④ ⑤ ⑥ ⑦ ⑧ ⑨	65	⊕ ⊖ ⓪ ① ② ③ ④ ⑤ ⑥ ⑦ ⑧ ⑨	90	⊕ ⊖ ⓪ ① ② ③ ④ ⑤ ⑥ ⑦ ⑧ ⑨
16	⊕ ⊖ ⓪ ① ② ③ ④ ⑤ ⑥ ⑦ ⑧ ⑨	41	⊕ ⊖ ⓪ ① ② ③ ④ ⑤ ⑥ ⑦ ⑧ ⑨	66	⊕ ⊖ ⓪ ① ② ③ ④ ⑤ ⑥ ⑦ ⑧ ⑨	91	⊕ ⊖ ⓪ ① ② ③ ④ ⑤ ⑥ ⑦ ⑧ ⑨
17	⊕ ⊖ ⓪ ① ② ③ ④ ⑤ ⑥ ⑦ ⑧ ⑨	42	⊕ ⊖ ⓪ ① ② ③ ④ ⑤ ⑥ ⑦ ⑧ ⑨	67	⊕ ⊖ ⓪ ① ② ③ ④ ⑤ ⑥ ⑦ ⑧ ⑨	92	⊕ ⊖ ⓪ ① ② ③ ④ ⑤ ⑥ ⑦ ⑧ ⑨
18	⊕ ⊖ ⓪ ① ② ③ ④ ⑤ ⑥ ⑦ ⑧ ⑨	43	⊕ ⊖ ⓪ ① ② ③ ④ ⑤ ⑥ ⑦ ⑧ ⑨	68	⊕ ⊖ ⓪ ① ② ③ ④ ⑤ ⑥ ⑦ ⑧ ⑨	93	⊕ ⊖ ⓪ ① ② ③ ④ ⑤ ⑥ ⑦ ⑧ ⑨
19	⊕ ⊖ ⓪ ① ② ③ ④ ⑤ ⑥ ⑦ ⑧ ⑨	44	⊕ ⊖ ⓪ ① ② ③ ④ ⑤ ⑥ ⑦ ⑧ ⑨	69	⊕ ⊖ ⓪ ① ② ③ ④ ⑤ ⑥ ⑦ ⑧ ⑨	94	⊕ ⊖ ⓪ ① ② ③ ④ ⑤ ⑥ ⑦ ⑧ ⑨
20	⊕ ⊖ ⓪ ① ② ③ ④ ⑤ ⑥ ⑦ ⑧ ⑨	45	⊕ ⊖ ⓪ ① ② ③ ④ ⑤ ⑥ ⑦ ⑧ ⑨	70	⊕ ⊖ ⓪ ① ② ③ ④ ⑤ ⑥ ⑦ ⑧ ⑨	95	⊕ ⊖ ⓪ ① ② ③ ④ ⑤ ⑥ ⑦ ⑧ ⑨
21	⊕ ⊖ ⓪ ① ② ③ ④ ⑤ ⑥ ⑦ ⑧ ⑨	46	⊕ ⊖ ⓪ ① ② ③ ④ ⑤ ⑥ ⑦ ⑧ ⑨	71	⊕ ⊖ ⓪ ① ② ③ ④ ⑤ ⑥ ⑦ ⑧ ⑨	96	⊕ ⊖ ⓪ ① ② ③ ④ ⑤ ⑥ ⑦ ⑧ ⑨
22	⊕ ⊖ ⓪ ① ② ③ ④ ⑤ ⑥ ⑦ ⑧ ⑨	47	⊕ ⊖ ⓪ ① ② ③ ④ ⑤ ⑥ ⑦ ⑧ ⑨	72	⊕ ⊖ ⓪ ① ② ③ ④ ⑤ ⑥ ⑦ ⑧ ⑨	97	⊕ ⊖ ⓪ ① ② ③ ④ ⑤ ⑥ ⑦ ⑧ ⑨
23	⊕ ⊖ ⓪ ① ② ③ ④ ⑤ ⑥ ⑦ ⑧ ⑨	48	⊕ ⊖ ⓪ ① ② ③ ④ ⑤ ⑥ ⑦ ⑧ ⑨	73	⊕ ⊖ ⓪ ① ② ③ ④ ⑤ ⑥ ⑦ ⑧ ⑨	98	⊕ ⊖ ⓪ ① ② ③ ④ ⑤ ⑥ ⑦ ⑧ ⑨
24	⊕ ⊖ ⓪ ① ② ③ ④ ⑤ ⑥ ⑦ ⑧ ⑨	49	⊕ ⊖ ⓪ ① ② ③ ④ ⑤ ⑥ ⑦ ⑧ ⑨	74	⊕ ⊖ ⓪ ① ② ③ ④ ⑤ ⑥ ⑦ ⑧ ⑨	99	⊕ ⊖ ⓪ ① ② ③ ④ ⑤ ⑥ ⑦ ⑧ ⑨
25	⊕ ⊖ ⓪ ① ② ③ ④ ⑤ ⑥ ⑦ ⑧ ⑨	50	⊕ ⊖ ⓪ ① ② ③ ④ ⑤ ⑥ ⑦ ⑧ ⑨	75	⊕ ⊖ ⓪ ① ② ③ ④ ⑤ ⑥ ⑦ ⑧ ⑨	100	⊕ ⊖ ⓪ ① ② ③ ④ ⑤ ⑥ ⑦ ⑧ ⑨

豊田大谷高等学校　　2022年度

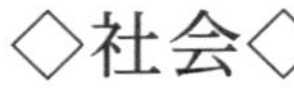

※ 123％に拡大していただくと，解答欄は実物大になります。

解答番号	解答記入欄	解答番号	解答記入欄	解答番号	解答記入欄	解答番号	解答記入欄
1	⊕ ⊖ ⓪ ① ② ③ ④ ⑤ ⑥ ⑦ ⑧ ⑨	26	⊕ ⊖ ⓪ ① ② ③ ④ ⑤ ⑥ ⑦ ⑧ ⑨	51	⊕ ⊖ ⓪ ① ② ③ ④ ⑤ ⑥ ⑦ ⑧ ⑨	76	⊕ ⊖ ⓪ ① ② ③ ④ ⑤ ⑥ ⑦ ⑧ ⑨
2	⊕ ⊖ ⓪ ① ② ③ ④ ⑤ ⑥ ⑦ ⑧ ⑨	27	⊕ ⊖ ⓪ ① ② ③ ④ ⑤ ⑥ ⑦ ⑧ ⑨	52	⊕ ⊖ ⓪ ① ② ③ ④ ⑤ ⑥ ⑦ ⑧ ⑨	77	⊕ ⊖ ⓪ ① ② ③ ④ ⑤ ⑥ ⑦ ⑧ ⑨
3	⊕ ⊖ ⓪ ① ② ③ ④ ⑤ ⑥ ⑦ ⑧ ⑨	28	⊕ ⊖ ⓪ ① ② ③ ④ ⑤ ⑥ ⑦ ⑧ ⑨	53	⊕ ⊖ ⓪ ① ② ③ ④ ⑤ ⑥ ⑦ ⑧ ⑨	78	⊕ ⊖ ⓪ ① ② ③ ④ ⑤ ⑥ ⑦ ⑧ ⑨
4	⊕ ⊖ ⓪ ① ② ③ ④ ⑤ ⑥ ⑦ ⑧ ⑨	29	⊕ ⊖ ⓪ ① ② ③ ④ ⑤ ⑥ ⑦ ⑧ ⑨	54	⊕ ⊖ ⓪ ① ② ③ ④ ⑤ ⑥ ⑦ ⑧ ⑨	79	⊕ ⊖ ⓪ ① ② ③ ④ ⑤ ⑥ ⑦ ⑧ ⑨
5	⊕ ⊖ ⓪ ① ② ③ ④ ⑤ ⑥ ⑦ ⑧ ⑨	30	⊕ ⊖ ⓪ ① ② ③ ④ ⑤ ⑥ ⑦ ⑧ ⑨	55	⊕ ⊖ ⓪ ① ② ③ ④ ⑤ ⑥ ⑦ ⑧ ⑨	80	⊕ ⊖ ⓪ ① ② ③ ④ ⑤ ⑥ ⑦ ⑧ ⑨
6	⊕ ⊖ ⓪ ① ② ③ ④ ⑤ ⑥ ⑦ ⑧ ⑨	31	⊕ ⊖ ⓪ ① ② ③ ④ ⑤ ⑥ ⑦ ⑧ ⑨	56	⊕ ⊖ ⓪ ① ② ③ ④ ⑤ ⑥ ⑦ ⑧ ⑨	81	⊕ ⊖ ⓪ ① ② ③ ④ ⑤ ⑥ ⑦ ⑧ ⑨
7	⊕ ⊖ ⓪ ① ② ③ ④ ⑤ ⑥ ⑦ ⑧ ⑨	32	⊕ ⊖ ⓪ ① ② ③ ④ ⑤ ⑥ ⑦ ⑧ ⑨	57	⊕ ⊖ ⓪ ① ② ③ ④ ⑤ ⑥ ⑦ ⑧ ⑨	82	⊕ ⊖ ⓪ ① ② ③ ④ ⑤ ⑥ ⑦ ⑧ ⑨
8	⊕ ⊖ ⓪ ① ② ③ ④ ⑤ ⑥ ⑦ ⑧ ⑨	33	⊕ ⊖ ⓪ ① ② ③ ④ ⑤ ⑥ ⑦ ⑧ ⑨	58	⊕ ⊖ ⓪ ① ② ③ ④ ⑤ ⑥ ⑦ ⑧ ⑨	83	⊕ ⊖ ⓪ ① ② ③ ④ ⑤ ⑥ ⑦ ⑧ ⑨
9	⊕ ⊖ ⓪ ① ② ③ ④ ⑤ ⑥ ⑦ ⑧ ⑨	34	⊕ ⊖ ⓪ ① ② ③ ④ ⑤ ⑥ ⑦ ⑧ ⑨	59	⊕ ⊖ ⓪ ① ② ③ ④ ⑤ ⑥ ⑦ ⑧ ⑨	84	⊕ ⊖ ⓪ ① ② ③ ④ ⑤ ⑥ ⑦ ⑧ ⑨
10	⊕ ⊖ ⓪ ① ② ③ ④ ⑤ ⑥ ⑦ ⑧ ⑨	35	⊕ ⊖ ⓪ ① ② ③ ④ ⑤ ⑥ ⑦ ⑧ ⑨	60	⊕ ⊖ ⓪ ① ② ③ ④ ⑤ ⑥ ⑦ ⑧ ⑨	85	⊕ ⊖ ⓪ ① ② ③ ④ ⑤ ⑥ ⑦ ⑧ ⑨
11	⊕ ⊖ ⓪ ① ② ③ ④ ⑤ ⑥ ⑦ ⑧ ⑨	36	⊕ ⊖ ⓪ ① ② ③ ④ ⑤ ⑥ ⑦ ⑧ ⑨	61	⊕ ⊖ ⓪ ① ② ③ ④ ⑤ ⑥ ⑦ ⑧ ⑨	86	⊕ ⊖ ⓪ ① ② ③ ④ ⑤ ⑥ ⑦ ⑧ ⑨
12	⊕ ⊖ ⓪ ① ② ③ ④ ⑤ ⑥ ⑦ ⑧ ⑨	37	⊕ ⊖ ⓪ ① ② ③ ④ ⑤ ⑥ ⑦ ⑧ ⑨	62	⊕ ⊖ ⓪ ① ② ③ ④ ⑤ ⑥ ⑦ ⑧ ⑨	87	⊕ ⊖ ⓪ ① ② ③ ④ ⑤ ⑥ ⑦ ⑧ ⑨
13	⊕ ⊖ ⓪ ① ② ③ ④ ⑤ ⑥ ⑦ ⑧ ⑨	38	⊕ ⊖ ⓪ ① ② ③ ④ ⑤ ⑥ ⑦ ⑧ ⑨	63	⊕ ⊖ ⓪ ① ② ③ ④ ⑤ ⑥ ⑦ ⑧ ⑨	88	⊕ ⊖ ⓪ ① ② ③ ④ ⑤ ⑥ ⑦ ⑧ ⑨
14	⊕ ⊖ ⓪ ① ② ③ ④ ⑤ ⑥ ⑦ ⑧ ⑨	39	⊕ ⊖ ⓪ ① ② ③ ④ ⑤ ⑥ ⑦ ⑧ ⑨	64	⊕ ⊖ ⓪ ① ② ③ ④ ⑤ ⑥ ⑦ ⑧ ⑨	89	⊕ ⊖ ⓪ ① ② ③ ④ ⑤ ⑥ ⑦ ⑧ ⑨
15	⊕ ⊖ ⓪ ① ② ③ ④ ⑤ ⑥ ⑦ ⑧ ⑨	40	⊕ ⊖ ⓪ ① ② ③ ④ ⑤ ⑥ ⑦ ⑧ ⑨	65	⊕ ⊖ ⓪ ① ② ③ ④ ⑤ ⑥ ⑦ ⑧ ⑨	90	⊕ ⊖ ⓪ ① ② ③ ④ ⑤ ⑥ ⑦ ⑧ ⑨
16	⊕ ⊖ ⓪ ① ② ③ ④ ⑤ ⑥ ⑦ ⑧ ⑨	41	⊕ ⊖ ⓪ ① ② ③ ④ ⑤ ⑥ ⑦ ⑧ ⑨	66	⊕ ⊖ ⓪ ① ② ③ ④ ⑤ ⑥ ⑦ ⑧ ⑨	91	⊕ ⊖ ⓪ ① ② ③ ④ ⑤ ⑥ ⑦ ⑧ ⑨
17	⊕ ⊖ ⓪ ① ② ③ ④ ⑤ ⑥ ⑦ ⑧ ⑨	42	⊕ ⊖ ⓪ ① ② ③ ④ ⑤ ⑥ ⑦ ⑧ ⑨	67	⊕ ⊖ ⓪ ① ② ③ ④ ⑤ ⑥ ⑦ ⑧ ⑨	92	⊕ ⊖ ⓪ ① ② ③ ④ ⑤ ⑥ ⑦ ⑧ ⑨
18	⊕ ⊖ ⓪ ① ② ③ ④ ⑤ ⑥ ⑦ ⑧ ⑨	43	⊕ ⊖ ⓪ ① ② ③ ④ ⑤ ⑥ ⑦ ⑧ ⑨	68	⊕ ⊖ ⓪ ① ② ③ ④ ⑤ ⑥ ⑦ ⑧ ⑨	93	⊕ ⊖ ⓪ ① ② ③ ④ ⑤ ⑥ ⑦ ⑧ ⑨
19	⊕ ⊖ ⓪ ① ② ③ ④ ⑤ ⑥ ⑦ ⑧ ⑨	44	⊕ ⊖ ⓪ ① ② ③ ④ ⑤ ⑥ ⑦ ⑧ ⑨	69	⊕ ⊖ ⓪ ① ② ③ ④ ⑤ ⑥ ⑦ ⑧ ⑨	94	⊕ ⊖ ⓪ ① ② ③ ④ ⑤ ⑥ ⑦ ⑧ ⑨
20	⊕ ⊖ ⓪ ① ② ③ ④ ⑤ ⑥ ⑦ ⑧ ⑨	45	⊕ ⊖ ⓪ ① ② ③ ④ ⑤ ⑥ ⑦ ⑧ ⑨	70	⊕ ⊖ ⓪ ① ② ③ ④ ⑤ ⑥ ⑦ ⑧ ⑨	95	⊕ ⊖ ⓪ ① ② ③ ④ ⑤ ⑥ ⑦ ⑧ ⑨
21	⊕ ⊖ ⓪ ① ② ③ ④ ⑤ ⑥ ⑦ ⑧ ⑨	46	⊕ ⊖ ⓪ ① ② ③ ④ ⑤ ⑥ ⑦ ⑧ ⑨	71	⊕ ⊖ ⓪ ① ② ③ ④ ⑤ ⑥ ⑦ ⑧ ⑨	96	⊕ ⊖ ⓪ ① ② ③ ④ ⑤ ⑥ ⑦ ⑧ ⑨
22	⊕ ⊖ ⓪ ① ② ③ ④ ⑤ ⑥ ⑦ ⑧ ⑨	47	⊕ ⊖ ⓪ ① ② ③ ④ ⑤ ⑥ ⑦ ⑧ ⑨	72	⊕ ⊖ ⓪ ① ② ③ ④ ⑤ ⑥ ⑦ ⑧ ⑨	97	⊕ ⊖ ⓪ ① ② ③ ④ ⑤ ⑥ ⑦ ⑧ ⑨
23	⊕ ⊖ ⓪ ① ② ③ ④ ⑤ ⑥ ⑦ ⑧ ⑨	48	⊕ ⊖ ⓪ ① ② ③ ④ ⑤ ⑥ ⑦ ⑧ ⑨	73	⊕ ⊖ ⓪ ① ② ③ ④ ⑤ ⑥ ⑦ ⑧ ⑨	98	⊕ ⊖ ⓪ ① ② ③ ④ ⑤ ⑥ ⑦ ⑧ ⑨
24	⊕ ⊖ ⓪ ① ② ③ ④ ⑤ ⑥ ⑦ ⑧ ⑨	49	⊕ ⊖ ⓪ ① ② ③ ④ ⑤ ⑥ ⑦ ⑧ ⑨	74	⊕ ⊖ ⓪ ① ② ③ ④ ⑤ ⑥ ⑦ ⑧ ⑨	99	⊕ ⊖ ⓪ ① ② ③ ④ ⑤ ⑥ ⑦ ⑧ ⑨
25	⊕ ⊖ ⓪ ① ② ③ ④ ⑤ ⑥ ⑦ ⑧ ⑨	50	⊕ ⊖ ⓪ ① ② ③ ④ ⑤ ⑥ ⑦ ⑧ ⑨	75	⊕ ⊖ ⓪ ① ② ③ ④ ⑤ ⑥ ⑦ ⑧ ⑨	100	⊕ ⊖ ⓪ ① ② ③ ④ ⑤ ⑥ ⑦ ⑧ ⑨

豊田大谷高等学校　　2022年度

◇国語◇

※ 123％に拡大していただくと，解答欄は実物大になります。

解答番号	解答記入欄	解答番号	解答記入欄	解答番号	解答記入欄	解答番号	解答記入欄
1	⊕ ⊖ ⓪ ① ② ③ ④ ⑤ ⑥ ⑦ ⑧ ⑨	26	⊕ ⊖ ⓪ ① ② ③ ④ ⑤ ⑥ ⑦ ⑧ ⑨	51	⊕ ⊖ ⓪ ① ② ③ ④ ⑤ ⑥ ⑦ ⑧ ⑨	76	⊕ ⊖ ⓪ ① ② ③ ④ ⑤ ⑥ ⑦ ⑧ ⑨
2	⊕ ⊖ ⓪ ① ② ③ ④ ⑤ ⑥ ⑦ ⑧ ⑨	27	⊕ ⊖ ⓪ ① ② ③ ④ ⑤ ⑥ ⑦ ⑧ ⑨	52	⊕ ⊖ ⓪ ① ② ③ ④ ⑤ ⑥ ⑦ ⑧ ⑨	77	⊕ ⊖ ⓪ ① ② ③ ④ ⑤ ⑥ ⑦ ⑧ ⑨
3	⊕ ⊖ ⓪ ① ② ③ ④ ⑤ ⑥ ⑦ ⑧ ⑨	28	⊕ ⊖ ⓪ ① ② ③ ④ ⑤ ⑥ ⑦ ⑧ ⑨	53	⊕ ⊖ ⓪ ① ② ③ ④ ⑤ ⑥ ⑦ ⑧ ⑨	78	⊕ ⊖ ⓪ ① ② ③ ④ ⑤ ⑥ ⑦ ⑧ ⑨
4	⊕ ⊖ ⓪ ① ② ③ ④ ⑤ ⑥ ⑦ ⑧ ⑨	29	⊕ ⊖ ⓪ ① ② ③ ④ ⑤ ⑥ ⑦ ⑧ ⑨	54	⊕ ⊖ ⓪ ① ② ③ ④ ⑤ ⑥ ⑦ ⑧ ⑨	79	⊕ ⊖ ⓪ ① ② ③ ④ ⑤ ⑥ ⑦ ⑧ ⑨
5	⊕ ⊖ ⓪ ① ② ③ ④ ⑤ ⑥ ⑦ ⑧ ⑨	30	⊕ ⊖ ⓪ ① ② ③ ④ ⑤ ⑥ ⑦ ⑧ ⑨	55	⊕ ⊖ ⓪ ① ② ③ ④ ⑤ ⑥ ⑦ ⑧ ⑨	80	⊕ ⊖ ⓪ ① ② ③ ④ ⑤ ⑥ ⑦ ⑧ ⑨
6	⊕ ⊖ ⓪ ① ② ③ ④ ⑤ ⑥ ⑦ ⑧ ⑨	31	⊕ ⊖ ⓪ ① ② ③ ④ ⑤ ⑥ ⑦ ⑧ ⑨	56	⊕ ⊖ ⓪ ① ② ③ ④ ⑤ ⑥ ⑦ ⑧ ⑨	81	⊕ ⊖ ⓪ ① ② ③ ④ ⑤ ⑥ ⑦ ⑧ ⑨
7	⊕ ⊖ ⓪ ① ② ③ ④ ⑤ ⑥ ⑦ ⑧ ⑨	32	⊕ ⊖ ⓪ ① ② ③ ④ ⑤ ⑥ ⑦ ⑧ ⑨	57	⊕ ⊖ ⓪ ① ② ③ ④ ⑤ ⑥ ⑦ ⑧ ⑨	82	⊕ ⊖ ⓪ ① ② ③ ④ ⑤ ⑥ ⑦ ⑧ ⑨
8	⊕ ⊖ ⓪ ① ② ③ ④ ⑤ ⑥ ⑦ ⑧ ⑨	33	⊕ ⊖ ⓪ ① ② ③ ④ ⑤ ⑥ ⑦ ⑧ ⑨	58	⊕ ⊖ ⓪ ① ② ③ ④ ⑤ ⑥ ⑦ ⑧ ⑨	83	⊕ ⊖ ⓪ ① ② ③ ④ ⑤ ⑥ ⑦ ⑧ ⑨
9	⊕ ⊖ ⓪ ① ② ③ ④ ⑤ ⑥ ⑦ ⑧ ⑨	34	⊕ ⊖ ⓪ ① ② ③ ④ ⑤ ⑥ ⑦ ⑧ ⑨	59	⊕ ⊖ ⓪ ① ② ③ ④ ⑤ ⑥ ⑦ ⑧ ⑨	84	⊕ ⊖ ⓪ ① ② ③ ④ ⑤ ⑥ ⑦ ⑧ ⑨
10	⊕ ⊖ ⓪ ① ② ③ ④ ⑤ ⑥ ⑦ ⑧ ⑨	35	⊕ ⊖ ⓪ ① ② ③ ④ ⑤ ⑥ ⑦ ⑧ ⑨	60	⊕ ⊖ ⓪ ① ② ③ ④ ⑤ ⑥ ⑦ ⑧ ⑨	85	⊕ ⊖ ⓪ ① ② ③ ④ ⑤ ⑥ ⑦ ⑧ ⑨
11	⊕ ⊖ ⓪ ① ② ③ ④ ⑤ ⑥ ⑦ ⑧ ⑨	36	⊕ ⊖ ⓪ ① ② ③ ④ ⑤ ⑥ ⑦ ⑧ ⑨	61	⊕ ⊖ ⓪ ① ② ③ ④ ⑤ ⑥ ⑦ ⑧ ⑨	86	⊕ ⊖ ⓪ ① ② ③ ④ ⑤ ⑥ ⑦ ⑧ ⑨
12	⊕ ⊖ ⓪ ① ② ③ ④ ⑤ ⑥ ⑦ ⑧ ⑨	37	⊕ ⊖ ⓪ ① ② ③ ④ ⑤ ⑥ ⑦ ⑧ ⑨	62	⊕ ⊖ ⓪ ① ② ③ ④ ⑤ ⑥ ⑦ ⑧ ⑨	87	⊕ ⊖ ⓪ ① ② ③ ④ ⑤ ⑥ ⑦ ⑧ ⑨
13	⊕ ⊖ ⓪ ① ② ③ ④ ⑤ ⑥ ⑦ ⑧ ⑨	38	⊕ ⊖ ⓪ ① ② ③ ④ ⑤ ⑥ ⑦ ⑧ ⑨	63	⊕ ⊖ ⓪ ① ② ③ ④ ⑤ ⑥ ⑦ ⑧ ⑨	88	⊕ ⊖ ⓪ ① ② ③ ④ ⑤ ⑥ ⑦ ⑧ ⑨
14	⊕ ⊖ ⓪ ① ② ③ ④ ⑤ ⑥ ⑦ ⑧ ⑨	39	⊕ ⊖ ⓪ ① ② ③ ④ ⑤ ⑥ ⑦ ⑧ ⑨	64	⊕ ⊖ ⓪ ① ② ③ ④ ⑤ ⑥ ⑦ ⑧ ⑨	89	⊕ ⊖ ⓪ ① ② ③ ④ ⑤ ⑥ ⑦ ⑧ ⑨
15	⊕ ⊖ ⓪ ① ② ③ ④ ⑤ ⑥ ⑦ ⑧ ⑨	40	⊕ ⊖ ⓪ ① ② ③ ④ ⑤ ⑥ ⑦ ⑧ ⑨	65	⊕ ⊖ ⓪ ① ② ③ ④ ⑤ ⑥ ⑦ ⑧ ⑨	90	⊕ ⊖ ⓪ ① ② ③ ④ ⑤ ⑥ ⑦ ⑧ ⑨
16	⊕ ⊖ ⓪ ① ② ③ ④ ⑤ ⑥ ⑦ ⑧ ⑨	41	⊕ ⊖ ⓪ ① ② ③ ④ ⑤ ⑥ ⑦ ⑧ ⑨	66	⊕ ⊖ ⓪ ① ② ③ ④ ⑤ ⑥ ⑦ ⑧ ⑨	91	⊕ ⊖ ⓪ ① ② ③ ④ ⑤ ⑥ ⑦ ⑧ ⑨
17	⊕ ⊖ ⓪ ① ② ③ ④ ⑤ ⑥ ⑦ ⑧ ⑨	42	⊕ ⊖ ⓪ ① ② ③ ④ ⑤ ⑥ ⑦ ⑧ ⑨	67	⊕ ⊖ ⓪ ① ② ③ ④ ⑤ ⑥ ⑦ ⑧ ⑨	92	⊕ ⊖ ⓪ ① ② ③ ④ ⑤ ⑥ ⑦ ⑧ ⑨
18	⊕ ⊖ ⓪ ① ② ③ ④ ⑤ ⑥ ⑦ ⑧ ⑨	43	⊕ ⊖ ⓪ ① ② ③ ④ ⑤ ⑥ ⑦ ⑧ ⑨	68	⊕ ⊖ ⓪ ① ② ③ ④ ⑤ ⑥ ⑦ ⑧ ⑨	93	⊕ ⊖ ⓪ ① ② ③ ④ ⑤ ⑥ ⑦ ⑧ ⑨
19	⊕ ⊖ ⓪ ① ② ③ ④ ⑤ ⑥ ⑦ ⑧ ⑨	44	⊕ ⊖ ⓪ ① ② ③ ④ ⑤ ⑥ ⑦ ⑧ ⑨	69	⊕ ⊖ ⓪ ① ② ③ ④ ⑤ ⑥ ⑦ ⑧ ⑨	94	⊕ ⊖ ⓪ ① ② ③ ④ ⑤ ⑥ ⑦ ⑧ ⑨
20	⊕ ⊖ ⓪ ① ② ③ ④ ⑤ ⑥ ⑦ ⑧ ⑨	45	⊕ ⊖ ⓪ ① ② ③ ④ ⑤ ⑥ ⑦ ⑧ ⑨	70	⊕ ⊖ ⓪ ① ② ③ ④ ⑤ ⑥ ⑦ ⑧ ⑨	95	⊕ ⊖ ⓪ ① ② ③ ④ ⑤ ⑥ ⑦ ⑧ ⑨
21	⊕ ⊖ ⓪ ① ② ③ ④ ⑤ ⑥ ⑦ ⑧ ⑨	46	⊕ ⊖ ⓪ ① ② ③ ④ ⑤ ⑥ ⑦ ⑧ ⑨	71	⊕ ⊖ ⓪ ① ② ③ ④ ⑤ ⑥ ⑦ ⑧ ⑨	96	⊕ ⊖ ⓪ ① ② ③ ④ ⑤ ⑥ ⑦ ⑧ ⑨
22	⊕ ⊖ ⓪ ① ② ③ ④ ⑤ ⑥ ⑦ ⑧ ⑨	47	⊕ ⊖ ⓪ ① ② ③ ④ ⑤ ⑥ ⑦ ⑧ ⑨	72	⊕ ⊖ ⓪ ① ② ③ ④ ⑤ ⑥ ⑦ ⑧ ⑨	97	⊕ ⊖ ⓪ ① ② ③ ④ ⑤ ⑥ ⑦ ⑧ ⑨
23	⊕ ⊖ ⓪ ① ② ③ ④ ⑤ ⑥ ⑦ ⑧ ⑨	48	⊕ ⊖ ⓪ ① ② ③ ④ ⑤ ⑥ ⑦ ⑧ ⑨	73	⊕ ⊖ ⓪ ① ② ③ ④ ⑤ ⑥ ⑦ ⑧ ⑨	98	⊕ ⊖ ⓪ ① ② ③ ④ ⑤ ⑥ ⑦ ⑧ ⑨
24	⊕ ⊖ ⓪ ① ② ③ ④ ⑤ ⑥ ⑦ ⑧ ⑨	49	⊕ ⊖ ⓪ ① ② ③ ④ ⑤ ⑥ ⑦ ⑧ ⑨	74	⊕ ⊖ ⓪ ① ② ③ ④ ⑤ ⑥ ⑦ ⑧ ⑨	99	⊕ ⊖ ⓪ ① ② ③ ④ ⑤ ⑥ ⑦ ⑧ ⑨
25	⊕ ⊖ ⓪ ① ② ③ ④ ⑤ ⑥ ⑦ ⑧ ⑨	50	⊕ ⊖ ⓪ ① ② ③ ④ ⑤ ⑥ ⑦ ⑧ ⑨	75	⊕ ⊖ ⓪ ① ② ③ ④ ⑤ ⑥ ⑦ ⑧ ⑨	100	⊕ ⊖ ⓪ ① ② ③ ④ ⑤ ⑥ ⑦ ⑧ ⑨

豊田大谷高等学校　2021年度

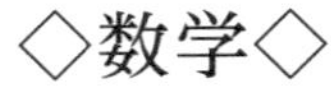

◇数学◇

解答番号	解答記入欄	解答番号	解答記入欄	解答番号	解答記入欄	解答番号	解答記入欄
1	⊕ ⊖ ⓪ ① ② ③ ④ ⑤ ⑥ ⑦ ⑧ ⑨	26	⊕ ⊖ ⓪ ① ② ③ ④ ⑤ ⑥ ⑦ ⑧ ⑨	51	⊕ ⊖ ⓪ ① ② ③ ④ ⑤ ⑥ ⑦ ⑧ ⑨	76	⊕ ⊖ ⓪ ① ② ③ ④ ⑤ ⑥ ⑦ ⑧ ⑨
2	⊕ ⊖ ⓪ ① ② ③ ④ ⑤ ⑥ ⑦ ⑧ ⑨	27	⊕ ⊖ ⓪ ① ② ③ ④ ⑤ ⑥ ⑦ ⑧ ⑨	52	⊕ ⊖ ⓪ ① ② ③ ④ ⑤ ⑥ ⑦ ⑧ ⑨	77	⊕ ⊖ ⓪ ① ② ③ ④ ⑤ ⑥ ⑦ ⑧ ⑨
3	⊕ ⊖ ⓪ ① ② ③ ④ ⑤ ⑥ ⑦ ⑧ ⑨	28	⊕ ⊖ ⓪ ① ② ③ ④ ⑤ ⑥ ⑦ ⑧ ⑨	53	⊕ ⊖ ⓪ ① ② ③ ④ ⑤ ⑥ ⑦ ⑧ ⑨	78	⊕ ⊖ ⓪ ① ② ③ ④ ⑤ ⑥ ⑦ ⑧ ⑨
4	⊕ ⊖ ⓪ ① ② ③ ④ ⑤ ⑥ ⑦ ⑧ ⑨	29	⊕ ⊖ ⓪ ① ② ③ ④ ⑤ ⑥ ⑦ ⑧ ⑨	54	⊕ ⊖ ⓪ ① ② ③ ④ ⑤ ⑥ ⑦ ⑧ ⑨	79	⊕ ⊖ ⓪ ① ② ③ ④ ⑤ ⑥ ⑦ ⑧ ⑨
5	⊕ ⊖ ⓪ ① ② ③ ④ ⑤ ⑥ ⑦ ⑧ ⑨	30	⊕ ⊖ ⓪ ① ② ③ ④ ⑤ ⑥ ⑦ ⑧ ⑨	55	⊕ ⊖ ⓪ ① ② ③ ④ ⑤ ⑥ ⑦ ⑧ ⑨	80	⊕ ⊖ ⓪ ① ② ③ ④ ⑤ ⑥ ⑦ ⑧ ⑨
6	⊕ ⊖ ⓪ ① ② ③ ④ ⑤ ⑥ ⑦ ⑧ ⑨	31	⊕ ⊖ ⓪ ① ② ③ ④ ⑤ ⑥ ⑦ ⑧ ⑨	56	⊕ ⊖ ⓪ ① ② ③ ④ ⑤ ⑥ ⑦ ⑧ ⑨	81	⊕ ⊖ ⓪ ① ② ③ ④ ⑤ ⑥ ⑦ ⑧ ⑨
7	⊕ ⊖ ⓪ ① ② ③ ④ ⑤ ⑥ ⑦ ⑧ ⑨	32	⊕ ⊖ ⓪ ① ② ③ ④ ⑤ ⑥ ⑦ ⑧ ⑨	57	⊕ ⊖ ⓪ ① ② ③ ④ ⑤ ⑥ ⑦ ⑧ ⑨	82	⊕ ⊖ ⓪ ① ② ③ ④ ⑤ ⑥ ⑦ ⑧ ⑨
8	⊕ ⊖ ⓪ ① ② ③ ④ ⑤ ⑥ ⑦ ⑧ ⑨	33	⊕ ⊖ ⓪ ① ② ③ ④ ⑤ ⑥ ⑦ ⑧ ⑨	58	⊕ ⊖ ⓪ ① ② ③ ④ ⑤ ⑥ ⑦ ⑧ ⑨	83	⊕ ⊖ ⓪ ① ② ③ ④ ⑤ ⑥ ⑦ ⑧ ⑨
9	⊕ ⊖ ⓪ ① ② ③ ④ ⑤ ⑥ ⑦ ⑧ ⑨	34	⊕ ⊖ ⓪ ① ② ③ ④ ⑤ ⑥ ⑦ ⑧ ⑨	59	⊕ ⊖ ⓪ ① ② ③ ④ ⑤ ⑥ ⑦ ⑧ ⑨	84	⊕ ⊖ ⓪ ① ② ③ ④ ⑤ ⑥ ⑦ ⑧ ⑨
10	⊕ ⊖ ⓪ ① ② ③ ④ ⑤ ⑥ ⑦ ⑧ ⑨	35	⊕ ⊖ ⓪ ① ② ③ ④ ⑤ ⑥ ⑦ ⑧ ⑨	60	⊕ ⊖ ⓪ ① ② ③ ④ ⑤ ⑥ ⑦ ⑧ ⑨	85	⊕ ⊖ ⓪ ① ② ③ ④ ⑤ ⑥ ⑦ ⑧ ⑨
11	⊕ ⊖ ⓪ ① ② ③ ④ ⑤ ⑥ ⑦ ⑧ ⑨	36	⊕ ⊖ ⓪ ① ② ③ ④ ⑤ ⑥ ⑦ ⑧ ⑨	61	⊕ ⊖ ⓪ ① ② ③ ④ ⑤ ⑥ ⑦ ⑧ ⑨	86	⊕ ⊖ ⓪ ① ② ③ ④ ⑤ ⑥ ⑦ ⑧ ⑨
12	⊕ ⊖ ⓪ ① ② ③ ④ ⑤ ⑥ ⑦ ⑧ ⑨	37	⊕ ⊖ ⓪ ① ② ③ ④ ⑤ ⑥ ⑦ ⑧ ⑨	62	⊕ ⊖ ⓪ ① ② ③ ④ ⑤ ⑥ ⑦ ⑧ ⑨	87	⊕ ⊖ ⓪ ① ② ③ ④ ⑤ ⑥ ⑦ ⑧ ⑨
13	⊕ ⊖ ⓪ ① ② ③ ④ ⑤ ⑥ ⑦ ⑧ ⑨	38	⊕ ⊖ ⓪ ① ② ③ ④ ⑤ ⑥ ⑦ ⑧ ⑨	63	⊕ ⊖ ⓪ ① ② ③ ④ ⑤ ⑥ ⑦ ⑧ ⑨	88	⊕ ⊖ ⓪ ① ② ③ ④ ⑤ ⑥ ⑦ ⑧ ⑨
14	⊕ ⊖ ⓪ ① ② ③ ④ ⑤ ⑥ ⑦ ⑧ ⑨	39	⊕ ⊖ ⓪ ① ② ③ ④ ⑤ ⑥ ⑦ ⑧ ⑨	64	⊕ ⊖ ⓪ ① ② ③ ④ ⑤ ⑥ ⑦ ⑧ ⑨	89	⊕ ⊖ ⓪ ① ② ③ ④ ⑤ ⑥ ⑦ ⑧ ⑨
15	⊕ ⊖ ⓪ ① ② ③ ④ ⑤ ⑥ ⑦ ⑧ ⑨	40	⊕ ⊖ ⓪ ① ② ③ ④ ⑤ ⑥ ⑦ ⑧ ⑨	65	⊕ ⊖ ⓪ ① ② ③ ④ ⑤ ⑥ ⑦ ⑧ ⑨	90	⊕ ⊖ ⓪ ① ② ③ ④ ⑤ ⑥ ⑦ ⑧ ⑨
16	⊕ ⊖ ⓪ ① ② ③ ④ ⑤ ⑥ ⑦ ⑧ ⑨	41	⊕ ⊖ ⓪ ① ② ③ ④ ⑤ ⑥ ⑦ ⑧ ⑨	66	⊕ ⊖ ⓪ ① ② ③ ④ ⑤ ⑥ ⑦ ⑧ ⑨	91	⊕ ⊖ ⓪ ① ② ③ ④ ⑤ ⑥ ⑦ ⑧ ⑨
17	⊕ ⊖ ⓪ ① ② ③ ④ ⑤ ⑥ ⑦ ⑧ ⑨	42	⊕ ⊖ ⓪ ① ② ③ ④ ⑤ ⑥ ⑦ ⑧ ⑨	67	⊕ ⊖ ⓪ ① ② ③ ④ ⑤ ⑥ ⑦ ⑧ ⑨	92	⊕ ⊖ ⓪ ① ② ③ ④ ⑤ ⑥ ⑦ ⑧ ⑨
18	⊕ ⊖ ⓪ ① ② ③ ④ ⑤ ⑥ ⑦ ⑧ ⑨	43	⊕ ⊖ ⓪ ① ② ③ ④ ⑤ ⑥ ⑦ ⑧ ⑨	68	⊕ ⊖ ⓪ ① ② ③ ④ ⑤ ⑥ ⑦ ⑧ ⑨	93	⊕ ⊖ ⓪ ① ② ③ ④ ⑤ ⑥ ⑦ ⑧ ⑨
19	⊕ ⊖ ⓪ ① ② ③ ④ ⑤ ⑥ ⑦ ⑧ ⑨	44	⊕ ⊖ ⓪ ① ② ③ ④ ⑤ ⑥ ⑦ ⑧ ⑨	69	⊕ ⊖ ⓪ ① ② ③ ④ ⑤ ⑥ ⑦ ⑧ ⑨	94	⊕ ⊖ ⓪ ① ② ③ ④ ⑤ ⑥ ⑦ ⑧ ⑨
20	⊕ ⊖ ⓪ ① ② ③ ④ ⑤ ⑥ ⑦ ⑧ ⑨	45	⊕ ⊖ ⓪ ① ② ③ ④ ⑤ ⑥ ⑦ ⑧ ⑨	70	⊕ ⊖ ⓪ ① ② ③ ④ ⑤ ⑥ ⑦ ⑧ ⑨	95	⊕ ⊖ ⓪ ① ② ③ ④ ⑤ ⑥ ⑦ ⑧ ⑨
21	⊕ ⊖ ⓪ ① ② ③ ④ ⑤ ⑥ ⑦ ⑧ ⑨	46	⊕ ⊖ ⓪ ① ② ③ ④ ⑤ ⑥ ⑦ ⑧ ⑨	71	⊕ ⊖ ⓪ ① ② ③ ④ ⑤ ⑥ ⑦ ⑧ ⑨	96	⊕ ⊖ ⓪ ① ② ③ ④ ⑤ ⑥ ⑦ ⑧ ⑨
22	⊕ ⊖ ⓪ ① ② ③ ④ ⑤ ⑥ ⑦ ⑧ ⑨	47	⊕ ⊖ ⓪ ① ② ③ ④ ⑤ ⑥ ⑦ ⑧ ⑨	72	⊕ ⊖ ⓪ ① ② ③ ④ ⑤ ⑥ ⑦ ⑧ ⑨	97	⊕ ⊖ ⓪ ① ② ③ ④ ⑤ ⑥ ⑦ ⑧ ⑨
23	⊕ ⊖ ⓪ ① ② ③ ④ ⑤ ⑥ ⑦ ⑧ ⑨	48	⊕ ⊖ ⓪ ① ② ③ ④ ⑤ ⑥ ⑦ ⑧ ⑨	73	⊕ ⊖ ⓪ ① ② ③ ④ ⑤ ⑥ ⑦ ⑧ ⑨	98	⊕ ⊖ ⓪ ① ② ③ ④ ⑤ ⑥ ⑦ ⑧ ⑨
24	⊕ ⊖ ⓪ ① ② ③ ④ ⑤ ⑥ ⑦ ⑧ ⑨	49	⊕ ⊖ ⓪ ① ② ③ ④ ⑤ ⑥ ⑦ ⑧ ⑨	74	⊕ ⊖ ⓪ ① ② ③ ④ ⑤ ⑥ ⑦ ⑧ ⑨	99	⊕ ⊖ ⓪ ① ② ③ ④ ⑤ ⑥ ⑦ ⑧ ⑨
25	⊕ ⊖ ⓪ ① ② ③ ④ ⑤ ⑥ ⑦ ⑧ ⑨	50	⊕ ⊖ ⓪ ① ② ③ ④ ⑤ ⑥ ⑦ ⑧ ⑨	75	⊕ ⊖ ⓪ ① ② ③ ④ ⑤ ⑥ ⑦ ⑧ ⑨	100	⊕ ⊖ ⓪ ① ② ③ ④ ⑤ ⑥ ⑦ ⑧ ⑨

豊田大谷高等学校　2021年度

◇英語◇

解答番号	解答記入欄											
1	±	−	0	1	2	3	4	5	6	7	8	9
2	±	−	0	1	2	3	4	5	6	7	8	9
3	±	−	0	1	2	3	4	5	6	7	8	9
4	±	−	0	1	2	3	4	5	6	7	8	9
5	±	−	0	1	2	3	4	5	6	7	8	9
6	±	−	0	1	2	3	4	5	6	7	8	9
7	±	−	0	1	2	3	4	5	6	7	8	9
8	±	−	0	1	2	3	4	5	6	7	8	9
9	±	−	0	1	2	3	4	5	6	7	8	9
10	±	−	0	1	2	3	4	5	6	7	8	9
11	±	−	0	1	2	3	4	5	6	7	8	9
12	±	−	0	1	2	3	4	5	6	7	8	9
13	±	−	0	1	2	3	4	5	6	7	8	9
14	±	−	0	1	2	3	4	5	6	7	8	9
15	±	−	0	1	2	3	4	5	6	7	8	9
16	±	−	0	1	2	3	4	5	6	7	8	9
17	±	−	0	1	2	3	4	5	6	7	8	9
18	±	−	0	1	2	3	4	5	6	7	8	9
19	±	−	0	1	2	3	4	5	6	7	8	9
20	±	−	0	1	2	3	4	5	6	7	8	9
21	±	−	0	1	2	3	4	5	6	7	8	9
22	±	−	0	1	2	3	4	5	6	7	8	9
23	±	−	0	1	2	3	4	5	6	7	8	9
24	±	−	0	1	2	3	4	5	6	7	8	9
25	±	−	0	1	2	3	4	5	6	7	8	9

解答番号	解答記入欄											
26	±	−	0	1	2	3	4	5	6	7	8	9
27	±	−	0	1	2	3	4	5	6	7	8	9
28	±	−	0	1	2	3	4	5	6	7	8	9
29	±	−	0	1	2	3	4	5	6	7	8	9
30	±	−	0	1	2	3	4	5	6	7	8	9
31	±	−	0	1	2	3	4	5	6	7	8	9
32	±	−	0	1	2	3	4	5	6	7	8	9
33	±	−	0	1	2	3	4	5	6	7	8	9
34	±	−	0	1	2	3	4	5	6	7	8	9
35	±	−	0	1	2	3	4	5	6	7	8	9
36	±	−	0	1	2	3	4	5	6	7	8	9
37	±	−	0	1	2	3	4	5	6	7	8	9
38	±	−	0	1	2	3	4	5	6	7	8	9
39	±	−	0	1	2	3	4	5	6	7	8	9
40	±	−	0	1	2	3	4	5	6	7	8	9
41	±	−	0	1	2	3	4	5	6	7	8	9
42	±	−	0	1	2	3	4	5	6	7	8	9
43	±	−	0	1	2	3	4	5	6	7	8	9
44	±	−	0	1	2	3	4	5	6	7	8	9
45	±	−	0	1	2	3	4	5	6	7	8	9
46	±	−	0	1	2	3	4	5	6	7	8	9
47	±	−	0	1	2	3	4	5	6	7	8	9
48	±	−	0	1	2	3	4	5	6	7	8	9
49	±	−	0	1	2	3	4	5	6	7	8	9
50	±	−	0	1	2	3	4	5	6	7	8	9

解答番号	解答記入欄											
51	±	−	0	1	2	3	4	5	6	7	8	9
52	±	−	0	1	2	3	4	5	6	7	8	9
53	±	−	0	1	2	3	4	5	6	7	8	9
54	±	−	0	1	2	3	4	5	6	7	8	9
55	±	−	0	1	2	3	4	5	6	7	8	9
56	±	−	0	1	2	3	4	5	6	7	8	9
57	±	−	0	1	2	3	4	5	6	7	8	9
58	±	−	0	1	2	3	4	5	6	7	8	9
59	±	−	0	1	2	3	4	5	6	7	8	9
60	±	−	0	1	2	3	4	5	6	7	8	9
61	±	−	0	1	2	3	4	5	6	7	8	9
62	±	−	0	1	2	3	4	5	6	7	8	9
63	±	−	0	1	2	3	4	5	6	7	8	9
64	±	−	0	1	2	3	4	5	6	7	8	9
65	±	−	0	1	2	3	4	5	6	7	8	9
66	±	−	0	1	2	3	4	5	6	7	8	9
67	±	−	0	1	2	3	4	5	6	7	8	9
68	±	−	0	1	2	3	4	5	6	7	8	9
69	±	−	0	1	2	3	4	5	6	7	8	9
70	±	−	0	1	2	3	4	5	6	7	8	9
71	±	−	0	1	2	3	4	5	6	7	8	9
72	±	−	0	1	2	3	4	5	6	7	8	9
73	±	−	0	1	2	3	4	5	6	7	8	9
74	±	−	0	1	2	3	4	5	6	7	8	9
75	±	−	0	1	2	3	4	5	6	7	8	9

解答番号	解答記入欄											
76	±	−	0	1	2	3	4	5	6	7	8	9
77	±	−	0	1	2	3	4	5	6	7	8	9
78	±	−	0	1	2	3	4	5	6	7	8	9
79	±	−	0	1	2	3	4	5	6	7	8	9
80	±	−	0	1	2	3	4	5	6	7	8	9
81	±	−	0	1	2	3	4	5	6	7	8	9
82	±	−	0	1	2	3	4	5	6	7	8	9
83	±	−	0	1	2	3	4	5	6	7	8	9
84	±	−	0	1	2	3	4	5	6	7	8	9
85	±	−	0	1	2	3	4	5	6	7	8	9
86	±	−	0	1	2	3	4	5	6	7	8	9
87	±	−	0	1	2	3	4	5	6	7	8	9
88	±	−	0	1	2	3	4	5	6	7	8	9
89	±	−	0	1	2	3	4	5	6	7	8	9
90	±	−	0	1	2	3	4	5	6	7	8	9
91	±	−	0	1	2	3	4	5	6	7	8	9
92	±	−	0	1	2	3	4	5	6	7	8	9
93	±	−	0	1	2	3	4	5	6	7	8	9
94	±	−	0	1	2	3	4	5	6	7	8	9
95	±	−	0	1	2	3	4	5	6	7	8	9
96	±	−	0	1	2	3	4	5	6	7	8	9
97	±	−	0	1	2	3	4	5	6	7	8	9
98	±	−	0	1	2	3	4	5	6	7	8	9
99	±	−	0	1	2	3	4	5	6	7	8	9
100	±	−	0	1	2	3	4	5	6	7	8	9

豊田大谷高等学校　2021年度

◇理科◇

解答番号	解答記入欄	解答番号	解答記入欄	解答番号	解答記入欄	解答番号	解答記入欄
1	⊕ ⊖ ⓪ ① ② ③ ④ ⑤ ⑥ ⑦ ⑧ ⑨	26	⊕ ⊖ ⓪ ① ② ③ ④ ⑤ ⑥ ⑦ ⑧ ⑨	51	⊕ ⊖ ⓪ ① ② ③ ④ ⑤ ⑥ ⑦ ⑧ ⑨	76	⊕ ⊖ ⓪ ① ② ③ ④ ⑤ ⑥ ⑦ ⑧ ⑨
2	⊕ ⊖ ⓪ ① ② ③ ④ ⑤ ⑥ ⑦ ⑧ ⑨	27	⊕ ⊖ ⓪ ① ② ③ ④ ⑤ ⑥ ⑦ ⑧ ⑨	52	⊕ ⊖ ⓪ ① ② ③ ④ ⑤ ⑥ ⑦ ⑧ ⑨	77	⊕ ⊖ ⓪ ① ② ③ ④ ⑤ ⑥ ⑦ ⑧ ⑨
3	⊕ ⊖ ⓪ ① ② ③ ④ ⑤ ⑥ ⑦ ⑧ ⑨	28	⊕ ⊖ ⓪ ① ② ③ ④ ⑤ ⑥ ⑦ ⑧ ⑨	53	⊕ ⊖ ⓪ ① ② ③ ④ ⑤ ⑥ ⑦ ⑧ ⑨	78	⊕ ⊖ ⓪ ① ② ③ ④ ⑤ ⑥ ⑦ ⑧ ⑨
4	⊕ ⊖ ⓪ ① ② ③ ④ ⑤ ⑥ ⑦ ⑧ ⑨	29	⊕ ⊖ ⓪ ① ② ③ ④ ⑤ ⑥ ⑦ ⑧ ⑨	54	⊕ ⊖ ⓪ ① ② ③ ④ ⑤ ⑥ ⑦ ⑧ ⑨	79	⊕ ⊖ ⓪ ① ② ③ ④ ⑤ ⑥ ⑦ ⑧ ⑨
5	⊕ ⊖ ⓪ ① ② ③ ④ ⑤ ⑥ ⑦ ⑧ ⑨	30	⊕ ⊖ ⓪ ① ② ③ ④ ⑤ ⑥ ⑦ ⑧ ⑨	55	⊕ ⊖ ⓪ ① ② ③ ④ ⑤ ⑥ ⑦ ⑧ ⑨	80	⊕ ⊖ ⓪ ① ② ③ ④ ⑤ ⑥ ⑦ ⑧ ⑨
6	⊕ ⊖ ⓪ ① ② ③ ④ ⑤ ⑥ ⑦ ⑧ ⑨	31	⊕ ⊖ ⓪ ① ② ③ ④ ⑤ ⑥ ⑦ ⑧ ⑨	56	⊕ ⊖ ⓪ ① ② ③ ④ ⑤ ⑥ ⑦ ⑧ ⑨	81	⊕ ⊖ ⓪ ① ② ③ ④ ⑤ ⑥ ⑦ ⑧ ⑨
7	⊕ ⊖ ⓪ ① ② ③ ④ ⑤ ⑥ ⑦ ⑧ ⑨	32	⊕ ⊖ ⓪ ① ② ③ ④ ⑤ ⑥ ⑦ ⑧ ⑨	57	⊕ ⊖ ⓪ ① ② ③ ④ ⑤ ⑥ ⑦ ⑧ ⑨	82	⊕ ⊖ ⓪ ① ② ③ ④ ⑤ ⑥ ⑦ ⑧ ⑨
8	⊕ ⊖ ⓪ ① ② ③ ④ ⑤ ⑥ ⑦ ⑧ ⑨	33	⊕ ⊖ ⓪ ① ② ③ ④ ⑤ ⑥ ⑦ ⑧ ⑨	58	⊕ ⊖ ⓪ ① ② ③ ④ ⑤ ⑥ ⑦ ⑧ ⑨	83	⊕ ⊖ ⓪ ① ② ③ ④ ⑤ ⑥ ⑦ ⑧ ⑨
9	⊕ ⊖ ⓪ ① ② ③ ④ ⑤ ⑥ ⑦ ⑧ ⑨	34	⊕ ⊖ ⓪ ① ② ③ ④ ⑤ ⑥ ⑦ ⑧ ⑨	59	⊕ ⊖ ⓪ ① ② ③ ④ ⑤ ⑥ ⑦ ⑧ ⑨	84	⊕ ⊖ ⓪ ① ② ③ ④ ⑤ ⑥ ⑦ ⑧ ⑨
10	⊕ ⊖ ⓪ ① ② ③ ④ ⑤ ⑥ ⑦ ⑧ ⑨	35	⊕ ⊖ ⓪ ① ② ③ ④ ⑤ ⑥ ⑦ ⑧ ⑨	60	⊕ ⊖ ⓪ ① ② ③ ④ ⑤ ⑥ ⑦ ⑧ ⑨	85	⊕ ⊖ ⓪ ① ② ③ ④ ⑤ ⑥ ⑦ ⑧ ⑨
11	⊕ ⊖ ⓪ ① ② ③ ④ ⑤ ⑥ ⑦ ⑧ ⑨	36	⊕ ⊖ ⓪ ① ② ③ ④ ⑤ ⑥ ⑦ ⑧ ⑨	61	⊕ ⊖ ⓪ ① ② ③ ④ ⑤ ⑥ ⑦ ⑧ ⑨	86	⊕ ⊖ ⓪ ① ② ③ ④ ⑤ ⑥ ⑦ ⑧ ⑨
12	⊕ ⊖ ⓪ ① ② ③ ④ ⑤ ⑥ ⑦ ⑧ ⑨	37	⊕ ⊖ ⓪ ① ② ③ ④ ⑤ ⑥ ⑦ ⑧ ⑨	62	⊕ ⊖ ⓪ ① ② ③ ④ ⑤ ⑥ ⑦ ⑧ ⑨	87	⊕ ⊖ ⓪ ① ② ③ ④ ⑤ ⑥ ⑦ ⑧ ⑨
13	⊕ ⊖ ⓪ ① ② ③ ④ ⑤ ⑥ ⑦ ⑧ ⑨	38	⊕ ⊖ ⓪ ① ② ③ ④ ⑤ ⑥ ⑦ ⑧ ⑨	63	⊕ ⊖ ⓪ ① ② ③ ④ ⑤ ⑥ ⑦ ⑧ ⑨	88	⊕ ⊖ ⓪ ① ② ③ ④ ⑤ ⑥ ⑦ ⑧ ⑨
14	⊕ ⊖ ⓪ ① ② ③ ④ ⑤ ⑥ ⑦ ⑧ ⑨	39	⊕ ⊖ ⓪ ① ② ③ ④ ⑤ ⑥ ⑦ ⑧ ⑨	64	⊕ ⊖ ⓪ ① ② ③ ④ ⑤ ⑥ ⑦ ⑧ ⑨	89	⊕ ⊖ ⓪ ① ② ③ ④ ⑤ ⑥ ⑦ ⑧ ⑨
15	⊕ ⊖ ⓪ ① ② ③ ④ ⑤ ⑥ ⑦ ⑧ ⑨	40	⊕ ⊖ ⓪ ① ② ③ ④ ⑤ ⑥ ⑦ ⑧ ⑨	65	⊕ ⊖ ⓪ ① ② ③ ④ ⑤ ⑥ ⑦ ⑧ ⑨	90	⊕ ⊖ ⓪ ① ② ③ ④ ⑤ ⑥ ⑦ ⑧ ⑨
16	⊕ ⊖ ⓪ ① ② ③ ④ ⑤ ⑥ ⑦ ⑧ ⑨	41	⊕ ⊖ ⓪ ① ② ③ ④ ⑤ ⑥ ⑦ ⑧ ⑨	66	⊕ ⊖ ⓪ ① ② ③ ④ ⑤ ⑥ ⑦ ⑧ ⑨	91	⊕ ⊖ ⓪ ① ② ③ ④ ⑤ ⑥ ⑦ ⑧ ⑨
17	⊕ ⊖ ⓪ ① ② ③ ④ ⑤ ⑥ ⑦ ⑧ ⑨	42	⊕ ⊖ ⓪ ① ② ③ ④ ⑤ ⑥ ⑦ ⑧ ⑨	67	⊕ ⊖ ⓪ ① ② ③ ④ ⑤ ⑥ ⑦ ⑧ ⑨	92	⊕ ⊖ ⓪ ① ② ③ ④ ⑤ ⑥ ⑦ ⑧ ⑨
18	⊕ ⊖ ⓪ ① ② ③ ④ ⑤ ⑥ ⑦ ⑧ ⑨	43	⊕ ⊖ ⓪ ① ② ③ ④ ⑤ ⑥ ⑦ ⑧ ⑨	68	⊕ ⊖ ⓪ ① ② ③ ④ ⑤ ⑥ ⑦ ⑧ ⑨	93	⊕ ⊖ ⓪ ① ② ③ ④ ⑤ ⑥ ⑦ ⑧ ⑨
19	⊕ ⊖ ⓪ ① ② ③ ④ ⑤ ⑥ ⑦ ⑧ ⑨	44	⊕ ⊖ ⓪ ① ② ③ ④ ⑤ ⑥ ⑦ ⑧ ⑨	69	⊕ ⊖ ⓪ ① ② ③ ④ ⑤ ⑥ ⑦ ⑧ ⑨	94	⊕ ⊖ ⓪ ① ② ③ ④ ⑤ ⑥ ⑦ ⑧ ⑨
20	⊕ ⊖ ⓪ ① ② ③ ④ ⑤ ⑥ ⑦ ⑧ ⑨	45	⊕ ⊖ ⓪ ① ② ③ ④ ⑤ ⑥ ⑦ ⑧ ⑨	70	⊕ ⊖ ⓪ ① ② ③ ④ ⑤ ⑥ ⑦ ⑧ ⑨	95	⊕ ⊖ ⓪ ① ② ③ ④ ⑤ ⑥ ⑦ ⑧ ⑨
21	⊕ ⊖ ⓪ ① ② ③ ④ ⑤ ⑥ ⑦ ⑧ ⑨	46	⊕ ⊖ ⓪ ① ② ③ ④ ⑤ ⑥ ⑦ ⑧ ⑨	71	⊕ ⊖ ⓪ ① ② ③ ④ ⑤ ⑥ ⑦ ⑧ ⑨	96	⊕ ⊖ ⓪ ① ② ③ ④ ⑤ ⑥ ⑦ ⑧ ⑨
22	⊕ ⊖ ⓪ ① ② ③ ④ ⑤ ⑥ ⑦ ⑧ ⑨	47	⊕ ⊖ ⓪ ① ② ③ ④ ⑤ ⑥ ⑦ ⑧ ⑨	72	⊕ ⊖ ⓪ ① ② ③ ④ ⑤ ⑥ ⑦ ⑧ ⑨	97	⊕ ⊖ ⓪ ① ② ③ ④ ⑤ ⑥ ⑦ ⑧ ⑨
23	⊕ ⊖ ⓪ ① ② ③ ④ ⑤ ⑥ ⑦ ⑧ ⑨	48	⊕ ⊖ ⓪ ① ② ③ ④ ⑤ ⑥ ⑦ ⑧ ⑨	73	⊕ ⊖ ⓪ ① ② ③ ④ ⑤ ⑥ ⑦ ⑧ ⑨	98	⊕ ⊖ ⓪ ① ② ③ ④ ⑤ ⑥ ⑦ ⑧ ⑨
24	⊕ ⊖ ⓪ ① ② ③ ④ ⑤ ⑥ ⑦ ⑧ ⑨	49	⊕ ⊖ ⓪ ① ② ③ ④ ⑤ ⑥ ⑦ ⑧ ⑨	74	⊕ ⊖ ⓪ ① ② ③ ④ ⑤ ⑥ ⑦ ⑧ ⑨	99	⊕ ⊖ ⓪ ① ② ③ ④ ⑤ ⑥ ⑦ ⑧ ⑨
25	⊕ ⊖ ⓪ ① ② ③ ④ ⑤ ⑥ ⑦ ⑧ ⑨	50	⊕ ⊖ ⓪ ① ② ③ ④ ⑤ ⑥ ⑦ ⑧ ⑨	75	⊕ ⊖ ⓪ ① ② ③ ④ ⑤ ⑥ ⑦ ⑧ ⑨	100	⊕ ⊖ ⓪ ① ② ③ ④ ⑤ ⑥ ⑦ ⑧ ⑨

豊田大谷高等学校　2021年度

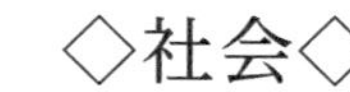

◇社会◇

解答番号	解答記入欄	解答番号	解答記入欄	解答番号	解答記入欄	解答番号	解答記入欄
1	± − 0 1 2 3 4 5 6 7 8 9	26	± − 0 1 2 3 4 5 6 7 8 9	51	± − 0 1 2 3 4 5 6 7 8 9	76	± − 0 1 2 3 4 5 6 7 8 9
2	± − 0 1 2 3 4 5 6 7 8 9	27	± − 0 1 2 3 4 5 6 7 8 9	52	± − 0 1 2 3 4 5 6 7 8 9	77	± − 0 1 2 3 4 5 6 7 8 9
3	± − 0 1 2 3 4 5 6 7 8 9	28	± − 0 1 2 3 4 5 6 7 8 9	53	± − 0 1 2 3 4 5 6 7 8 9	78	± − 0 1 2 3 4 5 6 7 8 9
4	± − 0 1 2 3 4 5 6 7 8 9	29	± − 0 1 2 3 4 5 6 7 8 9	54	± − 0 1 2 3 4 5 6 7 8 9	79	± − 0 1 2 3 4 5 6 7 8 9
5	± − 0 1 2 3 4 5 6 7 8 9	30	± − 0 1 2 3 4 5 6 7 8 9	55	± − 0 1 2 3 4 5 6 7 8 9	80	± − 0 1 2 3 4 5 6 7 8 9
6	± − 0 1 2 3 4 5 6 7 8 9	31	± − 0 1 2 3 4 5 6 7 8 9	56	± − 0 1 2 3 4 5 6 7 8 9	81	± − 0 1 2 3 4 5 6 7 8 9
7	± − 0 1 2 3 4 5 6 7 8 9	32	± − 0 1 2 3 4 5 6 7 8 9	57	± − 0 1 2 3 4 5 6 7 8 9	82	± − 0 1 2 3 4 5 6 7 8 9
8	± − 0 1 2 3 4 5 6 7 8 9	33	± − 0 1 2 3 4 5 6 7 8 9	58	± − 0 1 2 3 4 5 6 7 8 9	83	± − 0 1 2 3 4 5 6 7 8 9
9	± − 0 1 2 3 4 5 6 7 8 9	34	± − 0 1 2 3 4 5 6 7 8 9	59	± − 0 1 2 3 4 5 6 7 8 9	84	± − 0 1 2 3 4 5 6 7 8 9
10	± − 0 1 2 3 4 5 6 7 8 9	35	± − 0 1 2 3 4 5 6 7 8 9	60	± − 0 1 2 3 4 5 6 7 8 9	85	± − 0 1 2 3 4 5 6 7 8 9
11	± − 0 1 2 3 4 5 6 7 8 9	36	± − 0 1 2 3 4 5 6 7 8 9	61	± − 0 1 2 3 4 5 6 7 8 9	86	± − 0 1 2 3 4 5 6 7 8 9
12	± − 0 1 2 3 4 5 6 7 8 9	37	± − 0 1 2 3 4 5 6 7 8 9	62	± − 0 1 2 3 4 5 6 7 8 9	87	± − 0 1 2 3 4 5 6 7 8 9
13	± − 0 1 2 3 4 5 6 7 8 9	38	± − 0 1 2 3 4 5 6 7 8 9	63	± − 0 1 2 3 4 5 6 7 8 9	88	± − 0 1 2 3 4 5 6 7 8 9
14	± − 0 1 2 3 4 5 6 7 8 9	39	± − 0 1 2 3 4 5 6 7 8 9	64	± − 0 1 2 3 4 5 6 7 8 9	89	± − 0 1 2 3 4 5 6 7 8 9
15	± − 0 1 2 3 4 5 6 7 8 9	40	± − 0 1 2 3 4 5 6 7 8 9	65	± − 0 1 2 3 4 5 6 7 8 9	90	± − 0 1 2 3 4 5 6 7 8 9
16	± − 0 1 2 3 4 5 6 7 8 9	41	± − 0 1 2 3 4 5 6 7 8 9	66	± − 0 1 2 3 4 5 6 7 8 9	91	± − 0 1 2 3 4 5 6 7 8 9
17	± − 0 1 2 3 4 5 6 7 8 9	42	± − 0 1 2 3 4 5 6 7 8 9	67	± − 0 1 2 3 4 5 6 7 8 9	92	± − 0 1 2 3 4 5 6 7 8 9
18	± − 0 1 2 3 4 5 6 7 8 9	43	± − 0 1 2 3 4 5 6 7 8 9	68	± − 0 1 2 3 4 5 6 7 8 9	93	± − 0 1 2 3 4 5 6 7 8 9
19	± − 0 1 2 3 4 5 6 7 8 9	44	± − 0 1 2 3 4 5 6 7 8 9	69	± − 0 1 2 3 4 5 6 7 8 9	94	± − 0 1 2 3 4 5 6 7 8 9
20	± − 0 1 2 3 4 5 6 7 8 9	45	± − 0 1 2 3 4 5 6 7 8 9	70	± − 0 1 2 3 4 5 6 7 8 9	95	± − 0 1 2 3 4 5 6 7 8 9
21	± − 0 1 2 3 4 5 6 7 8 9	46	± − 0 1 2 3 4 5 6 7 8 9	71	± − 0 1 2 3 4 5 6 7 8 9	96	± − 0 1 2 3 4 5 6 7 8 9
22	± − 0 1 2 3 4 5 6 7 8 9	47	± − 0 1 2 3 4 5 6 7 8 9	72	± − 0 1 2 3 4 5 6 7 8 9	97	± − 0 1 2 3 4 5 6 7 8 9
23	± − 0 1 2 3 4 5 6 7 8 9	48	± − 0 1 2 3 4 5 6 7 8 9	73	± − 0 1 2 3 4 5 6 7 8 9	98	± − 0 1 2 3 4 5 6 7 8 9
24	± − 0 1 2 3 4 5 6 7 8 9	49	± − 0 1 2 3 4 5 6 7 8 9	74	± − 0 1 2 3 4 5 6 7 8 9	99	± − 0 1 2 3 4 5 6 7 8 9
25	± − 0 1 2 3 4 5 6 7 8 9	50	± − 0 1 2 3 4 5 6 7 8 9	75	± − 0 1 2 3 4 5 6 7 8 9	100	± − 0 1 2 3 4 5 6 7 8 9

豊田大谷高等学校　2021年度

◇国語◇

解答番号	解答記入欄	解答番号	解答記入欄	解答番号	解答記入欄	解答番号	解答記入欄
1	⊕ ⊖ ⓪ ① ② ③ ④ ⑤ ⑥ ⑦ ⑧ ⑨	26	⊕ ⊖ ⓪ ① ② ③ ④ ⑤ ⑥ ⑦ ⑧ ⑨	51	⊕ ⊖ ⓪ ① ② ③ ④ ⑤ ⑥ ⑦ ⑧ ⑨	76	⊕ ⊖ ⓪ ① ② ③ ④ ⑤ ⑥ ⑦ ⑧ ⑨
2	⊕ ⊖ ⓪ ① ② ③ ④ ⑤ ⑥ ⑦ ⑧ ⑨	27	⊕ ⊖ ⓪ ① ② ③ ④ ⑤ ⑥ ⑦ ⑧ ⑨	52	⊕ ⊖ ⓪ ① ② ③ ④ ⑤ ⑥ ⑦ ⑧ ⑨	77	⊕ ⊖ ⓪ ① ② ③ ④ ⑤ ⑥ ⑦ ⑧ ⑨
3	⊕ ⊖ ⓪ ① ② ③ ④ ⑤ ⑥ ⑦ ⑧ ⑨	28	⊕ ⊖ ⓪ ① ② ③ ④ ⑤ ⑥ ⑦ ⑧ ⑨	53	⊕ ⊖ ⓪ ① ② ③ ④ ⑤ ⑥ ⑦ ⑧ ⑨	78	⊕ ⊖ ⓪ ① ② ③ ④ ⑤ ⑥ ⑦ ⑧ ⑨
4	⊕ ⊖ ⓪ ① ② ③ ④ ⑤ ⑥ ⑦ ⑧ ⑨	29	⊕ ⊖ ⓪ ① ② ③ ④ ⑤ ⑥ ⑦ ⑧ ⑨	54	⊕ ⊖ ⓪ ① ② ③ ④ ⑤ ⑥ ⑦ ⑧ ⑨	79	⊕ ⊖ ⓪ ① ② ③ ④ ⑤ ⑥ ⑦ ⑧ ⑨
5	⊕ ⊖ ⓪ ① ② ③ ④ ⑤ ⑥ ⑦ ⑧ ⑨	30	⊕ ⊖ ⓪ ① ② ③ ④ ⑤ ⑥ ⑦ ⑧ ⑨	55	⊕ ⊖ ⓪ ① ② ③ ④ ⑤ ⑥ ⑦ ⑧ ⑨	80	⊕ ⊖ ⓪ ① ② ③ ④ ⑤ ⑥ ⑦ ⑧ ⑨
6	⊕ ⊖ ⓪ ① ② ③ ④ ⑤ ⑥ ⑦ ⑧ ⑨	31	⊕ ⊖ ⓪ ① ② ③ ④ ⑤ ⑥ ⑦ ⑧ ⑨	56	⊕ ⊖ ⓪ ① ② ③ ④ ⑤ ⑥ ⑦ ⑧ ⑨	81	⊕ ⊖ ⓪ ① ② ③ ④ ⑤ ⑥ ⑦ ⑧ ⑨
7	⊕ ⊖ ⓪ ① ② ③ ④ ⑤ ⑥ ⑦ ⑧ ⑨	32	⊕ ⊖ ⓪ ① ② ③ ④ ⑤ ⑥ ⑦ ⑧ ⑨	57	⊕ ⊖ ⓪ ① ② ③ ④ ⑤ ⑥ ⑦ ⑧ ⑨	82	⊕ ⊖ ⓪ ① ② ③ ④ ⑤ ⑥ ⑦ ⑧ ⑨
8	⊕ ⊖ ⓪ ① ② ③ ④ ⑤ ⑥ ⑦ ⑧ ⑨	33	⊕ ⊖ ⓪ ① ② ③ ④ ⑤ ⑥ ⑦ ⑧ ⑨	58	⊕ ⊖ ⓪ ① ② ③ ④ ⑤ ⑥ ⑦ ⑧ ⑨	83	⊕ ⊖ ⓪ ① ② ③ ④ ⑤ ⑥ ⑦ ⑧ ⑨
9	⊕ ⊖ ⓪ ① ② ③ ④ ⑤ ⑥ ⑦ ⑧ ⑨	34	⊕ ⊖ ⓪ ① ② ③ ④ ⑤ ⑥ ⑦ ⑧ ⑨	59	⊕ ⊖ ⓪ ① ② ③ ④ ⑤ ⑥ ⑦ ⑧ ⑨	84	⊕ ⊖ ⓪ ① ② ③ ④ ⑤ ⑥ ⑦ ⑧ ⑨
10	⊕ ⊖ ⓪ ① ② ③ ④ ⑤ ⑥ ⑦ ⑧ ⑨	35	⊕ ⊖ ⓪ ① ② ③ ④ ⑤ ⑥ ⑦ ⑧ ⑨	60	⊕ ⊖ ⓪ ① ② ③ ④ ⑤ ⑥ ⑦ ⑧ ⑨	85	⊕ ⊖ ⓪ ① ② ③ ④ ⑤ ⑥ ⑦ ⑧ ⑨
11	⊕ ⊖ ⓪ ① ② ③ ④ ⑤ ⑥ ⑦ ⑧ ⑨	36	⊕ ⊖ ⓪ ① ② ③ ④ ⑤ ⑥ ⑦ ⑧ ⑨	61	⊕ ⊖ ⓪ ① ② ③ ④ ⑤ ⑥ ⑦ ⑧ ⑨	86	⊕ ⊖ ⓪ ① ② ③ ④ ⑤ ⑥ ⑦ ⑧ ⑨
12	⊕ ⊖ ⓪ ① ② ③ ④ ⑤ ⑥ ⑦ ⑧ ⑨	37	⊕ ⊖ ⓪ ① ② ③ ④ ⑤ ⑥ ⑦ ⑧ ⑨	62	⊕ ⊖ ⓪ ① ② ③ ④ ⑤ ⑥ ⑦ ⑧ ⑨	87	⊕ ⊖ ⓪ ① ② ③ ④ ⑤ ⑥ ⑦ ⑧ ⑨
13	⊕ ⊖ ⓪ ① ② ③ ④ ⑤ ⑥ ⑦ ⑧ ⑨	38	⊕ ⊖ ⓪ ① ② ③ ④ ⑤ ⑥ ⑦ ⑧ ⑨	63	⊕ ⊖ ⓪ ① ② ③ ④ ⑤ ⑥ ⑦ ⑧ ⑨	88	⊕ ⊖ ⓪ ① ② ③ ④ ⑤ ⑥ ⑦ ⑧ ⑨
14	⊕ ⊖ ⓪ ① ② ③ ④ ⑤ ⑥ ⑦ ⑧ ⑨	39	⊕ ⊖ ⓪ ① ② ③ ④ ⑤ ⑥ ⑦ ⑧ ⑨	64	⊕ ⊖ ⓪ ① ② ③ ④ ⑤ ⑥ ⑦ ⑧ ⑨	89	⊕ ⊖ ⓪ ① ② ③ ④ ⑤ ⑥ ⑦ ⑧ ⑨
15	⊕ ⊖ ⓪ ① ② ③ ④ ⑤ ⑥ ⑦ ⑧ ⑨	40	⊕ ⊖ ⓪ ① ② ③ ④ ⑤ ⑥ ⑦ ⑧ ⑨	65	⊕ ⊖ ⓪ ① ② ③ ④ ⑤ ⑥ ⑦ ⑧ ⑨	90	⊕ ⊖ ⓪ ① ② ③ ④ ⑤ ⑥ ⑦ ⑧ ⑨
16	⊕ ⊖ ⓪ ① ② ③ ④ ⑤ ⑥ ⑦ ⑧ ⑨	41	⊕ ⊖ ⓪ ① ② ③ ④ ⑤ ⑥ ⑦ ⑧ ⑨	66	⊕ ⊖ ⓪ ① ② ③ ④ ⑤ ⑥ ⑦ ⑧ ⑨	91	⊕ ⊖ ⓪ ① ② ③ ④ ⑤ ⑥ ⑦ ⑧ ⑨
17	⊕ ⊖ ⓪ ① ② ③ ④ ⑤ ⑥ ⑦ ⑧ ⑨	42	⊕ ⊖ ⓪ ① ② ③ ④ ⑤ ⑥ ⑦ ⑧ ⑨	67	⊕ ⊖ ⓪ ① ② ③ ④ ⑤ ⑥ ⑦ ⑧ ⑨	92	⊕ ⊖ ⓪ ① ② ③ ④ ⑤ ⑥ ⑦ ⑧ ⑨
18	⊕ ⊖ ⓪ ① ② ③ ④ ⑤ ⑥ ⑦ ⑧ ⑨	43	⊕ ⊖ ⓪ ① ② ③ ④ ⑤ ⑥ ⑦ ⑧ ⑨	68	⊕ ⊖ ⓪ ① ② ③ ④ ⑤ ⑥ ⑦ ⑧ ⑨	93	⊕ ⊖ ⓪ ① ② ③ ④ ⑤ ⑥ ⑦ ⑧ ⑨
19	⊕ ⊖ ⓪ ① ② ③ ④ ⑤ ⑥ ⑦ ⑧ ⑨	44	⊕ ⊖ ⓪ ① ② ③ ④ ⑤ ⑥ ⑦ ⑧ ⑨	69	⊕ ⊖ ⓪ ① ② ③ ④ ⑤ ⑥ ⑦ ⑧ ⑨	94	⊕ ⊖ ⓪ ① ② ③ ④ ⑤ ⑥ ⑦ ⑧ ⑨
20	⊕ ⊖ ⓪ ① ② ③ ④ ⑤ ⑥ ⑦ ⑧ ⑨	45	⊕ ⊖ ⓪ ① ② ③ ④ ⑤ ⑥ ⑦ ⑧ ⑨	70	⊕ ⊖ ⓪ ① ② ③ ④ ⑤ ⑥ ⑦ ⑧ ⑨	95	⊕ ⊖ ⓪ ① ② ③ ④ ⑤ ⑥ ⑦ ⑧ ⑨
21	⊕ ⊖ ⓪ ① ② ③ ④ ⑤ ⑥ ⑦ ⑧ ⑨	46	⊕ ⊖ ⓪ ① ② ③ ④ ⑤ ⑥ ⑦ ⑧ ⑨	71	⊕ ⊖ ⓪ ① ② ③ ④ ⑤ ⑥ ⑦ ⑧ ⑨	96	⊕ ⊖ ⓪ ① ② ③ ④ ⑤ ⑥ ⑦ ⑧ ⑨
22	⊕ ⊖ ⓪ ① ② ③ ④ ⑤ ⑥ ⑦ ⑧ ⑨	47	⊕ ⊖ ⓪ ① ② ③ ④ ⑤ ⑥ ⑦ ⑧ ⑨	72	⊕ ⊖ ⓪ ① ② ③ ④ ⑤ ⑥ ⑦ ⑧ ⑨	97	⊕ ⊖ ⓪ ① ② ③ ④ ⑤ ⑥ ⑦ ⑧ ⑨
23	⊕ ⊖ ⓪ ① ② ③ ④ ⑤ ⑥ ⑦ ⑧ ⑨	48	⊕ ⊖ ⓪ ① ② ③ ④ ⑤ ⑥ ⑦ ⑧ ⑨	73	⊕ ⊖ ⓪ ① ② ③ ④ ⑤ ⑥ ⑦ ⑧ ⑨	98	⊕ ⊖ ⓪ ① ② ③ ④ ⑤ ⑥ ⑦ ⑧ ⑨
24	⊕ ⊖ ⓪ ① ② ③ ④ ⑤ ⑥ ⑦ ⑧ ⑨	49	⊕ ⊖ ⓪ ① ② ③ ④ ⑤ ⑥ ⑦ ⑧ ⑨	74	⊕ ⊖ ⓪ ① ② ③ ④ ⑤ ⑥ ⑦ ⑧ ⑨	99	⊕ ⊖ ⓪ ① ② ③ ④ ⑤ ⑥ ⑦ ⑧ ⑨
25	⊕ ⊖ ⓪ ① ② ③ ④ ⑤ ⑥ ⑦ ⑧ ⑨	50	⊕ ⊖ ⓪ ① ② ③ ④ ⑤ ⑥ ⑦ ⑧ ⑨	75	⊕ ⊖ ⓪ ① ② ③ ④ ⑤ ⑥ ⑦ ⑧ ⑨	100	⊕ ⊖ ⓪ ① ② ③ ④ ⑤ ⑥ ⑦ ⑧ ⑨

豊田大谷高等学校　2020年度

◇数学◇

解答番号	解答記入欄												解答番号	解答記入欄												解答番号	解答記入欄											
1	±	−	⓪	①	②	③	④	⑤	⑥	⑦	⑧	⑨	26	±	−	⓪	①	②	③	④	⑤	⑥	⑦	⑧	⑨	51	±	−	⓪	①	②	③	④	⑤	⑥	⑦	⑧	⑨
2	±	−	⓪	①	②	③	④	⑤	⑥	⑦	⑧	⑨	27	±	−	⓪	①	②	③	④	⑤	⑥	⑦	⑧	⑨	52	±	−	⓪	①	②	③	④	⑤	⑥	⑦	⑧	⑨
3	±	−	⓪	①	②	③	④	⑤	⑥	⑦	⑧	⑨	28	±	−	⓪	①	②	③	④	⑤	⑥	⑦	⑧	⑨	53	±	−	⓪	①	②	③	④	⑤	⑥	⑦	⑧	⑨
4	±	−	⓪	①	②	③	④	⑤	⑥	⑦	⑧	⑨	29	±	−	⓪	①	②	③	④	⑤	⑥	⑦	⑧	⑨	54	±	−	⓪	①	②	③	④	⑤	⑥	⑦	⑧	⑨
5	±	−	⓪	①	②	③	④	⑤	⑥	⑦	⑧	⑨	30	±	−	⓪	①	②	③	④	⑤	⑥	⑦	⑧	⑨	55	±	−	⓪	①	②	③	④	⑤	⑥	⑦	⑧	⑨
6	±	−	⓪	①	②	③	④	⑤	⑥	⑦	⑧	⑨	31	±	−	⓪	①	②	③	④	⑤	⑥	⑦	⑧	⑨	56	±	−	⓪	①	②	③	④	⑤	⑥	⑦	⑧	⑨
7	±	−	⓪	①	②	③	④	⑤	⑥	⑦	⑧	⑨	32	±	−	⓪	①	②	③	④	⑤	⑥	⑦	⑧	⑨	57	±	−	⓪	①	②	③	④	⑤	⑥	⑦	⑧	⑨
8	±	−	⓪	①	②	③	④	⑤	⑥	⑦	⑧	⑨	33	±	−	⓪	①	②	③	④	⑤	⑥	⑦	⑧	⑨	58	±	−	⓪	①	②	③	④	⑤	⑥	⑦	⑧	⑨
9	±	−	⓪	①	②	③	④	⑤	⑥	⑦	⑧	⑨	34	±	−	⓪	①	②	③	④	⑤	⑥	⑦	⑧	⑨	59	±	−	⓪	①	②	③	④	⑤	⑥	⑦	⑧	⑨
10	±	−	⓪	①	②	③	④	⑤	⑥	⑦	⑧	⑨	35	±	−	⓪	①	②	③	④	⑤	⑥	⑦	⑧	⑨	60	±	−	⓪	①	②	③	④	⑤	⑥	⑦	⑧	⑨
11	±	−	⓪	①	②	③	④	⑤	⑥	⑦	⑧	⑨	36	±	−	⓪	①	②	③	④	⑤	⑥	⑦	⑧	⑨	61	±	−	⓪	①	②	③	④	⑤	⑥	⑦	⑧	⑨
12	±	−	⓪	①	②	③	④	⑤	⑥	⑦	⑧	⑨	37	±	−	⓪	①	②	③	④	⑤	⑥	⑦	⑧	⑨	62	±	−	⓪	①	②	③	④	⑤	⑥	⑦	⑧	⑨
13	±	−	⓪	①	②	③	④	⑤	⑥	⑦	⑧	⑨	38	±	−	⓪	①	②	③	④	⑤	⑥	⑦	⑧	⑨	63	±	−	⓪	①	②	③	④	⑤	⑥	⑦	⑧	⑨
14	±	−	⓪	①	②	③	④	⑤	⑥	⑦	⑧	⑨	39	±	−	⓪	①	②	③	④	⑤	⑥	⑦	⑧	⑨	64	±	−	⓪	①	②	③	④	⑤	⑥	⑦	⑧	⑨
15	±	−	⓪	①	②	③	④	⑤	⑥	⑦	⑧	⑨	40	±	−	⓪	①	②	③	④	⑤	⑥	⑦	⑧	⑨	65	±	−	⓪	①	②	③	④	⑤	⑥	⑦	⑧	⑨
16	±	−	⓪	①	②	③	④	⑤	⑥	⑦	⑧	⑨	41	±	−	⓪	①	②	③	④	⑤	⑥	⑦	⑧	⑨	66	±	−	⓪	①	②	③	④	⑤	⑥	⑦	⑧	⑨
17	±	−	⓪	①	②	③	④	⑤	⑥	⑦	⑧	⑨	42	±	−	⓪	①	②	③	④	⑤	⑥	⑦	⑧	⑨	67	±	−	⓪	①	②	③	④	⑤	⑥	⑦	⑧	⑨
18	±	−	⓪	①	②	③	④	⑤	⑥	⑦	⑧	⑨	43	±	−	⓪	①	②	③	④	⑤	⑥	⑦	⑧	⑨	68	±	−	⓪	①	②	③	④	⑤	⑥	⑦	⑧	⑨
19	±	−	⓪	①	②	③	④	⑤	⑥	⑦	⑧	⑨	44	±	−	⓪	①	②	③	④	⑤	⑥	⑦	⑧	⑨	69	±	−	⓪	①	②	③	④	⑤	⑥	⑦	⑧	⑨
20	±	−	⓪	①	②	③	④	⑤	⑥	⑦	⑧	⑨	45	±	−	⓪	①	②	③	④	⑤	⑥	⑦	⑧	⑨	70	±	−	⓪	①	②	③	④	⑤	⑥	⑦	⑧	⑨
21	±	−	⓪	①	②	③	④	⑤	⑥	⑦	⑧	⑨	46	±	−	⓪	①	②	③	④	⑤	⑥	⑦	⑧	⑨	71	±	−	⓪	①	②	③	④	⑤	⑥	⑦	⑧	⑨
22	±	−	⓪	①	②	③	④	⑤	⑥	⑦	⑧	⑨	47	±	−	⓪	①	②	③	④	⑤	⑥	⑦	⑧	⑨	72	±	−	⓪	①	②	③	④	⑤	⑥	⑦	⑧	⑨
23	±	−	⓪	①	②	③	④	⑤	⑥	⑦	⑧	⑨	48	±	−	⓪	①	②	③	④	⑤	⑥	⑦	⑧	⑨	73	±	−	⓪	①	②	③	④	⑤	⑥	⑦	⑧	⑨
24	±	−	⓪	①	②	③	④	⑤	⑥	⑦	⑧	⑨	49	±	−	⓪	①	②	③	④	⑤	⑥	⑦	⑧	⑨	74	±	−	⓪	①	②	③	④	⑤	⑥	⑦	⑧	⑨
25	±	−	⓪	①	②	③	④	⑤	⑥	⑦	⑧	⑨	50	±	−	⓪	①	②	③	④	⑤	⑥	⑦	⑧	⑨	75	±	−	⓪	①	②	③	④	⑤	⑥	⑦	⑧	⑨

豊田大谷高等学校　　2020年度

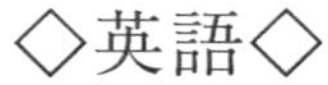

◇英語◇

解答番号	解答記入欄											
1	±	−	⓪	①	②	③	④	⑤	⑥	⑦	⑧	⑨
2	±	−	⓪	①	②	③	④	⑤	⑥	⑦	⑧	⑨
3	±	−	⓪	①	②	③	④	⑤	⑥	⑦	⑧	⑨
4	±	−	⓪	①	②	③	④	⑤	⑥	⑦	⑧	⑨
5	±	−	⓪	①	②	③	④	⑤	⑥	⑦	⑧	⑨
6	±	−	⓪	①	②	③	④	⑤	⑥	⑦	⑧	⑨
7	±	−	⓪	①	②	③	④	⑤	⑥	⑦	⑧	⑨
8	±	−	⓪	①	②	③	④	⑤	⑥	⑦	⑧	⑨
9	±	−	⓪	①	②	③	④	⑤	⑥	⑦	⑧	⑨
10	±	−	⓪	①	②	③	④	⑤	⑥	⑦	⑧	⑨
11	±	−	⓪	①	②	③	④	⑤	⑥	⑦	⑧	⑨
12	±	−	⓪	①	②	③	④	⑤	⑥	⑦	⑧	⑨
13	±	−	⓪	①	②	③	④	⑤	⑥	⑦	⑧	⑨
14	±	−	⓪	①	②	③	④	⑤	⑥	⑦	⑧	⑨
15	±	−	⓪	①	②	③	④	⑤	⑥	⑦	⑧	⑨
16	±	−	⓪	①	②	③	④	⑤	⑥	⑦	⑧	⑨
17	±	−	⓪	①	②	③	④	⑤	⑥	⑦	⑧	⑨
18	±	−	⓪	①	②	③	④	⑤	⑥	⑦	⑧	⑨
19	±	−	⓪	①	②	③	④	⑤	⑥	⑦	⑧	⑨
20	±	−	⓪	①	②	③	④	⑤	⑥	⑦	⑧	⑨
21	±	−	⓪	①	②	③	④	⑤	⑥	⑦	⑧	⑨
22	±	−	⓪	①	②	③	④	⑤	⑥	⑦	⑧	⑨
23	±	−	⓪	①	②	③	④	⑤	⑥	⑦	⑧	⑨
24	±	−	⓪	①	②	③	④	⑤	⑥	⑦	⑧	⑨
25	±	−	⓪	①	②	③	④	⑤	⑥	⑦	⑧	⑨

解答番号	解答記入欄											
26	±	−	⓪	①	②	③	④	⑤	⑥	⑦	⑧	⑨
27	±	−	⓪	①	②	③	④	⑤	⑥	⑦	⑧	⑨
28	±	−	⓪	①	②	③	④	⑤	⑥	⑦	⑧	⑨
29	±	−	⓪	①	②	③	④	⑤	⑥	⑦	⑧	⑨
30	±	−	⓪	①	②	③	④	⑤	⑥	⑦	⑧	⑨
31	±	−	⓪	①	②	③	④	⑤	⑥	⑦	⑧	⑨
32	±	−	⓪	①	②	③	④	⑤	⑥	⑦	⑧	⑨
33	±	−	⓪	①	②	③	④	⑤	⑥	⑦	⑧	⑨
34	±	−	⓪	①	②	③	④	⑤	⑥	⑦	⑧	⑨
35	±	−	⓪	①	②	③	④	⑤	⑥	⑦	⑧	⑨
36	±	−	⓪	①	②	③	④	⑤	⑥	⑦	⑧	⑨
37	±	−	⓪	①	②	③	④	⑤	⑥	⑦	⑧	⑨
38	±	−	⓪	①	②	③	④	⑤	⑥	⑦	⑧	⑨
39	±	−	⓪	①	②	③	④	⑤	⑥	⑦	⑧	⑨
40	±	−	⓪	①	②	③	④	⑤	⑥	⑦	⑧	⑨
41	±	−	⓪	①	②	③	④	⑤	⑥	⑦	⑧	⑨
42	±	−	⓪	①	②	③	④	⑤	⑥	⑦	⑧	⑨
43	±	−	⓪	①	②	③	④	⑤	⑥	⑦	⑧	⑨
44	±	−	⓪	①	②	③	④	⑤	⑥	⑦	⑧	⑨
45	±	−	⓪	①	②	③	④	⑤	⑥	⑦	⑧	⑨
46	±	−	⓪	①	②	③	④	⑤	⑥	⑦	⑧	⑨
47	±	−	⓪	①	②	③	④	⑤	⑥	⑦	⑧	⑨
48	±	−	⓪	①	②	③	④	⑤	⑥	⑦	⑧	⑨
49	±	−	⓪	①	②	③	④	⑤	⑥	⑦	⑧	⑨
50	±	−	⓪	①	②	③	④	⑤	⑥	⑦	⑧	⑨

解答番号	解答記入欄											
51	±	−	⓪	①	②	③	④	⑤	⑥	⑦	⑧	⑨
52	±	−	⓪	①	②	③	④	⑤	⑥	⑦	⑧	⑨
53	±	−	⓪	①	②	③	④	⑤	⑥	⑦	⑧	⑨
54	±	−	⓪	①	②	③	④	⑤	⑥	⑦	⑧	⑨
55	±	−	⓪	①	②	③	④	⑤	⑥	⑦	⑧	⑨
56	±	−	⓪	①	②	③	④	⑤	⑥	⑦	⑧	⑨
57	±	−	⓪	①	②	③	④	⑤	⑥	⑦	⑧	⑨
58	±	−	⓪	①	②	③	④	⑤	⑥	⑦	⑧	⑨
59	±	−	⓪	①	②	③	④	⑤	⑥	⑦	⑧	⑨
60	±	−	⓪	①	②	③	④	⑤	⑥	⑦	⑧	⑨
61	±	−	⓪	①	②	③	④	⑤	⑥	⑦	⑧	⑨
62	±	−	⓪	①	②	③	④	⑤	⑥	⑦	⑧	⑨
63	±	−	⓪	①	②	③	④	⑤	⑥	⑦	⑧	⑨
64	±	−	⓪	①	②	③	④	⑤	⑥	⑦	⑧	⑨
65	±	−	⓪	①	②	③	④	⑤	⑥	⑦	⑧	⑨
66	±	−	⓪	①	②	③	④	⑤	⑥	⑦	⑧	⑨
67	±	−	⓪	①	②	③	④	⑤	⑥	⑦	⑧	⑨
68	±	−	⓪	①	②	③	④	⑤	⑥	⑦	⑧	⑨
69	±	−	⓪	①	②	③	④	⑤	⑥	⑦	⑧	⑨
70	±	−	⓪	①	②	③	④	⑤	⑥	⑦	⑧	⑨
71	±	−	⓪	①	②	③	④	⑤	⑥	⑦	⑧	⑨
72	±	−	⓪	①	②	③	④	⑤	⑥	⑦	⑧	⑨
73	±	−	⓪	①	②	③	④	⑤	⑥	⑦	⑧	⑨
74	±	−	⓪	①	②	③	④	⑤	⑥	⑦	⑧	⑨
75	±	−	⓪	①	②	③	④	⑤	⑥	⑦	⑧	⑨

豊田大谷高等学校　2020年度

◇理科◇

解答番号	解答記入欄											解答番号	解答記入欄											解答番号	解答記入欄										
1	±	−	0	1	2	3	4	5	6	7	8	9	26	±	−	0	1	2	3	4	5	6	7	8	9	51	±	−	0	1	2	3	4	5	6	7	8	9
2	±	−	0	1	2	3	4	5	6	7	8	9	27	±	−	0	1	2	3	4	5	6	7	8	9	52	±	−	0	1	2	3	4	5	6	7	8	9
3	±	−	0	1	2	3	4	5	6	7	8	9	28	±	−	0	1	2	3	4	5	6	7	8	9	53	±	−	0	1	2	3	4	5	6	7	8	9
4	±	−	0	1	2	3	4	5	6	7	8	9	29	±	−	0	1	2	3	4	5	6	7	8	9	54	±	−	0	1	2	3	4	5	6	7	8	9
5	±	−	0	1	2	3	4	5	6	7	8	9	30	±	−	0	1	2	3	4	5	6	7	8	9	55	±	−	0	1	2	3	4	5	6	7	8	9
6	±	−	0	1	2	3	4	5	6	7	8	9	31	±	−	0	1	2	3	4	5	6	7	8	9	56	±	−	0	1	2	3	4	5	6	7	8	9
7	±	−	0	1	2	3	4	5	6	7	8	9	32	±	−	0	1	2	3	4	5	6	7	8	9	57	±	−	0	1	2	3	4	5	6	7	8	9
8	±	−	0	1	2	3	4	5	6	7	8	9	33	±	−	0	1	2	3	4	5	6	7	8	9	58	±	−	0	1	2	3	4	5	6	7	8	9
9	±	−	0	1	2	3	4	5	6	7	8	9	34	±	−	0	1	2	3	4	5	6	7	8	9	59	±	−	0	1	2	3	4	5	6	7	8	9
10	±	−	0	1	2	3	4	5	6	7	8	9	35	±	−	0	1	2	3	4	5	6	7	8	9	60	±	−	0	1	2	3	4	5	6	7	8	9
11	±	−	0	1	2	3	4	5	6	7	8	9	36	±	−	0	1	2	3	4	5	6	7	8	9	61	±	−	0	1	2	3	4	5	6	7	8	9
12	±	−	0	1	2	3	4	5	6	7	8	9	37	±	−	0	1	2	3	4	5	6	7	8	9	62	±	−	0	1	2	3	4	5	6	7	8	9
13	±	−	0	1	2	3	4	5	6	7	8	9	38	±	−	0	1	2	3	4	5	6	7	8	9	63	±	−	0	1	2	3	4	5	6	7	8	9
14	±	−	0	1	2	3	4	5	6	7	8	9	39	±	−	0	1	2	3	4	5	6	7	8	9	64	±	−	0	1	2	3	4	5	6	7	8	9
15	±	−	0	1	2	3	4	5	6	7	8	9	40	±	−	0	1	2	3	4	5	6	7	8	9	65	±	−	0	1	2	3	4	5	6	7	8	9
16	±	−	0	1	2	3	4	5	6	7	8	9	41	±	−	0	1	2	3	4	5	6	7	8	9	66	±	−	0	1	2	3	4	5	6	7	8	9
17	±	−	0	1	2	3	4	5	6	7	8	9	42	±	−	0	1	2	3	4	5	6	7	8	9	67	±	−	0	1	2	3	4	5	6	7	8	9
18	±	−	0	1	2	3	4	5	6	7	8	9	43	±	−	0	1	2	3	4	5	6	7	8	9	68	±	−	0	1	2	3	4	5	6	7	8	9
19	±	−	0	1	2	3	4	5	6	7	8	9	44	±	−	0	1	2	3	4	5	6	7	8	9	69	±	−	0	1	2	3	4	5	6	7	8	9
20	±	−	0	1	2	3	4	5	6	7	8	9	45	±	−	0	1	2	3	4	5	6	7	8	9	70	±	−	0	1	2	3	4	5	6	7	8	9
21	±	−	0	1	2	3	4	5	6	7	8	9	46	±	−	0	1	2	3	4	5	6	7	8	9	71	±	−	0	1	2	3	4	5	6	7	8	9
22	±	−	0	1	2	3	4	5	6	7	8	9	47	±	−	0	1	2	3	4	5	6	7	8	9	72	±	−	0	1	2	3	4	5	6	7	8	9
23	±	−	0	1	2	3	4	5	6	7	8	9	48	±	−	0	1	2	3	4	5	6	7	8	9	73	±	−	0	1	2	3	4	5	6	7	8	9
24	±	−	0	1	2	3	4	5	6	7	8	9	49	±	−	0	1	2	3	4	5	6	7	8	9	74	±	−	0	1	2	3	4	5	6	7	8	9
25	±	−	0	1	2	3	4	5	6	7	8	9	50	±	−	0	1	2	3	4	5	6	7	8	9	75	±	−	0	1	2	3	4	5	6	7	8	9

豊田大谷高等学校　2020年度

◇社会◇

解答番号	解答記入欄												解答番号	解答記入欄												解答番号	解答記入欄											
1	±	−	⓪	①	②	③	④	⑤	⑥	⑦	⑧	⑨	26	±	−	⓪	①	②	③	④	⑤	⑥	⑦	⑧	⑨	51	±	−	⓪	①	②	③	④	⑤	⑥	⑦	⑧	⑨
2	±	−	⓪	①	②	③	④	⑤	⑥	⑦	⑧	⑨	27	±	−	⓪	①	②	③	④	⑤	⑥	⑦	⑧	⑨	52	±	−	⓪	①	②	③	④	⑤	⑥	⑦	⑧	⑨
3	±	−	⓪	①	②	③	④	⑤	⑥	⑦	⑧	⑨	28	±	−	⓪	①	②	③	④	⑤	⑥	⑦	⑧	⑨	53	±	−	⓪	①	②	③	④	⑤	⑥	⑦	⑧	⑨
4	±	−	⓪	①	②	③	④	⑤	⑥	⑦	⑧	⑨	29	±	−	⓪	①	②	③	④	⑤	⑥	⑦	⑧	⑨	54	±	−	⓪	①	②	③	④	⑤	⑥	⑦	⑧	⑨
5	±	−	⓪	①	②	③	④	⑤	⑥	⑦	⑧	⑨	30	±	−	⓪	①	②	③	④	⑤	⑥	⑦	⑧	⑨	55	±	−	⓪	①	②	③	④	⑤	⑥	⑦	⑧	⑨
6	±	−	⓪	①	②	③	④	⑤	⑥	⑦	⑧	⑨	31	±	−	⓪	①	②	③	④	⑤	⑥	⑦	⑧	⑨	56	±	−	⓪	①	②	③	④	⑤	⑥	⑦	⑧	⑨
7	±	−	⓪	①	②	③	④	⑤	⑥	⑦	⑧	⑨	32	±	−	⓪	①	②	③	④	⑤	⑥	⑦	⑧	⑨	57	±	−	⓪	①	②	③	④	⑤	⑥	⑦	⑧	⑨
8	±	−	⓪	①	②	③	④	⑤	⑥	⑦	⑧	⑨	33	±	−	⓪	①	②	③	④	⑤	⑥	⑦	⑧	⑨	58	±	−	⓪	①	②	③	④	⑤	⑥	⑦	⑧	⑨
9	±	−	⓪	①	②	③	④	⑤	⑥	⑦	⑧	⑨	34	±	−	⓪	①	②	③	④	⑤	⑥	⑦	⑧	⑨	59	±	−	⓪	①	②	③	④	⑤	⑥	⑦	⑧	⑨
10	±	−	⓪	①	②	③	④	⑤	⑥	⑦	⑧	⑨	35	±	−	⓪	①	②	③	④	⑤	⑥	⑦	⑧	⑨	60	±	−	⓪	①	②	③	④	⑤	⑥	⑦	⑧	⑨
11	±	−	⓪	①	②	③	④	⑤	⑥	⑦	⑧	⑨	36	±	−	⓪	①	②	③	④	⑤	⑥	⑦	⑧	⑨	61	±	−	⓪	①	②	③	④	⑤	⑥	⑦	⑧	⑨
12	±	−	⓪	①	②	③	④	⑤	⑥	⑦	⑧	⑨	37	±	−	⓪	①	②	③	④	⑤	⑥	⑦	⑧	⑨	62	±	−	⓪	①	②	③	④	⑤	⑥	⑦	⑧	⑨
13	±	−	⓪	①	②	③	④	⑤	⑥	⑦	⑧	⑨	38	±	−	⓪	①	②	③	④	⑤	⑥	⑦	⑧	⑨	63	±	−	⓪	①	②	③	④	⑤	⑥	⑦	⑧	⑨
14	±	−	⓪	①	②	③	④	⑤	⑥	⑦	⑧	⑨	39	±	−	⓪	①	②	③	④	⑤	⑥	⑦	⑧	⑨	64	±	−	⓪	①	②	③	④	⑤	⑥	⑦	⑧	⑨
15	±	−	⓪	①	②	③	④	⑤	⑥	⑦	⑧	⑨	40	±	−	⓪	①	②	③	④	⑤	⑥	⑦	⑧	⑨	65	±	−	⓪	①	②	③	④	⑤	⑥	⑦	⑧	⑨
16	±	−	⓪	①	②	③	④	⑤	⑥	⑦	⑧	⑨	41	±	−	⓪	①	②	③	④	⑤	⑥	⑦	⑧	⑨	66	±	−	⓪	①	②	③	④	⑤	⑥	⑦	⑧	⑨
17	±	−	⓪	①	②	③	④	⑤	⑥	⑦	⑧	⑨	42	±	−	⓪	①	②	③	④	⑤	⑥	⑦	⑧	⑨	67	±	−	⓪	①	②	③	④	⑤	⑥	⑦	⑧	⑨
18	±	−	⓪	①	②	③	④	⑤	⑥	⑦	⑧	⑨	43	±	−	⓪	①	②	③	④	⑤	⑥	⑦	⑧	⑨	68	±	−	⓪	①	②	③	④	⑤	⑥	⑦	⑧	⑨
19	±	−	⓪	①	②	③	④	⑤	⑥	⑦	⑧	⑨	44	±	−	⓪	①	②	③	④	⑤	⑥	⑦	⑧	⑨	69	±	−	⓪	①	②	③	④	⑤	⑥	⑦	⑧	⑨
20	±	−	⓪	①	②	③	④	⑤	⑥	⑦	⑧	⑨	45	±	−	⓪	①	②	③	④	⑤	⑥	⑦	⑧	⑨	70	±	−	⓪	①	②	③	④	⑤	⑥	⑦	⑧	⑨
21	±	−	⓪	①	②	③	④	⑤	⑥	⑦	⑧	⑨	46	±	−	⓪	①	②	③	④	⑤	⑥	⑦	⑧	⑨	71	±	−	⓪	①	②	③	④	⑤	⑥	⑦	⑧	⑨
22	±	−	⓪	①	②	③	④	⑤	⑥	⑦	⑧	⑨	47	±	−	⓪	①	②	③	④	⑤	⑥	⑦	⑧	⑨	72	±	−	⓪	①	②	③	④	⑤	⑥	⑦	⑧	⑨
23	±	−	⓪	①	②	③	④	⑤	⑥	⑦	⑧	⑨	48	±	−	⓪	①	②	③	④	⑤	⑥	⑦	⑧	⑨	73	±	−	⓪	①	②	③	④	⑤	⑥	⑦	⑧	⑨
24	±	−	⓪	①	②	③	④	⑤	⑥	⑦	⑧	⑨	49	±	−	⓪	①	②	③	④	⑤	⑥	⑦	⑧	⑨	74	±	−	⓪	①	②	③	④	⑤	⑥	⑦	⑧	⑨
25	±	−	⓪	①	②	③	④	⑤	⑥	⑦	⑧	⑨	50	±	−	⓪	①	②	③	④	⑤	⑥	⑦	⑧	⑨	75	±	−	⓪	①	②	③	④	⑤	⑥	⑦	⑧	⑨

豊田大谷高等学校　2020年度

◇国語◇

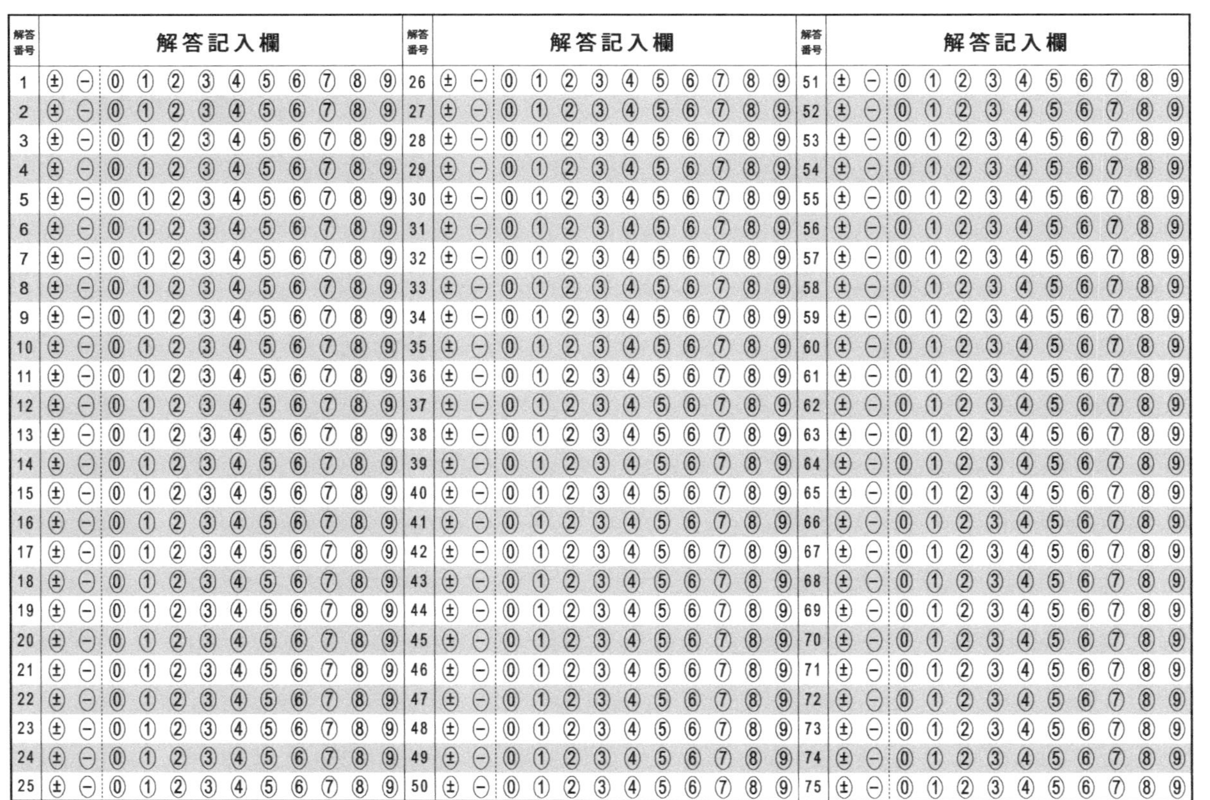

豊田大谷高等学校　2019年度

◇数学◇

解答番号	解答記入欄											解答番号	解答記入欄											解答番号	解答記入欄										
1	±	−	0	1	2	3	4	5	6	7	8	9	26	±	−	0	1	2	3	4	5	6	7	8	9	51	±	−	0	1	2	3	4	5	6	7	8	9
2	±	−	0	1	2	3	4	5	6	7	8	9	27	±	−	0	1	2	3	4	5	6	7	8	9	52	±	−	0	1	2	3	4	5	6	7	8	9
3	±	−	0	1	2	3	4	5	6	7	8	9	28	±	−	0	1	2	3	4	5	6	7	8	9	53	±	−	0	1	2	3	4	5	6	7	8	9
4	±	−	0	1	2	3	4	5	6	7	8	9	29	±	−	0	1	2	3	4	5	6	7	8	9	54	±	−	0	1	2	3	4	5	6	7	8	9
5	±	−	0	1	2	3	4	5	6	7	8	9	30	±	−	0	1	2	3	4	5	6	7	8	9	55	±	−	0	1	2	3	4	5	6	7	8	9
6	±	−	0	1	2	3	4	5	6	7	8	9	31	±	−	0	1	2	3	4	5	6	7	8	9	56	±	−	0	1	2	3	4	5	6	7	8	9
7	±	−	0	1	2	3	4	5	6	7	8	9	32	±	−	0	1	2	3	4	5	6	7	8	9	57	±	−	0	1	2	3	4	5	6	7	8	9
8	±	−	0	1	2	3	4	5	6	7	8	9	33	±	−	0	1	2	3	4	5	6	7	8	9	58	±	−	0	1	2	3	4	5	6	7	8	9
9	±	−	0	1	2	3	4	5	6	7	8	9	34	±	−	0	1	2	3	4	5	6	7	8	9	59	±	−	0	1	2	3	4	5	6	7	8	9
10	±	−	0	1	2	3	4	5	6	7	8	9	35	±	−	0	1	2	3	4	5	6	7	8	9	60	±	−	0	1	2	3	4	5	6	7	8	9
11	±	−	0	1	2	3	4	5	6	7	8	9	36	±	−	0	1	2	3	4	5	6	7	8	9	61	±	−	0	1	2	3	4	5	6	7	8	9
12	±	−	0	1	2	3	4	5	6	7	8	9	37	±	−	0	1	2	3	4	5	6	7	8	9	62	±	−	0	1	2	3	4	5	6	7	8	9
13	±	−	0	1	2	3	4	5	6	7	8	9	38	±	−	0	1	2	3	4	5	6	7	8	9	63	±	−	0	1	2	3	4	5	6	7	8	9
14	±	−	0	1	2	3	4	5	6	7	8	9	39	±	−	0	1	2	3	4	5	6	7	8	9	64	±	−	0	1	2	3	4	5	6	7	8	9
15	±	−	0	1	2	3	4	5	6	7	8	9	40	±	−	0	1	2	3	4	5	6	7	8	9	65	±	−	0	1	2	3	4	5	6	7	8	9
16	±	−	0	1	2	3	4	5	6	7	8	9	41	±	−	0	1	2	3	4	5	6	7	8	9	66	±	−	0	1	2	3	4	5	6	7	8	9
17	±	−	0	1	2	3	4	5	6	7	8	9	42	±	−	0	1	2	3	4	5	6	7	8	9	67	±	−	0	1	2	3	4	5	6	7	8	9
18	±	−	0	1	2	3	4	5	6	7	8	9	43	±	−	0	1	2	3	4	5	6	7	8	9	68	±	−	0	1	2	3	4	5	6	7	8	9
19	±	−	0	1	2	3	4	5	6	7	8	9	44	±	−	0	1	2	3	4	5	6	7	8	9	69	±	−	0	1	2	3	4	5	6	7	8	9
20	±	−	0	1	2	3	4	5	6	7	8	9	45	±	−	0	1	2	3	4	5	6	7	8	9	70	±	−	0	1	2	3	4	5	6	7	8	9
21	±	−	0	1	2	3	4	5	6	7	8	9	46	±	−	0	1	2	3	4	5	6	7	8	9	71	±	−	0	1	2	3	4	5	6	7	8	9
22	±	−	0	1	2	3	4	5	6	7	8	9	47	±	−	0	1	2	3	4	5	6	7	8	9	72	±	−	0	1	2	3	4	5	6	7	8	9
23	±	−	0	1	2	3	4	5	6	7	8	9	48	±	−	0	1	2	3	4	5	6	7	8	9	73	±	−	0	1	2	3	4	5	6	7	8	9
24	±	−	0	1	2	3	4	5	6	7	8	9	49	±	−	0	1	2	3	4	5	6	7	8	9	74	±	−	0	1	2	3	4	5	6	7	8	9
25	±	−	0	1	2	3	4	5	6	7	8	9	50	±	−	0	1	2	3	4	5	6	7	8	9	75	±	−	0	1	2	3	4	5	6	7	8	9

豊田大谷高等学校　2019年度

◇英語◇

解答番号	解答記入欄												解答番号	解答記入欄												解答番号	解答記入欄											
1	±	−	⓪	①	②	③	④	⑤	⑥	⑦	⑧	⑨	26	±	−	⓪	①	②	③	④	⑤	⑥	⑦	⑧	⑨	51	±	−	⓪	①	②	③	④	⑤	⑥	⑦	⑧	⑨
2	±	−	⓪	①	②	③	④	⑤	⑥	⑦	⑧	⑨	27	±	−	⓪	①	②	③	④	⑤	⑥	⑦	⑧	⑨	52	±	−	⓪	①	②	③	④	⑤	⑥	⑦	⑧	⑨
3	±	−	⓪	①	②	③	④	⑤	⑥	⑦	⑧	⑨	28	±	−	⓪	①	②	③	④	⑤	⑥	⑦	⑧	⑨	53	±	−	⓪	①	②	③	④	⑤	⑥	⑦	⑧	⑨
4	±	−	⓪	①	②	③	④	⑤	⑥	⑦	⑧	⑨	29	±	−	⓪	①	②	③	④	⑤	⑥	⑦	⑧	⑨	54	±	−	⓪	①	②	③	④	⑤	⑥	⑦	⑧	⑨
5	±	−	⓪	①	②	③	④	⑤	⑥	⑦	⑧	⑨	30	±	−	⓪	①	②	③	④	⑤	⑥	⑦	⑧	⑨	55	±	−	⓪	①	②	③	④	⑤	⑥	⑦	⑧	⑨
6	±	−	⓪	①	②	③	④	⑤	⑥	⑦	⑧	⑨	31	±	−	⓪	①	②	③	④	⑤	⑥	⑦	⑧	⑨	56	±	−	⓪	①	②	③	④	⑤	⑥	⑦	⑧	⑨
7	±	−	⓪	①	②	③	④	⑤	⑥	⑦	⑧	⑨	32	±	−	⓪	①	②	③	④	⑤	⑥	⑦	⑧	⑨	57	±	−	⓪	①	②	③	④	⑤	⑥	⑦	⑧	⑨
8	±	−	⓪	①	②	③	④	⑤	⑥	⑦	⑧	⑨	33	±	−	⓪	①	②	③	④	⑤	⑥	⑦	⑧	⑨	58	±	−	⓪	①	②	③	④	⑤	⑥	⑦	⑧	⑨
9	±	−	⓪	①	②	③	④	⑤	⑥	⑦	⑧	⑨	34	±	−	⓪	①	②	③	④	⑤	⑥	⑦	⑧	⑨	59	±	−	⓪	①	②	③	④	⑤	⑥	⑦	⑧	⑨
10	±	−	⓪	①	②	③	④	⑤	⑥	⑦	⑧	⑨	35	±	−	⓪	①	②	③	④	⑤	⑥	⑦	⑧	⑨	60	±	−	⓪	①	②	③	④	⑤	⑥	⑦	⑧	⑨
11	±	−	⓪	①	②	③	④	⑤	⑥	⑦	⑧	⑨	36	±	−	⓪	①	②	③	④	⑤	⑥	⑦	⑧	⑨	61	±	−	⓪	①	②	③	④	⑤	⑥	⑦	⑧	⑨
12	±	−	⓪	①	②	③	④	⑤	⑥	⑦	⑧	⑨	37	±	−	⓪	①	②	③	④	⑤	⑥	⑦	⑧	⑨	62	±	−	⓪	①	②	③	④	⑤	⑥	⑦	⑧	⑨
13	±	−	⓪	①	②	③	④	⑤	⑥	⑦	⑧	⑨	38	±	−	⓪	①	②	③	④	⑤	⑥	⑦	⑧	⑨	63	±	−	⓪	①	②	③	④	⑤	⑥	⑦	⑧	⑨
14	±	−	⓪	①	②	③	④	⑤	⑥	⑦	⑧	⑨	39	±	−	⓪	①	②	③	④	⑤	⑥	⑦	⑧	⑨	64	±	−	⓪	①	②	③	④	⑤	⑥	⑦	⑧	⑨
15	±	−	⓪	①	②	③	④	⑤	⑥	⑦	⑧	⑨	40	±	−	⓪	①	②	③	④	⑤	⑥	⑦	⑧	⑨	65	±	−	⓪	①	②	③	④	⑤	⑥	⑦	⑧	⑨
16	±	−	⓪	①	②	③	④	⑤	⑥	⑦	⑧	⑨	41	±	−	⓪	①	②	③	④	⑤	⑥	⑦	⑧	⑨	66	±	−	⓪	①	②	③	④	⑤	⑥	⑦	⑧	⑨
17	±	−	⓪	①	②	③	④	⑤	⑥	⑦	⑧	⑨	42	±	−	⓪	①	②	③	④	⑤	⑥	⑦	⑧	⑨	67	±	−	⓪	①	②	③	④	⑤	⑥	⑦	⑧	⑨
18	±	−	⓪	①	②	③	④	⑤	⑥	⑦	⑧	⑨	43	±	−	⓪	①	②	③	④	⑤	⑥	⑦	⑧	⑨	68	±	−	⓪	①	②	③	④	⑤	⑥	⑦	⑧	⑨
19	±	−	⓪	①	②	③	④	⑤	⑥	⑦	⑧	⑨	44	±	−	⓪	①	②	③	④	⑤	⑥	⑦	⑧	⑨	69	±	−	⓪	①	②	③	④	⑤	⑥	⑦	⑧	⑨
20	±	−	⓪	①	②	③	④	⑤	⑥	⑦	⑧	⑨	45	±	−	⓪	①	②	③	④	⑤	⑥	⑦	⑧	⑨	70	±	−	⓪	①	②	③	④	⑤	⑥	⑦	⑧	⑨
21	±	−	⓪	①	②	③	④	⑤	⑥	⑦	⑧	⑨	46	±	−	⓪	①	②	③	④	⑤	⑥	⑦	⑧	⑨	71	±	−	⓪	①	②	③	④	⑤	⑥	⑦	⑧	⑨
22	±	−	⓪	①	②	③	④	⑤	⑥	⑦	⑧	⑨	47	±	−	⓪	①	②	③	④	⑤	⑥	⑦	⑧	⑨	72	±	−	⓪	①	②	③	④	⑤	⑥	⑦	⑧	⑨
23	±	−	⓪	①	②	③	④	⑤	⑥	⑦	⑧	⑨	48	±	−	⓪	①	②	③	④	⑤	⑥	⑦	⑧	⑨	73	±	−	⓪	①	②	③	④	⑤	⑥	⑦	⑧	⑨
24	±	−	⓪	①	②	③	④	⑤	⑥	⑦	⑧	⑨	49	±	−	⓪	①	②	③	④	⑤	⑥	⑦	⑧	⑨	74	±	−	⓪	①	②	③	④	⑤	⑥	⑦	⑧	⑨
25	±	−	⓪	①	②	③	④	⑤	⑥	⑦	⑧	⑨	50	±	−	⓪	①	②	③	④	⑤	⑥	⑦	⑧	⑨	75	±	−	⓪	①	②	③	④	⑤	⑥	⑦	⑧	⑨

豊田大谷高等学校　2019年度

◇理科◇

解答番号	解答記入欄											解答番号	解答記入欄											解答番号	解答記入欄										
1	±	−	⓪	①	②	③	④	⑤	⑥	⑦	⑧	⑨	26	±	−	⓪	①	②	③	④	⑤	⑥	⑦	⑧	⑨	51	±	−	⓪	①	②	③	④	⑤	⑥	⑦	⑧	⑨
2	±	−	⓪	①	②	③	④	⑤	⑥	⑦	⑧	⑨	27	±	−	⓪	①	②	③	④	⑤	⑥	⑦	⑧	⑨	52	±	−	⓪	①	②	③	④	⑤	⑥	⑦	⑧	⑨
3	±	−	⓪	①	②	③	④	⑤	⑥	⑦	⑧	⑨	28	±	−	⓪	①	②	③	④	⑤	⑥	⑦	⑧	⑨	53	±	−	⓪	①	②	③	④	⑤	⑥	⑦	⑧	⑨
4	±	−	⓪	①	②	③	④	⑤	⑥	⑦	⑧	⑨	29	±	−	⓪	①	②	③	④	⑤	⑥	⑦	⑧	⑨	54	±	−	⓪	①	②	③	④	⑤	⑥	⑦	⑧	⑨
5	±	−	⓪	①	②	③	④	⑤	⑥	⑦	⑧	⑨	30	±	−	⓪	①	②	③	④	⑤	⑥	⑦	⑧	⑨	55	±	−	⓪	①	②	③	④	⑤	⑥	⑦	⑧	⑨
6	±	−	⓪	①	②	③	④	⑤	⑥	⑦	⑧	⑨	31	±	−	⓪	①	②	③	④	⑤	⑥	⑦	⑧	⑨	56	±	−	⓪	①	②	③	④	⑤	⑥	⑦	⑧	⑨
7	±	−	⓪	①	②	③	④	⑤	⑥	⑦	⑧	⑨	32	±	−	⓪	①	②	③	④	⑤	⑥	⑦	⑧	⑨	57	±	−	⓪	①	②	③	④	⑤	⑥	⑦	⑧	⑨
8	±	−	⓪	①	②	③	④	⑤	⑥	⑦	⑧	⑨	33	±	−	⓪	①	②	③	④	⑤	⑥	⑦	⑧	⑨	58	±	−	⓪	①	②	③	④	⑤	⑥	⑦	⑧	⑨
9	±	−	⓪	①	②	③	④	⑤	⑥	⑦	⑧	⑨	34	±	−	⓪	①	②	③	④	⑤	⑥	⑦	⑧	⑨	59	±	−	⓪	①	②	③	④	⑤	⑥	⑦	⑧	⑨
10	±	−	⓪	①	②	③	④	⑤	⑥	⑦	⑧	⑨	35	±	−	⓪	①	②	③	④	⑤	⑥	⑦	⑧	⑨	60	±	−	⓪	①	②	③	④	⑤	⑥	⑦	⑧	⑨
11	±	−	⓪	①	②	③	④	⑤	⑥	⑦	⑧	⑨	36	±	−	⓪	①	②	③	④	⑤	⑥	⑦	⑧	⑨	61	±	−	⓪	①	②	③	④	⑤	⑥	⑦	⑧	⑨
12	±	−	⓪	①	②	③	④	⑤	⑥	⑦	⑧	⑨	37	±	−	⓪	①	②	③	④	⑤	⑥	⑦	⑧	⑨	62	±	−	⓪	①	②	③	④	⑤	⑥	⑦	⑧	⑨
13	±	−	⓪	①	②	③	④	⑤	⑥	⑦	⑧	⑨	38	±	−	⓪	①	②	③	④	⑤	⑥	⑦	⑧	⑨	63	±	−	⓪	①	②	③	④	⑤	⑥	⑦	⑧	⑨
14	±	−	⓪	①	②	③	④	⑤	⑥	⑦	⑧	⑨	39	±	−	⓪	①	②	③	④	⑤	⑥	⑦	⑧	⑨	64	±	−	⓪	①	②	③	④	⑤	⑥	⑦	⑧	⑨
15	±	−	⓪	①	②	③	④	⑤	⑥	⑦	⑧	⑨	40	±	−	⓪	①	②	③	④	⑤	⑥	⑦	⑧	⑨	65	±	−	⓪	①	②	③	④	⑤	⑥	⑦	⑧	⑨
16	±	−	⓪	①	②	③	④	⑤	⑥	⑦	⑧	⑨	41	±	−	⓪	①	②	③	④	⑤	⑥	⑦	⑧	⑨	66	±	−	⓪	①	②	③	④	⑤	⑥	⑦	⑧	⑨
17	±	−	⓪	①	②	③	④	⑤	⑥	⑦	⑧	⑨	42	±	−	⓪	①	②	③	④	⑤	⑥	⑦	⑧	⑨	67	±	−	⓪	①	②	③	④	⑤	⑥	⑦	⑧	⑨
18	±	−	⓪	①	②	③	④	⑤	⑥	⑦	⑧	⑨	43	±	−	⓪	①	②	③	④	⑤	⑥	⑦	⑧	⑨	68	±	−	⓪	①	②	③	④	⑤	⑥	⑦	⑧	⑨
19	±	−	⓪	①	②	③	④	⑤	⑥	⑦	⑧	⑨	44	±	−	⓪	①	②	③	④	⑤	⑥	⑦	⑧	⑨	69	±	−	⓪	①	②	③	④	⑤	⑥	⑦	⑧	⑨
20	±	−	⓪	①	②	③	④	⑤	⑥	⑦	⑧	⑨	45	±	−	⓪	①	②	③	④	⑤	⑥	⑦	⑧	⑨	70	±	−	⓪	①	②	③	④	⑤	⑥	⑦	⑧	⑨
21	±	−	⓪	①	②	③	④	⑤	⑥	⑦	⑧	⑨	46	±	−	⓪	①	②	③	④	⑤	⑥	⑦	⑧	⑨	71	±	−	⓪	①	②	③	④	⑤	⑥	⑦	⑧	⑨
22	±	−	⓪	①	②	③	④	⑤	⑥	⑦	⑧	⑨	47	±	−	⓪	①	②	③	④	⑤	⑥	⑦	⑧	⑨	72	±	−	⓪	①	②	③	④	⑤	⑥	⑦	⑧	⑨
23	±	−	⓪	①	②	③	④	⑤	⑥	⑦	⑧	⑨	48	±	−	⓪	①	②	③	④	⑤	⑥	⑦	⑧	⑨	73	±	−	⓪	①	②	③	④	⑤	⑥	⑦	⑧	⑨
24	±	−	⓪	①	②	③	④	⑤	⑥	⑦	⑧	⑨	49	±	−	⓪	①	②	③	④	⑤	⑥	⑦	⑧	⑨	74	±	−	⓪	①	②	③	④	⑤	⑥	⑦	⑧	⑨
25	±	−	⓪	①	②	③	④	⑤	⑥	⑦	⑧	⑨	50	±	−	⓪	①	②	③	④	⑤	⑥	⑦	⑧	⑨	75	±	−	⓪	①	②	③	④	⑤	⑥	⑦	⑧	⑨

豊田大谷高等学校　2019年度

◇社会◇

解答番号	解答記入欄											
1	±	−	⓪	①	②	③	④	⑤	⑥	⑦	⑧	⑨
2	±	−	⓪	①	②	③	④	⑤	⑥	⑦	⑧	⑨
3	±	−	⓪	①	②	③	④	⑤	⑥	⑦	⑧	⑨
4	±	−	⓪	①	②	③	④	⑤	⑥	⑦	⑧	⑨
5	±	−	⓪	①	②	③	④	⑤	⑥	⑦	⑧	⑨
6	±	−	⓪	①	②	③	④	⑤	⑥	⑦	⑧	⑨
7	±	−	⓪	①	②	③	④	⑤	⑥	⑦	⑧	⑨
8	±	−	⓪	①	②	③	④	⑤	⑥	⑦	⑧	⑨
9	±	−	⓪	①	②	③	④	⑤	⑥	⑦	⑧	⑨
10	±	−	⓪	①	②	③	④	⑤	⑥	⑦	⑧	⑨
11	±	−	⓪	①	②	③	④	⑤	⑥	⑦	⑧	⑨
12	±	−	⓪	①	②	③	④	⑤	⑥	⑦	⑧	⑨
13	±	−	⓪	①	②	③	④	⑤	⑥	⑦	⑧	⑨
14	±	−	⓪	①	②	③	④	⑤	⑥	⑦	⑧	⑨
15	±	−	⓪	①	②	③	④	⑤	⑥	⑦	⑧	⑨
16	±	−	⓪	①	②	③	④	⑤	⑥	⑦	⑧	⑨
17	±	−	⓪	①	②	③	④	⑤	⑥	⑦	⑧	⑨
18	±	−	⓪	①	②	③	④	⑤	⑥	⑦	⑧	⑨
19	±	−	⓪	①	②	③	④	⑤	⑥	⑦	⑧	⑨
20	±	−	⓪	①	②	③	④	⑤	⑥	⑦	⑧	⑨
21	±	−	⓪	①	②	③	④	⑤	⑥	⑦	⑧	⑨
22	±	−	⓪	①	②	③	④	⑤	⑥	⑦	⑧	⑨
23	±	−	⓪	①	②	③	④	⑤	⑥	⑦	⑧	⑨
24	±	−	⓪	①	②	③	④	⑤	⑥	⑦	⑧	⑨
25	±	−	⓪	①	②	③	④	⑤	⑥	⑦	⑧	⑨

解答番号	解答記入欄											
26	±	−	⓪	①	②	③	④	⑤	⑥	⑦	⑧	⑨
27	±	−	⓪	①	②	③	④	⑤	⑥	⑦	⑧	⑨
28	±	−	⓪	①	②	③	④	⑤	⑥	⑦	⑧	⑨
29	±	−	⓪	①	②	③	④	⑤	⑥	⑦	⑧	⑨
30	±	−	⓪	①	②	③	④	⑤	⑥	⑦	⑧	⑨
31	±	−	⓪	①	②	③	④	⑤	⑥	⑦	⑧	⑨
32	±	−	⓪	①	②	③	④	⑤	⑥	⑦	⑧	⑨
33	±	−	⓪	①	②	③	④	⑤	⑥	⑦	⑧	⑨
34	±	−	⓪	①	②	③	④	⑤	⑥	⑦	⑧	⑨
35	±	−	⓪	①	②	③	④	⑤	⑥	⑦	⑧	⑨
36	±	−	⓪	①	②	③	④	⑤	⑥	⑦	⑧	⑨
37	±	−	⓪	①	②	③	④	⑤	⑥	⑦	⑧	⑨
38	±	−	⓪	①	②	③	④	⑤	⑥	⑦	⑧	⑨
39	±	−	⓪	①	②	③	④	⑤	⑥	⑦	⑧	⑨
40	±	−	⓪	①	②	③	④	⑤	⑥	⑦	⑧	⑨
41	±	−	⓪	①	②	③	④	⑤	⑥	⑦	⑧	⑨
42	±	−	⓪	①	②	③	④	⑤	⑥	⑦	⑧	⑨
43	±	−	⓪	①	②	③	④	⑤	⑥	⑦	⑧	⑨
44	±	−	⓪	①	②	③	④	⑤	⑥	⑦	⑧	⑨
45	±	−	⓪	①	②	③	④	⑤	⑥	⑦	⑧	⑨
46	±	−	⓪	①	②	③	④	⑤	⑥	⑦	⑧	⑨
47	±	−	⓪	①	②	③	④	⑤	⑥	⑦	⑧	⑨
48	±	−	⓪	①	②	③	④	⑤	⑥	⑦	⑧	⑨
49	±	−	⓪	①	②	③	④	⑤	⑥	⑦	⑧	⑨
50	±	−	⓪	①	②	③	④	⑤	⑥	⑦	⑧	⑨

解答番号	解答記入欄											
51	±	−	⓪	①	②	③	④	⑤	⑥	⑦	⑧	⑨
52	±	−	⓪	①	②	③	④	⑤	⑥	⑦	⑧	⑨
53	±	−	⓪	①	②	③	④	⑤	⑥	⑦	⑧	⑨
54	±	−	⓪	①	②	③	④	⑤	⑥	⑦	⑧	⑨
55	±	−	⓪	①	②	③	④	⑤	⑥	⑦	⑧	⑨
56	±	−	⓪	①	②	③	④	⑤	⑥	⑦	⑧	⑨
57	±	−	⓪	①	②	③	④	⑤	⑥	⑦	⑧	⑨
58	±	−	⓪	①	②	③	④	⑤	⑥	⑦	⑧	⑨
59	±	−	⓪	①	②	③	④	⑤	⑥	⑦	⑧	⑨
60	±	−	⓪	①	②	③	④	⑤	⑥	⑦	⑧	⑨
61	±	−	⓪	①	②	③	④	⑤	⑥	⑦	⑧	⑨
62	±	−	⓪	①	②	③	④	⑤	⑥	⑦	⑧	⑨
63	±	−	⓪	①	②	③	④	⑤	⑥	⑦	⑧	⑨
64	±	−	⓪	①	②	③	④	⑤	⑥	⑦	⑧	⑨
65	±	−	⓪	①	②	③	④	⑤	⑥	⑦	⑧	⑨
66	±	−	⓪	①	②	③	④	⑤	⑥	⑦	⑧	⑨
67	±	−	⓪	①	②	③	④	⑤	⑥	⑦	⑧	⑨
68	±	−	⓪	①	②	③	④	⑤	⑥	⑦	⑧	⑨
69	±	−	⓪	①	②	③	④	⑤	⑥	⑦	⑧	⑨
70	±	−	⓪	①	②	③	④	⑤	⑥	⑦	⑧	⑨
71	±	−	⓪	①	②	③	④	⑤	⑥	⑦	⑧	⑨
72	±	−	⓪	①	②	③	④	⑤	⑥	⑦	⑧	⑨
73	±	−	⓪	①	②	③	④	⑤	⑥	⑦	⑧	⑨
74	±	−	⓪	①	②	③	④	⑤	⑥	⑦	⑧	⑨
75	±	−	⓪	①	②	③	④	⑤	⑥	⑦	⑧	⑨

豊田大谷高等学校　2019年度

◇国語◇

解答番号	解答記入欄												解答番号	解答記入欄												解答番号	解答記入欄											
1	±	−	0	1	2	3	4	5	6	7	8	9	26	±	−	0	1	2	3	4	5	6	7	8	9	51	±	−	0	1	2	3	4	5	6	7	8	9
2	±	−	0	1	2	3	4	5	6	7	8	9	27	±	−	0	1	2	3	4	5	6	7	8	9	52	±	−	0	1	2	3	4	5	6	7	8	9
3	±	−	0	1	2	3	4	5	6	7	8	9	28	±	−	0	1	2	3	4	5	6	7	8	9	53	±	−	0	1	2	3	4	5	6	7	8	9
4	±	−	0	1	2	3	4	5	6	7	8	9	29	±	−	0	1	2	3	4	5	6	7	8	9	54	±	−	0	1	2	3	4	5	6	7	8	9
5	±	−	0	1	2	3	4	5	6	7	8	9	30	±	−	0	1	2	3	4	5	6	7	8	9	55	±	−	0	1	2	3	4	5	6	7	8	9
6	±	−	0	1	2	3	4	5	6	7	8	9	31	±	−	0	1	2	3	4	5	6	7	8	9	56	±	−	0	1	2	3	4	5	6	7	8	9
7	±	−	0	1	2	3	4	5	6	7	8	9	32	±	−	0	1	2	3	4	5	6	7	8	9	57	±	−	0	1	2	3	4	5	6	7	8	9
8	±	−	0	1	2	3	4	5	6	7	8	9	33	±	−	0	1	2	3	4	5	6	7	8	9	58	±	−	0	1	2	3	4	5	6	7	8	9
9	±	−	0	1	2	3	4	5	6	7	8	9	34	±	−	0	1	2	3	4	5	6	7	8	9	59	±	−	0	1	2	3	4	5	6	7	8	9
10	±	−	0	1	2	3	4	5	6	7	8	9	35	±	−	0	1	2	3	4	5	6	7	8	9	60	±	−	0	1	2	3	4	5	6	7	8	9
11	±	−	0	1	2	3	4	5	6	7	8	9	36	±	−	0	1	2	3	4	5	6	7	8	9	61	±	−	0	1	2	3	4	5	6	7	8	9
12	±	−	0	1	2	3	4	5	6	7	8	9	37	±	−	0	1	2	3	4	5	6	7	8	9	62	±	−	0	1	2	3	4	5	6	7	8	9
13	±	−	0	1	2	3	4	5	6	7	8	9	38	±	−	0	1	2	3	4	5	6	7	8	9	63	±	−	0	1	2	3	4	5	6	7	8	9
14	±	−	0	1	2	3	4	5	6	7	8	9	39	±	−	0	1	2	3	4	5	6	7	8	9	64	±	−	0	1	2	3	4	5	6	7	8	9
15	±	−	0	1	2	3	4	5	6	7	8	9	40	±	−	0	1	2	3	4	5	6	7	8	9	65	±	−	0	1	2	3	4	5	6	7	8	9
16	±	−	0	1	2	3	4	5	6	7	8	9	41	±	−	0	1	2	3	4	5	6	7	8	9	66	±	−	0	1	2	3	4	5	6	7	8	9
17	±	−	0	1	2	3	4	5	6	7	8	9	42	±	−	0	1	2	3	4	5	6	7	8	9	67	±	−	0	1	2	3	4	5	6	7	8	9
18	±	−	0	1	2	3	4	5	6	7	8	9	43	±	−	0	1	2	3	4	5	6	7	8	9	68	±	−	0	1	2	3	4	5	6	7	8	9
19	±	−	0	1	2	3	4	5	6	7	8	9	44	±	−	0	1	2	3	4	5	6	7	8	9	69	±	−	0	1	2	3	4	5	6	7	8	9
20	±	−	0	1	2	3	4	5	6	7	8	9	45	±	−	0	1	2	3	4	5	6	7	8	9	70	±	−	0	1	2	3	4	5	6	7	8	9
21	±	−	0	1	2	3	4	5	6	7	8	9	46	±	−	0	1	2	3	4	5	6	7	8	9	71	±	−	0	1	2	3	4	5	6	7	8	9
22	±	−	0	1	2	3	4	5	6	7	8	9	47	±	−	0	1	2	3	4	5	6	7	8	9	72	±	−	0	1	2	3	4	5	6	7	8	9
23	±	−	0	1	2	3	4	5	6	7	8	9	48	±	−	0	1	2	3	4	5	6	7	8	9	73	±	−	0	1	2	3	4	5	6	7	8	9
24	±	−	0	1	2	3	4	5	6	7	8	9	49	±	−	0	1	2	3	4	5	6	7	8	9	74	±	−	0	1	2	3	4	5	6	7	8	9
25	±	−	0	1	2	3	4	5	6	7	8	9	50	±	−	0	1	2	3	4	5	6	7	8	9	75	±	−	0	1	2	3	4	5	6	7	8	9

東京学参の

中学校別入試過去問題シリーズ

＊出版校は一部変更することがあります。一覧にない学校はお問い合わせください。

東京ラインナップ

あ 青山学院中等部(L04)
麻布中学(K01)
桜蔭中学(K02)
お茶の水女子大附属中学(K07)
か 海城中学(K09)
開成中学(M01)
学習院中等科(M03)
慶應義塾中等部(K04)
晃華学園中学(N13)
攻玉社中学(L11)
国学院大久我山中学
（一般・CC）(N22)
（ST）(N23)
駒場東邦中学(L01)
さ 芝中学(K16)
芝浦工業大附属中学(M06)
城北中学(M05)
女子学院中学(K03)
巣鴨中学(M02)
成蹊中学(N06)
成城中学(K28)
成城学園中学(L05)
青稜中学(K23)
創価中学(N14)★
た 玉川学園中学部(N17)
中央大附属中学(N08)
筑波大附属中学(K06)
筑波大附属駒場中学(L02)
帝京大中学(N16)
東海大菅生高中等部(N27)
東京学芸大附属竹早中学(K08)
東京都市大付属中学(L13)
桐朋中学(N03)
東洋英和女学院中学部(K15)
豊島岡女子学園中学(M12)
な 日本大第一中学(M14)
日本大第三中学(N19)
日本大第二中学(N10)
は 雙葉中学(K05)
法政大学中学(N11)
本郷中学(M08)
ま 武蔵中学(N01)
明治大付属中野中学(N05)
明治大付属中野八王子中学(N07)
明治大付属明治中学(K13)
ら 立教池袋中学(M04)
わ 和光中学(N21)
早稲田中学(K10)
早稲田実業学校中等部(K11)
早稲田大高等学院中等部(N12)

神奈川ラインナップ

あ 浅野中学(O04)
栄光学園中学(O06)
か 神奈川大附属中学(O08)
鎌倉女学院中学(O27)
関東学院六浦中学(O31)
慶應義塾湘南藤沢中等部(O07)
慶應義塾普通部(O01)
さ 相模女子大中学部(O32)
サレジオ学院中学(O17)
逗子開成中学(O22)
聖光学院中学(O11)
清泉女学院中学(O20)
洗足学園中学(O18)
捜真女学校中学部(O29)
た 桐蔭学園中等教育学校(O02)
東海大付属相模高中等部(O24)
桐光学園中学(O16)
な 日本大中学(O09)
は フェリス女学院中学(O03)
法政大第二中学(O19)
や 山手学院中学(O15)
横浜隼人中学(O26)

千・埼・茨・他ラインナップ

あ 市川中学(P01)
浦和明の星女子中学(Q06)
か 海陽中等教育学校
（入試Ⅰ・Ⅱ）(T01)
（特別給費生選抜）(T02)
久留米大附設中学(Y04)
さ 栄東中学(東大・難関大)(Q09)
栄東中学(東大特待)(Q10)
狭山ヶ丘高校付属中学(Q01)
芝浦工業大柏中学(P14)
渋谷教育学園幕張中学(P09)
城北埼玉中学(Q07)
昭和学院秀英中学(P05)
清真学園中学(S01)
西南学院中学(Y02)
西武学園文理中学(Q03)
西武台新座中学(Q02)
専修大松戸中学(P13)
た 筑紫女学園中学(Y03)
千葉日本大第一中学(P07)
千葉明徳中学(P12)
東海大付属浦安高中等部(P06)
東邦大付属東邦中学(P08)
東洋大附属牛久中学(S02)
獨協埼玉中学(Q08)
な 長崎日本大中学(Y01)
成田高校付属中学(P15)
は 函館ラ・サール中学(X01)
日出学園中学(P03)
福岡大附属大濠中学(Y05)
北嶺中学(X03)
細田学園中学(Q04)
や 八千代松陰中学(P10)
ら ラ・サール中学(Y07)
立命館慶祥中学(X02)
立教新座中学(Q05)
わ 早稲田佐賀中学(Y06)

公立中高一貫校ラインナップ

北海道 市立札幌開成中等教育学校(J22)
宮　城 宮城県仙台二華・古川黎明中学校(J17)
市立仙台青陵中等教育学校(J33)
山　形 県立東桜学館・致道館中学校(J27)
茨　城 茨城県立中学・中等教育学校(J09)
栃　木 県立宇都宮東・佐野・矢板東高校附属中学校(J11)
群　馬 県立中央・市立四ツ葉学園中等教育学校・
市立太田中学校(J10)
埼　玉 市立浦和中学校(J06)
県立伊奈学園中学校(J31)
さいたま市立大宮国際中等教育学校(J32)
川口市立高等学校附属中学校(J35)
千　葉 県立千葉・東葛飾中学校(J07)
市立稲毛国際中等教育学校(J25)
東　京 区立九段中等教育学校(J21)
都立大泉高等学校附属中学校(J28)
都立両国高等学校附属中学校(J01)
都立白鷗高等学校附属中学校(J02)
都立富士高等学校附属中学校(J03)
都立三鷹中等教育学校(J29)
都立南多摩中等教育学校(J30)
都立武蔵高等学校附属中学校(J04)
都立立川国際中等教育学校(J05)
都立小石川中等教育学校(J23)
都立桜修館中等教育学校(J24)
神奈川 川崎市立川崎高等学校附属中学校(J26)
県立平塚・相模原中等教育学校(J08)
横浜市立南高等学校附属中学校(J20)
横浜サイエンスフロンティア高校附属中学校(J34)
広　島 県立広島中学校(J16)
県立三次中学校(J37)
徳　島 県立城ノ内中等教育学校・富岡東・川島中学校(J18)
愛　媛 県立今治東・松山西(J19)
福　岡 福岡県立中学校・中等教育学校(J12)
佐　賀 県立香楠・致遠館・唐津東・武雄青陵中学校(J13)
宮　崎 県立五ヶ瀬中等教育学校・宮崎西・都城泉ヶ丘高校附属中学校(J15)
長　崎 県立長崎東・佐世保北・諫早高校附属中学校(J14)

公立中高一貫校「適性検査対策」問題集シリーズ

作文問題編　資料問題編　数と図形編　生活と科学編　実力確認テスト編

私立中・高スクールガイド
THE（ザ）私立
私立中学＆高校の学校生活がわかる！

〈リスニング問題の音声について〉

本問題集掲載のリスニング問題の音声は、弊社ホームページでデータ配信しております。

現在お聞きいただけるのは「2024年度受験用」に対応した音声で、2024年3月末日までダウンロード可能です。弊社ホームページにアクセスの上、ご利用ください。

※本問題集を中古品として購入された場合など、配信期間の終了によりお聞きいただけない年度がございますのでご了承ください。

高校別入試過去問題シリーズ

豊田大谷高等学校　2024年度

ISBN978-4-8141-2661-3

発行所　東京学参株式会社
〒153-0043　東京都目黒区東山2-6-4
URL　https://www.gakusan.co.jp

編集部　E-mail　hensyu@gakusan.co.jp
※本書の編集責任はすべて弊社にあります。内容に関するお問い合わせ等は、編集部まで、メールにてお願い致します。なお、回答にはしばらくお時間をいただく場合がございます。何卒ご了承くださいませ。

営業部　TEL　03 (3794) 3154
FAX　03 (3794) 3164
E-mail　shoten@gakusan.co.jp
※ご注文・出版予定のお問い合わせ等は営業部までお願い致します。

2023年9月28日　初版